乡村旅游经营与管理

主　编　贾　荣
副主编　王毓梅　叶春近　苟　倩
　　　　王　婷　何道刚

北京理工大学出版社
BEIJING INSTITUTE OF TECHNOLOGY PRESS

内 容 简 介

《乡村旅游经营与管理》分两大部分：其一是概述认知部分，含乡村旅游基本知识概述、乡村旅游资源概述、乡村旅游发展模式、乡村旅游投资与管理模式、乡村旅游可持续发展五个章节；其二是实践操作部分，含乡村旅游规划实务、乡村旅游形象建设、乡村旅游产品策划、乡村旅游市场拓展、乡村旅游餐饮服务管理、乡村旅游客房服务管理、乡村旅游标准化管理。本书紧跟乡村旅游业发展现状和趋势，力求满足乡村旅游经营、服务与管理岗位的实际需要，具有较强的应用性、实用性、指导性和创新性。

版权专有　侵权必究

图书在版编目（CIP）数据

乡村旅游经营与管理 / 贾荣主编 . —北京：北京理工大学出版社，2016.10（2024.1 重印）
ISBN 978-7-5682-3140-4

Ⅰ. ①乡… Ⅱ. ①贾… Ⅲ. ①乡村旅游-旅游业-经营管理-中国　Ⅳ. ①F592.3

中国版本图书馆 CIP 数据核字（2016）第 230734 号

责任编辑：李慧智　　**文案编辑**：李慧智
责任校对：周瑞红　　**责任印制**：李志强

出版发行	/	北京理工大学出版社有限责任公司
社　　址	/	北京市丰台区四合庄路 6 号
邮　　编	/	100070
电　　话	/	（010）68914026（教材售后服务热线）
		（010）68944437（课件资源服务热线）
网　　址	/	http://www.bitpress.com.cn
版 印 次	/	2024 年 1 月第 1 版第 4 次印刷
印　　刷	/	北京虎彩文化传播有限公司
开　　本	/	787 mm×1092 mm　1/16
印　　张	/	18.25
字　　数	/	450 千字
定　　价	/	49.00 元

图书出现印装质量问题，请拨打售后服务热线，负责调换

出版说明

用创新性思维引领应用型旅游管理本科教材建设

市场上关于旅游管理专业的教材很多，其中不乏国家级规划教材。然而，长期以来，旅游专业教材普遍存在着定位不准、与企业实践背离、与行业发展脱节等现象，甚至大学教材、高职高专教材和中职中专教材从内容到形式都基本雷同的情况也不少见，让人难以选择。当教育部确定大力发展应用型本科后，如何编写出一套真正适合应用型本科使用的旅游管理专业教材，成为应用型本科旅游专业发展必须解决的棘手问题。

北京理工大学出版社是愿意吃螃蟹的人。2015年夏秋，出版社先后在成都召开了两次应用型本科教材研讨会，参会的人员有普通本科、应用型本科和部分专科院校的一线教师及行业专家，会议围绕应用型本科教材特点、应用型本科与普通本科教学的区别、应用型本科教材与高职高专教材的差异性进行了深入探讨，大家形成许多共识，并在这些共识基础上组建成教材编写组和大纲审定专家组，按照"新发展、新理念、新思路"的原则编写了这套教材。教材在四个方面有较大突破：

一是人才定位。应用型本科教材既要改变传统本科教材按总经理岗位设计的思路，避免过高的定位让应用型本科学生眼高手低，学无所用；又要与以操作为主、采用任务引领或项目引领方式编写的专科教材相区别，要有一定的理论基础，让学生知其然亦知其所以然，有发展的后劲。教材编写组最终确定将应用型本科教材定位为培养基层管理人才，这种人才既懂管理，又会操作，能为旅游行业广为接纳。

二是课程和教材体系创新。在人才定位确定后，教材编写组对应用型本科课程和教材体系进行了创新，核心是弥补传统本科教材过于宏观的缺陷，按照市场需要和业务性质来创新课程体系，并根据新课程体系创新教材体系，譬如在《旅行社经营与管理》之外，配套了《旅行社计调业务》《旅游产品设计与开发》《旅行社在线销售与门店管理》等教材。将《饭店管理》细化为《前厅服务与管理》《客房服务与管理》《餐饮服务与管理》，形成与人才定位一致的应用型本科课程体系和教材体系。与此同时，编写组还根据旅游业新的发展趋势，创新了许多应用型本科教材，如《乡村旅游经营与管理》《智慧旅游管理与实务》等，使教材体系更接地气并与产业结合得更加紧密。

三是知识体系的更新。由于旅游业发展速度很快,部分教材从知识点到服务项目再到业务流程都可能已经落后了,如涉旅法规的变更、旅游产品预订方式的在线化、景区管理的智慧化以及乡村旅游新业态的不断涌现等,要求教材与时俱进,不断更新。教材编写组在这方面做了大量工作,使这套教材能够及时反映中外旅游业发展成就,掌握行业变化动态,传授最新知识体系,并与相关旅游标准有机融合,尽可能做到权威、全面、方便、适用。

四是突出职业教育,融入导游考证内容。2016年1月19日国家旅游局办公室正式发布了《2016年全国导游人员资格考试大纲》(旅办发〔2016〕14号),大纲明确规定:从2016年起,实行全国统一的导游人员资格考试,不指定教材。本套教材中的《旅游政策与法规》《导游实务》《旅游文化》等属于全国导游资格考试统考科目,教材紧扣《全国导游资格考试大纲》,融入了考证内容,便于学生顺利地获取导游证书。

为了方便使用,编写体例也极尽人性化,大部分教材各章设计了"学习目标""实训要求""小知识""小贴士""知识归纳""案例解析"和"习题集",同时配套相应的教学资源,无论是学生还是教师使用都十分方便。

当然,由于时间和水平有限,这套教材难免存在不足之处,敬请读者批评指正,以便教材编写组不断修订并至臻完善。希望这套教材的出版,能够为旅游管理专业应用型本科教材建设探索出一条成功之路,进一步促进并提升旅游管理专业应用型本科教学的水平。

四川省旅游协会副会长
四川省导游协会会长　　陈乾康
四川省旅发委旅行社发展研究基地主任
四川师范大学旅游学院副院长

总　序

随着高等教育迈向大众化发展的趋势，人才培养逐渐由重理论、重学术向重实践、重能力转变，强调职业素质、职业技能与职业能力的培养，注重培养适宜时代发展需要的应用型人才。旅游管理作为一门应用性极强的学科，在探索应用型本科的专业建设、课程体系重构、教学手段革新、教学内容丰富等方面走在前列，对其他专业向应用型本科转型具有引领示范性作用。

2015年10月国家旅游局、教育部联合出台了《加快发展现代旅游职业教育的指导意见》，其中指出要"加强普通本科旅游类专业，特别是适应旅游新业态、新模式、新技术发展的专业应用型人才培养。"在当今时代背景下，本套"旅游管理专业应用型本科规划教材"对推动普通本科旅游管理专业转型，培养适应旅游产业发展需求的高素质管理服务人才具有重要的意义。具体来说，本套教材主要有以下四个特点：

一、理念超前，注重理论结合实际

本套教材始终坚持"教材出版，教研先行"的理念，经过了调研旅游企业、征求专家意见、召开选题大会、举办大纲审定大会等多次教研活动，最终由几十位高校教师、旅游企业职业经理人共同开发、编写而成。

二、定位准确，彰显应用型本科特色

该套教材科学区分了应用型本科教材与普通本科教材、高职高专教材的差别，以培养熟悉企业操作流程的基层管理人员为目标，理论知识按照"本科标准"编写，实践环节按照"职业能力"要求编写，在内容上凸显了教材的理论与实践相结合。

三、体系创新，符合职业教育要求

本套教材按照职业教育"课程对接岗位"的要求，优化了教材体系。针对旅游企业的不同岗位，出版了不同的课程教材，如针对旅行社业的教材有：《旅行社计调业务》《导游实务》《旅行社在线销售与门店管理》《旅游产品设计与开发》《旅行社经营与管理》等，保证了课程与岗位的对接，符合旅游职业教育的要求。

四、资源配备，搭建教学资源平台

本套教材以建设教学资源数据库为核心，制作了图文并茂的电子课件，从方便教师教学，还提供了课程标准、授课计划、案例库、同步测试题及参考答案、期末考试题等教学资料，以便于教师参考；同步测试题中设置了单项选择题、多项选择题、判断题、简答题、技能操作题及参考答案，便于学生练习和巩固所学知识。

在全面深化"大众创业，万众创新"的当代社会，学生的创新能力、动手能力与实践能力成为旅游管理应用型本科教育的关键点与切入点，而本套教材的率先出版可谓是一个很好的出发点。让我们一起为旅游管理应用型本科教育的发展壮大而共同努力吧！

教育部旅游管理教学指导委员会副主任委员
湖北大学旅游发展研究院院长

前　言

我国乡村旅游最早产生于 20 世纪 80 年代初期的广东深圳的"荔枝观光节"，真正意义上乡村旅游的兴起是 20 世纪 90 年代后的事了。进入 21 世纪，农村发展的外部环境、农业生产经营方式、农村经济社会结构、农民就业和收入结构等都发生了重大而深刻的变化，国家旅游局审时度势，开展了创建全国农业旅游示范点工作，全国农业旅游示范点的数量迅速增加。实践证明，乡村旅游迅速成长为全国多个省份旅游产业和农村经济发展新的增长点。但是，乡村旅游无论在经营理念、经营方法、经营策略、人员素质方面均存在不足。本教材在乡村旅游的项目开发、形象建设、产品策划、市场拓展、乡村旅游点的餐饮服务、客房服务、标准化管理等方面进行有益的探索，希望它能够为乡村旅游经营、管理、服务从业人员提供必要的帮助。

1. 本书的适用范围

本书可作为应用型本科院校、高等职业院校旅游类、农业经济管理类、休闲类专业的课程教材，也可作为乡村旅游从业人员的业务参考书和提升培训教材，还可供从事旅游、农村、农业、规划等有关部门的领导、专家和工作者参考。

2. 内容与结构

全书共十二章，前五章主要是理论部分。作为起点，第一章相当于引论，介绍乡村旅游基础知识；第二章是乡村旅游资源的探讨；第三章和第四章分别介绍国内常见的几种乡村旅游发展模式和乡村旅游投资与管理模式；第五章是乡村旅游可持续发展的问题分析。后七章是实务部分。第六章是乡村旅游规划实务，第七章是乡村旅游形象建设，第八章是乡村旅游产品策划，第九章是乡村旅游市场开拓，第十、十一章主要谈乡村旅游餐饮服务和乡村旅游客房服务两个方面的内容，第十二章主要是乡村旅游标准化管理。全书遵循应用型本科既注重基础理论知识，又强调实践操作能力的原则，结合我国乡村旅游发展的实际，比较系统地阐述了乡村旅游经营与管理的基本原理和方法。

3. 本书的特点

本教材紧跟我国乡村旅游业发展现状和趋势，力求满足乡村旅游经营、服务与管理岗位的实际需要，具有较强的应用性、实用性、指导性和创新性。该教材具有以下两个显著特点：

首先，立足创新，理论联系实际，强调对现实问题的解读。全书共分十二章，教材将知识学习与能力培养紧密结合，正文链接了丰富的资料，穿插了很多现实、生动的乡村旅游案例，同步设有实务训练，在拓展学习的同时，训练学生发现、分析和解决实际问题的能力。

其次，体例完整，按照学生认知规律来设计教学环节。在正文前设置了"学习目标"、"实训要求""引导案例"栏目，在正文中设置了"小贴士""操作示范"栏目，在正文后设置了"实务训练""知识归纳""案例解析""思考题"栏目，便于学生从不同的角度来掌握乡村旅游经营与管理的相关知识，提升实践能力。

4. 编纂分工

本书是理论研究与教学实践的总结，参加本书编写的都是拥有多年教学工作经验与实践经验的高校教师。本书由贾荣提出写作大纲，贾荣和叶春近修订大纲，各章初稿的写作分工如下。第一章：苟倩；第二章：杨铱、贾荣；第三章：苟倩；第四章：叶春近、贾荣；第五章：王毓梅、贾荣；第六章：贾荣、杨铱；第七章：何道刚；第八章：王毓梅；第九章：王毓梅、贾荣；第十章：何道刚、贾荣；第十一章：王婷、贾荣；第十二章：王婷。初稿完成后，由贾荣对各章内容进行了修改、总纂和定稿。

5. 鸣谢

在本书的大纲确定阶段，得到了四川师范大学陈乾康教授的指导和修订建议，在此向他表达深切的感谢！在本书的编写过程中，参阅了国内外大量的相关研究成果，在书中我们都尽可能地做了说明，在此谨向原作者表示诚挚的谢意！本书的出版工作得到了北京理工大学出版社陈鹏编辑的大力支持，在此向他表示衷心的感谢！同时，由于编者水平及资料所限，本书在内容、体例编排等方面尚有诸多不足之处，恳请同行和广大读者朋友们批评指正，以便今后再作修订和完善。

贾 荣

2016 年 4 月 30 日

目　录

第一章　乡村旅游基础知识概述 1
第一节　乡村旅游的起源及发展 2
　　一、乡村旅游的产生及发展阶段 2
　　二、国内外乡村旅游发展现状 3
第二节　乡村旅游的内涵 5
　　一、国内外学者对乡村旅游的解读 5
　　二、乡村旅游的概念及其特征 8
第三节　乡村旅游的功能与意义 9
　　一、乡村旅游的功能 9
　　二、乡村旅游的意义 10

第二章　乡村旅游资源概述 12
第一节　乡村旅游资源的内涵 12
　　一、旅游资源的概念与内涵 13
　　二、乡村旅游资源的概念与内涵 13
第二节　乡村旅游资源的分类 19
　　一、乡村自然旅游资源 20
　　二、乡村人文旅游资源 22
第三节　乡村旅游资源的开发 24
　　一、乡村旅游资源开发的内涵 24
　　二、乡村旅游资源开发的原则 25
　　三、我国乡村旅游资源开发出现的问题 26

第三章　乡村旅游发展模式 29
第一节　乡村旅游发展模式概述 29
第二节　民俗风情型发展模式 30
　　一、发展背景 30

二、主要特征 ……………………………………………………… 30
　　三、典型案例 ……………………………………………………… 32
第三节　农场庄园型发展模式 …………………………………………… 33
　　一、发展背景 ……………………………………………………… 33
　　二、主要特征 ……………………………………………………… 34
　　三、典型案例 ……………………………………………………… 35
第四节　景区依托型发展模式 …………………………………………… 37
　　一、发展背景 ……………………………………………………… 37
　　二、主要特征 ……………………………………………………… 38
　　三、典型案例 ……………………………………………………… 38
第五节　度假休闲型发展模式 …………………………………………… 39
　　一、发展背景 ……………………………………………………… 39
　　二、主要特征 ……………………………………………………… 39
　　三、典型案例 ……………………………………………………… 40
第六节　特色产业带动发展模式 ………………………………………… 41
　　一、发展背景 ……………………………………………………… 41
　　二、主要特征 ……………………………………………………… 41
　　三、典型案例 ……………………………………………………… 42
第七节　现代农业展示型发展模式 ……………………………………… 43
　　一、发展背景 ……………………………………………………… 43
　　二、主要特征 ……………………………………………………… 44
　　三、典型案例 ……………………………………………………… 45
第八节　旅游小城镇型发展模式 ………………………………………… 45
　　一、发展背景 ……………………………………………………… 45
　　二、主要特征 ……………………………………………………… 46
　　三、典型案例 ……………………………………………………… 46

第四章　乡村旅游投资与管理模式 ……………………………………… 48
第一节　乡村旅游投资模式 ……………………………………………… 49
　　一、农户自主投资 ………………………………………………… 50
　　二、政府主导投资 ………………………………………………… 51
　　三、外来投资 ……………………………………………………… 52
　　四、合作经营 ……………………………………………………… 53
第二节　乡村旅游管理模式 ……………………………………………… 55
　　一、"农户＋农户"模式 …………………………………………… 55
　　二、"公司＋农户"模式 …………………………………………… 56
　　三、"公司＋社区＋农户"模式 …………………………………… 57
　　四、公司制模式 …………………………………………………… 59
　　五、股份制模式 …………………………………………………… 60

  六、"政府＋公司＋农村旅游协会＋旅行社"模式 ································ 62
  七、"政府＋公司＋农户"模式 ··· 63
  八、个体农庄模式 ··· 64

第五章　乡村旅游可持续发展 ·· 66
第一节　乡村旅游可持续发展的内涵 ·· 69
  一、旅游可持续发展 ··· 69
  二、乡村旅游可持续发展 ··· 71
第二节　乡村旅游可持续发展的目标 ·· 73
  一、乡村生态可持续发展 ··· 73
  二、乡村社会和文化可持续发展 ·· 74
  三、乡村经济可持续发展 ··· 74
第三节　乡村旅游发展存在的问题 ·· 74
  一、区域发展不平衡 ··· 75
  二、乡村文化逐渐变淡 ·· 75
  三、乡村旅游的生态压力大 ·· 75
  四、经营管理不完善 ··· 77
第四节　乡村旅游可持续发展的途径探讨 ··· 81
  一、政府工作 ·· 81
  二、乡村旅游产品品牌的构建 ·· 81
  三、建立有效利益分配和调控机制 ·· 82
  四、注重经济利益、资源和生态环境、社会文化效益综合发展 ················ 82

第六章　乡村旅游规划实务 ·· 86
第一节　乡村旅游规划概述 ·· 86
  一、乡村旅游规划的内涵 ··· 86
  二、乡村旅游规划的目的 ··· 87
  三、乡村旅游规划的原则 ··· 88
  四、乡村旅游规划的类型 ··· 90
第二节　乡村旅游规划的程序 ·· 93
  一、规划准备和启动 ··· 94
  二、调查分析 ·· 94
  三、确定总体思路 ·· 100
  四、制定规划 ·· 100
  五、组织实施 ·· 101
第三节　乡村旅游规划的内容 ·· 101
  一、规划背景 ·· 101
  二、基础分析 ·· 102
  三、总体构思 ·· 103

四、策划规划 ··· 105
　　五、保障体系 ··· 107

第七章　乡村旅游形象建设 ·· 110
第一节　旅游形象与乡村旅游形象 ··· 111
　　一、形象与旅游形象 ··· 111
　　二、旅游形象系统 ··· 113
　　三、乡村旅游形象 ··· 114
第二节　乡村旅游形象设计 ··· 116
　　一、乡村旅游形象设计的作用 ··· 116
　　二、乡村旅游形象设计原则 ·· 117
　　三、乡村旅游形象定位 ··· 117
　　四、乡村旅游形象设计的基本过程 ··· 118
第三节　乡村旅游形象传播 ··· 120
　　一、旅游传播与乡村旅游形象传播 ··· 120
　　二、乡村旅游形象传播的构成要素 ··· 121
　　三、乡村旅游形象传播的特征 ··· 121
　　四、乡村旅游形象传播策略 ·· 122
第四节　乡村旅游品牌塑造 ··· 125
　　一、旅游品牌 ··· 125
　　二、乡村旅游品牌的价值与意义 ·· 125
　　三、乡村旅游品牌塑造策略 ·· 125

第八章　乡村旅游产品策划 ·· 131
第一节　乡村旅游产品的内涵 ·· 132
　　一、乡村旅游产品的概念 ·· 132
　　二、乡村旅游产品的特征 ·· 132
　　三、乡村旅游产品的分类 ·· 134
第二节　乡村旅游项目策划 ··· 136
　　一、乡村旅游项目的特点 ·· 136
　　二、乡村旅游项目策划的原则 ··· 137
　　三、我国乡村旅游项目策划要点 ·· 137
第三节　乡村旅游产品开发策略 ··· 139
　　一、乡村旅游产品的资源要素及合理组合 ································ 139
　　二、乡村旅游产品配套活动 ·· 141
第四节　乡村旅游商品开发设计 ··· 146
　　一、乡村旅游商品的概念和种类 ·· 146
　　二、乡村旅游商品开发的原则 ··· 148

第九章　乡村旅游市场拓展 ·· 151
第一节　乡村旅游客源市场分析 ··· 152

一、地理区域结构 ··· 152
　　二、人口特征结构 ··· 153
　　三、购买行为结构 ··· 153
　　四、心理结构 ··· 153
第二节　乡村旅游消费者行为调研 ··· 153
　　一、乡村旅游市场的客源构成及特点 ··· 153
　　二、乡村旅游市场需求的影响因素 ··· 155
　　三、乡村旅游消费者的消费决策 ··· 155
第三节　乡村旅游销售渠道开拓 ··· 156
　　一、乡村旅游销售渠道的类型 ··· 156
　　二、乡村旅游销售渠道开拓策略 ··· 157
第四节　乡村旅游的营销推广 ··· 159
　　一、乡村旅游产品组合策略 ··· 159
　　二、乡村旅游价格策略 ··· 160
　　三、乡村旅游营销渠道策略 ··· 161
　　四、乡村旅游智慧营销策略 ··· 161

第十章　乡村旅游餐饮服务管理　166

第一节　乡村旅游餐饮服务概述 ··· 166
　　一、餐饮业的内涵 ··· 166
　　二、乡村旅游餐饮业 ··· 167
第二节　乡村旅游餐饮服务要求及规范 ··· 167
　　一、餐饮服务礼仪规范 ··· 167
　　二、托盘 ··· 169
　　三、摆台 ··· 170
　　四、餐巾折花 ··· 171
　　五、上菜、分菜 ··· 172
　　六、斟酒 ··· 173
第三节　乡村旅游餐饮管理 ··· 174
　　一、餐饮管理的任务 ··· 174
　　二、餐厅楼面管理 ··· 175
　　三、餐饮安全卫生管理 ··· 176
第四节　乡村旅游特色菜品开发 ··· 177
　　一、乡村旅游菜品的特征 ··· 177
　　二、乡村旅游特色餐饮开发的原则 ··· 178
　　三、乡村旅游特色菜品的开发 ··· 179

第十一章　乡村旅游客房服务管理　182

第一节　乡村旅游客房服务概述 ··· 183

一、客房部的地位 …………………………………………………………… 183
　　二、客房部的主要任务 ……………………………………………………… 183
　　三、客房部硬件概况 ………………………………………………………… 184
第二节　乡村旅游客房服务要求及规范 ………………………………………… 188
　　一、客房服务仪容仪表整理步骤及规范 …………………………………… 188
　　二、客房清扫服务规范及要求 ……………………………………………… 189
　　三、公共区域清洁工作规范及要求 ………………………………………… 194
　　四、客房突发情况及投诉处理方法 ………………………………………… 195
第三节　乡村旅游客房管理 ……………………………………………………… 197
　　一、客房组织机构管理 ……………………………………………………… 197
　　二、客房服务质量管理 ……………………………………………………… 200
　　三、客房物资用品的管理 …………………………………………………… 202
　　四、客房安全管理 …………………………………………………………… 206
第四节　民宿产品的开发 ………………………………………………………… 208
　　一、民宿的定义 ……………………………………………………………… 208
　　二、民宿的特点 ……………………………………………………………… 208
　　三、民宿的分类 ……………………………………………………………… 210
　　四、民宿客房设计要素 ……………………………………………………… 211
　　五、民宿的打造与开发 ……………………………………………………… 214
　　六、民宿的发展趋势 ………………………………………………………… 215

第十二章　乡村旅游标准化管理　218

第一节　乡村旅游标准化概述 …………………………………………………… 219
　　一、乡村旅游标准化的内涵 ………………………………………………… 219
　　二、我国乡村旅游标准化的历程 …………………………………………… 219
第二节　全国休闲农业与乡村旅游示范县、示范点创建及评定 ……………… 222
　　一、申报的基本条件 ………………………………………………………… 222
　　二、申报范围及程序 ………………………………………………………… 227
　　三、认定及管理 ……………………………………………………………… 231

附录 …………………………………………………………………………………… 233

参考文献 ……………………………………………………………………………… 273

第一章

乡村旅游基础知识概述

[学习目标]

1. 了解乡村旅游的产生、发展阶段以及国内外学者对乡村旅游概念的界定。
2. 明确国内外乡村旅游的发展现状。
3. 掌握乡村旅游的功能和意义。

[实训要求]

1. 通过实地乡村旅游体验，加深对乡村旅游内涵的理解。
2. 能联系实际，深刻体会乡村旅游的功能。

世界最原始的乡村旅游缘于古人求生存谋发展，捕猎和驯养是其最初形式。远古的先民们为生存而进行的奔波、流浪之旅饱含行路过程中胜利的愉悦、失败的懊丧和对未来的希望，是原始人从生存斗争中引发出的旅行或旅游的原始模式，揭开了乡村旅游序幕。夏、商、周时期的男女相约而游、春天"修禊之旅"、先秦游学、帝王巡游、外交聘问、宫廷婚旅、学子游学、谋士游说、王侯游猎等丰富多彩的功利旅游活动，都发生在广袤的乡村地区。自唐朝起，城郊游乐，旅游下移，春节、元宵节、寒食节、清明节等时节踏青游春，附以荡秋千、踢足球、打马球、拔河、斗鸡等游乐活动，形式多样。

18世纪后半期，乡村旅游作为一种社会休闲活动而正式在欧洲出现，受"浪漫旅游者"的影响，尤其在斯科特的文学作品和特纳油画的感召下，大量的旅游者涌入苏格兰高地。1865年意大利"农业与旅游全国协会"的成立拉开了国际乡村旅游序幕。20世纪20年代，铁路的发展使更多的人能够去乡村，从而使乡村旅游发展迅速。在英国、德国、美国、加拿大、澳大利亚、新西兰、西班牙等发达国家，乡村旅游逐渐已成为大众化的社会活动。

现代意义上的乡村旅游在我国出现较晚，以1978年中国台湾苗栗县大湖葡萄园的偶然开辟为发端。此后，改革开放较早的深圳举办荔枝节，各地效仿，也纷纷开办了各具特色的观光农业项目。20世纪90年代初,北京、广东、上海、苏南、山东等地乡村旅游悄然兴起,并以1998年"华夏城乡游"正式拉开乡村旅游序幕。1999年推出"生态旅游年",以"返璞归真,怡然自得"为口号,推出观鸟、徒步、垂钓、探险、登山等乡村旅游活动;2002年推出"民间艺术游";2004年为"中国百姓旅游年",等等。至此,中国乡村旅游进入前所未有的发展时期,乡村旅游市场也出现了空前繁荣。2004年、2005年国务院1号文件先后两次将"三农"问题提到前所未有的高度,因乡村旅游是解决"三农"问题的助推剂,是旅游扶贫的"试金石",受到各地乡村的高度重视。

但是,在乡村旅游发展的过程中依然存在着两种思路。一种是无视或轻视乡村建设,用资本代替人本,用商人消灭农人,用人造妄为的设计来改造乡村,用城里的奢华之风浸染乡土。这样的乡村旅游规划,是用拙劣的商业化投资来毁坏乡村的自然与人文。

而另一思路是立足于乡村建设,将乡村旅游作为乡村建设的一个牵引机,用乡村建设作为乡村旅游的基础。乡村建设涉及乡镇规划、乡村经济和乡土文化;在乡镇规划中保持农村的特色,在乡村经济中保留农业的份额,在乡土文化中保存农民的精神家园。我们应该意识到乡村建设对于中国社会和中国文化的意义,乡村旅游中的生活分享让旅游者得到的不仅是一种贴近自然的生活方式,而且可以促使人们去思考,去体验,让成年人能够回忆起童年,让大城市的孩子们能够有机会去近距离感受真实的泥土和生机。

第一节 乡村旅游的起源及发展

一、乡村旅游的产生及发展阶段

有关国际乡村旅游的起源,业界和学界的说法不一,一种说法是乡村旅游起源于1855年的法国,当时法国巴黎市的贵族组织到郊区乡村度假旅游;另一种说法是乡村旅游起源于1865年的意大利,那一年意大利成立了"农业与旅游全国协会",专门介绍城市居民到乡村休闲旅游。尽管众说纷纭,但乡村旅游起源于19世纪的欧洲却是大家的共识。

纵观国际乡村旅游规划发展的过程,大致可以分为三个阶段:

(一)19世纪中期到20世纪前期的萌芽——兴起阶段

城市人开始认识农业旅游价值,并参与了乡村农业旅游,如法国、意大利。

(二)20世纪中期到20世纪80年代的观光——发展阶段

乡村观光农业发展,形成农业和旅游相结合的新产业,如西班牙、日本、美国。

(三)20世纪80年代后的度假——提高阶段

观光农业由观光功能向休闲、度假、体验、环保多功能扩展,如日本、奥地利、澳大利亚。

我国的乡村旅游起步较晚,一种说法是,萌芽于20世纪50年代,当时为外事接待的需要,在山东省安丘市石家庄村率先开展了乡村旅游活动;另一种说法是,在20世纪80年代后期,改革开放较早的深圳首先开办了荔枝节,主要目的是为了招商引资,随后又开办了采摘园,取得了较好的效益。于是各地纷纷效仿,开办各具特色的观光农业项目。国内学者绝大多数认为国内的乡村旅游从20世纪80年代末兴起。

由于起步较晚，我国的乡村旅游目前尚处于从导入期向成长期过渡的阶段。20世纪90年代以来，我国积极推动乡村旅游和农业旅游的发展。1998年，国家旅游局推出"华夏城乡游"，提出"吃农家饭、住农家院、做农家活、看农家景、享农家乐"的口号，有力地推动了我国乡村旅游业的发展。1999年，国家旅游局推出"生态旅游年"，全国各地抓住新机遇，充分利用和保护乡村生态环境，开展乡村农业生态旅游，进一步促进了我国乡村旅游业的发展。目前，我国乡村旅游发展势头良好，呈现出欣欣向荣的景象。乡村旅游的发展速度较快，各种农业观光园、农家乐、采摘节等乡村旅游形式在各地大量涌现。总的来说，乡村旅游在空间布局上主要分布于都市郊区、远离客源的景区和老少边穷地区。

二、国内外乡村旅游发展现状

乡村旅游开发的形式没有统一的标准，应根据当地社区的实际情况，因地制宜，结合农业生产和农村产业结构调整进行开发，充分体现"社区事务，社区参与"的主旨，尽量通过不同模式的探索实现当地文化的保护和持续发展。

（一）国内外乡村旅游的现状

1. 国外乡村旅游的发展现状

目前很多国家把发展乡村旅游纳入解决农村问题、推动农村持续全面进步的战略范畴，从政策层面进行有效推动。突出强调保持乡村自然人文环境的原真性。乡村旅游朝选择的多样化和方式的自助化方向发展。乡村旅游客源从区域性向跨区域、国际化方向转化。目前乡村旅游在德国、奥地利、英国、法国、西班牙、美国、日本等发达国家已具有相当的规模，走上了规范化发展的轨道。在许多国家，乡村旅游被认为是一种阻止农业衰退和增加农村收入的有效手段。美国的30个州有明确针对农村区域的旅游政策，其中14个州在它们的旅游总体发展规划中包含了乡村旅游。许多国家，都认为乡村旅游业是农村地区经济发展和经济多样化的动力。

2. 国内乡村旅游的发展现状

据国家旅游局的最新测算，目前中国乡村旅游的年接待游客人数已经达到3亿人次，旅游收入超过400亿元，占全国出游总量的近1/3。目前全国农业旅游示范点已经达到359家，遍布内地的31个省区市，覆盖了农业的各种业态。每年全国城市居民在小长假期间出游选择乡村旅游的比例约占70%。2006年和2007年，国家旅游局分别把旅游年主题定义为"中国乡村游"和"和谐城乡游"，将旅游发展的重点直指农村，"吃农家饭、住农家屋、学农家活、享农家乐"，乡村游在悄无声息中受到游客热捧。农家旅馆在我国经济发达地区悄然兴起，并成为乡村度假的重要承载。乡村旅游实现了从观光到度假旅游方式的升级，并成为我国广大农村发展第三产业的一条重要途径。

（二）国内外乡村旅游经营模式

1. "个体农户经营"模式

个体农户经营模式是最简单、最初级的一种模式，它主要以农民为经营主体，农民自主经营，通过对自己经营的农牧果场进行改造和旅游项目的建设，使之成为一个完整意义的旅游景区（点），能完成旅游接待和服务工作。通常呈规模小、功能单一、产品初级等特点。通过个体农庄的发展，吸纳附近闲散劳动力，通过手工艺、表演、生产等形式加入服务业中，形成以点带面的发展模式。

2. "农户+农户"模式

此种模式是由农户带动农户，农户之间自由合作，共同参与乡村旅游的开发经营。这也是一种初级的早期模式，通过农户之间的合作，达到资源共享的目的。在远离市场的乡村，农民对于企业介入乡村旅游存在顾虑，大多数农民不愿把自己的土地或资金交给企业管理，他们更信任"示范户"。"示范户"通常是"开拓户"，首先开发乡村旅游并获得成功，在他们的示范带动下，农户纷纷加入旅游接待的行列。这种模式投入较少，接待量有限，但乡村文化保留最真实，游客花费少还能体验最真的本地习俗和文化。但受管理水平和资金投入的影响，通常旅游带动效应有限。

3. "公司+农户"模式

此模式的主要特点是公司开发、经营与管理，农户参与，公司直接与农户联系合作。这种模式的形成通常是以公司买断农户的土地经营权，通过分红的形式让农户受益。它是在发展乡村经济的实践中，由高科技种养业推出的经营模式，因其充分考虑了农户利益，在社区全方位参与中带动了乡村经济发展。它在开发浓厚的乡村旅游资源时，充分利用了农户的闲置资产、富余劳动力、丰富的农事活动，向游客展示了真实的乡村文化。同时，通过引进旅游公司的管理，对农户的接待服务进行示范，避免不良竞争损害游客的利益。但这种模式也存在一定的缺点。

4. "公司+社区+农户"的模式

公司先与当地社区（如村委会）进行合作，通过村委会组织农户参与乡村旅游，公司一般不与农户直接合作，但农户接待服务、参与旅游开发则要经过公司的专业培训，并制定相关的规定，以规范农户的行为，保证接待服务水平，保障公司、农户和游客的利益。在湖南浏阳市"中源农家"，2001年成立"浏阳中源农家旅游公司"，负责规划、招徕、营销、宣传和培训；村委会成立专门的协调办，负责选拔农户、安排接待、定期检查、处理事故等；农户负责维修自家民居，按规定接待、导游服务、打扫环境卫生。现在全村53户农民中有40家参与旅游的接待服务，保证了公司、农户、游客的利益，同时村级经济实力也得到了较大的提高，并改善了村里公路，增加了公共设施。

5. "政府+公司+农民旅游协会+旅行社"模式

这一模式的特点是发挥旅游产业链中各环节的优势，通过合理分享利益，避免了乡村旅游开发过度商业化，保护了本土文化，增强了当地居民的自豪感，从而为旅游可持续发展奠定了基础。例如贵州平坝县天龙镇在发展乡村旅游时就采用了这种模式。具体的做法是政府负责乡村旅游的规划和基础设施建设，优化发展环境；乡村旅游公司负责经营管理和商业运作；农民旅游协会负责组织村民参与地方戏的表演、导游、工艺品的制作、提供住宿餐饮等，并负责维护和修缮各自的传统民居，协调公司与农民的利益；旅行社负责开拓市场，组织客源。天龙镇从2001年9月开发乡村旅游，到2002年参与旅游开发的农户人均收入提高了50%，同时推进了农村产业结构的调整，在参与旅游的农户中有42%的劳动力从事服务业，并为农村弱势群体（妇女、老人）提供了旅游从业机会，最大限度地保存了当地文化的真实性，使古老的民族文化呈现出勃勃生机。

6. 股份制模式

为了合理地开发旅游资源，保护乡村旅游的生态环境，可以根据资源的产权将乡村旅游资源界定为国家产权、乡村集体产权、村民小组产权和农户个人产权4种产权主体。在开发乡村旅游时，可采取国家、集体和农户个体合作，把旅游资源、特殊技术、劳动量转化成股本，收益按股分红与按劳分红相结合，进行股份合作制经营。通过土地、技术、劳动等形式参与乡村旅游的开发。企业通过公积金的积累完成扩大再生产和乡村生态保护与恢复，以及相应旅游设施的建设与维护。通过公益金的形式投入到乡村的公益事业（如导游培训、旅行社经营和乡村旅游管理），以及维持社区居民参与机制的运行等。同时通过股金分红支付股东的股利分配。这样，国家、集体和个人可在乡村旅游开发中按照自己的股份获得相应的收益，实现社区参与的深层次转变。通过"股份制"的乡村旅游开发，把社区居民的责（任）、权（利）、利（益）有机结合起来，引导居民自觉参与他们赖以生存的生态资源的保护，从而保证乡村旅游的良性发展。

第二节 乡村旅游的内涵

一、国内外学者对乡村旅游的解读

（一）国外学者对乡村旅游的解读

国外学者相当重视对乡村旅游概念的研究，认为这涉及乡村旅游理论体系的构建，但目前对概念的界定尚未取得一致意见。比较有影响的乡村旅游定义有如下几种：

世界旅游组织在《地方旅游规划指南》（《旅游与环境丛书》之一）界定：乡村旅游是指"旅游者在乡村（通常是偏远地区的传统乡村）及其附近逗留、学习、体验乡村生活模式的活动。该村庄也可以作为旅游者探索附近地区的基地"。欧洲联盟（EU）和世界经济合作与发展组织（OECD，1994）将乡村旅游（Rural tourism）定义为发生在乡村的旅游活动。其中"乡村性（Rurality）是乡村旅游整体推销的核心和独特卖点"。保持乡村性的关键是：小规模经营、本地人所有、社区参与、文化与环境可持续。

德诺伊（Dernoi, 1983）指出：乡村旅游是发生在有与土地密切相关的经济活动（基本上是农业活动）的、存在永久居民的非城市地域的旅游活动。他认为，永久性居民的存在是乡村旅游的必要条件。乡村旅游为农民提供了第二个收入来源，带来更多的就业，减少了人口的流失，带来了城市新观念。它给城市人体验乡村生活的机会，提升了他们对乡村问题的认识。它促进乡村经济的多元化，尤其是手工艺，有利于基础设施改造。

在德国，乡村旅游主要是指有人居住的农村空间旅游，包括农场旅游和农林地区或社区，不包括野生地。D. Getz and S. J. Page（1997）认为应包括野生地，即所有的非城市旅游都是乡村旅游。并根据世界各国乡村旅游的实践，总结归纳了乡村旅游概念包括以下内容要素：①乡村旅游的经营者；②乡村旅游产品和服务，包括旅游具体活动、食宿等方面；③乡村吸引力：宁静、偏远、农村生活方式、自然景观、纯朴的村民、娱乐、冒险等活动；④乡村旅游的地理范围：从近郊到广大的农村乃至偏远的野外。因此，在给乡村旅游下定义时还必须考虑这样几个因素,度假型的,相对集中、地理位置、管理的方式以及与当地社区一体化的程度。

Lane(1994)曾对乡村旅游的概念做了较为全面的阐述,他界定纯粹形式的乡村旅游是:①位于乡村地区;②旅游活动是乡村的,即旅游活动建立在小规模经营企业,开阔空间,与自然紧密相联,具有文化传统和传统活动等乡村世界的特点;③规模是乡村的,即无论是建筑群还是居民点都是小规模的;④社会结构和文化具有传统特征,变化较为缓慢,旅游活动常与当地居民家庭相联系,乡村旅游在很大程度上受当地控制;⑤由于乡村自然、经济、历史环境和区位条件的复杂多样,因而乡村旅游具有不同的类型。

Edward Inskeep(1991)对乡村旅游的概念有另外一些看法。他在《旅游规划——一种可持续的综合方法》一书中,将农业旅游(Agro – tourism)、农庄旅游(Farm tourism)、乡村旅游(Rural tourism)等提法不加区分,相互替代,将对偏远乡村的传统文化和民俗文化旅游称之为 Village tourism。

Richard Sharpley(2001)认为乡村旅游企业面临的挑战主要有:缺少支持;缺少训练;旅游设施和旅游吸引物缺乏;淡旺季明显,利用率不高;营销效率低下;等等。可持续发展与环境问题是未来乡村旅游发展的核心,而可持续发展的本质就是本地化(Localization),即开发的目的主要是满足本地社区发展的需要,建设本地产品供应链,鼓励地方工艺品生产,保证收益最大程度地保留在本地,确保开发力度在环境与社会承载力之内。Mormont(1990)认为乡村包含重叠的社会空间,这些社会空间有各自不同的思维方式、社会制度和行为网络。乡村的吸引力在于它能提供都市生活所不能提供的东西。乡村人口可以划分为三种类型:乡村 – 乡村型(Rural – rural),乡村 – 城市型(Rural – urban),城市 – 乡村型(Urban – rural)。

(二)国内学者对乡村旅游的解读

我国很多学者对乡村旅游进行了研究,据笔者从公开发表的文献资料统计,国内先后有近30位学者对乡村旅游从不同角度做过定义。归纳起来,大致可以划分为四类:

1. 将乡村旅游与农业观光旅游等同

在我国乡村旅游的发展过程中,早期一些研究者曾经出现过乡村旅游概念有欠清晰、思路不够明确的过程。在20世纪90年代,尤其是1995年前后,业界、学界和旅游主管方面曾经一度较多地使用"观光农业"来指代"乡村旅游"。关于这一方面的内容,比较集中地反映在1995年出版的《观光农业》一书中。

杨旭认为,所谓乡村旅游,就是以农业生物资源、农业经济资源、乡村社会资源所构成的立体景观为对象的旅游活动。

王仰麟认为,乡村旅游是以农业和农村为媒介,能满足旅游者观光、休闲、度假、娱乐、购物等功能的旅游业。

杜江、向萍认为乡村旅游是以农业文化景观、农业生态环境、农事生产活动以及传统的民族习俗为资源,融观赏、考察、学习、参与、娱乐、购物、度假于一体的旅游活动。

何微认为乡村旅游是以农业的自然和社会资源作为吸引物,以都市居民为客源市场,针对他们回归自然的旅游需求,满足游客观光、务农娱乐、休闲度假、购物等多种需求而开展的参与性强、文化内涵深厚、乡土趣味浓郁的新兴旅游活动。

2. 认为发生在乡村的旅游活动都是乡村旅游

吴必虎认为，所谓乡村旅游就是发生在乡村和自然环境中的旅游活动的总和。

贺小荣认为乡村旅游是指以乡村地域上一切可吸引旅游者的旅游资源为凭借，以满足观光、休闲、度假、学习、购物等各种旅游需求为目的的旅游消费行为及其引起的现象和关系的总和。

王秀红认为乡村是指，凡是发生在乡村地区，以乡村的自然田园风光或乡村特点的民俗文化、农业文化、聚群文化、民居文化等作为旅游吸引物吸引游客的旅游形式。

刘承良、吕军认为乡村旅游是指旅游者在乡村地区所从事的所有旅游活动，以实现对乡村自然、人文的感知和体验，从而达到精神的升华。

3. 认为乡村旅游是发生在乡村，以具有乡村特色的自然和人文旅游资源为吸引物的旅游活动

何景明和李立华借鉴国外的乡村旅游的定义，认为狭义的乡村旅游是指在乡村地区，以具有乡村性的自然和人文客体作为旅游吸引物的旅游活动。

蒙睿认为，乡村旅游是相对城市景观、人造景观旅游而言的，区别于城市地域的，以分布在乡村地区的旅游资源为吸引物而展开的一种生态旅游活动。

马彦琳认为，乡村旅游特指在乡村地区开展的，以特有的乡村人居环境、乡村民俗（民族）文化、乡村田园风光、农业生产及其自然环境为基础的旅游活动，即以具有乡村性的自然和人文客体为旅游吸引物的旅游活动。

刘德谦认为乡村旅游就是以乡村地域及农事相关的风土、风物、风俗、风景组合而成的乡村风情为吸引物，吸引旅游者前往休息、观光、体验及学习等的旅游活动。

杨敏、白廷斌认为乡村旅游是以乡村地域自然环境和乡村社区文化为对象的旅游活动形式。

邹统钎认为，客源地的城市性（urbanity）与目的地的乡村性（rurality）级差或梯度是乡村游的动力源泉，乡村旅游生存的基础是乡村性或乡村地格（rural placeality）。乡村性是乡村旅游的中心和独特的卖点。

4. 从旅游客体类型和旅游主体需求特征双向定义乡村旅游

前三类都是从旅游客体特性、空间位置角度定义乡村旅游的，也有一些学者从旅游客体和主体双向特征定义乡村旅游。

王兵认为乡村旅游是以乡野农村的风光和活动为吸引物，以都市居民为目标市场，以满足旅游者娱乐、求知和回归自然等方面需求为目的的一种旅游方式。

肖佑兴认为，乡村旅游是指以乡村空间环境为依托，以乡村独特的生产形态、民俗风情、生活形式、乡村风光、乡村居所和乡村文化等为对象，利用城乡差异来规划设计和组合产品，集观光、游览、娱乐、休闲、度假和购物为一体的一种旅游形式。

范春认为，乡村旅游指的是以典型乡村景观资源为吸引点，能够满足游客求异、求知、求根等需求的旅游活动现象。

黄成林认为，乡村旅游是以乡村景观（包括农业文化景观、农业生态景观、农村聚落景观、农事活动等）及传统民俗为旅游资源，融观赏、考察、学习、参与、娱乐、购物、度假于一体的旅游活动。

孙飒认为，乡村旅游是指以远离都市的乡野地区为目的地，以乡村特有的自然和人文景观为吸引物，以城镇居民为主要目标市场，通过满足旅游者休闲、求知和回归自然的需求而获取经济和社会效益的一种旅游方式。

二、乡村旅游的概念及其特征

（一）乡村旅游的概念

综上所述，国内外学术界对乡村旅游还没有完全统一的定义，中国学者一般认为，乡村旅游是以农民为经营主体，以农民所拥有的土地、庭院、经济作物和地方资源为特色，以为游客服务为经营手段的农村家庭经营方式。中国专家们形成了一个比较统一的意见，认为我国的乡村旅游至少应包含以下内容：一是以独具特色的乡村民俗文化为灵魂，以此提高乡村旅游的品位丰富性；二是以农民为经营主体，充分体现"住农家屋、吃农家饭、干农家活、享农家乐"的民俗特色；三是乡村旅游的目标市场应主要定位为城市居民，满足都市人享受田园风光、回归淳朴民俗的愿望。

因此笔者认为，乡村旅游是指在乡村范围内，利用农村自然环境、田园景观、农林牧渔生产、民俗风情、农村文化、农家生活、村落古镇等旅游资源，通过科学规划和开发设计，满足游客观光、休闲、度假、体验、娱乐、健身等多项需求的旅游活动。

（二）乡村旅游的特征

1. 位置性

乡村旅游活动空间位于乡村地区，从近郊到广大的农村乃至偏远的野外。

2. 乡村性

乡村性是乡村旅游生存的基础，是乡村旅游独特的卖点。"乡村性"集中表现为3个层面：第一，乡村自然生态景观，以乡村聚落环境为依托，明显区别于城市景观；第二，乡村产业，包括乡村农业、林业、牧业、渔业、商业等以及通过乡村产业体现乡村传统和现代生产方式等；第三，乡村文化，包括显性和隐性文化，通过乡村居民、生活传统、风俗节庆、民间传说、乡土建筑、历史文化等展现出来。

3. 客源市场的城镇性

乡村是与城镇相对立而存在的，乡村旅游独特的吸引力就在于它的乡村性，而乡村风景和风情能够激发的无疑主要是城镇居民的旅游热情。从全国各地乡村旅游地接待的旅游者来看，也主要是近距离的城镇旅游者。当然客源市场的城镇性，并不意味着城镇居民是乡村旅游地接待旅游者的唯一来源，仅指其主体是城镇居民。

4. 类型的多样性

一方面，乡村旅游资源丰富多样，既有乡村自然风景，如乡村自然环境、田园风光、农事活动；又有具乡村特色的乡土文化，如民俗文化、农业文化、聚群文化、民居文化等。即使是同一类型的自然或人文景观，也由于自然、历史、民族的差异而使它们各具特色，正如"十里不同风，百里不同俗"。另一方面，由于旅游主体需求的差异，而使乡村旅游产品呈现多样性的特征。乡村旅游的开发应当满足城镇居民观光、休闲、娱乐、度假、求知、购物等各方面的因素。

第三节 乡村旅游的功能与意义

发展乡村旅游是解决"三农"问题一个全新的突破口：一是可与全面建设小康社会、解决"三农"问题和扶贫开发紧密结合起来，将发展乡村旅游作为农村脱贫奔小康、改造农村和使农民就地走向现代化的新途径；二是可与加快发展旅游业结合起来，成为一些地区的旅游优势和品牌；三是可使乡村旅游成为落实科学发展观的新样板，成为实现五个统筹的最佳载体，形成特殊产业，减少城乡差距，增强农民的环保意识，促进可持续发展。现代乡村旅游是20世纪90年代以后出现在农村区域的一种新型旅游模式，尤其是在2010年以后发展迅速，我国的乡村旅游一般以独具特色的乡村民俗文化为灵魂，以农民为经营主体，以城市居民为目标市场，发展乡村旅游具有显著的功能和意义。

一、乡村旅游的功能

（一）经济功能

乡村旅游是农民就业增收的重要途径，有利于农村剩余劳动力的就地就近转移；是调整农村产业结构的重要方式，有利于农村经济的快速发展。

（二）社会功能

乡村旅游为都市居民与农村居民提供交流平台，有利于农村经济的发展和农村面貌的改善；有利于促进农村社会的进步，缩小城乡差距。

（三）教育功能

乡村旅游可以为游客提供了解农业文明、学习农业知识、参与农业生产活动的机会，是融知识性、科学性、趣味性为一体的农业生态科普园地。

（四）文化功能

乡村旅游文化包涵农村民俗文化、乡村文化和农业产业文化，在为游客提供各种农村文化活动的同时，也能促进农村文化发展。

（五）环保功能

乡村旅游的发展可以保护和改善生态环境，维护自然景观生态，提升环境品质，有利于生态系统良性循环。

（六）游憩功能

乡村旅游可以为游客提供观光、休闲、体验、娱乐、度假等各种活动的场所和服务，有利于放松身心，缓解紧张工作和学习的压力，陶冶性情。

（七）医疗功能

乡村旅游区具有优美的自然环境、新鲜的空气、宁静的空间，有利于调剂身心及养生保健。

二、乡村旅游的意义

(一) 为旅游领域拓展了新天地

乡村旅游是现代旅游业向传统农业延伸的新尝试。通过旅游业的推动,将生态农业和生态旅游业推到了历史的前台。旅游业到农村去开辟广阔天地,借农业经济之优势求发展,农业借旅游业之优势求进步,两种产业相互促进,相互补充,相得益彰。发展乡村旅游将更加丰富中国农业大国旅游业的特色与内涵。

(二) 为农村经济找到了新的增长点

利用农业的生产经营活动、农业自然环境和人文资源,经过规划设计,形成一个具有田园之乐的观光休闲旅游度假园区,既可高效地发挥农业生产功能,又可发挥农业的生活功能和生态功能,扩大农业生产范围,调整和优化农业生产结构,提高农产品附加值,加快农业劳动力转移,增加农业效益和农民收入,促进农村经济繁荣。

(三) 为城市旅游热点扩散提供广阔场所

目前,城市旅游资源的开发已近极致,各旅游"热点"的发展已近饱和,各个旅游景点已人满为患,必须通过一定的手段向外扩散,减轻城内压力。过热的城内景区要向外扩散,发展城市边缘地区的乡村旅游是分散城市旅游热点的最佳策略。乡村容量大,承受力强,可以疏散城市旅游热点的游客压力。乡村旅游能充分满足城市游客走近自然、求新求异的旅游需求,缓解城市生活压力。发展乡村旅游,可以更新人们的旅游观念,为发展生态旅游创造新的前景。

(四) 促进城乡一体化发展

长期以来,由于受"二元"经济结构的影响,城市和乡村存在明显差别,城乡之间的经济联系和文化交流也较少。通过发展乡村旅游,可以密切城乡联系,加强城乡文化交流,使城市人更多地了解农村、关心农村,有的还投资于农村。乡村人可以更多地了解城市信息,学习城市人的开放意识和市场观念,转变农民的观念,改变农村落后面貌,加快农村经济改革和现代化建设,缩小城乡差别,建设社会主义现代化新农村。

[实务训练]

任课老师提前联系学校所在地附近的乡村旅游地,带领学生到该地进行调研,了解该乡村旅游地的特色、经营模式、市场来源等。

[知识归纳]

乡村旅游起源于19世纪的欧洲。

乡村旅游实现了从观光到度假旅游方式的升级,并成为我国广大农村发展第三产业的一条重要途径。

国内外乡村旅游经营模式主要有个体农户经营模式、"农户+农户"模式、"公司+农户"模式、"公司+社区+农户"模式、"政府+公司+农民旅游协会+旅行社"模式、股份制模式。

我国的乡村旅游至少包含以下内容：一是以独具特色的乡村民俗文化为灵魂，以此提高乡村旅游的品位丰富性；二是以农民为经营主体，充分体现"住农家屋、吃农家饭、干农家活、享农家乐"的民俗特色；三是乡村旅游的目标市场应主要定位为城市居民，满足都市人享受田园风光、回归淳朴民俗的愿望。

乡村旅游是指在乡村范围内，利用农村自然环境、田园景观、农林牧渔生产、民俗风情、农村文化、农家生活、村落古镇等旅游资源，通过科学规划和开发设计，满足游客观光、休闲、度假、体验、娱乐、健身等多项需求的旅游活动。

乡村旅游具有位置性、乡村性、客源市场的城镇性、类型多样性。

乡村旅游具备经济功能、社会功能、教育功能、文化功能、环保功能、游憩功能及医疗功能。

复习思考

1. 国内外乡村旅游产生的背景、发展阶段、发展现状是什么？
2. 国内外学者是如何界定乡村旅游的？
3. 乡村旅游的特征是什么？
4. 乡村旅游的功能及意义是什么？

第二章

乡村旅游资源概述

[学习目标]

通过本章的学习能够使学生对乡村旅游资源有所认识。要求学生通过本章的学习能够做到：

1. 了解乡村景观；
2. 掌握乡村旅游资源的基本概念和分类；
3. 熟悉乡村旅游资源开发的方法和原则。

[引导案例]

2011年浙江乡村旅游收入逾70亿元

近年来，依托乡村丰富的旅游资源，"美丽乡村"建设在浙江大地崛起。2007年，浙江省评定了省内美丽乡村100佳，其主要集中在钱塘江流域和浙东沿海一线，具有近水系、近沿海分布格局。截至2011年年底，全省"美丽乡村"建设投入资金126亿元，完成环境整治村3 100个，累计80%以上行政村得到整治。同时，"美丽乡村"的大力建设也为乡村旅游资源的开发提供了政策支持和经济保障，现已建成农家乐旅游村点2 765个，经营农户达1.2万户，直接从业人员10.17万人；全年直接营业收入70.5亿元，游客购物收入15亿元，正面反映了浙江省"美丽乡村"建设和乡村旅游资源的开发同规划、同部署，以及"美丽乡村"建设对于乡村旅游资源开发的积极作用。

（资料来源：http：//www.chinanews.corn/cj/2012/02—03/3644308.shtml）

第一节　乡村旅游资源的内涵

在中国的旅游业中，乡村是构成整个旅游业发展的宏大地理背景，也是旅游业发展的一个重要组成部分,它使中国旅游更具魅力。在"建设美丽乡村""人民呼唤绿水青山""乡愁"等关键词的时代前景下,对于乡村旅游的研究离不开关于乡村旅游资源诸多问题的探讨。但是,脱离了旅游资源范畴研究乡村旅游资源是不完整的,撇开乡村地域概念谈乡村旅游资源也是不客观的。因此,对于乡村旅游资源的相关问题的探讨,在立足乡村本身的同时还应结合旅游资源的内涵。

一、旅游资源的概念与内涵

旅游资源作为现代旅游业得以发展的重要条件,是旅游业的基础要素,是旅游活动的客体。一般来说,旅游资源可以是具有具体形态的物质单体或复合体,如历史文化古迹、地形地貌、野生动植物等,也可以是不具有物质形态的社会因素,如风俗民情、文化传统、人文景物、非物质文化遗产等。对于旅游资源的定义,国内外相关学者及机构给出了众多释义,西方国家学者多将旅游资源称作旅游吸引物(tourist attraction),与中国不同的是,它不仅包括旅游地的旅游资源,而且还包括接待设施和优良的服务因素,甚至还包括舒适快捷的交通条件,是一个内涵极为广泛的概念。

我国从20世纪70年代开始对旅游资源的内涵进行深入研究,但至今没有达成一致意见。1992年,国家旅游局和中国科学院地理研究所制定的《中国旅游资源普查规范(试行稿)》将旅游资源定义为:"所谓旅游资源是指:自然界和人类社会,凡能对旅游者有吸引力,能激发旅游者的旅游动机,具备一定旅游功能和价值,可以为旅游业开发利用,并能产生经济效益、社会效益和环境效益的事物和因素。"2003年2月24日国家标准部门颁布了中华人民共和国国家标准GB/T 18972—2003《旅游资源分类、调查与评价》。此标准将旅游资源定义为:"自然界和人类社会凡能对旅游者产生吸引力,可以为旅游业开发利用,并可产生经济效益、社会效益和环境效益的各种事物和因素。"在本书中,我们采用这一定义,因为它肯定了旅游资源对旅游者存在吸引力,明确了旅游资源是旅游业的开发对象,是旅游产品的来源,同时确定了经济效益、社会效益和环境效益是旅游资源为旅游业开发利用的限制条件。

据此,将旅游资源的内涵概括为以下三点:一是旅游资源能够对旅游者产生吸引力,激发旅游者的旅游动机;二是旅游资源是旅游业的开发对象,是旅游产品的来源;三是旅游资源是旅游区开发的基础前提和条件,旅游资源数量的多寡、类型的多样性、特色的独立性和空间分布与组合的合理程度等会对旅游区发展产生重要的影响。

二、乡村旅游资源的概念与内涵

(一)关于乡村旅游资源的基本认识

对乡村旅游资源的认识,国内外很多学者都对其进行了研究,并从不同角度进行了解释。

1. 从产品的角度认识乡村旅游资源

从产品的角度上来看,人们把乡村旅游资源作为旅游开发开发的"原材料",认为旅游就像其他的经济活动,是一个生产过程,是从原材料到开发到形成最终产品,然后卖给消费者的过程。当旅游经营者认识到这些乡村旅游资源是有价值的、能被开发利用的"原材料"

时，就会把它们投入乡村旅游产品的生产过程中，从而发挥这些原材料的价值。

乡村旅游的"原材料"实际上就是存在于乡村之中，能够被开发者利用的各种丰富的、天然的、人文的乡村旅游资源，诸如农事活动、农村聚落、农民生活、农业生态、农业收获物、乡村自然地域风貌、地方土特产品、乡村艺术工艺品，以及多民族的风俗人情和历史古迹等要素。如此看来，乡村旅游资源是在现实条件下，能够吸引人们产生旅游动机并进行旅游活动的各种有一定内涵和特色的自然、人文、物质及精神的乡村旅游景观。这些景观能为旅游者提供游览、观赏、知识、乐趣、度假、疗养、娱乐、休息、探险猎奇、考察研究、社会交往等功能和服务。也就是说，乡村旅游资源是指那些能够吸引旅游者前来进行旅游活动，能够为旅游业所利用，并能产生经济、社会、文化、生态等综合效益的各种因素。它是乡村独特的生产形态和乡村特殊的环境所产生的农业生产、农村生活、农村风情等客观体的综合体。

2. 从乡村景观的角度认识乡村旅游资源

景观一词最初源于人们对自然景物的感知和认识，是一种视觉美学意义上的体验，可以被看见的风景皆可被称为景观。一般来说，乡村景观是乡村地区范围内，经济、人文、社会、自然等多种现象的综合表现。乡村景观是相对于城市景观而言的，两者的区别在于地域划分和景观主体的不同。虽然城市化速度的提高，使得乡村在地域范围内成了一个不稳定概念，但究其本质原因来说，乡村景观依旧是人与自然环境相互作用的产物，因此，首先，乡村景观所涉及的对象是在乡村地域范围内与人类聚居活动有关的景观空间，包含了乡村的生活、生产和生态三个层面，即乡村聚落景观、生产性景观和自然生态景观，并且与乡村的社会、经济、文化、习俗、精神、审美密不可分；其次，乡村景观是乡村资源体系中具有宜人价值的特殊类型，是一种可以开发利用的综合资源，是乡村经济、社会发展与景观环境保护的宝贵资产。

[小贴士]

景观与乡村景观的异同

在景观学的语境下，我们通常认为，乡村景观是包含在景观这个大范畴下的一类分支，但乡村景观与景观相比较，乡村景观不仅有凝结在其中千百年来形成的农耕文化，而且其本身的形态构成也有着不同于一般园林景观的特点：①乡村景观是以生产、生活为主而形成的大地景观形态，它具有实用性，其美在于其生活场景、田园风光、聚落形态的朴实和富有生机；②它的尺度范围较大，从村落旁边小的林地、溪流到大尺度的农田、河网、道路、聚落，都属于农业景观的范畴；③乡村景观融合了社会的发展和生产力的变化；④乡村景观具有显著的地域特征，与自然地貌、气候特征密不可分。

从乡村景观的角度来说，乡村旅游资源是人与自然环境长期作用而形成的统一和谐的乡村景观，是指在乡村地域范围内能够被利用的景观及景观资源，是对乡村居民和城市居民都能够产生吸引力，并满足旅游需求的乡村事物、事件、过程、活动、人物、乡村文化、乡村民俗、口头传说、民间艺术、乡土教育等资源。它是由自然环境、物质要素和非物质要素共同组成的有机整体。因此，乡村旅游资源的数量、类型、品位、地方性组合特征和乡村居民的友善好客等居民态度能够构成乡村旅游资源的主要特征，而乡村旅游资源开发程度、基础设施建设、经济等条件能够为乡村旅游资源开发所利用。

3. 从旅游学的角度认识乡村旅游资源

一般来说，乡村旅游资源之所以得到更多的关注，是因为现代社会演进的过程里，人们在旅游方面的意识出现了新的动态变化。现代人对于旅游资源的类型和内容方面的认识有了新的内涵和发展，现代旅游需求出现多样化的变化，都使得乡村旅游资源关注度提升，并需要进行重新的认知和了解。总体来说，现代乡村旅游资源的内涵范围不断扩充，种类日益丰富。

综观而言，我国旅游领域的热点在不断变化，依次从初期以观光游览历史名城、名山大川为重点，逐渐转换到了田园生活这一中心上。正是由于现代旅游的内涵趋于丰富和更加成熟，促使旅游资源的内涵和外延都明显增加，这种发展趋势在现代乡村旅游领域里，在传统意义上不属于"旅游资源"的事物、一些特征模糊的资源以及在以往不属于人们观念中的事物都发展成为现代旅游开发的有价值的对象，甚至成为现代乡村旅游资源的重要组成部分。举例来说，乡村领域的传统模式娱乐活动、中国南北方特点民居，包括北方的土炕和南方花雕小床等都成了现代乡村旅游资源。因此，从现代旅游领域来看，只要是可以在一定程度上满足现代旅游者需求的事物就可以看作是有价值的旅游资源。在乡村领域，农家民居清幽闲适的氛围、田园风光的自然清新、乡村食品的天然绿色以及乡里乡亲的淳朴热情对希望接触自然、回归自然的城市居民来说，都属于有很大价值的旅游资源。范围广阔的农村区域和收入水平不断提升的工薪阶层，统统构成了客观存在的而不是虚构的广大的卖方和买方市场，这一观念的悄然变化引起了"旅游资源"概念的巨大变化。所以，只要有旅游者的需求存在，并非名山大川、名胜古迹才能成为乡村旅游资源，乡村中一切生产、生活条件和过程均可成为乡村旅游资源开发的对象。

从旅游资源的基本要点出发，乡村旅游资源应该是对旅游者具有吸引功能，被旅游业利用后具有经济、社会、生态等综合效益功能，具有作为现代旅游活动客体的基本属性。因此，相关学者认为，乡村旅游资源是指能吸引旅游者前来进行旅游活动，为旅游业所利用，并能产生经济、社会、生态等综合效益的乡村景观客体。作为乡村旅游资源的乡村景观应该同时具有吸引功能和综合效益功能，应该是生态环境保护较好的、给人以美的享受的旅游活动的客体。

（二）乡村旅游资源的内涵

乡村旅游资源作为乡村地域内能为旅游业所利用的原材料，是能够吸引旅游者，并能产生经济、社会、生态等综合效益的物质和非物质的吸引物。因此，我们可以认为乡村旅游资源就是指那些具有吸引力的、能够吸引人们离开常住地进行乡村旅游的一切具有乡村特性的事物，可以是有形的客观存在物或自然环境，也可以是无形的文化或社会环境。而此处所提及的吸引物，指的是生态环境保护较好的、给人以美的享受的旅游活动的客体，包括农村的自然风光、人文遗迹、民俗风情、饮食起居、农业生产、农民生活等资源。从乡村旅游的内涵上来说：

1. 乡村旅游资源必须具有旅游吸引力

乡村旅游资源必须具备"旅游吸引力",而不是"文学吸引力"或者其他类型的吸引力,这种吸引力是足以能够吸引旅游者发生离开常住地进行空间移动行为的吸引力,这种吸引力是乡村旅游资源的核心。

2. 乡村旅游资源必须具有乡村特性

乡村特性指的是乡村特有的、有别于城市的那些因素,乡村特性是乡村旅游资源吸引力的核心和独特卖点,需要指出的是,并不是所有在乡村地区的旅游资源都具有"乡村特性",例如建在乡村的主题公园,在乡村地区新建的吸引旅游者参观的现代化高楼和生产线等都不是本书界定的乡村旅游资源。至于那些供乡村旅游者住宿的乡村别墅,就更不是乡村旅游资源了,只是乡村旅游接待设施而已。

3. 乡村旅游资源必须要具备有形载体

乡村旅游资源可以是有形的,也可以是无形的,但无形的乡村旅游资源必须要有一个有形的外壳或载体才行,否则难以吸引人们进行乡村旅游。比如"乡村文化"必须要以服饰、音乐、歌舞、建筑等有形物质作为载体展现或表达出来才能被称为乡村旅游资源。若找不到某种有形的外壳或载体来让旅游者感知,则不能算作乡村旅游资源。

实际上,在特定的时空范围内,传统与现代的、自然与人文的、开发和未经开发的乡村旅游资源往往相互融合,难以做出具体的区分,同一乡村旅游目的地,它的资源类型可能既是传统的,也是现代的。因此,乡村旅游资源的相融性在一定层面上也决定了乡村旅游资源内涵的复杂性,但无论从哪个层面来看,乡村旅游资源的内涵都应该是在一定程度上存在能够吸引旅游者、能够被开发者所利用、能够产生相对的经济效益这三方面的共性,并且与旅游资源的内涵有相互融通的特征。

(三)乡村旅游资源的特征

1. 人与自然的和谐性

乡村旅游资源相对于其他旅游资源来说,更多地表现为人和自然的和谐性,是在长期发展过程中,乡村区域的居民和周边的自然环境相互作用和影响而形成的乡村旅游元素。基于旅游资源的乡村景观在形成过程中,可以看作是当地的人和地理环境之间不断磨合和协调的过程。在这一过程中,人们如果顺应了自然发展规律,遵循了生态发展的需要,实现了人和自然之间的协调一致,该区域就会受惠于自然,使得乡村的社会经济更加和谐;如果人的活动违反了自然规律,乡村旅游资源开发利用研究破坏了生态环境,就要受制于自然而使得当地环境恶劣。就是这种人与自然环境之间长期的反复磨合,使得当地的景观发展和自然规律之间逐渐协调,使得农村区域的旅游资源是当地人和自然和谐的产物。相应地,乡村区域的人对自然环境在漫长的历史过程中的改造和适应,最终塑造出来的乡村景观是人和自然直接和谐的表现形式。

2. 乡土性

我国乡村地域辽阔多样,多数地区仍保持原始自然风貌,风格各异的风土人情、乡风民俗,古朴的村庄作坊、原始的劳作形态、真实的民风民俗、土生的农副产品,这种在特定地域所形成的"古、始、真、土",具有城市无可比拟的贴近自然的乡土优势,为游客回归自然、返璞归真提供了优越条件。

3. 广泛性

在全球范围内，除了诸如高山、沙漠以及极寒地区等不适合人生存的地域以外，都有人类居住。这些不同地域的居民在农、林、牧、渔业等产业领域广泛地开展改造自然的实践活动，立足于不同地区的自然条件，人类经过了长期的不懈努力，都在自己的居住地创造出了多种多样的乡村景观。这些景观遍布于世界各个角落，其中大部分都成为现代乡村的旅游资源，为当地乡村旅游业的发展提供了基础。可以说，乡村旅游资源在空间分布上的广泛性是基本特性之一。

4. 多样性

组成乡村旅游资源的成分非常多样，不仅包括自然环境因素，也包括客观存在的物质成分，此外还包括精神文化等非物质成分。因此，构成旅游资源元素和元素组合的复杂性，形成了乡村旅游资源的内在丰富、外在类型多样的本质特点。从形态来看，乡村旅游资源既表现为农村、牧村、渔村以及林区等不同农业类型的景观，也表现为诸如集镇、村落等不同人类不同聚落类型，此外还显示为各地区五彩缤纷的地域民族风情。故而，乡村旅游资源的多样性也是其本质特点之一。

5. 地域性

从乡村旅游资源的基本组成就可知，这种资源和当地的自然环境以及社会环境因素都是紧密相连的。由于这些环境因素的不同，乡村旅游资源显示出差异性的景观类型。以气候的影响为例，不同的气候带造就了不同区域相应的农业带，组成了不同的乡村旅游资源。事实上，诸如政治、宗教、民族、文化、人口、经济以及历史等基本要素所共同决定的不同地区社会环境之间存在的差异性，成为乡村民俗文化的基本立足点。如民族服饰、信仰、礼仪、节日庆典等元素，使得乡村民俗文化表现出不同的地域性特点，也就使得这类乡村旅游资源在深层次上表现出了地域性。因此，各地自然环境和社会环境的不同决定了乡村旅游资源的地域性特点非常突出。

6. 相融性

乡村旅游资源的相融性主要是指人和自然环境长期以来相互作用所共同形成的乡村旅游资源，可以看作是自然环境和历史人文环境各要素融合在一起所形成的复杂却和谐相融的综合体，对于组成资源的任何一个要素来说，所发生的变化都会引发相应的乡村景观发生改变。因此，乡村景观必须要遵循自然规律，受到社会规律的支配性影响，乡村旅游资源实质上就是一个庞大而复杂的资源系统。所以，整体性和相融性是不同地区的乡村旅游资源的共性。

7. 生产性

乡村是农业生产的空间和直接载体，因此乡村旅游资源不但具有旅游功能，还应具有生产功能，不能丧失其生产性。同时，乡村旅游资源的开发改变了农村的生产方式，增加了农产品的商品量和农业的附加值，提高了农村的经济效益；此外，还带动了农产品加工、手工艺品加工等加工工业的发展，促进了农村多元化产业结构的形成，为农村经济的发展注入了新的活力。

8. 季节性

乡村旅游资源具有的季节性一方面和资源的社会性有关，也就是人类在一年内的生产、生活社会实践中遵循季节运行规律决定了乡村旅游资源的季节性，另一方面和资源的自然属性紧密相关，主要表现为乡村旅游资源开发利用研究促使乡村的自然环境、农业生产内容和当地的生活形态都随着季节的演变而表现出一种明显的周期性。自然和人文两方面造成的乡村旅游资源随着季节而变化的规律就体现了这种资源的季节性。

9. 民族性

民族文化是构成乡村旅游资源的重要元素，也体现着乡村旅游资源的灵魂。不同民族都在长期发展中演化出了各自民族所独特的文化。随着现代城市区域的信息交流日益频繁，不同城市地域的民族文化或多或少地融合了其他民族的元素，从而使得现代的城市区域更多地体现了多民族文化交融的发展趋势，使原有的民族文化发生变异。而在我国广大的乡村区域，因为地理区位的偏远、交通和信息的不畅通，这些地区的民族文化传统得到了较好的传承，具有原有的独立性和传统性。这些保持良好的原汁原味的民族文化，赋予了乡村旅游资源独特的魅力，所以对于乡村旅游资源来说，民族性特点较为突出。在一定程度上，民族性和当地的乡村旅游资源吸引力之间有着明显的正相关性。这一特点在我国一些边远地区的少数民族乡村所表现出来的浓郁民俗文化中得到了体现。

10. 生态性

高度工业化的城市地区和生态环境破坏严重，而乡村地区由于地理、交通的限制，较少被外界所干扰，因此，依然保存着较好的自然环境基底，维持着生态的平衡，这些都赋予了乡村旅游资源的生态特性，乡村旅游的独特之处就在于游客在原生态的环境下体验各种活动。

（四）乡村旅游资源的基本构成

乡村旅游资源由自然环境、物质要素和非物质要素三部分共同组成，形成立体、生动的有机复合整体。

1. 自然环境

自然环境就是包括一个地区的地质、地貌、气候、水文以及生物等在内的一种自然综合体，可以看作是乡村旅游资源最基本的素材和背景。人的社会实践活动正是基于自然环境这一对象上，创造出和当地的自然环境保持一致并突出地方特色的乡村景观。一般来说，乡村旅游资源无论是在外部特征表象上，还是在内部结构组成上，都反映出当地自然环境的特征。

形成自然环境的基本组成都表现出了地域性的分布规律，在这一因素的决定下，乡村景观所表现出来的诸如当地的农业类型、居民住房等也都显示出这种地带性的分布规律。总体来看，自然环境不同的要素对于农村景观的形成所产生的影响和作用也是多样化的。首先，当地的地质地貌的特点决定了该地区的乡村景观的宏观外貌特征。例如不同的海拔和地形会直接使得农村景观表现出不同的类型，在江南平原可以欣赏到的是水乡景观，但是不会显示梯田景观，因为这种乡村旅游资源属于山区。同时，地质地貌在各地的不同也在一定程度上影响不同地区乡村旅游资源的利用方式和开发程度，进而会对各地乡村居民的生产生活行为产生影响，导致不同地区乡村的社会经济发展和人们的现实生活都会有不同的形态，决定了不同的乡村景观具有不同的特性。其次，不同乡村区域的气候状况也会对各地的乡村景观产生重要作用。这一方面的影响主要表现为当地的动植物种群、土地和乡村旅游资源开发利用的研究方式以及当地居民生活习惯的独特状况。再次，不同地区的水文状况的差异性也会对乡村地区的农业、交通布局以及居住聚落等产生明显的影响，从而对乡村景观起到一定的作用；乡村土壤条件的差异性也和农业生产组成有着紧密的联系。最后，各地区乡村中的不同生物类型，特别是植物类型是不同乡村多样化景观的重要组成，诸如森林景观、农田景观、草原景观等就是决定于这一因素。同样，各地各具特色的动物种群也对乡村景观有着类似的影响，例如牧场、渔场等乡村景观中的动物都对当地的景观特点有着决定性的影响。

2. 物质要素

物质要素对于乡村旅游资源来说，可以具体为游客到某一地区进行乡村旅游消费时亲身接触和感受到的具体事项，可以是地形、土壤、森林，也可以是农业表象，或者是当地的民族特征以及住宅聚落和房屋建筑形状等有形的对象，并且这些物质要素会由于不同的组合，而构成不同地区、不同乡村景观的各种外部特征。以傣族乡村为例，标志性的竹楼、地区性的榕树、南方的水稻田、适应气候的对襟短袖衫和宽肥长裤的男子穿着及浅色窄袖大襟短衫加上筒裙的女子装扮。此外，包括反映当地信仰的小乘佛教寺庙，就共同形成了这一地区特有的景观。乡村区域的人们所开展的物质生产活动在乡村旅游资源中属于最基本的要素之列，可以由此衍生出多样化的乡村旅游资源，简单来说，诸如田园、草原、渔区景色、林区等不同农业景观都是来自于农村区域的生产活动的多样化。就不同地区的建筑来说，建筑所用到的建筑材料、采用的房屋结构、建筑群落的规模和布局以及建筑所能发挥的功能等都会因为地区的差异性而有所不同。物质要素是对本地区的地域地貌、气候特点、水文环境、生物物种等自然条件特点的集中体现，也是对本地区的经济发展、民俗文化、人口结构以及生活习惯等独特社会经济条件的一种反映。此外，一些地区的民族服饰等汇集的民族文化元素也是乡村旅游资源的物资要素。

3. 非物质要素

乡村旅游资源的组成除了物质要素，另外一类重要组成是人不能够通过感官直接感知到的无形的非物质要素。这类要素包括乡村相关的思想潮流、道德认知、价值认同、思维特点、民族风俗以及宗教信仰等。虽然这些要素是无形的，但是旅游者在乡村旅游环境中可以非常明显地被这些因素的魅力所吸引，因此，这类元素不只是乡村旅游资源的组成之一，而且是组成乡村旅游资源的核心要素，是乡村旅游资源的灵魂所在，也是体现乡村旅游的精髓的重要载体。前往乡村旅游的消费者欣赏乡村旅游资源所直接表现出来的外貌特征，固然是这些消费者所追寻的旅游价值所在，而用心品味乡村旅游资源内部包含的文化元素等无形价值，则更是旅游者愿意领略的内在特征。只有乡村旅游资源的外貌特征和内在价值同时被旅游者感受到趣味和滋味，旅游者才能够真正被情景交融的乡村景观所吸引，并自愿成为乡村旅游的口碑宣传载体。实际上，这类乡村旅游资源的非物质元素的具体表现很容易被理解。例如乡村地区的居民所具有的文化气质，乡村的精神面貌以及当地的生活习惯能够共同烘托出一种特有的乡村"气氛"，很容易感染前往的人们，使他们感受到愉悦的乡村旅游气氛。

第二节　乡村旅游资源的分类

在近30年的旅游开发实践和学术研究中，我国对于旅游资源的分类，主要形成了三大分类系统，即 1992 年形成的《中国旅游资源普查规范（试行稿）》、1997 版旅游资源分类系统和 2003 年 2 月 24 日国家旅游局颁布的 GB/T 18972—2003 旅游资源分类系统。GB/T 18972—2003 旅游资源分类系统是在总结 1992 版《中国旅游资源普查规范（试行稿）》的实践应用经验、综合最新理论研究成果的基础上确定的新标准。新标准分类体系的依据主要是旅游资源的性质，即现存状况、形态、特性、特征等。据此，将旅游资源的分类结构确定为"主类""亚类""基本类型"三个层次，共分为 8 个主类、31 个亚类和 155 个基本类型。

对于乡村旅游资源的分类而言，不同的学者从不同的专业领域入手，对乡村旅游资源分类都做出了相应的阐述，但在实际的开发过程中，在大多数情况下乡村旅游资源可划分为潜在资源和已开发资源两大类型。已开发的乡村旅游资源是指经过一定的市场化开发，被市场认可形成旅游线路类的综合性产品，比较有代表性的是，卢云亭（2006）提出的传统与现代两类乡村旅游地类型，可以将乡村旅游资源分为传统和现代乡村旅游资源两大类型。也有学者提出，只要是人类介入、改造过的自然都被赋予了特定的精神和物质层面的文化内涵和功能价值；从乡村旅游资源的内涵上来说，它包含了自然要素和文化要素，二者之间不是截然分离的，而是一种动态渐变和可逆的过程，因此，采用自然要素和人文要素的分类更加能够明确地表达人类通过农业生产对自然的改造和景观中以物质形态为载体所蕴含的精神文化价值。

本书中我们采用乡村自然旅游资源和乡村人文旅游资源这种分类方式。

一、乡村自然旅游资源

（一）地文景观

在旅游资源学中，地文景观是指地球内、外营力综合作用于地球岩石圈而形成的各种现象与事物的总称。它以其雄、奇、险、幽、旷等形态美和多样的色彩美而展示其特有的美感，成为旅游中重要的审美对象。而在我国广袤的农村地域环境中，我国农村具备山地、高原、丘陵、平原和盆地五大基本地貌类型，各种地貌类型都具备其独特的旅游价值，但又各有不同的特点。并且，我国是一个多山的国家，山区占全国总面积的 2/3，单纯从自然的因素看，地文景观类的乡村旅游资源也具有极高的旅游价值。特别是地处山地景观、峡谷景观、岩溶景观、丹霞地貌景观、喀斯特地貌景观的乡村，可以借助这一类型的乡村旅游资源优势，发展当地的乡村旅游。

值得注意的是，这类乡村旅游资源还能够体现乡村区域的自然山水的特征，蕴含了传统农业社会中独特的"天人合一"境界，成为乡村景观中最主要的构成部分，是乡村旅游资源开发建设的基础，是我国最常见和典型的乡村旅游资源。如果生产条件允许，地文景观类的乡村旅游资源与生物等其他资源相结合，能够发展大规模或连片的农田带、多种类的经济果林、蔬菜园区、花田花海等。而且，我国本身就是农业为主的国家，可以开发成旅游产品，例如云南曲靖罗平油菜花田园风光、昆明呈贡斗南镇花卉大棚、花街、花市等都是科技含量高、观赏性强的田园型乡村旅游资源。因此，地文景区类乡村旅游资源可以看作是现代乡村旅游业的根本基础和发展背景。

（二）水域风光

在旅游资源学中，水域风光指的是水体及所依存的地表环境构成的景观或现象。凡能吸引旅游者进行观光游览、度假健身、参与体验等活动的各种水体资源，都可视为水域风光的旅游资源。水是生命形成和发展的最基本条件之一，也是构成旅游资源重要的物质基础，同时，也是农业发展的重要条件之一。水域风光旅游资源包括河流、湖泊、瀑布、泉水、海洋、冰雪等。从功能上来说，第一，水具有审美功能，人类能够利用水开展欣赏旅游。第二，水具有疗养功能，开展休闲健体旅游。第三，水具有品茗功能，开展茶文化旅游。第四，水具有娱乐功能，开展水上游乐旅游。第五，水含有文化内涵，可以开展水文化旅游。例如，风景优美的河段，长江、桂林山水、漓江，或历史悠久的河流，黄河、京杭大运河等。

在乡村旅游中，这种类型的旅游资源可以是滩涂、湖面、水库、池塘、灌溉的河渠等水体，也可以是农家后院的鱼塘，这些资源只需要经过简单包装即可开发为旅游产品，让游客广泛体验渔家生活乐趣，例如昆明北部松华坝水库以南一线，以鱼塘为特色的农家乐已经具有一定的知名度，成为市民乡村旅游的重要选择。

（三）生物景观

生物是地球表面有生命物体的总称，是自然界最具活力的群落，它由动物、植物和微生物组成。在旅游资源学中，作为旅游资源的生物主要是指由动、植物及其相关生存环境所构成的各种过程与现象。它具有观赏价值、医疗健身价值、科普教育与文化旅游价值，按照生物旅游资源的旅游功能，可以将其分为森林景观、草原景观、古树名木、奇花异卉、佳果名茶、珍奇动物六种类型。

这一类型的乡村旅游资源可以是在乡村地域环境中具有旅游吸引力的人工林场、林地、森林公园等，可以开发休闲、度假、野营、探险、科考和森林浴等多种旅游产品，这一类型的资源在乡村旅游发展初期占重要地位。例如，鄂伦春乡村的林海雪原风光，海南黎寨的热带雨林风光，而昆明西山区棋盘山国家森林公园、卧云山等均在当地乡村旅游初期扮演了重要角色。另外，乡村中众多的牧场、养殖场等动物类的旅游资源都具有旅游吸引力，某些资源开发投入低、产出大，旅游者对旅游购物品的需求大，同时对企业产品还有一定的广告效应，开发这样的旅游资源可谓"一举三得"。

（四）天象与气候景观

在旅游资源学中，天象与气候景观指的是那些可以造景（风景气候与风景气象可以直接形成不同的自然景观和旅游环境）、育景（通过影响风景地貌、风景水体和风景动植物以及各种人文景观而间接作用于旅游资源），并有观赏功能的大气的物理现象和过程。

若将千变万化的气象景观、天气现象以及不同地区的气候资源与岩石圈、水圈、生物圈的乡村旅游资源相结合，加上人文景观旅游资源的点缀，便可构成更加丰富多彩的天象气候类旅游资源。包括可用来避暑或避寒，并能满足身心需要，使游客心情愉悦、身体健康的宜人气候资源；由大气降水形成的雨景、雾景、冰雪等大气降水景观；具有偶然性、神秘性、独特性等特征的极光、佛光、海市蜃楼、奇特日月景观等天象奇观资源。值得注意的是，天象与气候景观并不是一个单一存在的旅游资源，它的价值更多地体现在与其他乡村旅游资源的相互作用当中。

二、乡村人文旅游资源

（一）遗址遗迹

遗址遗迹类旅游资源被称为"无声的纪录片"。无论是站在建筑学、艺术学还是旅游学的角度，一直是学术界讨论的热点问题。在旅游资源学中，遗址遗迹指的是形成于不同的历史发展阶段，是人类活动的产物，真实地记录了人类各时期的历史，凝聚着人类智慧，昭示着特定的历史特征，是当地历史文化的反应。遗址遗迹也是历史文化的精华综合体，具有丰富文化内涵，它们既是历史的见证、美的观赏对象，又是民族科学历程的展现。

在这类乡村旅游资源当中，古村落和聚落的遗址遗迹是乡村旅游开发的重要一块，目前关于古村落保护和开发的乡村旅游项目非常的普遍。虽然学术界对于古村落这一概念还存在很多分歧，但大多数学者都认为，民国以前建村，保留了较大的历史沿革，即建筑环境、建筑风貌、村落选址未有大的变动，具有独特民俗民风，虽经历久远年代，但至今仍为人们服务的村落被称为古村落。例如，皖南古村落是位于安徽省长江以南山区地域范围内，以西递和宏村为代表的古村落。皖南古村落是具有共同地域文化背景的历史传统村落，有强烈的徽州文化特色，古村落不仅与地形、地貌、山水巧妙结合，而且加上明清时期徽商的雄厚经济实力对家乡的支持，文化教育日益兴旺发达，还乡后以雅、文、清高、超脱的心态构思和营建住宅，使得古村落的文化环境更为丰富，村落景观更为突出。皖南古村落与其他村落形态最大的不同之处是，皖南古村落建设和发展在相当程度上脱离了对农业的依赖。古村落居民的意识、生活方式及情趣方面，大大超越了农民思想意识和一般市民阶层，而是保留和追求与文人、官宦阶层相一致，因此具有浓郁的文化气息。皖南古村落民居在基本定式的基础上，采用不同的装饰手法，建小庭院，开凿水池，安置漏窗、巧设盆景、雕梁画栋、题名匾额，创造优雅的生活环境，均体现了当地居民极高的文化素质和艺术修养。皖南古村落选址、建设遵循的是有着 2 000 多年历史的周易风水理论，强调天人合一的理想境界和对自然环境的充分尊重，注重物质和精神的双重需求，有科学的基础和很高的审美观念。皖南古村落所代表的徽派民居的建筑特色是随着明清时期徽商的兴盛而发展起来的，能够在有限的建筑空间内最大限度地体现其构思的精巧以及工艺的高超，实为别具匠心的建筑形式。后来徽商逐渐衰败没落，而这种徽派民居的建筑特色却依附在古民居村落里保留下来，因此具有重要的历史价值和建筑价值。

[小贴士]

古村落与乡村旅游资源中的建筑设施的异同

值得注意的是，古村落这一类型的遗址遗迹虽然形态是建筑，但由于其时间节点是民国以前兴建的村落，因此与乡村旅游资源中的建筑与设施这一类型并不能完全等同。

（二）建筑与设施

在旅游资源学中，建筑与设施类旅游资源指的是融入旅游的某些基础设施或专门为旅游开发而建设的建筑物和场所。

而在乡村旅游资源中，建筑是"乡村性"的一个很重要的方面，乡村建筑属于"没有建筑师的建筑"，是一种土生土长的乡村文化与精湛技艺相融合的结晶，人伦之美、人文之美在其中表现得淋漓尽致。乡村建筑包括乡村民居、乡村宗祠建筑以及其他建筑形式，不同地域的乡村民居均代表一定的地方特色，其风格独特迥异，给游客以不同的感受，如东北地区的口袋式民居，青藏高原的碉房，华北地区的四合院式民居，南方的人井院、客家五凤楼、围垄及土楼，内蒙古草原的毡包，喀什乡村的"阿以旺"，云南农村的"干阑"，苗乡的寨子，黄土高原的窑洞，东北林区的板屋等，千姿百态，具有浓郁的乡土风情，尤其是乡村宗祠建筑，如气派恢宏的祠堂、高大挺拔的文笔塔、装饰华美的寺庙等，反映出乡村文化的某一侧面。

（三）民间习俗

在旅游资源学中，民俗旅游资源是形成旅游者从客源地到旅游目的地参加民俗旅游的促进因素，是能为旅游企业所利用，具有一定的旅游功能和旅游价值，并可产生经济效益、社会效益的各类民俗事项的总和。长期存在于我国乡村中的民间习俗大都以农耕文化为其发源，我国的农耕文化源远流长，以商鞅"垦草"为代表的农耕思想，"重农抑商""耕读为本"的儒家思想代代相传，历经数千年的浸润，形成了中华文明和文化的重要组成部分——农耕文化。乡村"天人合一"的环境，田畴、农舍、篱笆、鱼塘，窗含新绿，户对鹅塘，宁静舒缓的生活节奏，"日出而作，日落而息"，如炊烟轻袅、闲云舒卷。刀耕火种、水车灌溉、围湖造田、鱼鹰捕鱼、采藕摘茶等农事活动，充满着浓郁的乡土气息，构成一幅幅田园韵味极浓的农耕画面，乡村农耕文化的形式载体越古老，其派生的乡村性就越独特、鲜明，对于城市居民、外国游客就越具有吸引力。

另外，"靠山吃山，靠水吃水""就地取材，就地施烹"是乡村饮食文化民俗的主要特色。朴实无华的农家风味、自然本味，由于其鲜美、味真、朴素、淡雅，成为当今人们追逐的时尚。风鸡、醉蟹、咸鱼、糟鱼、腌菜、酸菜、豆酱、豆荚、窝窝头、玉米饼、山野菜……能够满足现代人的"尝鲜"心理。人们在品尝乡野美味时，闻到了乡村的清香，吃到了山野的滋味，给平常生活增添了不平常的感觉。另外，乡村饮食独特的制作风格、饮食习俗中"相与而共食"的人生境界、追求诗意的宴饮情趣等，都吸引着城市游客去参与和体验。

（四）现代节庆

乡村节庆反映出乡村特定地域的生活习惯和风土人情，是乡村文化长期积淀的结果。乡村节庆可分为生产节庆、纪念节庆、时令节庆等，五彩纷呈。例如，盛行于乡村的汉族传统节日有春节、元宵节、清明节、端午节、中秋节、重阳节、中元节、腊八节以及各种农事节日等，藏族有浴佛节、雪顿节，彝族有火把节，傣族有泼水节等，并且在不同的节日里有不同的民俗活动，如春节贴春联、贴年画、贴福字、包饺子，端午节悬艾叶和菖蒲、赛龙舟、吃粽子，中秋节团聚、赏月、吃月饼，重阳节插茱萸、登高、饮菊花酒等。

近年来，我国的节庆旅游发展迅速，在全国已是遍地开花。节庆旅游可以在短时间内聚集到大量的人气，提升所在地的知名度，为其他产业的发展搭起平台，具有强大的产业联动效应。随着社会经济的发展和人们生活水平的提高，越来越多的人加入到了旅游的行列中来，并且旅游的方式和内容也越来越多，针对人们新的旅游需求举办了丰富多彩的节庆旅游活动，收到了良好的效果，既提高了知名度，树立了良好的形象，也提高了人们的收入，给当地的经济带来了新的活力。

（五）旅游商品

旅游商品是指旅游地区和城市特有的、具有当地特点和特色的商品。旅游商品的开发是与旅游业的繁荣相伴而生的。旅行社、交通、饭店、旅游商品被称为旅游业的四大支柱行业。旅游商品行业的主要类别有工艺美术品、文物及仿制品、风味土特产、旅游纪念品、旅游日用品、有地方特色的轻工业产品、其他旅游商品。

在乡村旅游资源的分类当中，旅游商品是指和农业、农村、农民、农俗相关的，具有地方特色的工艺品、土特产、食品及其加工制作过程。乡村手工艺与乡村生活紧密相连，具有一定的地域性、时代性、民族性特点，直接反映出乡村地区的文化特性和审美情趣，因而具有很大的旅游吸引力。例如，印染、陶瓷、绘画、刺绣、雕塑、彩灯、剪纸、手编花篮、皮影、风筝等工艺制作过程和制成品都是很好的旅游资源，其中，乡村服饰和乡村工艺品在乡村手工艺文化中占有重要地位，应当成为我国乡村旅游购物品资源的主角。乡村服饰是乡村人审美意识的外在显现，如土家村落的土家织锦、壮族村落的蜡染布等。乡村工艺品是乡土艺人所创，反映乡村人心灵手巧的一面，如蒙古村落的鼻烟壶、黄江县农村的版画、潍坊年画、贵州蜡染、南通扎染、青田石刻以及各种刺绣、草编、泥人、面人等。

第三节 乡村旅游资源的开发

一、乡村旅游资源开发的内涵

所谓旅游资源的开发，就是运用适当的资金和技术手段，使尚未被利用的资源能为旅游业所用，并因而产生经济价值及其他的多种价值，或已被利用的广度和深度得到加强，并因而提高了综合价值。乡村旅游资源的开发就是运用一定的资金和技术，对乡村的自然旅游资源和社会文化旅游资源进行开发利用，使其产生经济价值及其他多种价值，或加强其已被利用的广度和深度而提高其综合价值。对乡村旅游资源进行开发，不能盲目进行，首先要对其进行评价，然后遵循一定的原则，再在总体规划的基础上对其有的放矢地进行开发。这样，乡村旅游资源的开发才能取得积极的成效，才能达到我们对其进行开发的目的，做到既要对其进行充分的利用，又要对其进行有效的保护。

2013年12月，中央城镇化工作会议强调指出："城镇建设，要实事求是确定城市定位，科学规划和务实行动，避免走弯路；要体现尊重自然、顺应自然、天人合一的理念，依托现有山水脉络等独特风光，让城市融入大自然，让居民望得见山、看得见水、记得住乡愁；要融入现代元素，更要保护和弘扬优秀传统文化，延续城市历史文脉；要融入让群众生活更舒适的理念，体现在每一个细节中。在促进城乡一体化发展中，要注意保留村庄原始风貌，慎砍树、不填湖、少拆房，尽可能在原有村庄形态上改善居民生活条件。"这次会议给当前的乡村旅游资源开发提出了要求，如何"记得住乡愁"，如何"融入现代元素"，如何"保留村庄原始风貌",如何"少拆房"而又达到开发的效果呢？要解决这些问题，就要求乡村旅游的规划设计者转变惯常思路，在开发方式上做文章，进行嵌入式开发。

[小贴士]

嵌入式开发是什么？

"嵌入式开发"这一理念最早应用在计算机的编程开发领域，在规划设计领域，"嵌入式开发"在21世纪才被学者提出，具体来说"嵌入式开发"是指在保证和谐的前提下，将某一事物嵌入已经存在的另一事物中，在发展中形成一种共生现象，营造出一种特殊的氛围。例如，在旅游开发中，可将旅游休闲业态嵌入村庄、沙漠、山地、森林中等。

为达到"嵌入"的效果，新开发的建筑物、乡村景观，甚至一些标识体系等都要与本土的环境融为一体，不突兀，不张扬，建筑物所使用的材料及建筑物的外观造型、色彩都要讲究。如此一来，"嵌入式开发"既保留了村庄的原始肌理，又将时尚生活融入了乡村，不同时期的建筑、不同特色的建筑被完美地衔接了起来。而且，嵌入式开发并不干扰居民生活，反而会给当地带去生机。例如，斯里兰卡哈伯勒内湖地区的索洛瓦度假村（Sorowwa Resort&Spa）位于一个风光秀丽的村庄里，酒店与村庄和谐共生。村庄是酒店的大背景，基本上没有做环境的改动，而融入村庄的酒店则给村庄带来了生机，犹如画龙点睛。游客与村民们很自然地混居在一个区域里，相互成为对方的景观和背景，当地人的日常生活场景就是外来游客们想要体验的实景演出，同时，酒店的出现带动村民致富，很多村民因为游客的到来而可以做些日常小生意。

目前，国内的乡村旅游并不缺少自然景观，而是缺少休闲业态。我们也可以以不干扰当地人生活为前提，在村庄边缘、农田等边角地植入酒店、度假村、乡村酒吧、茶吧等业态，供游客吃、住、娱。这些植入的酒店或者度假村等一定要秉持与村庄、村民和谐共生的原则，要具有亲民性。一般乡村旅游发展进入正轨，会有一些村民自发地开展民宿、餐饮等服务，此时，则可以指导村民如何去开发、经营——授之以渔，而不是横加阻止，最终将达到多赢局面。我国的乡村旅游应该摒弃不切实际的流于概念的乡村改造模式，通过专业化的指导，嵌入最地道的乡村旅游休闲业态，让乡村旅游走向观光与体验并存、深度旅游和休闲度假的可持续发展之路。

二、乡村旅游资源开发的原则

乡村旅游资源的开发应遵循以下原则：

（一）乡土特色原则

乡村旅游对于都市人群来说，在于乡村的特有魅力，既要保持乡村的特有的"土"味和"野"味，也要保持乡村旅游资源的原汁原味，展示乡村本土的特有民俗民风，让游客体验到其独特之处。

（二）自然美和人工美的协调发展

乡村旅游资源的开发是在其原有的自然风景的基础上进行的加工改造，而要使自然美和人工美有机地结合起来，协调二者的发展，不能单纯地强调某一个方面。如果在原有的自然美的基础上进行合理的人为加工改造，则会使其变得更加"山清水秀"。

（三）保护性开发原则

对乡村旅游资源的开发还要遵循保护性的开发原则，要维护好当地的生态资源，防止人为的破坏和污染。开发是目的，保护是前提，对于乡村旅游资源如果不善加保护，最终会丧失开发和经营赖以存在的基础。

（四）经济效益和社会效益相结合的原则

乡村旅游资源的开发要以取得最大经济效益为目的，因此在开发前和开发中要注意投入、产出的测算，不能盲目地开发、建设。同时，要注意社会效益，不能只单纯地追求经济效益，要考虑旅游者的身心健康和获得更多的知识。朴实无华的大自然给人以返璞归真的感受，使人得到充分的休息，以求健康长寿。

三、我国乡村旅游资源开发出现的问题

近些年，我国多个地区都在进行乡村旅游开发，有些地区自然风光非常好，村落的原始状态也保持得不错，但当下乡村旅游开发的诸多弊端也显现了出来。

（一）盲目追求高大上

在一个自然条件非常优越的地区，某当代著名建筑师在此设计了会展中心和五星级酒店，其中会展中心面积超过两万平方米，而国际酒店规划设计规模则达三万平方米。它们都是解构主义的设计风格，外墙采用黑灰色的石头做表面材质，大师们的评价很高，但当地村民却以"大黑箱子"来形容这些建筑。因为，这组棱角鲜明的大体量建筑与周围的山水并不和谐，内部空间的设计也过于"高大上"，并不能同整个乡村的语境相融合，违反了乡村旅游资源所需要具备的"乡村性"。这类事件的发生率在国内很高，究其原因在于，其一，开发商和政府喜欢大手笔，这组建筑跟周边自然景观完全没有对话关系，只有对抗关系；其二，盲目崇尚大师、名人。殊不知大师有自己固定的风格，不是放在哪里都合适；其三，因为盲目追求"高大上"，导致日后运营成本太高，而实际使用率低，得不偿失。

（二）缺少专业指导下的开发

最典型的案例莫过于我国国内的一个少数民族村庄。该村的乡村自然旅游资源十分丰富，在这样的背景条件下，倘若能够在此地开发乡村旅游资源、植入酒店，应该有非常好的前景。但当地私搭乱建的现象非常严重，且根本无法管理。此外，当地虽然有非常厚重的民族文化，村子里有全国罕有的古法造纸作坊，但经过考察发现，村子里古法造纸所造出的是土纸，也就是冥纸，无法成为旅游商品。好在这个村庄最核心的吸引物是风光，村子的全景很美，聚落基础不错，有几间布依族传统老屋，这些颇具风情的乡村人文旅游资源足以吸引外来的游客。但倘若该村一直缺少专业的开发指导，没有策划、没有规划，村民自发的乡村旅游非常初级，几乎没有业态，游客来了之后吃的、喝的、住的都没有，这里仍旧只能是一个普通的少数民族村寨。

第二章 乡村旅游资源概述

[知识归纳]

旅游资源的内涵可以概括为三点,一是旅游资源能够对旅游者产生吸引力,激发旅游者的旅游动机;二是旅游资源是旅游业的开发对象,是旅游产品的来源;三是旅游资源是旅游区开发的基础前提和条件,旅游资源数量的多寡、类型的多样性、特色的独立性和空间分布与组合的合理程度等会对旅游区发展产生重要的影响。

乡村旅游资源就是指那些具有吸引力的、能够吸引人们离开常住地进行乡村旅游的一切具有乡村特性的事物,可以是有形的客观存在物或自然环境,也可以是无形的文化或社会环境。乡村旅游资源可以分为乡村自然旅游资源和乡村人文旅游资源两大类型。其中,乡村自然旅游资源包括地文景观、水域风光、生物景观、天象与气候旅游景观;乡村人文旅游资源包括遗址遗迹、乡村建筑、民间习俗、现代节庆和旅游商品。

旅游资源的开发,就是运用适当的资金和技术手段,使尚未被利用的资源能为旅游业所用,并因而产生经济价值及其他的多种价值,或已被利用广度和深度得到加强,并因而提高了综合价值。乡村旅游资源开发应遵循乡土特色原则、自然美和人工美的协调发展原则、保护开发原则、经济效益和社会效益相结合的原则。

[案例解析]

"美丽乡村"建设下的浙江省乡村旅游资源开发

浙江省乡村旅游发轫于20世纪90年代,20多年来,乡村旅游业呈现稳步上升趋势,迅速发展成为浙江省主导产业之一。2005年年底,全省有乡村旅游特色村(点)2 022个,经营农户11 596余户,接待游客1 962.38万人次,年营业收入12.03亿元。2006年随着中国乡村旅游年的确立,浙江省乡村之旅也拉开了序幕,并确立了"游览浙江山水,体验乡村新貌"的活动年主题。至2007年年底,全省有乡村旅游特色村(点)2 700多个,经营农户14 560余户,年营业收入超过30.4亿元。2008年,为全面反映浙江乡村旅游发展成果,浙江省旅游局结合全省旅游"十百千"工程和"旅游惠农送服务"活动,在众多乡村旅游村中整理了乡村旅游精品100村,分布于各个地市,其中有梅家坞茶文化村、桐庐芦茨村、象山东门渔村、宁波滕头村、东阳花园村等,一村一景,充分展示出浙江乡村旅游新风貌。

近年来,浙江省依托丰富的乡村旅游资源,结合各地资源特色与区域旅游产业发展定位、主题形象,通过资源整合,充分发挥乡村特色资源、城镇依托和景区依托三大优势,在全省范围内形成"三圈、三带、十区、多点"的乡村旅游发展格局。其中"三圈"是指分别围绕杭州、宁波与温州的三个环城游憩圈;"三带"指环杭州湾运河·水乡·古镇乡村旅游带、浙东沿海海岛·沙滩·渔情乡村旅游带、西南山区秀山·山乡·丽水乡村旅游带;"十区"分别为杭州乡村休闲区、浙北运河古镇旅游区、绍兴古越文化旅游区、宁波东钱湖—河姆渡乡村旅游区、台州神仙居—天台山旅游区、温州雁荡山—楠溪江乡村旅游区、丽水绿谷乡村旅游区、衢州宗孔庙—石窟文化旅游区、金华商贸文化旅游区、滨海乡村旅游区;"多点"是指在全省范围内重点配置约 200 个乡村旅游特色示范点。通过深入挖掘乡村旅游资源，开发乡村旅游，形成乡村旅游发展空间格局，更好地实现资源的有效利用，保留乡村自然和历史传承，加深乡村居民的地方认同感和自豪感，增强历史人文景观的可持续性与观赏性。

（资料来源：改编自 http://mt.sohu.com/20160123/n435561902.shtml）

思考与讨论：

1. 浙江乡村旅游资源开发取得了成功，对你有何启示？

2. 通过挖掘乡村旅游资源，可以带动乡村旅游发展空间联动，你是否赞同此观点，请阐明理由。

解析要点：

1. 可从乡村旅游资源的内涵与乡村旅游资源的开发去作答。

2. 赞同，但一定要从该地的乡村旅游资源基本情况出发，并不是所有的乡村旅游资源都能发展空间联动。

复习思考

1. 如何理解旅游产品及乡村旅游产品？
2. 乡村旅游资源的分类分别是什么？
3. 在乡村旅游资源的开发过程中应该注意避免哪些问题？
4. 乡村景观与景观有何区别？
5. 通过本课程的学习，你认为当下研究乡村旅游资源开发有哪些实际意义？

第三章

乡村旅游发展模式

[学习目标]

通过本章的学习能够使学生对乡村旅游发展模式有所认识。要求学生通过本章的学习能够做到：

1. 了解乡村旅游发展模式的概述；
2. 明确不同乡村旅游发展模式的发展背景；
3. 掌握不同乡村旅游发展模式的主要特征。

[实训要求]

1. 能掌握每一种乡村旅游发展模式背景和特点；
2. 能掌握每一个典型案例的特色和吸引点。

第一节　乡村旅游发展模式概述

乡村旅游在国外可追溯到19世纪工业革命时期，但乡村旅游的大规模开展却是在20世纪80年代以后，目前欧美发达国家的乡村旅游已具有相当规模，开发模式多样化，显示出现代乡村旅游文化的极强生命力和发展潜力。国内乡村旅游由于政府的推动萌芽于20世纪50年代，以河北省因外事活动的需要开展乡村旅游为典型代表。20世纪80年代初，国内乡村旅游开始普遍发展，主要推动力由政府转向市场，在城市周边和景区周围形成依托型乡村旅游，以农户独立经营为主要模式。从20世纪90年代开始，由于受到政府和市场的双重推动作用，国内乡村旅游进入快速发展阶段，依托于景区、城市、高科技农业、度假、休闲、科普等，形成了多种经营模式并存的发展局面。随着乡村旅游在全国范围的迅速开展，国内学者对乡村旅游的研究越来越多，并且取得了较多成果，特别是在乡村旅游发展模式方面，但是较多学者只针对该研究领域的某一方面进行研究，至今未有学者对乡村旅游发展模式进行全面的总结。鉴于此，本章从不同方面对乡村旅游发展模式进行概述，旨在推广先进的、成功的发展模式经验，以期促进中国乡村旅游的全面、快速、可持续发展。关于乡村旅游发展，国外有许多成功模式，如欧美的"度假农庄"模式、新加坡的"复合农业园区"模式、日本的"绿色旅游"模式等，都有一定的借鉴意义，但是国内明显不同的旅游消费特色，督促我们必须探索适合中国乡村旅游发展的本土模式。根据不同类型景区的发展特点，本章节分析归纳了国内乡村旅游发展的七大模式，并对各种模式在实际操作中的指导意义进行了深入探讨。

第二节 民俗风情型发展模式

一、发展背景

民俗风情乡村旅游具有文化的原生性、参与性、质朴性及浓郁的民俗风情的特点，独具一格的民族民俗、建筑风格、饮食习惯、服饰特色、农业景观和农事活动等，都为民俗旅游提供了很大的发展空间。我国民俗旅游开发资源基础丰富，特点鲜明，区域性和民族个性较强，发展优势明显。同时由于投资少、见效快，逐渐成为少数民族聚集区经济发展中新的增长点和旅游亮点，得到当地政府的大力支持，也受到国内外旅游者的推崇。但随着民俗旅游的蓬勃发展，使得民俗文化在旅游当中受到了冲击，甚至消亡，面对民俗文化保护和旅游开发的矛盾，面对当地居民与旅游经济的博弈，民俗依托型乡村旅游未来应该如何发展？如何实现利益共享？寻找发展平衡点对于推动我国乡村旅游发展具有积极的实践意义。

民俗风情旅游是一种高层次的文化旅游，主要包括物质风俗、社会组织风俗、节庆风俗、人生仪礼和精神文化民俗五部分，由于它满足了游客"求新、求异、求知"的心理需求，已经成为旅游行为和旅游开发的重要内容之一。乡村民俗文化旅游是以乡村民俗、乡村民族风情以及传统民族文化为主题，将乡村旅游与文化旅游紧密结合的旅游类型。它有助于深度挖掘乡村旅游产品的文化内涵，满足游客文化旅游需求，提升产品档次。如匈牙利乡村文化旅游产品使游人在田园风光中感受乡村野店、山歌牧笛、乡间野味所带来的民俗风情，欣赏充满情趣的文化艺术以及体味几千年历史淀积下来的民族文化。

目前，无论是发达国家还是发展中国家，民俗旅游均已蓬勃发展：科特迪瓦利用其独特精巧的人造面具表现其传统文化，举办全国舞蹈节发展民俗旅游；突尼斯凭借本国土著居民的村落古迹、山洞住宅、民族服饰和车马游玩等民俗文化成为非洲和阿拉伯国家中的旅游大国。近几年我国的民俗文化旅游事业也取得了很大进步，以民俗文化作为旅游项目逐步树立了自己的品牌形象，各地旅游部门都在大力挖掘本地区的民俗文化资源，使之成为新的经济增长点，民俗风情游、古民居游等具有民族民间文化特色的旅游项目发展迅速，如山西黄河民俗游、昆明云南民族村、内蒙古草原风情游、新疆民俗游。

二、主要特征

（一）历史性

这是民俗发展在时间上，或特定时代里显示出的外部特征。这个特征也可以叫作时代标志的特征。因为这种特征是在民俗发展的特定历史中构成，所以叫作历史性。以发式习俗为例，全蓄发、簪发为髻置于头顶，这是明代男发式；前顶剃光，后脑梳单辫，是清代男发式；分发、背发、平头、剃光是辛亥革命后的男发式，直至今日。这便展示出几百年间发式的历史特征。同样，服饰习俗中的长衫、马褂、圆顶瓜皮小帽，正是旧中国一般商人、乡绅的男装，新中国建立后迅速淘汰了。在我国长期封建统治下，民俗的历史面貌呈现出一种相对稳定的保守状态，这是就整个封建时代的面貌而言；但是，即使是整个封建时期，由于改朝换代、民族交往、生产发展等政治、经济因素的影响，各个阶段也会显示出不同的历史特点。在我国历史上尽管封建统治制度不变，但是由于某些非前代、反前代思潮的影响，各种习俗相应地都打上新的历史印记。像唐代服饰，经过了五代，到了北宋、南宋时代，便有了较大历史变化，基本上由宽肥趋于窄瘦了。民俗考察与民俗研究不能忽视民俗的这个历史特征。

（二）地方性

地方性是民俗在空间上所显示出的特征。这种特征也可以叫作地理特征或乡土特征。因为这个特征是在民俗的地域环境中形成并显示出来的。俗语说的"十里不同风，百里不同俗"，正是这种地方性特征的很好说明。民俗的地方性具有十分普遍的意义，无论哪一类民俗现象都会受到一定地域的生产、生活条件和地缘关系所制约，都不同程度地染上了地方色彩。民俗地方性特征的形成是与各地区的自然资源、生产发展及社会风尚传统的独特性有关。因此，从鸟瞰角度认识地方性，可以看到，大体上各地区形成的民俗事象，分别构成各种类型的同心圆，千千万万个民俗同心圆的分布与彼此交叉联系，便形成了若干有区分的民俗地域。像我国东北地区，几千年经济文化的影响，形成了一个大的同心圆，使它与我国华北、西北、西南、华东等地区有很大民俗差异。在这个大地域中又分布着许多小地域或更小地域的民俗同心圆，互有差异，直至最小的自然村落的差异为止。这种民俗特征标志着民俗事象依附于地方乡土的黏着性。

（三）传承性

传承性是民俗发展过程中显示出的具有运动规律性的特征。这个特征对民俗事象的存在和发展来说，应当说是一个主要特征，它具有普遍性。民俗的传承性在人类文化发展过程中，呈现出一种极大的不平衡状态。在文化发展条件充分的民族、地区，这种传承性往往处于活跃状态，也就是在继承发展中显示了这种传承性；相反，在文化发展条件不充分，甚至文化发展处于停滞、落后的民族、地区，这种传承性往往也处于休眠状态，也就是以它固有的因袭保守形式显示了这种传承性。因此，城镇习俗的继承发展较为明显，偏僻村寨习俗的因循守旧异常突出。在当代民俗调查中，传统节日在城镇习俗中远不如村寨习俗更具有古朴色彩。这种不平衡状态在比较过程中，自然寻找出城市民俗与村落民俗的关系及其差异，因此，对传承性特征的认识只能在民俗的发展过程中去获得。

（四）变异性

变异性是在与传承性密切相联系、相适应的民俗发展过程中显示出的特征。它同时又与历史性、地方性特征有着千丝万缕的联系，标志着民俗事象在不同历史、不同地区的流传所出现的种种变化。换句话说，民俗的传承性，绝不可以理解为原封不动的代代照搬、各地照办、毫不走样,恰恰是随着历史的变迁、不同地区的传播,从内容到形式或多或少有些变化,有时甚至是剧烈的变化。因此,民俗的传承性与变异性是两个矛盾统一的特征,是民俗发展过程中的一对连体儿,只有传承基础上的变异和变异过程中的传承,绝没有只传承不变异或一味变革而没有传承的民俗事象。在长期的民俗学理论发展中,传承的特征被摆到主要位置是对的;但是,相对地忽视了变异的特征则是不对的。那些在民俗中访古、考古寻觅遗留物的作法是不可取的,对发展人类文化,推陈出新无大补益。只有既研究其继承,又关注其发展变化,才有助于人类社会的进步。

三、典型案例

(一)特色项目

1. 人文环境营造——丽江古城

丽江古城在旅游开发中为了保护原生态的文化氛围和商业生态,政府除了实施文化回落古城行动外,实行准入制度,把古城保护管理委员办公室核发的《准营证》作为进入古城从事经营活动的一个硬条件,尽量规范商业行为,淡化现代商业气息。同时,把现代特征较浓和没有特色的经营项目,如音像店、现代服装店、美容美发、卡拉OK厅、网吧等迁出,规范店铺的装潢、招牌等,控制店铺的规模和数量,鼓励经商者经营具有一定地方民族特色的商品,还对外来经商人员进行培训,让他们了解当地的民族文化。例如将没有城墙的古城、完全手工建造的土木结构房屋、周围配套小桥流水、纳西老人、原汁原味的藏寺——营造了浓郁的人文气息。

2. 演艺产品开发——印象丽江

丽江最具代表性的文化演艺首推张艺谋导演的《印象·丽江》。《印象·丽江》分《古道马帮》《对酒雪山》《天上人间》《打跳组歌》《鼓舞祭天》和《祈福仪式》六大部分,整个演出以雪山为背景,以民俗文化为载体,来自纳西族、彝族、普米族、藏族、苗族等10个少数民族的500名普通的农民参与演出,通过他们生活、舞蹈等全实景式集中演绎了丽江的多元民俗文化。除了《印象·丽江》之外,丽江还充分开发本地的民俗风情,在古城东大街每天都有独特的纳西民间音乐《纳西古乐》和云南大型歌舞晚会《丽水金沙》等民俗节目演出。

3. 节庆产品开发——民俗节庆活动遍地开花

丽江是一个多民族聚居的地方,世居着纳西、傈族、白族、普米、白、藏、彝、傈僳等12个民族,各种民族有各种不同特色的民间节日,如纳西棒棒节、骡马节、三朵节、摩梭女儿国的转山节、彝族的火把节、普米族的朝山节。这些传统的节日一方面传承着丽江文化,另一方面在这些节庆中通常都有赛马、摔跤、民族舞蹈等大型活动,如纳西古乐、纳西打跳等,也使游客可以积极地参与到当地的文化中,更好地了解丽江文化。因此民俗节庆也是丽江旅游开发的一个重点,如彝族的火把节,由当地民众组成的演员与游客一起载歌载舞,极大地丰富了游客的夜间活动,吸引游客留下来。

4. 美食产品开发——民俗小吃商业街

丽江小吃品种多,有鸡豆凉粉、米灌肠、粑粑、纳西烤肉等,四方街成为游客品尝特色小吃的一个重要场所,也是丽江夜景的一部分。

5. 住宿产品开发——特色客栈展现民俗风情

丽江到处都是比较有特色的民居客栈，至少有上千家，小资的、慵懒的、地中海的、藏式的、明快的、温性的……不同特色的客栈多为四合院，由纳西人的住屋装修而成，具有浓郁的纳西风味，成为游客体验丽江慢生活和地域文化的最佳场所，著名的如香格韵客栈、凤凰旅馆、格桑梅朵客栈、望古楼青年客栈。

6. 旅游纪念品开发——特色工艺品传承文化

丽江旅游特产主要是螺旋藻、普洱茶、山货等地方特色产品，银器、玉石、木雕、蜡染、皮毛、皮包、披肩、围巾、民族服饰等手工制品，游客不仅可以在这里选购合意的商品，有时还可以看到工艺品的整个制作过程。

7. 娱乐产品开发——"艳遇之都"

丽江为游客营造了一个很好的身心放松的氛围，在这里游客可以完全释放自己，没有城市的束缚和隔阂，让游客的心态都奇妙地趋于一致，这是导致丽江被誉为"艳遇之都"的一个重要原因。丽江的酒吧街是夜晚丽江古城内最有特色的一道风景线，也是丽江古城的一张重要名片。新华街的酒吧一条街、五一街的静吧，还有游离于餐厅和酒吧之间的"餐吧"，可以满足不同风格游客的需求。

（二）经验借鉴

1. 处理好文化保护与利用的关系

丽江的经验就是建立了一个统一、有权威的组织保障机构，制定了比较完善的法规体系，较好地处理了保护与利用的关系，通过合理开发民俗文化资源发展旅游业，开辟了一条稳定、充裕的资金来源渠道，确保了各项保护项目的实施。丽江在这方面设有丽江文化保护管理局，其中专设的文化保护管理科主要负责民俗文化的保护教育培训工作。

2. 创办旅游文化学院

丽江在旅游发展中坚持以人为本，加强对旅游从业人员的教育培训力度，增强其主人翁意识和民俗文化保护意识。在这方面，丽江创办旅游文化学院的做法得到了联合国官员的肯定。

3. 旅游发展实现共赢

保护和利用民俗文化，不论是土著居民，还是经营者、管理者，都要在保护和开发中得到实际利益，实现利益均沾、风险共担。虽然这种模式还有很多不足，但这种尝试也为很多民俗文化旅游提供了一个很好的运营榜样。

第三节　农场庄园型发展模式

一、发展背景

农村庄园模式以产业化程度极高的优势农业产业为依托，通过拓展农业观光、休闲、度假和体验等功能，开发"农业+旅游"产品组合，带动农副产品加工、餐饮服务等相关产业发展，促使农业向二、三产业延伸，实现农业与旅游业的协同发展。农村庄园模式适用于农业产业规模效益显著的地区，以特色农业的大地景观、加工工艺和产品体验作为旅游吸引物,开发观光、休闲、体验等旅游产品,带动餐饮、住宿、购物、娱乐等产业延伸,产生强大的产业经济协同效益。

庄园是欧洲中世纪中叶出现的一种以家庭为单位生产经营农业的组织形式。它和传统农业的区别是专业性强、集约化生产、大规模作业。后来逐渐发展成为一种家庭式的产业,并多与休闲旅游度假相结合。在我国改革开放之后,特别是鼓励农业开发的法律法规出台和一部分人先富起来之后,使庄园这种模式在我国开始有了生存的条件。庄园模式作为一种集约化经营管理,并且能够在短时间内聚集大量闲散资金用于农业开发的组织形式,若能规范管理和健康发展,的确能够成为一种迅速促进农业发展,同时带动旅游业、农产品加工业及其他行业发展的新的组织形式。(《庄园开发中的问题与对策》,滕传枢)在传统农业的劣势逐步凸显的当下,庄园旅游以"1+3"产业模式,很好地结合农业与旅游,为未来农业发展摸索到一条新路子。就北京地区而言,就已建立了许多具有休闲"庄园"特征的休闲场所,比如意大利农庄、蟹岛、鹅与鸭农庄、张裕卡斯特酒庄等都是非常典型的依托乡村性(rurality)和地格(placeality)而形成的一种都市休闲旅游产品。依托传统贵族庄园、休闲农场和葡萄酒庄,通过拓展农业观光、休闲、度假和体验等功能,开发"农业+旅游"产品组合,带动农副产品加工、餐饮服务等相关产业发展,促使农业向二、三产业延伸,实现农业与旅游业的协同发展。特色庄园模式适用于农业产业规模效益显著的地区,以特色农业的大地景观、加工工艺和产品体验作为旅游吸引物,开发观光、休闲、体验等旅游产品,带动餐饮、住宿、购物、娱乐等产业延伸,产生强大的产业经济协同效益。

二、主要特征

(一) "农+非"的土地运作模式

农村庄园的开发,其占用的土地开发后根据功能可分为两大类,即非农业用地和农业用地。非农业用地一般为庄园的建设用地,住宿、服务等设施或是休闲活动场所用地;农业用地则为庄园的农业生产用地、农业展示用地等。农业用地则主要通过庄园投资者租赁农民的土地或是农民以土地作为资金入股的方式进行运作获得。农民和庄园投资者在协商一致的基础上签订租赁合同或股份受益凭证,将农村土地的承包权和使用权进行分离,是农村土地产权多元化的一种有效形式。非农业用地的土地来源主要为本地区一些可利用的荒山荒坡、可开发的沙荒地,以及农村居民点集聚后原自然屯的节余村庄建设用地等。庄园投资者通过租赁农村集体所有的这类土地,获得开发和经营权,农村集体则可利用这些租金进行农村公共服务设施的建设。

(二) 多元化收益形式

农村庄园是劳动联合与资本联合的复合体,只要经营得当,农民和庄园投资者均可获得可观的收益,实现双赢。对于农民而言,将土地租赁给庄园投资者可以获得租金,以土地入股可以获得分红,在庄园内进行服务工作可以得到固定的工资,参与管理农业生产还可以获得管理费用以及少量的农业收益。对于庄园投资者而言,可以得到绝大部分的农业收益,以及由观光农业所带来的相关旅游收益,如旅游住宿、餐饮、娱乐活动、购物消费等。如果将土地分块转租给他人进行农业体验活动,如市民租种小块庄园农业用地,自己种植自己采摘等，还可以得到土地的租金。

（三）庄园区位选择

庄园布点应该与外部交通有较好的联系，方便游客到达，但并不一定位于交通主干道的旁边，以减少过境交通对度假休闲的干扰，通常以距离大都市车程保持在 1~2 小时为宜。

（四）庄园旅游设计

第一，游憩地规模大，综合服务功能强。"大农场"建立在大都市旅游圈的远郊旅游带，环境优良，乡村气息浓厚，是都市居民逃离强大都市压力生活，前往休闲度假放松心情的理想场所。第二，体现当地的文化气息。美国牧场体现"西部牛仔"的文化；英国和俄罗斯的庄园体现欧洲的庄园文化。第三，开展农业教育，建立农业解说系统。

三、典型案例

台一生态休闲农场位于台湾南投县埔里镇，由台湾农民张国桢创建于 1991 年，前身为"台一种苗场"。2001 年起开始发展农业观光，2002 年兴建了亮眼雅致且温馨舒适的花卉驿栈，2003 年设计了充满浪漫与新奇感的水上花屋。2010 年 3 月兴建南芳花园宴会厅，并推出花餐养生料理。农场的园区占地 13 公顷并拥有得天独厚的山峦视野，面积达数千公顷。

（一）特色项目

1. 台一枫桦花泉卉馆

兴建于 2010 年，整体建筑设计采用环保的绿色建材，精心营造"春露""夏荷""秋枫""冬恋"等季节楼层，客房内精致花泉搭配万千风景，73 间花泉客房均有大观景窗，占约 12~20 坪空间大小的各式房型，客房内更是精心准备了环保级精油备品。

2. 花卉餐与水上花园餐厅

台一水上花园餐厅以可食用的花卉素材，做出香草餐、花卉餐等深具特色的美味菜肴。

3. 主题化景区

农场精心规划特色主题，如花神庙、雨林风情馆、蝶舞馆、绿雕公园、绿茵广场等。花神庙是全台唯一花神庙，仿西洋神话有主神佛劳拉及四季花仙子，典雅大方，通过"12 星座许愿孔"与游客互动。雨林风情馆利用自然材质打造出原始风味，令人仿佛置身热带雨林中。馆内的路径用漂流木设计配置，通过闯关营造馆内探索神秘的情境。绿雕公园则种植数百棵的枫树，并且利用该园区生产的花草配置平面图案，让访客有他乡遇故知的感动，另外，农场发挥创意将废铁雕塑出绿色奇迹，创造出了点石成金的风味。蝶舞馆利用多种农业废弃有机质打造，种植了多种蝴蝶所需要的食草及蜜源，游客既可以欣赏馆内及馆外数百只蝴蝶翩翩飞舞的美景，又可以亲身感受蝴蝶炫丽变身的过程。

4. 自然生态教育

台一生态教育休闲农园宗旨是以自然生态教育为主，近年来，农区内也增加了有着庞大的蝴蝶群的蝴蝶园、昆虫生态馆、水上花园餐厅、花屋、光合广场、仙人掌生态区、押花生活馆等休闲、生态区。

（二）经验借鉴

台湾的休闲农场布局合理，大多数都分布在旅游线路上，每个景区景点都能与旅游结合起来，这就有了客源的保证。板块化、区域化整合已经有了相当的成效。例如苗栗县南庄乡休闲民宿区，拥有近80家乡村民宿，依托这些民宿，乡里将具有百年历史的桂花小巷开发成特色旅游街，带动了客家特色餐饮、特色风味小吃、特色手工艺品等相关行业的发展，使游客来到这里之后，在体验不同的农家风貌的同时能够全方位地感受当地特色的客家文化。宜兰县也形成了梗坊休闲农业区、北关休闲农业区等区域化的乡村旅游目的地，达到一定的产业规模，具有区域特色。事实证明，休闲农业必须有一定的规模才能形成景观效应和产业集聚效应，才能由点成线、成片，为城市旅游者提供一日、两日乃至多日的旅游产品组合，从而提高经济效益。台湾自推出精致农业策略后，其乡村发展一直以"农+旅"的形式为主，各种农庄旅游采取差异化的战略，纷纷取得一定的市场，可为我国大陆乡村旅游发展所借鉴。

1. 特色产业主导，精加工，深挖掘

台湾的生态农庄，多以"小而精"取胜。他们不刻意追求农庄的面积、规模，不一定非要种植多少作物，获得多高产量，产品有多大的批量，但非常注重精细管理，精深加工，融入创意，提升品质。有的产品甚至限量供应，量少质精，坚持以质取胜，以特色取胜。例如种植茶叶的农庄，有的只采一道春茶，然后将其精心加工、制作、包装，使其成为茶叶中的"极品"。其他时间则搞好茶园管理，让茶树健康生长，养精蓄锐，确保春茶品质上乘。有的农庄利用溪流养殖虹鳟、银鳟或其他观赏鱼类，游客可以在农场购买饲料喂食、嬉戏、体验、观赏，鱼却并不对外出售。如此做法，反倒吊足了游客的胃口，吸引了众多游客慕名而来。

2. 鲜明的主题与创意

台湾休闲农庄从一开始就非常注意生态环境的保护，在建设与经营过程中，不断融入创意与主人的情感，故而台湾的农庄可以让游客强烈感受到设计者的情感与追求。在主题选择上，水果采摘，竹、香草、茶叶、各种名花异草观赏，昆虫收藏，奶羊、奶牛、螃蟹、鳄鱼、鸵鸟养殖等各种体验创新不断，使游客始终充满新奇感。比如位于桃园观音乡的"青林农场"，一年四季都栽种着向日葵，且免费开放参观，还有专门种植食虫植物的"波的农场"，种有猪笼草、捕蝇草、毛毡苔、瓶子草等。很多农庄一看名字，就知道农庄的特色，如以香草为主的"熏之园"，以奶牛为主的"飞牛牧场"，以兰花为主的"宾朗蝴蝶兰观光农园"，"花开了农场"则栽植了大量珍贵的树林与奇花异草。

3. 重视口碑与网络营销

由于规模不大，所以台湾的生态农庄，非常注重产品的"口碑"而不是"品牌"。他们认为，"口碑"比"品牌"更重要，因此他们宁可将更多的精力，放在保证产品质量上，放在让顾客满意上。为保证产品安全营养，他们严格控制化肥、农药、除草剂的使用，宁可增加投入、牺牲产量，也要保证产品质量。为了让游客品尝到口感最佳的产品，台湾很多生态农庄免费对游客开放，目的是吸引游客自己到农庄购买最新鲜、成熟度最适宜的农产品。台湾的生态农庄大多建在偏远的郊区，吸引游客自己到农庄购买产品，实现产品就地销售，不仅有利于保证产品的质量，还有一大好处就是农庄可以免掉一大笔销售费用。除了宣传手册、广告路牌、电视报纸等传统宣传手段以外，休闲农业要加强网络营销，运用科技整合资讯，通过网页、搜索引擎以及运用手机网络服务等对休闲农业区域的地图、路线等进行迅捷的引导。网络平台在台湾休闲农业中发挥着重要的作用，据台湾民宿协会的"U-FUN民宿达人网"的统计，80%的客人通过网络预订。

4. 寓教于乐，深度体验

台湾休闲农庄都设有可供多人同乐的设施，如烤肉区、采果区、游戏区，农耕体验区等。有的还设有充满台湾农村乐趣的烘烤区，提供游客享受土窑烤地瓜、烤土窑鸡的乐趣；有的不定期举办与农业有关的教育活动、趣味比赛；有的提供与场内动物接触的机会，游客可以借喂养小牛、挤牛奶、喝生奶的过程，体会牧场农家的生活。

5. 官方与非官方组织保障

发育较为成熟的民间组织和完善的服务体系是产业健康发展的保障，无论是从中国台湾还是大陆的发展经验来看，在休闲农业发展的初期，都离不开政府部门的大力促进和引导，但是政府不能包办一切，最终产业的进步要靠行业组织和良好的服务体系作为保障。服务体系包括营销体系、培训体系、行业自律体系等，关键是发挥农会、农业推广学会等群众组织的作用，帮助农民转型。如台北市农会成立辅导小组，按照"一乡镇一休闲农渔区计划"，研究台北市20家市民农园转为休闲农场的可能性。

6. 从体验到分享的理念转变

台湾休闲农业在主推"体验经济"之后，还出现了"分享经济"的理念，即休闲农业经营者与游客分享乡村生活，变"顾客是上帝"为"与客人成为志同道合的朋友"，倡导"拥有不如享有"的消费理念。

第四节 景区依托型发展模式

一、发展背景

成熟景区巨大的地核吸引力为区域旅游在资源和市场方面带来发展契机，周边的乡村地区借助这一优势，往往成为乡村旅游优先发展区。鉴于景区周边乡村发展旅游业时受景区影响较大，我们将此类旅游发展归类为景区依托型。景区周边乡村与景区本身存在着千丝万缕的联系，在文脉、地脉以及社会经济等方面具有地域一致性，为乡村旅游发展提供了文化土壤。而乡村目睹了景区开发、发展历程，易形成较强的旅游服务意识，为旅游发展提供了相对较好的民众基础。同时，发展景区依托型乡村旅游既有乡村自身经济发展的主观需要，也有景区开放化、休闲化的客观需要。近年来，我国"黄金周"的景区拥堵现象充分暴露出封闭型景区的弊端，景区与周边区域配套发展成为必然趋势。

综上所述，景区依托型乡村旅游发展模式是在乡村自身发展需求和核心景区休闲化发展需求的共同推动下，景区周边乡村探索出来的旅游发展模式。风景名胜区优美的自然景观和厚重的历史层次，携手周边恬淡的田园风情，实现了乡村和景区的携手共赢，带动了区域的大旅游发展。

二、主要特征

景区依托型乡村旅游是指在成熟景区的边缘,以景区为核心,依托景区的客源和乡村特有的旅游资源发展起来的乡村旅游活动。

(一)区位优越,共享风景

景区依托型乡村旅游由于临近成熟景区的辐射圈,在地理区位上有显著优势,为乡村旅游发展提供了地域上的可能性。成熟景区拥有相对较好的交通条件,而乡村与景区构建起交通联系后,形成了良好的旅游通达性。而且文化、环境、旅游线路等区域上的一致性,也使乡村与景区之间更容易达成一体化发展。

(二)市场优越,客流集聚

乡村的农家菜、农家院等"农家乐"设施可以承担景区的部分服务接待功能,成为景区天然的后方配套旅游服务区。依托景区的人气和客流,乡村成为天然的游客集聚地,并在发展中逐渐拥有自己市场的顾客群,为乡村旅游开发提供了市场前提。

(三)资源优越,互补发展

同区域旅游发展一个重要的内容就是"互助"和"求异",乡村在生态风光和文化渊源上与初始景区具有一定的延续性,但是其主要方向是田园风、民俗情,又与景区的发展特色具有方向上的差异,因此其发展是对景区旅游产品功能的有机补偿,与初始景区形成差异化互补发展的格局。

三、典型案例

黄山翡翠居隶属于黄山中海假日旅行社有限公司黄山风景区分社,翡翠居地处黄山翡翠谷景区,属黄山风景区所辖范围,距离黄山南大门4千米。翡翠新村别墅于2003年新建,2004年被安徽省列为"农家乐"旅游接待示范点,是一片私营休闲生态农家乐度假村,占地面积500亩,可一次性接待游客500余人,总投资约5 000万元。

(一)特色项目

这是一片别墅式生态休闲农家乐,各种名贵花木,造型各异,争奇斗艳,周边环境十分优美,梨桃掩映其中。客房按星级宾馆标准设计,温馨、浪漫、自然、舒适;餐饮以四季农家菜为主,清新可口,野趣横生。入住其间远离了城市的喧嚣烦躁,尽享鲜氧,与大自然共同呼吸,令游客仿佛置身于"桃花源"里的人家。翡翠居农家乐有各式古徽州名菜、农家菜、山珍野菜和各地游客喜爱的川菜、粤菜等,最受客人欢迎的特色农家土菜有土鸡、石耳石鸡、小河鱼、臭鳜鱼等。

(二)经验借鉴

黄山翡翠居与临近的知名旅游景区黄山有着优越的地理优势,依托景区(点)的客源以及知名度、景观、环境,充分利用当地的休闲农业与乡村旅游资源,着眼于"游、购、娱、食、住、行"六大旅游产业要素,采取多种多样的形式,为游客提供具有价格优势、凸显当地特色的产品与服务,能够积极为游客游览所依托景区提供细致周全的服务,而且也方便游客前来入住与往返景区。

第五节 度假休闲型发展模式

一、发展背景

休闲度假的乡村旅游在中国还是个新事物，也是一种新的社会生活方式，现在很受关注。目前已经到了中国休闲度假产业发展的一个关键点，所以旅游行业也普遍关注休闲度假问题。在最近几年召开了北京"休闲度假产业论坛"、厦门"中国度假酒店论坛"、广东"中国自驾车论坛"和"产权酒店发展论坛"，这首先反映了中国的休闲度假市场达到了一个临界点，其次反映了旅游行业对这个市场有充分的认识，都在积极研究和把握机遇。

二、主要特征

（一）一地时间长

典型的是西欧、北欧的度假者，比如到泰国的普吉岛，坐着飞机直接抵达，到了那儿在海滩上待一个星期，闲到无所事事的程度，这才叫真正的休闲，是非常典型的一种休闲方式。这种休闲方式在国内还没有普遍产生，只是少数人有这样的趋向。处于过渡阶段就意味着国内的休闲在一定意义上、一定时期之内，还是要和观光结合在一起。

（二）散客和家庭式组织方式

现在休闲度假在方式上主要是散客和家庭式组织方式，而不是观光旅游的团队性组织方式，这对现有旅游企业的经营提出了更高的挑战。自驾车旅游主要就是散客方式，环城市旅游度假带接待的游客中，家庭式也占了很大的比重，尤其是在双休日期间。

（三）复游率高

复游，就是我们所说的回头客。度假旅游有一个特点，客人认准了一个度假地，甚至一个度假酒店，其忠诚度会非常高。比如有的德国客人，一生度假可能就只到印尼的巴厘岛，一辈子去二十次，不去其他地方。因为他认准了这个地方，觉得熟悉、很亲切，这样外出度假的感觉和家里生活的感觉就能够内在地联系到一起。比如墨西哥的坎昆度假区，全世界很多富翁每年都要去那里度假。

（四）指向集中

所谓指向集中是指客人的度假需求非常集中，不仅有对度假目的地选择的集中，还有度假需求的指向集中。但我们现在很多度假村是度假村的外壳，城市酒店的内容，也就意味着现在的所谓度假村并不了解真正的度假需求，经营和实际的指向集中于这样一个度假与需求消费特点并不完全对应。比如一般来说，度假酒店的客房里是不会满铺地毯的，满铺地毯不适应客人需求，尤其是海滨的度假酒店，客人经常赤脚走路，脚上可能带着沙子，满铺地毯怎么处理呢？

（五）度假加观光

这是市场目前的一个比较独特的特点。市场还处于过渡时期，有些时候还必须研究度假加观光的方式。一般来讲，满足大周末的需求不存在这个问题，大周末基本上是度假加娱乐。可是要满足中假和长假的需求就要有一个适当的度假加观光的模式，但是这个方式只能是过渡性的，从长远来看基本上是比较单一的度假趋向。

（六）文化需求

观光的客人成熟到一定程度会产生度假需求，度假的客人成熟到一定程度就一定会产生文化需求。他不只是到森林度假区呼吸新鲜空气，或者去温泉度假区洗个温泉，他一定要求这个度假地有文化、有主题、有比较丰富的内涵。如果度假地的经营能够达到文化的层次，那么基本上就算到位了。

三、典型案例

北京蟹岛绿色生态度假村位于北京市朝阳区金盏乡境内，紧临首都机场高速路，距首都国际机场仅7千米，是一个集生态农业与旅游度假为一体的大型项目。总占地面积为3 300亩，以餐饮、娱乐、健身为载体，以让客人享受清新自然、远离污染的高品质生活为经营宗旨，以生态农业为轴心，将种植业、养殖业、水产业、有机农业技术开发、农产品加工、销售、餐饮住宿、旅游会议等产业构建成为相互依存、相互转化、互为资源的完善的循环经济产业系统，成为一个环保、高效、和谐的经济生态园区。包括大田种植区、蔬菜种植区、苗木花卉种植区、养殖区、休闲旅游服务区等功能区。

（一）特色项目

吃：现场消费是销售绿色的关键，绿色食品重"鲜"，蟹岛实现了肉现宰现吃、螃蟹现捞现煮、牛奶现挤现喝、豆腐现磨现吃、蔬菜现摘现做。提供的农家菜有菜团子、糊饼、清蒸河蟹、葱烤鲫鱼，还开发了蟹岛特色菜蟹岛菜园（什锦蔬菜蘸酱）和田园风光（蔬菜拼盘）。"开饭楼"餐厅同时可容纳千人就餐，二楼雅间的名字别具一格，"柿子椒""嫩黄瓜""蒿子秆"等比比皆是。海鲜、粤菜、农家风味、盘腿炕桌，自由选择。

住：投资6 000万元兴建的蟹岛仿古农庄以展现中国北方自然村落为宗旨。"蟹岛农庄"是复原老北京风情、展现50年前农村各阶层生活情境的四合院群落，豪华宅邸、书斋雅室、勤武会馆、茅屋草堂、酒肆作坊等，古钟亭、大戏台、拴马桩、溪水、小桥、辘轳以及房前屋后的绿树、菜园、鸡鸣狗叫。

玩：采摘、垂钓、捕蟹、温泉浴、温泉冲浪以及各种球类娱乐项目，逛动物乐园。冬天嬉雪乐园可以滑雪、夏天水上乐园可以戏水，常规娱乐、特色娱乐兼备。如果您想考验勇气、耐力和韧性，可以来攀爬横跨百米宽水面的12座铁索桥、臂力桥、软桥、独木桥、秋千桥等。

游：园内采用生态交通，可以体验羊拉车、牛拉车、马拉车、狗拉车、骑骆驼。尽可能地使用畜力交通工具，或者以步代车，不用有害于环境和干扰生物栖息的交通工具。同时对道路交通网要求生态设计，合理的道路设计及绿化屏障是生态交通的重点之一。

购：销售的都是游客自己采摘与垂钓的农产品，或者是绿色蔬菜盒，虽然价格往往是市场价的4倍以上，却很受游客青睐。

（二）经验借鉴

项目理念特色：以开发、生产、加工、销售农产品为本，以旅游度假为载体，集生态、生产、生活——"三生"理念于一体的绿色环保休闲生态度假村项目。

项目功能布局特色：实现"前店后园"的功能布局，园内塑造大面积的绿色旅游环境，提供丰富的消费产品，店是消费场所，虽然规模有限，但为园内的产品提供了客源，保证了农业旅游的互补与融合。

项目规划设计特色：与乡村特有的自然生态风格充分相融合，还原独特的乡村风味，让游客能够真正地脱离城市的束缚，充分投入对乡村生态、生产、生活的体验。

项目经营特色：通过"吃、住、玩、游、购"等方面全方位打造乡村体验，并通过"农""游"两条渠道实现收益的叠加与放大；"前店"以专业人士和专业公司进行运营，保证运营的专业性以及收益，而"后园"则以承包责任制分配到个人，充分调动其生产积极性，并能使其充分参与到项目整体中，增加其收入。

第六节　特色产业带动发展模式

一、发展背景

近年来，随着人们生活水平的不断提高，旅游休闲成为人们消费的热点。"农家乐"也随旅游业兴起而呈现，它是以农民利用自家院落以及依傍的田园风光、自然景点，以绿色、环保、低廉的价格吸引市民前来吃、住、游、玩、购的旅游形式。它既是民俗旅游又是生态旅游，是农村经济与旅游经济的结合。生活在现代都市的人们最关心的是生态、环保、健康，在工作之余都会选择离开喧闹的市区到郊区，回归自然，体验一种纯朴、天然的生活情趣，这就决定了"农家乐"旅游不仅是都市人追逐的一种时尚，也是一种朝阳产业。目前，人们对精神文化生活需求的范围进一步拓展，层次进一步提升，内容进一步凸显多样性、人性化、个性化特征。现代旅游业作为一种文化生活得到快速发展，并被赋予了"文化经历、文化体验、文化传播、文化欣赏"等更为丰富的内涵，满足着人们心理和精神以及多方面发展自我的需求。在这样的大背景下，以"吃农家饭、住农家屋、干农家活、享农家乐"为特色的"农家乐"旅游得到了市场的广泛认同，引起了社会各界的极大重视和关注。成都市郫县作为"农家乐乡村旅游"的发源地，不仅为游客提供了一种新型的休闲方式和消费空间，而且还作为一个特色产业让当地的农民走上了致富的道路。

二、主要特征

突出"农"为基本的经营理念，包括农业、农民、农村，其中农民是经营的主体，农家活动是主要内容，乡村是大环境。只有充分利用"三农"资源，发展以"农"字为核心的农家乐，才能使其具有"农"味的乡村旅游。

依托"家"为基本的经营单元，农家乐一般应以家庭为单位，利用自家的房屋、土地、产品、人员发展农家旅游。所以，农家乐应体现"家"的形态，家的融合，家的温馨，家的氛围。

提供"乐"为经营的根本目的，农家乐应为游客提供"乐"的产品，它不仅包括打牌、卡拉OK、唱歌等，还应包括采摘、垂钓、参与农事和节庆活动，还包括农耕文化、民俗风情的展示和欣赏，让游客乐在其中。

迎合大众的心理为经营目标，随着工业的大规模发展，城市雾霾严重，空气质量差，在紧张的工作之余，人们渴望乡村大自然的清新空气，而农家乐可以提供在城市里享受不到的惬意与放松，不需要背起行囊出远门，说走就能走，轻松易实现。

三、典型案例

成都市近郊的郫县是中国"农家乐"乡村旅游发展的典范，通过旅游兴村，走出了一条一、三产业有机结合，自主经营与本地务工相互补充，依靠发展特色产业推动乡村全面建设的新路。郫县农科村位于成都平原腹地，全村辖区面积2.6平方千米，辖11个社，686户，2310人，现有耕地2400余亩，人均耕地1.02亩。农科村最初是一个从事花卉养殖的村庄，1979年当时的村支部书记税国扬带头在自家的田坎上种植花木，每棵花木卖到4元钱，比种植粮食利润高很多，随后村里人纷纷效仿，几乎每家都种花木，1986年，全村人均收入达950元，这在当时成为农民致富的榜样，吸引附近及全国各地人士参观考察，刚开始都是免费招待，后来随着人数的增多，农民市场意识的觉醒，开始收少量伙食费，农家乐的雏形也就形成了。20世纪80年代农科村的农家乐旅游是一种自发状态。进入20世纪90年代以后，农科村农家乐旅游是政府主导下的自觉发展，随着人们生活水平的提高，消费追求逐渐由物质层面向精神层面提升，旅游成为人们精神消费的首选，面对市场的巨大需求，省市旅游部门和各级政府充分发挥主导作用，积极引导农科村的花卉种植业大户率先接待游客，带动其他种植户开展旅游接待，由点到面，全面开展农家旅游接待，使农科村成了一个农家乐旅游专业村。2000年以后，为实现农家乐旅游突破式发展，壮大乡村集体经济，扩大产业规模，实现产业转型和升级，在县、镇政府统一规划指导下，农科村形成县和镇的新村建设合力。一方面，县镇投入一定资金，用于改善农科村基础设施建设，完善旅游功能；另一方面，成立县旅游局，加强对乡村旅游产业发展的宏观指导。农科村在多方建设下，从一个默默无闻的小乡村成为中国乡村旅游的典范。

（一）特色项目

1. 天府玫瑰谷

天府玫瑰谷占地1000亩，属于成都现代农业创业园一期项目。园区内种植了玫瑰、薰衣草、迷迭香、千层金等千种花卉苗木，组成了以"现代农业观光、玫瑰花海休闲、浪漫文化度假、风情小镇体验"为代表的四大旅游休闲产业。

2. 郫县农科村

农科村是中国农家乐的发源地。这边当然有其突出之处，首先郫县自古就以园艺技术闻名，而农科村为鲜花盛开的村庄，宛如没有围墙的公园。成都市郫县友爱镇农科村地处"天府之国"的腹心地带，位于西汉大儒扬雄故里郫县友爱镇，是郫县"国家级生态示范区"和"中国盆景之乡"的核心地带，曾先后获得"省级卫生村""省级文明单位""省级移动电话第一村""全国精神文明创建工作先进单位""全国农业旅游示范点""全国文明村镇"等省部级、国家级称号。2006年4月，农科村获得"中国农家乐旅游发源地"称号。2012年9月，农科村通过国家旅游局4A级景区验收，为郫县旅游业增添了一张新名片。

3. 妈妈农庄

妈妈农庄是郫县第一个创4A级景区，被称为成都的"普罗旺斯"，是四川第一家规模化薰衣草基地，目前有薰衣草花田300亩，一期薰衣草等花卉基地600余亩，二期2 000余亩，极具特色，填补了四川花卉生态旅游空白，是郫县乡村生态旅游的新品牌。

4. 郫县花样食府

花样食府是一家集餐饮、娱乐、休闲为一体的特色休闲食府，主营特色火锅鱼、特色中餐，承接各种宴席，坐落于四川省成都市郫县南门外观柏路78路。郫县花样食府承接生日宴、结婚宴、亲朋宴请等各种宴席，配有特色火锅鱼、特色干锅、特色菜品等。食府内设施配套齐全，设有休闲茶座、超大停车场、无线WIFI等设施，为游客出行提供"美食驿站式服务"。

（二）经验借鉴

1. 坚定方向，打响"农家乐"乡村旅游品牌

郫县要爱护这个品牌，丰富这个品牌，发展这个品牌。坚定"农家乐"这个品牌意识，不能因为当前一些农家乐发展中存在这样和那样的问题，而动摇"农家乐"这个乡村旅游的品牌和发展方向。

2. 积极引导统筹规划，使其走上规范经营、有序发展的道路

政府应帮助制定"农家乐"发展规划，积极引导，政策支持，改变农户分散经营、单打独斗的状态，而应在农家的基础上，实行统一领导，联合经营，设计适合游客需要的旅游产品，完善农家基础设施，改善乡村生态环境，制定规范管理和发展措施，为发展农家乐提供科学依据。

3. 搞好培训，加强经营管理

农家乐作为一项新兴产业，主体是农民，必须提高农民的业务素质，加强对他们的业务经营培训，让他们学习一些基本的旅游服务和管理知识，提高他们从事农家乐的管理水平和服务质量。同时抓好管理，制定农家乐旅游的地方行业标准；对符合行业标准的农家乐办理相关证照，合法经营；制定农家乐质量评定标准，按照标准进行质量评定，规范市场秩序。

4. 注重宣传，扩大影响

一是建立农家乐网站，在网上促销；二是利用电视、报纸等新闻媒体促销；三是制作宣传标语牌、办宣传栏等方式宣传促销；四是举办农家乐主题论坛；五是借助名人效应开展促销；六是可以采取多种优惠措施吸引广大青少年，可以开辟成为青少年农村社会实践基地。

第七节　现代农业展示型发展模式

一、发展背景

现代农村的乡村旅游是一个新概念，乡村旅游发源于100多年以前的欧洲，是工业化发展创造的需求，兴起于40年以前，是工业化后期的普遍需求，鼎盛于现代，是后工业化时期的刚性需求。中国现在已经进入工业化中后期，所以中国人对乡村旅游的需求基本上可以界定为一种刚性需求。怎么叫刚性？生活里不可缺少，这就是刚性的概念。我们现在大体上

进入第二个阶段，城乡一体化，谁化谁？是城把乡化掉？还是乡把城化掉？如果绝对说这种一体化就不对。"看得见山，望得见水，记得住乡愁"，城市长大的孩子没有乡愁可言，所以首先有乡村才能培育乡愁，然后是城市来感应乡村，来激发乡愁。几十年的改革开放，工业化城市化，培育现代中国乡村旅游，但是我们和西方发达国家起点不同，基点不同。西方国家的乡村休闲搞得很发达，也很精致，但是从业者很多是城市里的年轻人去从事乡村休闲，他们是要换一种活法，是为了生活，可是我们中国人搞乡村旅游首先是生存，这就是我们的基点和起点。回想我们以前搞的传统乡村旅游，单体规模小，对应市场难；基础设施不足，公共服务少；卫生条件差，产品供应不足；经营单一，同质化强；恶性竞争，质量不高，所以最终形成市场效果不佳。当然，因为乡村旅游建设成本低，而且农民的经营基本没有成本概念，收到手里就是利润，这也是乡村旅游的优势，可是如果这一系列的问题，我们不能有针对性地加以解决，恐怕就会演变成比较大的问题。因此我们要想办法改善乡村贫困状态的重要抓手，起到促进调整农业经济结构，丰富农业功能，提高产品附加值，增加就业渠道，形成系列服务设施，推动农民观念转化，培育农村市场机制等的综合作用。

二、主要特征

（一）城市化

经济发达地区总体已经进入工业化后期阶段，现在的主要问题是理念仍然是工业化中期发展理念，由此形成的情况表现为以下四个方面：第一，太急了。还在强化经济增长率，社会心态也急躁。第二，太挤了。人口过多且过度集中，建筑过密。第三，太忙了。车流滚滚，人流匆匆。第四，太脏了。高碳发展，空气污浊。从需求来看，城市第一缺生态，第二缺健康，第三缺人文，第四缺快乐。按照实际生活水平来说，现在比以前不知道高了多少倍，可是幸福指数并没有增长，快乐感觉也没有增加。这正是对乡村旅游的长期且持续增长的市场需求。但是市场不能笼统而论，要分层、分时、分地、分项。

（二）模糊化

城市化的发展产生一个模糊化的现象，一方面城市日益扩张，边界逐渐模糊，城区成为核心区，近郊区成为城区，远郊区纳入城市带或城市群，另一方面又形成城中村。这种边界的模糊就产生一些新的概念，比如城际乡村、乡村小城，家园一体，休闲发展。美丽中国，美丽自然，美好心态，美好生活，我们就需要不断地在中国的条件下，探讨中国特有的发展模式。

（三）便利化

交通格局决定旅游格局，第一个便利是乡村旅游的便利化只要追求大交通顺畅就够了，小交通是特色，景观路、文化路、交通路，乡村的公路绝不能大路朝天各走半边，那是用城市化的概念来看待乡村，这样的乡村旅游花了大把的钱，结果自己毁了自己。第二个便利不仅是乡村旅游，而且是一个生活格局的变化，所以就需要强化新热点，培育重点项目、优势项目、聚集项目。第三个便利就是智慧乡村旅游，需要网络覆盖，信息全面，市场联通，现在这一条在市场的力量之下正在迅速地变化和发展。

（四）新统筹化

一方面是农村，应当用景观的概念看待农村，不能一扫而光；用综合的理念经营农业，通过旅游提高土地利用率，提升农产品的附加值；用人才的观点发动农民，使农民也成为文化传承者，工艺美术师。另一方面是城市，要用抓旅游的理念抓城市，突出人本化和差异性；用抓饭店的理念抓景区，突出精品化和细致化；用抓生活的理念抓休闲，突出舒适性和体验性。这些年沟域、山域、水域、县域，这种域的乡村旅游的发展开始兴起，这是从传统的小流域治理开始，但是大家发现，光治理小流域不行，必须得培育产业。

三、典型案例

台农农牧有限公司系台商独资企业，创办于1995年，公司占地300多亩，总投资1 500万美元，是一家集奶羊、奶牛养殖，乳制品加工生产、销售、旅游观光休闲为一体的现代农业企业。公司位于厦门市同安区北辰山风景区旁，有得天独厚的自然资源，风景秀丽、气候宜人，非常适合人居及养殖业的发展。

（一）特色项目

公司拥有三个牧场，其中奶羊场一个，奶牛场两个，现存栏奶羊2 000多只，存栏奶牛1 000多头，日产优质无公害鲜奶11 000千克，从中国台湾及国外引进先进的奶羊、奶牛养殖技术、挤奶技术及设备，有力地保证了奶源的安全性和高品质。目前，已经建立了500多个营销网络，覆盖了福建全省各地、市，产品有巴氏杀菌鲜羊奶、巴氏杀菌羊奶口味奶、羊奶酸奶、巴氏杀菌鲜牛奶等十几个品种，口感纯正新鲜、品质优良，深得消费者的信赖。

（二）经验借鉴

在生产加工上，公司先后从日本、中国台湾引进了先进的乳制品加工生产设备，并高薪聘请台湾的乳品专家，对生产加工工艺进行规范的指导，建立了一套完整的乳品加工工艺流程、管控流程，对产品加工的每一个关键环节做到有据可查，基本实现按照ISO9001、HACCP模式导入管理；公司具备独立的品管中心和产品研发中心，对每批次产品按出厂检验要求进行严格检验，检验合格后才放行上市，产品的研发充分依托台湾的食品开发技术优势，全面保证了乳品的营养性和适口性。

第八节　旅游小城镇型发展模式

一、发展背景

广义上来说，旅游小城镇是小城镇的一种类型，但不一定是建制镇，目前，学界对其还没有统一的学术定义，在各地的旅游开发实践中，得出的比较普遍的认识是：旅游小城镇是指依托具有开发价值的旅游资源，提供旅游服务与产品，以休闲产业、旅游业为支撑，拥有较大比例旅游人口的小城镇。它不是行政上的概念，而是一种景区、小镇、度假村相结合的"旅游景区"或"旅游综合体"。旅游小城镇对于旅游产业来说，有利于转变旅游业发展思路，创新旅游业发展模式，完善城镇基础设施和旅游接待服务设施建设，构建旅游发展的新载体。目前在我国A级景区中，发展相对成熟的旅游小城镇类景区达40多个。这些景区型小镇大多以门票作为其主要的经济来源，以休闲、度假、商业运营来支撑景区发展。但就我国目前的发展形势和发展趋势来看，旅游小城镇的数量要远大于景区型小镇的数量。

二、主要特征

旅游小城镇不同于一般小城镇，具有自身鲜明的特征。从业态结构角度讲，旅游小城镇以旅游服务业、休闲产业为主导。从空间形态角度讲，旅游小城镇以休闲聚集为核心。从景观环境上讲，旅游小城镇本身就是一个文化气息浓郁、环境优美的景区。从旅游角度讲，旅游小城镇具备旅游十要素——食、住、行、游、购、娱、体、疗、学、悟。从文化角度讲，旅游小城镇是文化旅游的重要载体，城镇风貌及建筑景观体现了一定的文化主题。从城镇化角度讲，旅游小城镇围绕休闲旅游，延伸发展出常住人口及完善的城镇公共服务配套设施。

三、典型案例

洛带古镇地处成都市龙泉驿区境内，是四川省打造"两湖一山"旅游区的重点景区、国家4A级旅游景区、全国首批重点小城镇、成都市重点保护镇、成都文化旅游发展优先镇、省级历史文化名镇、全国"亿万农民健身活动先进镇"。据考证，客家人的先民原居中国中原一带，因社会变动及战争等原因，曾有5次大规模的南迁，于中国南方逐渐形成客家民系，成为汉民族8大民系中重要的一支。至清末民初，奠定了客家人分布的基本范围，主要分布在广东、江西、福建、四川、湖南、湖北、贵州、台湾、香港、澳门等地区，人口数达5 000万以上，占汉族人口的5%。如今居住在镇上的2万多居民中，有90%以上的居民为客家人，至今仍讲客家话，沿袭客家习俗。全镇辖区面积20平方千米，以老街为中心，而洛带镇周围十几个乡（镇、街道办）还聚居着约50万客家人，约占当地人口总数的八成以上。目前，洛带古镇是"中国水蜜桃之乡""中国国际桃花节"主办地，其属亚热带季风气候，年平均气温16～17℃，冬无严寒、夏无酷暑、气候宜人，水质、空气均达国家标准，全年均适宜旅游。洛带古镇是成都近郊保存最为完整的客家古镇，有"天下客家第一镇"的美誉，旅游资源十分丰富，文化底蕴非常厚重。镇内千年老街、客家民居保存完好，老街呈"一街七巷子"格局，空间变化丰富；街道两边商铺林立，属典型的明清建筑风格。"一街"由上街和下街组成，宽约8米，长约1 200米，东高西低，石板镶嵌；街衢两边纵横交错着的"七巷"分别为北巷子、凤仪巷、槐树巷、江西会馆巷、柴市巷、马槽堰巷和糠市巷。

（一）特色项目

客家美食系列：伤心凉粉、芫荽饼、石磨豆花、李天鹅蛋。街边美食还有玫瑰糖、姜糖、张飞牛肉、酿豆腐、盐卤鸡、洛带供销社饭店的油烫鹅等。

客家菜品系列：客家菜最出名的有九斗碗、酿豆腐、盐卤鸡、油烫鹅、面片汤。

特色旅游产品：状元福蚕丝被，状元福蚕丝被为100%纯天然桑蚕丝被，选自本地优质桑蚕茧，并在挑选、煮茧、抽丝、拉套等各个环节设置了质量监督，保证了蚕丝棉的品质。

特色景点：一街七巷子和客家人的四大会馆（江西会馆、川北会馆、湖广会馆、广东会馆）。

特色节庆：每年 7 月 26 日、27 日一般会举行水龙节，场面热闹，极具客家特色。

（二）经验借鉴

凸显旅游小城镇的文化内涵。洛带古镇的名字是因三国时蜀汉后主刘禅的玉带落入镇旁的八角井而得名。同时，湖广填四川时将客家人的客家文化带入洛带，因此洛带古镇被世人称之为"世界的洛带、永远的客家、天下客家"。如今旅游资源丰富，文化底蕴厚重，客家土楼博物馆、岭南街区、客家美食街区的博客小镇一期共有 2 万多平方米，将有 30 余商家入驻，其中由年画、泥塑、竹编、香包等非物质遗产组成的洛带民间艺术保护发展中心将扎根土楼博物馆。游客可以走进土楼，除近距离接触非物质遗产、观看非遗传人的精彩工艺表演外，还可在客家美食街区品尝种类繁多的客家美食和来自天南海北的特色小吃，做一回"好吃嘴"，并可走进古典生活家具生活馆、画廊等文化艺术区，感受艺术文化魅力。

[实务训练]

学生分组到学校附近的乡村旅游地去调研该乡村旅游地的发展背景、主要特色、经营模式、经营状况、人员培训等，分组撰写调研报告。

[知识归纳]

本章分析了乡村旅游的发展模式。主要介绍了 7 种发展模式，分别是民俗风情型发展模式、农场庄园型发展模式、景区依托型发展模式、度假休闲型发展模式、特色产业带动发展模式、现代农业展示型发展模式、旅游小城镇型发展模式，介绍了每种发展模式的发展背景、主要特征、典型案例，并对典型案例的特色项目及经验借鉴进行探讨。

复习思考

不同类型的乡村旅游发展模式的发展背景及主要特征分别是什么？

第四章

乡村旅游投资与管理模式

[学习目标]

通过本章的学习,使学生:

1. 掌握乡村旅游投资与管理模式的理论知识;
2. 了解乡村旅游投资模式、管理模式的不同形式;
3. 理解不同形式乡村旅游投资模式、管理模式的优缺点。

[实训要求]

1. 掌握互联网或实地搜集乡村旅游点信息的能力,能针对性地对乡村旅游资料进行经营状况的简要分析;
2. 能够运用相关理论解释具体乡村旅游投资与管理模式中存在的问题,并可以给出相应的建议。

[引导案例]

茂县坪头村投融资发展乡村旅游

2008年地震后,茂县依托羌文化资源优势,充分利用灾后恢复重建和国家支持建设羌民族文化生态保护实验区的契机,全力拯救、保护和弘扬羌族文化。其中坪头村和牟托村已成功申请为国家4A级旅游景区。经过精品旅游村寨建设,把原有的村庄改造成为了农家旅游新村,将羌寨民居改造成了可以开展旅游服务的客栈,坪头村在旅游旺季游客入住情况为每晚600人。精品旅游村寨以其独特的文化背景和自然风光,已成为茂县重点旅游项目之一,促进了农村旅游业发展,增加了农民收入,提高了人民群众生活水平。

在地震灾后恢复重建中,州委、州政府做出实施"三百"示范工程的重要决策,茂县凤仪镇坪头村作为第一批建设的精品旅游村，在州、县领导的关怀下，按照有关建设标准，迅速完成了风貌提升、设施配套等硬件建设，让一个羌族村寨变身为可以接待游客的景区。为了更好地管理景区，规范经营秩序，让旅游精品村建设成果发挥效益，实现坪头村产业转移升级，带动老百姓增收致富，在茂县县委、县政府的关心支持下，在2012年4月成立了茂县水凤羌寨文化旅游有限责任公司，努力探索"村两委+公司+农户+经营商"的经营发展模式。在这个模式下，由村两委会主要负责人出任公司主要领导，在自愿的前提下，全村农户以住房和土地入股，由公司统一租赁村民的住房，再由公司原价出租给经营商，由经营商将房屋改造成乡村旅游酒店用于旅游经营，村民成为公司股东获取收益并可参与经营。

在政府的引导下，通过融资的方式筹集资金进一步完善提升了旅游基础设施。当地组建了水凤公司，采取市场运作的方式，通过融资等筹集到大量的资金用于景区设施的完善和提升，为以坪头、牟托为核心的羌乡古寨景区申创国家4A级景区奠定了基础。同时，水凤公司统一租赁村民的房屋，原价出租经营者，统一了房屋出租价格，有效地避免了低价竞争、恶性竞争。通过这种模式把景区、公司和村民捆绑成了利益共同体，使村民自觉主动地从事景区管理和维护，自觉遵守经营规范，达到了公司和村民双赢的目的。水凤公司以每年每平方米72元的价格租用村民的住房，让他们固定资产变成了持续稳定的收入；村民生产的水果、蔬菜不出村就通过公司营销平台及时高价销售，增加了村民的收入；村民在本村的酒店、餐馆就业，就地就近打工挣钱，避免了"留守儿童""空巢老人"等一系列社会问题。

随着整个阿坝州乡村旅游的发展，特别是精品旅游村寨的打造，丰富了全域旅游景区内涵，改变了阿坝州旅游多年来淡旺季明显的特征，成为旅游旺季游客的分流接待点和冬季旅游新的增长点，使农村劳动力实现就地转化，农牧民实现了就近就业。同时在发展乡村旅游的过程中，积极探索政府引导、社会参与、市场运作等多种经营管理模式，鼓励农户自营、招商联营、农户联营、公司参与、协会管理，逐步建立健全符合市场规律的利益共享和风险共担机制，走规范化、市场化、规模化的乡村旅游发展之路，随着乡村旅游基础设施的不断完善，游客量的不断增加，促进农牧民就业增收致富和产业结构调整的作用越来越明显。

（资料来源：四川新闻网，2013-03-09）

第一节 乡村旅游投资模式

乡村旅游的发展，虽然是以当地自然资源、农业资源、农业市场及当地民俗为基础，但是在第一产业的培育过程中、第三产业的景点建设中，与之相配套的基础设施建设与服务设施建设、后期的市场营销等过程中都需要一定的资金。甚至可以说，资金的投入在很大程度上影响着乡村旅游的发展。然而，作为农民而言，自身的积累有限，只靠单个的农户不可能有更多资金投入，因此，资金问题也成为目前乡村旅游发展中的重要问题。

近年来，随着旅游市场的不断发展，社会经济水平不断提高，激发了旅游经济的活力，各方投资旅游业的热情不断高涨。再加上国家各项政策对生态旅游、乡村旅游的支持与引导，城乡一体化建设的进程加快，越来越多的投资者把目光逐渐投向了乡村旅游业。根据不同的投融资渠道，即旅游资金的来源方式和环节，把乡村旅游的投资模式分为了以下四种：农户自主投资、政府主导支持、外来投资和合作经营。

一、农户自主投资

农户自主投资是指农民个体或集体直接或间接地参与乡村旅游的生产和经营活动,并由此获得相应的收益。《国务院关于投资体制改革的决定》中明确规定了各主体的自主投资地位,实施"谁投资、谁决策、谁收益、谁承担风险"的原则,自主投资政策的实施,极大地带动了乡村旅游自主投资的发展。

2015年,国务院办公厅发布《国务院办公厅关于进一步促进旅游投资和消费的若干意见》(以下简称《意见》),《意见》指出,开展百万乡村旅游创客行动,大力推进乡村旅游扶贫。各个省市区也配套出台了支持农民返乡创业或者自主创业的政策支持。这无疑将大大提高农民对乡村旅游自主投资的热情。

 [小贴士]

四川省印发《关于支持农民工和农民企业家返乡创业的实施意见》

近日,四川省政府办公厅印发《关于支持农民工和农民企业家返乡创业的实施意见》(以下简称《意见》),提出支持农民工和农民企业家等返乡创业的政策措施,为做好新形势下农民工和农民企业家等返乡创业工作提供了重要遵循。

四川省有农民工逾2 400万人,是全国农民工最多的省份之一。农民工返乡创业意愿强、潜力大,为此,四川省加大政策支持力度,坚持普惠性政策和扶持性政策相结合的原则,既保证返乡创业人员平等享受创业的各种普惠性政策,又根据这部分人抗风险能力相对较弱的特点,落实和完善差别化的扶持性政策,以促进他们成功创业。《意见》共五大部分十九条。同时,还拟定了《鼓励农民工等人员返乡创业三年行动计划纲要(2015—2017年)》。《意见》在五个方面进行了细化和创新:

(1) 降低返乡创业门槛。《意见》提出,对注册资本登记,允许农民专业合作社成员以土地承包经营权的收益权、货币、实物和知识产权作价出资,货币出资和非货币出资不受出资比例限制。

(2) 在税费优惠方面,《意见》明确,持有就业创业证或就业失业登记证的农民工和农民企业家,创办个体工商户、个人独资企业的,可依法享受税收减免政策;符合政策规定条件的,可免征教育费附加、水利建设基金等政府性基金,免收管理类、登记类、证照类行政事业性收费。

(3) 在财政支持方面,各级财政将建立相应的财政支持政策目录,保障返乡创业农民工和农民企业家享受财政优惠政策的权利;对具备各项支农惠农资金、支持县域经济发展专项资金等其他扶持政策规定条件的,要及时纳入扶持范围;有条件的地方,可对返乡创业农民工和农民企业家从事适度规模经营流转土地给予奖补;招用就业困难人员的按规定给予社会保险补贴和岗位补贴。

(4) 金融服务支持方面,为了解决返乡创业融资难、融资贵的"瓶颈"问题,提出"探索将集体建设用地使用权、土地经营权、农村房屋所有权、林权等农村产权纳入融资担保抵押范围""鼓励金融机构将法律法规不禁止、产权归属清晰的各类农村资产作为抵押担保品,在全省开展农村土地流转收益保证贷款试点""鼓励金融机构向符合条件的返乡创业农民工和农民企业家发放创业担保贷款,贷款最高额度不超过10万元,期限两年,财政部门按规定贴息;贷款期满可展期一年,展期不贴息""对返乡农民工和农民企业家领办的新型农业经营主体,属于劳动密集型小企业的,可按规定给予最高额度不超过200万元的创业担保贷款,并给予贷款基准利率50%的财政贴息。"

(5) 返乡创业园建设方面,为了扶持园区建设发展,提出"对整合发展农民工返乡创业园,可安排相应的财政引导资金,以投资补助、贷款贴息、返乡创业园区建设奖等方式给予政策支持";为了鼓励返乡农民工和农民企业家入园创业,提出"可租用园区内的国有土地和标准厂房,也可按弹性年期出让或'租让结合、先租后让'的方式用地"。

下一步,四川省将根据《鼓励农民工等人员返乡创业三年行动计划纲要(2015—2017年)》中的7项行动计划,加强领导,明确责任,强化措施,狠抓落实,全面推动返乡农民工和农民企业家创新创业。

(资料来源:四川省人民政府办公厅,2016-02-18)

二、政府主导投资

乡村旅游的发展资金来源渠道虽然具有多样化的特征,但在资金来源总量中,国家投资扶持仍然是最主要的来源渠道,尤其是旅游设施的完善、基础设施的建设、经营管理的规范、市场秩序的维护、行业标准的确立、区域的统一规划等,这些工作都主要由政府来支持和推动。

国家或地方政府为了给本国或本地区农村经济发展注入新的活力,在政府规划指导下,采取各种措施,给予乡村旅游开发积极的引导和支持,这也是相当多的国家和地区发展乡村旅游初始阶段采取的主要模式,即把乡村旅游作为政治任务或公益事业来发展,把社会效益(如扶贫、增加就业等)放在经济效益之上,其典型特征就是政府参与规划、经营、管理与推销等活动,发展乡村旅游被视为脱贫致富的主要途径和首要目标。政府的旅游投资主要是为了满足整个社会旅游发展的需要。由于我国的乡村旅游还处于初级阶段,还有很多的旅游基础设施需要完善,而这些设施的建设需要数额巨大的投资,在当前形势下,政府的旅游投资仍然起着非常重要的作用。

[小贴士]

江口县寨沙侗寨乡村旅游精准扶贫的探索

走进富有民族特色的寨沙侗寨,有芦笙舞的歌声和舞曲,还有美丽的姑娘如花团锦簇;抬头则是木楼掩映下的各种景色叫人应接不暇;新建的钟鼓楼、门楼其倒影映在石板街上,曲曲折折的流水、亭榭、小桥点缀其间,让人流连忘返。这就是江口县以发展乡村旅游为产业的旅游样板村——寨沙侗寨。

寨沙侗寨有74户农户,281人,在发展乡村旅游以前,寨沙侗寨由于没有一个精准的定位，手捧着梵净山旅游的"金饭碗"却没饭吃。每天大量游客从梵净山下来，再从寨前走过，与寨沙侗寨人形同陌路。除一户农户开饭馆从事旅游服务外，其他的人干的都不是与旅游相关的工作。把所有寨上的人分成两部分，一部分人在外打工；一部分人从事简单的养殖业、竹业编织和农业生产，人均收入按当时的国家贫困人口最低标准计算，不足2 000元即为贫困人口，寨沙侗寨约近半数的人口属于贫困扶持对象。

寨沙侗寨乡村旅游初建于2010年，中途通过边规划、边运作、边开发、边发展，到2013年已一跃成为全国最富民族特色的民族风情园之一。乡村旅游示范效应和旅游样板作用凸显。每年慕名而来的国内及海外游客络绎不绝。目前，旅游名山梵净山，钟情侗寨民族园，来寨沙风情园旅游已成为了仅次于梵净山的选择，寨沙侗寨成为游客心中最美丽的乡村旅游目的地。

寨沙侗寨从发展到演变，时至今日已拥有多个头衔：一为全省"美丽乡村"重点试点村；二为全国金融扶贫乡村旅游产业示范村；三为铜仁市乡村旅游样板村；等等。

江口县在"十二五"规划中把发展乡村旅游当成一项重点举措来抓。该县扶贫办则通过瞄准最需要帮扶的农户，采取对贫困户建户立卡，一改过去的"大水漫灌"形式为一对一的"精准滴灌"，做到了精准扶贫到人。此间，扶贫部门筹措资金1 200万元，硬是对40余户贫困农户家的房屋进行了撤旧立新，统一规划和进行立面改造。既保留了原木楼古色古香的民族传统特色，同时又对整个寨沙侗寨整体包装，打造侗寨门楼、寨门、吊桥、鼓楼、石板街、公厕等，绿化、美化、亮化工程一样不差，使寨沙侗寨硬件设施几乎是一夜之间得到了整体提升，扮靓了寨沙侗寨美丽的生活。

现梵净山担保公司通过国开行提供小额贷款对有条件办旅游的却缺乏资金的农户一律实行由担保公司担保，使寨沙侗寨30余户贫困农户获得资金保障，使得想致富的贫困农户更平添了一种巨大的发展动力。

此后，该县扶贫办还通过与旅游局等大力配合，力争把精准扶贫做到更加完美，方方面面更是起到了推波助澜的效果。对农户进行厨师技能培训，借以提高整个寨沙侗寨"农家乐"餐饮的水平和档次。请来侗族老大哥县黎平县的专业老师为农户培训表演才艺。重点打造了一批具有民族特色《侗族大歌》《踩堂舞》《芦笙表演》《拦门敬酒歌》等。把媒体请进来做好寨沙侗寨的向外宣传推介。先后有中央电视台七频道摄制组住进寨沙侗寨向全国直播《美丽中国乡村行》的节目，邀请全国知名网络媒体通过走进梵净山和寨沙侗寨，举行大型演艺活动。寨沙侗寨的乡村旅游一步步正在走向全国，走出深山，名在山外。

寨沙侗寨这几年一天天发了，风光了，已是不争的事实。2013年江口县农户人均收入达到5 582元，增幅达到19.73%，而寨沙侗寨户均收入达到9.6万元，人均收入达到2.4万元，实现全部人口脱贫，提前步入小康。

思考：寨沙侗寨是如何做到通过旅游脱贫致富的？

（资料来源：改编自新浪博客http：//blog.sina.com.cn/s/blog_1319beb990102vzac.html）

三、外来投资

有实力的旅游企业（旅行社、饭店）与具有一定旅游资源或者产业基础的乡村合作，共同进行大型产业园区的发展或旅游景点的开发。这种方式把城市旅游企业的资金、市场和经营管理人才与乡村中的景观资源、人力资源和物产资源结合起来,适合开发中型或大型旅游景区和度假村,是城乡结合、旅游支农的一种新形式。

但是,外来投资的资金注入面临的最大问题是旅游企业与当地农牧民的利益分割问题。由于旅游企业是直接从事旅游产品生产和供应的基本单位,因而旅游投资的目的是根据旅游市场供求状况和旅游消费特点,选择旅游投资项目并投入一定的资金以获取应有的经济效益。一般来说,外来企业往往把追求最大限度地赢利放在首位,而当地农牧民又往往看重自身的眼前利益。处理好外来企业与当地农、牧民的双方利益,包括双方的长远利益与眼前利益的关系,是调动双方积极性,实现"双赢"、长期合作的关键。由于旅游经营与分配的决策权在于外来企业,因此在这方面外来企业处于主导地位。

[小贴士]

花舞人间,舞出精彩

位于成都市新津县的花舞人间旅游景区是希望集团旗下旅游产业的旗舰品牌,花舞人间既是以低碳与花卉为主题的都市农业主题公园,也是集科普教育、观光旅游、休闲娱乐、生态环保等功能于一体的休闲度假旅游景区。景区距成都市区30多千米,占地3 000余亩,一期工程已于2008年3月18日正式对外开放。

景区资源丰富、环境优美、特色主题明显、低碳理念突出、区位条件优越。结合景区总体规划及发展目标,投资10亿,整个景区拥有花舞广场、花间水榭、花海湿地公园、森林漂流、云海、同心潭六大主要景点和森林度假酒店。同时,有科普长廊、樱花大道、杜鹃长廊、半山运河、森林步道五大低碳特色旅游线路。

2013年成都乡村旅游收入已过100亿元,乡村旅游市场持续火热。成为新津打造成都市休闲旅游、近郊旅游目的地,推动新津文化旅游产业、生态观光农业的"助推器"。花舞人间项目开发建设以来,被列为成都市重点项目,已成为国家4A级旅游景区,被"第六届全球人居环境论坛(GFHS Ⅵ)"授予"全球低碳景区最佳范例"称号,为国内唯一获得此称号的景区。目前景区年接待人数可达310万人次,旅游综合收入高达9.8亿元,成为成都居民节假日旅游首选之地。花舞人间旅游模式目前已经成功复制到攀枝花和海南地区。

花舞人间项目推动了农产品"地区品牌+企业品牌"双品牌战略,以品牌提升产品档次和效益,通过资本化、规范化、品牌化和规模化手段,帮助当地农民做到离土不离家,增加家庭收入,完成田园到公园的完美升级。

思考:花舞人间景区是如何带动当地居民致富的?

(资料来源:改编自搜狗百科 http://baike.sogou.com/v10105596.htm?fromTitle)

四、合作经营

合作经营是指由多个投资主体共同对某一旅游项目进行投资的形式,可以是多个企业联合投资,也可以是企业和个人合作投资。以乡、村为单位,或若干家庭和个人自愿集资、出劳力,组成产权明确、资产、责任与利益相关联的联合开发、自主经营的旅游景区和企业,乡、村的历史文化资源可以成为集体的资产，这种体制的开发经营资金较丰厚、人力资源较丰富。股份合作制是一种具有集体所有制性质的企业形式，实现了资金、人力和智力的结合，具有一定的规模和实力，是引导农民共同致富的有效形式。目前，乡村居民对于乡村旅游的发展投资形式有多种，可以是资金投资，也可以是土地投资，还可以是劳动投资，这里的劳动投入主要是进行服务性的工作，即表演、管理、服务等。

针对这些投资要素进行组织，可以建立一个股份合作有限公司，将整个乡村旅游的投资额划分成等额股份，社区居民按投资大小享有股份。对于土地与劳动的估价，在遵循市价的基础上，由全体投资人集体决定。投资构成可以是"公司+社区+社区居民"，也可以是"公司+社区居民"或者"政府+社区居民""协会+社区居民"等形式，至于社区居民总的投资比例需要根据总投资额来定。因为居民的资金投资有限，必须首先在满足资金的前提下，才能将劳动与土地折股。农民作为投资者，其回报主要是从乡村旅游发展的利益中分红。既为投资，就必然会有风险存在，所以，为了保障居民的投资利益回报，企业和政府必须努力使乡村旅游朝着良好的态势发展，只有这样才能激发居民的积极性，使他们的投资利益最大化。

股份合作有限公司具体运营模式可以是投资企业管理，也可以外聘管理公司管理。这两种运营体制都可以让管理与运营直面市场，而不会为政府经营体制弊端及社区居民管理水平相对落后所制约。投资人作为股东享有监督权与利益分配权。对于以劳动作为投资的居民，他们无权进行其他活动，只能为公司服务，完成公司指定的任务；而对于以土地或资金投资入股或者不是投资人的居民，可以在公司允许的前提下经营其他内容。股份合作制公司发展到一定阶段后，可以向股份有限公司转化。

[小贴士]

妈妈农庄——产业新模式，农旅共发展

位于成都市郫县的"战旗·第5季妈妈农庄"由四川大行宏业集团公司与北京东昇农业技术开发公司合作开发打造。总共占地600多亩，其中乡村酒店占地20多亩、面积3万平方米，薰衣草花田、太空果蔬观光大棚和妈妈农庄绿色蔬菜占地600亩。2010年下半年动工，2011年5月正式开园。项目总投资2亿元。

妈妈农庄以花田新村、生态田园、美味果蔬为主题，以薰衣草花田为核心吸引物，是首次四川大规模引种薰衣草。妈妈农庄近600亩的薰衣草、马鞭草温馨绽放，被誉为成都的"小普罗旺斯"。整个农庄可容纳1 600人就餐、1 000余人开会和300人住宿，被四川省婚庆行业协会授予"婚庆文化基地"。景区拥有独特的生态本底和浪漫的乡村气息，日渐形成婚纱摄影、婚庆典礼、商务培训、骑游观光等旅游服务功能，是低碳出行、浪漫邂逅和拥抱田园生活的休闲度假基地。

当地居民以战旗村确权后的集体建设用地作价入股，建成的"一三"产业互动项目。在战旗村新农村综合体建设中，妈妈农庄"以旅助农、一三联动"的新模式，促进了乡村旅游提档升级、转型发展，拉长了乡村旅游产业链，企业、村集体、村民成为发展增收的赢

家。目前，第五季妈妈农庄各项服务配套设施已全部完善，日接待能力超过5 000人次，乡村酒店可同时容纳1 600人就餐，1 300人开会，300人住宿。战旗村集体建设用地"作价入股"将增收100余万元，2013年集体收入超过400万元，年底为村民派发集体经济股份制改革"红利"，村民变为了股民，增加了财产性收入。

旅游休闲业成为战旗村主导产业，仅第五季妈妈农庄就吸纳300多名村民就近就业，从村民变为服务业从业人员，乡村旅游带动战旗村及周边近百人从事特色餐饮、旅游小商品销售，村民李玉华自住房一楼出租给婚纱摄影公司，仅此一项年增收2万元，居民致富增收实现。

思考：妈妈农庄的产业模式是怎样的？是怎样带动当地经济发展的？
（资料来源：四川在线 http：//tpv2. scol. com. cn/2013farm/detail－22787. html）

第二节 乡村旅游管理模式

随着乡村旅游的不断发展，其开发模式也呈现出多元化。一般来说，乡村旅游经营管理的模式是根据旅游资源和客源市场来确定的，不同的资源禀赋和地域客源市场，经营管理的模式也不一样。模式是否科学合理，决定着旅游资源与客源市场的对接度，直接影响着乡村旅游可持续发展。本章节结合多地的乡村旅游，从经营管理主体的角度出发，对乡村旅游的管理模式进行了总结。

一、"农户＋农户"模式

这是乡村旅游初期阶段的经营模式。在远离市场的乡村，农民对企业介入乡村旅游开发普遍有一定的顾虑，甚至还有抵触情绪，多数农户不愿把有限的资金或土地交给公司来经营，生怕有什么闪失使其"陷"进去，他们更相信那些"示范户"。在这些山村里，通常是"开拓户"首先开发乡村旅游获得了成功，在他们的示范带动下，农户们纷纷加入旅游接待的行列，并从中学习经验和技术，在短暂的磨合下，形成"农户＋农户"的乡村旅游开发模式。这种模式通常投入较少，接待量有限，但乡村文化保留得最真实，游客花费少还能体验到最真的本地习俗和文化。但受管理水平和资金投入的影响，通常旅游的带动效应有限。在当前乡村旅游竞争加剧的情况下，这种模式具有短平快优势。他们善于学习别人经验，汲取别人教训，因其势单力薄，规模有限，往往注重揣摩、迎合游客心理，极具个性化服务。例如，北京平谷金海湖镇红石门村，只有6家农户搞民俗旅游，接待条件一般，但其真诚的个性化服务，让游客动容。

［小贴士］

宁波奉化滕头村村民将村落打造成国家4A级旅游景区

与其他地方的农家乐不同，浙江奉化滕头村在农家乐建设方面有自己的独门法宝。在滕头村被联合国授予"全球生态500佳"后，各地慕名而来的参观者络绎不绝，村里每年要花掉不少接待费，于是村民就想到了利用滕头村的生态环境优势，发展旅游业的道路。

"那是1997年，农业旅游在国内还是新鲜事物，没有现成的经验可循，宁波旅游业也才刚起步，乡村农家乐如何经营，当时大家心里都没谱。"当时的村支书和村民们商量后定下了调子，"把科技和生态的东西与农业结合起来，一来让人觉得新鲜，二来也有教育意义。"

两三年过去后，滕头村旅游变得像模像样了。这里虽然没有名山大川，没有文物古迹，但是村民们就靠种花种菜、养鸡养鹅，也营造出了一道独特的风景。当地官员刘萍慧回忆起当时的情景，"他们造了一条长1 000多米、有130多个品种的全国第一条柑橘观赏林，秋天的时候各种各样的橘子挂满枝头，非常美丽，吸引不少游客。""滕头乡村旅游还有一个亮点，就是内环河上建立了立体的养殖模式，这在当时是很先进的技术。"说着，刘萍慧拿出纸笔给记者画示意图，"清清的小河上是葡萄藤，葡萄藤下是鸟笼，鸟笼下边是鱼池。葡萄藤的养料来自鱼类的排泄物，而葡萄的枝叶与果实能饲养鸟类，鸟类的排泄物又可供鱼类食用。利用这条生态链，现代农业生产过程直观地呈现在游客面前。就凭这道景观，2000年滕头村的游客达50多万人次。"

● 村里家畜、家禽成了表演明星

滕头村的农家旅游不仅仅是乡村风貌的展示，不久，一些别出心裁的表演活动也陆续登场，给乡村增添了不少人气。"马戏团的动物表演很多人都看过，但是看过家畜、家禽表演的人就不多了。滕头村的笨猪快跑、乡村斗牛表演让村里的牲口都变成了表演明星。那些嗷嗷叫的笨猪一边赛跑，一边跳火圈；山羊则走起了钢丝，水牛不耕田的时候就让它们在陆地上进行斗牛较量。"刘萍慧说。为了增加游人的体验感觉，后来滕头村又开发了踩水车、踩高跷、抬轿子、舂米、推磨等一系列以农事活动为主题的参与性活动，"正是这些源自乡村的体验活动给城里人带来了新鲜与乐趣，才让农家乐更受游客欢迎"。

● 滕头村成为首批4A级旅游景区

宁波乡村旅游的建设也得到了国家旅游局的认可。当年，国家旅游局要在全国范围内评定一批4A级旅游景区，虽然滕头村的旅游办得红红火火，但根据4A级景区的评定细则，滕头一没山川风景，二没文物古迹，工作人员犯难了。大家商量了多次，最后只按3A级景区报审。后来，国家旅游局的评定小组来到宁波，看了评定名单后，当时的国家旅游局副局长提出，"滕头村怎么不在评定名单内？""听说上级领导点名要评审滕头村，我们相当意外，马上临时安排检查组到滕头村考察。"刘萍慧回忆说，"滕头村得到了检查组所有人的认可，特别是滕头村生态厕所的建设，清洁的外部环境与生态环保的运作方式，让专家啧啧赞叹，他们还说要把滕头建设乡村旅游的经验在全国推广呢。"就这样，滕头村被评为了国家首批4A级旅游景区。

思考：滕头村在乡村旅游的发展过程中，哪些方式值得借鉴？

（资料来源：改编自搜狗百科 http：//baike.sogou.com/v908445.htm? fromTitle）

二、"公司+农户"模式

这一模式通过吸纳当地农民参与乡村旅游的经营与管理，在开发浓厚的乡村旅游资源时，充分利用农户闲置的资产、富余的劳动力、丰富的农事活动，丰富旅游活动。同时，通过引进旅游公司的管理，对农户的接待服务进行规范，避免因不良竞争而损害游客的利益。

广西灵川县毛洲岛的开发与管理，便是典型。其特色在于公司或投资商，充分听取农户的意见和看法，而在经营管理中，广泛地吸引农户参与其中。在公司的37位员工中，有33位是农户代表。如此大比例的农户参与景区经营管理，在我国的旅游景区中实属少见。农户乐于接受管理，投资商与农户和谐共处，体现出该管理模式的特色和先进性。

[小贴士]

广西壮族自治区灵川县毛洲岛村被列入第二批广西新农村建设科技示范村

据悉，广西壮族自治区科技厅下发了《关于批准第二批广西新农村建设科技示范（试点）的通知》（桂科农字〔2008〕70号），灵川县大圩镇毛洲岛村被列入第二批广西新农村建设科技示范村（试点），据了解，广西第二批新农村建设科技示范村全区共有17个村。据悉，灵川县在2007年已被批准为首批广西新农村建设科技示范县。

该村位于漓江中游，磨盘山下，与中国历史文化名镇——大圩镇隔江相望。漓江呈"川"字型穿岛而过，四面环水，为百里漓江第一大岛。全岛共有农户94户，总人口410人，土地总面积0.43平方千米，耕地面积196亩。驻足岛上，绿树成荫，果树成林，空气清新，环境优美。

近年来，灵川县、大圩镇两级政府把该村列为生态建设示范村和社会主义新农村建设示范村，共投入资金200多万元，用于四季果园、菜园、畜禽养殖基地建设，以及生态环境、村道、码头等基础设施建设。村民自觉开展农村清洁大行动，拆除茅厕200多座，清除白色污染物，村庄整洁卫生。2007年，县、镇政府按照中央提出的"生产发展、生活宽裕、乡风文明、村容整洁、管理民主"新农村建设总体要求，投入资金97.15万元，加大基础设施建设力度，加强村庄整治、环岛建设、生态建设和农业观光、休闲、生态旅游建设，取得了初步成绩。确立了"果园立体种养+旅游农业"并举的城郊型综合发展模式，建立了四季果园110亩、菜园50亩及果园林下立体养殖基地，初步形成了农业生态旅游（农家乐游）产业，接待了2万多名游客，农民人均纯收入达到4 351元，成为灵川县小康之村，是桂林市首批新农村建设科技示范（试点）村。2006年，毛洲岛生态旅游农庄被批准为"广西农业旅游示范点"，2007年又被批准为"全国农业旅游示范点"。

（资料来源：广西壮族自治区政务网，2008-05-22）

这一模式中有些需要注意的问题：第一，公司或投资商与农户的合作是建立在一定的经济基础上的，受投资商实力的影响较大；第二，农户的知识层次、素质、服务意识等还有待于进一步提高；第三，在内部经营管理中，如何进行游客的分流与分配，是能否顺利实施的关键之一。

三、"公司+社区+农户"模式

这一模式应是"公司+农户"模式的延伸。社区（如村委会）搭起桥梁，公司先与当地社区进行合作，再通过社区组织农户参与乡村旅游。公司一般不与农户直接合作，所接触的是社区，但农户接待服务、参与旅游开发则要经过公司的专业培训，并制定相关的规定，以规范农户的行为，保证接待服务水平，保障公司、农户和游客的利益。此模式通过社区链接，便于公司与农户协调、沟通，利于克服公司与农户因利益分配产生的矛盾。同时，社区还可对公司起到一定的监督作用，保证乡村旅游正规、有序发展。

 [小贴士]

四川筠连春风村：石头"开花"滋味甜

辖区面积5 200亩的春风村，石漠化面积就占据了1/3。被环境学家称为"地球癌症"的喀斯特地貌，让春风村很难种植粮食。过去，春风村因严重缺水导致缺粮，村民都住破草房，很多人家每天只能吃两顿饭。勤劳的春风人尝试过种海椒、种火葱等产业，但都没有形成气候，艰苦的自然条件似乎把春风人逼进了死胡同。

2001年年初，时任春风村党支部书记的王永邦和村主任蒋茂银再也坐不住了，他俩商量决定，要在全村召开一次"诸葛亮会"，共同商讨发展大计。"春风村地质条件特殊，发展产业得因地制宜，不能盲目发展。"县上请来的专家开始发言了。"我们调查发现，这里的岩石缝隙中有黄泥堆积，虽然不适宜种庄稼，但非常适宜栽李子树，因为石灰石具有很强的聚热功能，白天日照强时，石头吸收了大量的热能，在夜间持续释放热量，促使李树糖分聚集，生长出的李子水分充足，味道纯甜可口。""我们还了解到，与春风村相距6千米的筠连县城，每天水果需求量多达五六十吨，目前水果供应远远不能满足消费需求。""经测算，如果地里继续种庄稼，每亩收入三四百元，再套种李子，加上科学管理，每亩收入可达到5 000元以上。"

专家的话让村民茅塞顿开：有如此好的李子生产条件和市场需求，我们为什么不去发展李子产业呢？有了共识，会议开得十分顺利。看准了目标，最紧迫的工作就是要迅速"干"起来。然而，真正要让广大村民放弃祖祖辈辈种惯了的"主业"庄稼，去栽种在人们眼里还是"副业"的李子，不少村民有些犹豫。"就在很多村民出现畏难情绪的时候，村支两委要求所有村组干部和党员首先带头示范。"老党员刘远恒回忆当时的情景说。他自己就是当年带头栽种李子的党员。"石头缝里土壤太薄，我们一家人每天一早就背着背篓，到几里外的山上去找土，一篓一篓地背回来，填在石头缝里。栽了李子苗，全家人又要从很远的地方去挑水浇灌。"几年过去，老刘家的李子已经从最初的一亩多发展到如今的30多亩。去年，仅李子收入一项就达10多万元，刘远恒也成为村里名副其实的"李子大王"。

2004年，春风村的李子迎来了又一个丰收的好年景。春风人看着满枝满树的沉甸甸的果子，心里充满了喜悦。可是谁料，这一年春风村的李子刚上市，还能卖3元一斤，随着越来越多的李子集中上市，种植李子较多的村民们开始担心自己的卖不出去，不假思索地选择了薄利多销。互相杀价的混乱市场将直接毁掉整个李子产业，村民们致富梦想眼看就要破灭。面对这一棘手的问题，村干部请来李子大户们召开紧急会议，大家不约而同地想到：必须有一个专业合作组织来统一管理。

2005年3月，春风村李子协会应运而生，实现了李子产业的科学生产和管理，同时实行统一包装、统一定价的规范化销售。李子协会还与筠连县昕星果业公司签订了预售合同，确定了当年每斤不低于4元的保护价,有效保护了果农的利益。与此同时,村里找到县工商局领导并得到他们支持,为李子协会免费注册了"猫呃湾"李子商标,春风村李子的名气一路走旺,远销省内外。

为树立品牌,扩大影响,创造更大的附加值。村里开始谋划举办李子节。经过精心准备,2006年3月10日,春风村首届李花节正式开幕。"客人来赏花,还要吃饭。为何不让村民发展农家乐呢?"王家元等村干部想到就干,挨家动员临近路口的村民,在游客来看花时,尝试搞一些农家乐。

刘家花园是春风村有史以来出现的第一家农家乐。朱永芬至今还记得,刘家花园开业第一天就摆了6桌席,总收入500多元。接下来,刘家花园生意越来越好,有时要接待30多桌客人,还有的时候是客人太多根本接待不了。有了刘家花园的带动,很快,"胡家李园""陶然居农庄""快乐农家"等一个个农家乐也张罗了起来。连年以花为媒,举办李花节,春风村的人气越来越旺,农家乐的生意也越来越好。目前,春风村成规模的农家乐已经发展到了18户,每年农家乐实现收入60多万元。如此巨大的效益已经让更多的村民准备投身到农家乐,在春风村,随处可见村民在为开办农家乐而做各种开张准备。

曾几何时,"有女不嫁猫呃湾"让春风人自惭形秽、抬不起头。眼下,在李子产业和农家乐的带动下,春风村人均纯收入已经达到9 000元,"有女争嫁猫呃湾"已成春风村的又一种说法。

因地制宜、勇闯市场、科学发展,春风人虽然没有这样精致的总结,却是这样一步步奋斗,走向富裕的。

思考:筠连县春风村是怎样发展乡村旅游的?

(资料来源:宜宾日报,2009-04-21)

四、公司制模式

这一模式的特点是发展进入快、起点层次高、开发有规模,如果思路对头、经营科学,容易使乡村旅游开发迅速走上有序化发展的道路。广西兴安县开发的"乡里乐"和"忘忧谷"两个旅游点品牌响亮,主要是经营管理起点较高,一开始就实行公司制经营管理。如位于广西壮族自治区兴安县的"忘忧谷"就是由当地农民注册成立的"瑶苑旅游开发公司"经营管理的,而"乡里乐"则由3个农民集资注册成立的"乡里乐休闲山庄公司"开发经营。

[小贴士]

广西桂林兴安县的两张"生态旅游"王牌

"生态游"是21世纪旅游的主流。而作为全区有名的生态旅游县,兴安无疑是都市游客的最佳选择。从桂林出发仅1小时车程,便是2011年10月被桂林市旅游局列为全市首批推介的8个"农家乐"旅游项目之一的忘忧谷。年轻的"忘忧谷主"刘玉,凭着一身胆识,自1998年以来,投资180多万元,成功地把他的"忘忧谷"和"瑶苑"建成了"猫儿山旅游的第一站"。游客来到这里,可以感受漓江源头流出的清泉,可以一览无边的竹海,在大自然的怀抱中尽情洗涤心中的都市风尘。华江"忘忧谷"可以说是近年来周边市民乡村旅游的一个新宠。每到周末,很多周边市县的游客都会带上孩子,邀上三五朋友,驾车来到"忘忧谷"小住两日,感受与都市完全不同的自然风情。在华江"忘忧谷",可以玩一玩"走红军路""翻老山界",赏一赏瀑布,进瑶家体验一番瑶家生活,玩一玩瑶家的水磨,磨一磨瑶家的豆腐,转一转水车,用瑶家的方式舂舂米,瑶乡特有的田园风光、山光水色,别具一格的生活和劳动方式,既新鲜又刺激,既充满神秘色彩又无比自然纯朴,令人心旷神怡,乐不思归。

游客在青山绿水间玩得筋疲力尽后,最希望的当然是美美地睡上一觉。而兴安各农家乐的住宿环境,都会让人如同置身于天然的氧吧一般。"忘忧谷"景区的"瑶苑"坐落在竹海之中,精致的小竹楼错落有致地点缀在清清的溪水边。竹楼中的一切装饰,都体现出瑶乡浓浓的气息。在"瑶苑"中,不但可以品尝到最正宗的瑶家油茶,还能欣赏到身穿瑶族服饰的瑶乡小妹对歌,并能亲身体验瑶乡婚俗、瑶家篝火晚会。在竹楼中入睡,耳听潺潺的流水声和夜风轻轻拂过竹林传出的"沙沙"声,让人如同置于梦境一般。在"瑶苑",住一晚竹楼的价格是每人30元,吃农家饭的价格是每人16元,算起来,在"忘忧谷"度一个开心的周末,花费每人不会超过100元,这对于大多数都市来客来说,都是"物超所值"的。

兴安乡村旅游的另一张王牌应该是位于溶江镇的"乡里乐"度假山庄了。与"忘忧谷"不同,它更注重"吃农家饭、住农家屋、干农家活、享农家乐"。建在灵河岸边的"乡里乐",主要游乐项目有灵河漂流、采摘葡萄、深谷探幽,由于地处桂黄公路沿线,"乡里乐"的生意一直都不错。据老板介绍,每到葡萄成熟的夏季,慕名前来的各地游客络绎不绝。上午,游客们可以到葡萄园中采摘葡萄,中午吃过土鸡后,换上泳衣去灵河漂流,在清清的河水中游泳、打水仗,尽享大自然的那份清凉。

在"乡里乐"度假山庄,所有的住宿房间均是依着美丽的灵河而建,游客在房间里就能欣赏灵河美景。夜游灵河,更是别有一番风味。虽然住宿房间都是按农家小屋来设计,但房间内的卫生却可以让游客放心,每一个服务员都持有健康证,而且床上用品保证一人一换。其吃、住、玩收费,都明码标价,而且都略低于一般"农家乐"的收费标准。

(资料来源:新华网广西频道,2012-08-05)

公司制模式比较适合乡村旅游初期阶段,随着农民的关注与参与,这种利益主体是公司的模式,将难以适应未来乡村旅游发展的趋势。农民作为乡村旅游参与主体,其积极性是不容忽视的,而采用公司制模式,农民很难从旅游收入中获得应有的利益,受益的仅是靠提升农产品附加值获得。因此协调好公司和农户之间的关系是公司制未来发展需要主要解决的问题。

五、股份制模式

这一模式主要是通过采取合作的形式合理开发旅游资源,按照各自的股份获得相应的收益。为了合理开发旅游资源,保护乡村旅游的生态环境,根据旅游资源的产权将乡村旅游资源界定为国家产权、乡村集体产权、村民小组产权和农户个人产权四种产权主体。

在开发上采取国家、集体和农户个体合作的方式进行,这样把旅游资源、特殊技术、劳动量转化成股本,收效一般按股份分红与按劳分红相结合,进行股份合作制经营,通过土地、技术、劳动等形式参与乡村旅游的开发。企业通过公积金的积累完成扩大再生产和乡村生态保护与恢复，以及相应旅游设施的建设与维护；通过公益金的形式投入到乡村的公益事业（如导游培训、乡村旅游管理）以及维护社区居民参与机制的运行等；通过股金分红支付股东的股利分配。这样，国家、集体和个人均可在乡村旅游开发中按照自己的股份获得相应的收益，实现社区参与的深层次转变。

通过"股份制"来进行乡村旅游开发，不仅明确了产权关系，广泛吸收了各方面资金、物力、技术等生产要素，而且把社区居民的责、权、利有机结合起来，形成与企业风险共担、利益均沾的机制，引导居民自觉参与他们赖以生存的生态资源的保护，保证乡村旅游上规模、上档次的良性发展。

［小贴士］

好农人农庄——农民致富新路子

2016年3月20日，"龙泉桃花染，垂钓好农人"在好农人有机农庄举行，两百余人参加了今年"运动成都·定制赛事"的首站钓鱼比赛，垂钓、泛舟、采摘、品美食，好农人"农业＋旅游"的市场探索也初见成效。

然而，好农人有机农庄所属的龙泉驿区万兴乡，位于极贫极旱的龙泉山脉最深处。2016年前，万兴乡作为全区率先实施统筹城乡生态移民的先行试点乡，全面启动了生态移民工程。2011年，为了同步解决万兴乡生态移民中"4 050"人员的就业难问题以及村集体经济无收入来源问题，万兴乡10个村集体经济组织共同筹资500万元，按股份制方式组建了中国第一家注册专营安全农业产品的专业公司——成都好农人安全农业投资股份有限公司。

在区政府协调帮助下，通过土地流转方式，在黄土镇洪福村建立了生态移民就业创业基地即好农人有机农庄，初步探索了一条以集体经济牵头，带领农民创业就业的新路子。占地2 000亩的有机农庄，是由成都好农人安全农业投资股份有限公司投资建立。在黄土镇周边数十平方千米的范围内，没有任何工厂，这也正是有机农庄选址这里的原因。农庄的生产技术员介绍说："有机农庄里使用的肥料都是纯天然的'农家肥'，也就是猪、鸡等动物的排泄物，这是有机蔬菜和农民自己种出来的蔬菜口感一样的原因。"

在有机蔬菜种植区，开辟有专区供游客采摘。游客可以带上孩子，提上菜篮，踏入松软的泥土亲手采摘，采摘完的蔬菜可以直接带走，也可在基地餐厅加工。据万兴乡党委书记张毅介绍，按照一、三产业互动发展思路，农庄曾先后组织了好农人金秋钓鱼大赛、七夕相亲大会、儿童跳蚤市场、成都市道德模范巡演等活动，并开发了250亩人工湖自然生长鱼垂钓、自行车骑游、有机蔬菜采摘、儿童游乐等项目，目前正在创建国家3A级景区，300平方米的乡村记忆博物馆和50亩的青少年素质教育广场即将竣工。

张毅表示，该乡生态移民就业创业之路正渐入佳境。好农人公司现有固定员工109人，解决万兴乡下山移民及基地周边农民就业创业500余名，先后为11名有创业愿望的移民提供了创业平台，辐射带动周边及万兴乡1 200多户家庭致富，人均增收1 000元以上。

思考：分析好农人农庄的发展模式。

（资料来源：中华网，2016-03-24）

六、"政府+公司+农村旅游协会+旅行社"模式

这一模式是当前比较常见,而且能把效益发挥到最大化的一种经营模式。其特点是充分发挥旅游产业链中各环节的优势,通过合理分享利益,避免了过度商业化,既保护了本土文化,又增强了当地居民的自豪感,不仅推进了农村产业结构的调整,也为旅游可持续发展奠定了基础。此模式各级职责分明,有利于激发各自潜能,形成"一盘棋"思想。具体来讲,政府负责乡村旅游的规划和基础设施建设,优化发展环境;乡村旅游公司负责经营管理和商业运作;农民旅游协会负责组织村民参与地方戏的表演、导游、工艺品的制作、提供住宿餐饮等,并负责维护和修缮各自的传统民居,协调公司与农民的利益;旅行社负责开拓市场,组织客源。

[小贴士]

中国最美乡村——安徽宏村的成长之路

宏村,古称弘村,位于黄山西南麓,距黄山风景区30千米,距黟县县城11千米,占地30公顷,是古黟桃花源里一座奇特的牛形古村落,享有"中国画里的乡村"之美称。景区现完好保存明清民居140余幢,承志堂"三雕"精湛,富丽堂皇,被誉为"民间故宫"。宏村以区别于其他民居的建筑布局为最大特色,成为当今世界历史文化遗产一大奇迹。村内鳞次栉比的层楼叠院与旖旎的湖光山色交相辉映,动静相宜,空灵蕴藉,处处是景,步步入画。从村外自然环境到村内的水系、街道、建筑,甚至室内布置都完整地保存着古村落的原始状态,没有丝毫现代文明的迹象。

1986年宏村旅游开发正式起步,由政府主导,旅游发展落后,游客接待量和门票收入低,且增长缓慢,在多年开发未见成效的情况下,1997年8月黟县政府组成招商组,参加北京招商会,与北京中坤集团就开发黟县旅游达成了初步合作意向。后续经过多次谈判,最终决定共同组建"京黟旅游股份有限公司",由此宏村旅游开发进入了外来企业开发阶段。

按照"保护、开发、利用"的古镇开发思路,前期公司投入400万元资金用于宏村古建筑的修缮保护以及景区设施的完善;1997年9月27日,黟县政府与中坤科工贸集团签订了为期30年总投资2 518万元的租赁经营合作协议书——《黄山市黟县旅游区古民居、旅游项目合作协议书》。合作方式是中坤集团以现金方式逐步投入黟县,开发经营关麓、南屏、宏村景点、黟县民间古祠堂群;黟县以古民居旅游资源和古祠堂群建设项目土地使用权为投入,形成股份合作经营态势。中坤集团对宏村承包30年租赁经营权,负责整体村落维护及旅游开发,门票收入由中坤集团、黟县政府、镇政府和宏村居民分成。全部门票收益中,京黟公司占67%,地方占33%,其中向县政府上交20%,作为文物保护基金(用于整个黟县的古民居保护),镇政府占5%,村民占8%。

宏村旅游项目不仅拥有优美的环境品质、完善的设备体系,还拥有完备的营销网络机构,不断吸引人们的关注,新的运营模式,加之持续的推广,项目的知名度不断提升:

2000年11月,宏村景区被列入世界文化遗产名录;

2001年、2003年获评国家重点文物保护单位、国家4A景区;

2006年,宏村接待游客70万人次,门票收入近3 000万元,位列安徽全省第四;

宏村的旅游发展不仅推动了黟县的经济发展,提高了村民的收入水平,同时也促进了黟县的旅游发展;

2007年,景区为宏村村民人均创收2 000余元,带给黟县财政贡献达1 500万元。

思考:以宏村的发展为例讨论"政府+公司+农村旅游协会+旅行社"模式的优缺点。

(资料来源:改编自搜狗百科http://baike.sogou.com/v128042.htm?fromTitle)

七、"政府+公司+农户"模式

从目前一些地区乡村旅游发展现状来看,这一模式其实质是,政府引导下的"公司+农户",就是在乡村旅游开发中,由县、乡各级政府和旅游主管部门按市场需求和全县旅游总体规划,确定开发地点、内容和时间,发动当地村民动手实施开发,开发过程中政府和旅游部门进行必要的指导和引导。由当地村民或村民与外来投资者一起承建乡村旅游开发有限责任公司,旅游经营管理按企业运作,利润由村民(乡村旅游资源所有者)和外来投资者按一定比例分成,除此以外,村民们还可以通过为游客提供住宿、餐饮等服务而获取收益。这个模式一是减少了政府对旅游开发的投入,二是使当地居民真正得到了实惠,三是减少了旅游管理部门的管理难度,因而是一种切实可行的乡村旅游经营模式。

[小贴士]

区域旅游的奇迹——大山里崛起的白鹿小镇

白鹿,一个只听名字就觉得充满浪漫和诗意的地方,坐落在四川彭州北部山区,距彭州市38千米、距成都市78千米,是远近闻名的"中法风情小镇"。独特的异域文化吸引了许多游客的目光,据统计,2013年白鹿镇年接待游客量达到80万~100万人次。

然而鲜有人知道,白鹿镇早些年前被外界知晓,还是因为这里曾经是个煤窑小镇。

1860年,法国传教士洪广化进入白鹿镇传教,修建上书院、下书院、圣堂这些法式建筑,为白鹿镇带来异域文化、风景。特别是上书院,是当时西南地区培养高级神职人员的主要场所,在整个天主教于中国的发展史上有举足轻重的地位,从此白鹿与法国结下不解之缘。目前,全镇还有近800名天主教徒,在场口有新建天主教堂,信徒们会每周做弥撒,宗教活动不断。

在2008年以前,白鹿镇是一个以矿业资源为主的资源型小镇,丰富的煤矿资源吸引着外地人争相前来,鼎盛时期,光小煤窑就多达73家。据当地人回忆,那时的白鹿空气浑浊、砍伐过度,流经小镇的白鹿河常年都是黑黢黢的。

"5.12"汶川地震之后,彭州市将白鹿镇列为重建重点建设工程,白鹿将受灾损失转化为转型发展的全新机遇。依托独特的法式文化,白鹿提出了打造中法风景小镇的发展思路,全面关停了镇内所有煤矿,走法式小镇的错位化发展道路,发展模式从传统的资源掠夺型转向绿色可持续发展型。经过几年的建设,小镇形态已成规模,以旅游业为主,农业为辅。这种农业是一种依山产业互动的农业,即生态观光型农业,它实际上还是一种围绕旅游的观光农业、生态休闲体验农业。旅游带来新风气,村民蜕变成景民。

(资料来源:中国经济周刊,2014-09-14)

八、个体农庄模式

个体农庄模式是以规模农业个体户发展起来的,以"旅游个体户"的形式出现,通过对自己经营的农牧果场进行改造和旅游项目建设,使之成为一个有着完整意义的旅游景区,能完成旅游接待和服务工作。通过个体农庄的发展,吸纳附近闲散劳动力,通过手工艺、表演、服务、生产等形式加入服务业中,形成以点带面的发展模式。个体农庄这种农业生产经营模式,可以把农业家庭分散经营集中起来,形成一定规模,并按照现代工业的经验管理方式运作,实行企业化管理、专业化生产、一体化经营、市场化竞争,使小生产和大市场成功对接。这种形式使得先富帮后富,最终走向共同富裕的道路。

[小贴士]

广州市番禺区石楼绿色农庄

广州市番禺区石楼绿色农庄是一家集餐饮、住宿、垂钓、娱乐为一体的农家乐园,它坐落于广州市番禺区石楼镇海鸥岛沙北村,占地100亩。整个农庄与广州的母亲河——珠江为一堤之隔。农庄内建有占地10亩的人工湖,湖里水产丰富,肥美的蟹、虾、鱼供游客垂钓,沿湖岸边上种有各种水果,地面上长满了应季蔬菜,整个农庄绿树成林,林木下散养着鸡鸭鹅。在这里,春季梨白桃红柳绿,夏秋各种水果长满枝头。由于位处于番禺海鸥岛生态保护区内,所以没有各种污染,蔬菜水果格外香,湖里的鱼,散养的鸡鸭鹅特别鲜美。清晨清新的空气里充满了大自然的芳香,是游客养生休闲的好去处。绿色农庄目前有30多间花园式客房和能安排十几桌宴席的多功能厅组成,农庄内的设施十分齐全,有篮球、足球、羽毛球、乒乓球、网球卡拉OK房和自动麻将桌,供游客娱乐,可以让游客足不出户就能玩到爽。游客可以在这里进行商务洽谈、朋友团聚、家庭和欢、休闲度假、私人派对等各项活动,绿色农庄是游客享受人生、亲近自然的最佳选择!

(资料来源:改编自绿色农庄官网http://lsnz.com.cn/)

旅游的经营模式的选择不是一蹴而就的,而是一个综合决策的过程。我们在发展乡村旅游时,选择何种模式时还需要特别注意以下问题:第一,乡村旅游经营模式的综合运用问题;第二,乡村旅游经营模式运用过程中的因地制宜问题;第三,乡村旅游经营模式运用过程中的动态协调问题;第四,有效保证社区居民充分参与的问题;第五,充分利用"外力"与保持乡村旅游的"原味"问题;第六,乡村旅游经营模式的选择与乡村旅游的可持续发展问题。

[实务训练]

学生分组,并选取某种乡村旅游投资、管理模式,针对性地搜集对应模式的案例,分析该种模式的优缺点，并总结可借鉴的经验，同时制作成 PPT，供全班分享讨论。

[知识归纳]

本章探讨了乡村旅游投资模式和乡村旅游管理模式。重点阐述了三种乡村旅游投资模式，分别是农户自主投资模式、政府主导投资模式、外来投资模式和合作经营模式；重点阐述了八种乡村旅游管理模式，分别是"农户＋农户"管理模式、"公司＋农户"管理模式、"公司＋社区＋农户"管理模式、公司制管理模式、股份制模式、"政府＋公司＋农村旅游协会＋旅行社"模式、"政府＋公司＋农户"模式以及个体农庄模式。每种模式都存在其优点和缺点，乡村旅游的经营模式选择不是一蹴而就的，而是一个综合决策的过程。

复习思考

1. 分析不同种类乡村旅游投资模式的优缺点，并总结可借鉴的经验。
2. 分析不同种类乡村旅游管理模式的优缺点，并总结可借鉴的经验。

第五章

乡村旅游可持续发展

[学习目标]

通过本章的学习能够使学生对乡村旅游可持续发展有所认识。要求学生通过本章的学习能够做到：

1. 了解可持续发展的概念；
2. 熟悉乡村旅游可持续发展的内涵；
3. 掌握乡村旅游可持续发展的途径。

[实训要求]

1. 掌握互联网或实地搜集乡村旅游点信息的能力，能针对性地对乡村旅游资料信息进行有效取舍；
2. 能根据掌握的有限资料对乡村旅游点的经营状况、生态环境进行简要分析。

[引导案例]

江西省乡村旅游可持续发展模式

江西乡村旅游的兴起是伴随着国内乡村旅游的发展而逐渐形成气候的，主要经历了三个阶段：

（1）自主萌发阶段（1990—1997年）。20世纪90年代以来，随着我国改革开放的深入和产业结构的调整，我国的旅游业获得较快发展，在重视城市旅游和风景区旅游的同时，积极推动乡村旅游和农业旅游的发展。江西一些乡村少数农民也办起旅游活动。

（2）规范发展阶段（1998—2005年）。1998年，国家旅游局推出"华夏城乡游"，提出"吃农家饭、住农家院、做农家活、看农家景、享农家乐"的口号，有力推动了我国乡村旅游业的发展。1999年，国家旅游局推出"生态旅游年"（旨在保护生态环境，实现可持续发展），全国各地抓住新机遇，充分利用和保护乡村生态环境，开展乡村生态旅游，又进一步促进了我国乡村旅游业的发展。2004年，为了推动全国观光农业的发展，国家旅游局对全国农业旅游示范点进行评选，选出了203个农业旅游示范点。在首批全国工农业旅游示范名单中，江西就有五处乡村生态旅游区：婺源乡村生态旅游区、鹰潭龙虎山九曲洲农业观光园、崇义县横水镇阳岭七星湖农业旅游区、共青城农业旅游区、南丰罗里石蜜橘生态园。

（3）蓬勃发展阶段（2006— ）。为充分发挥旅游产业对新农村建设的促进作用，国家旅游局将2006年确定为"中国乡村旅游年"，江西省各地乡村旅游蓬勃兴起，涌现出像婺源江湾镇、李坑村、宜春温汤镇等一大批乡村旅游先进典型。"2006·婺源中国乡村文化旅游节"的举办，使江西乡村旅游发展水平跨上一个新的台阶。

乡村旅游在全国各地的发展过程中，逐渐形成了自己的发展模式，如四川成都的"农家乐"模式、北京的"民俗村"模式和贵州的"民族村寨"模式。江西乡村旅游的类型主要包括：村落民居旅游模式，即以村落民居建筑为凭借和吸引物，开发旅游项目，如赣南客家围屋、安义古村、婺源徽派古建筑群等；民俗风情旅游模式，即以农村的风土人情、民俗文化为凭借和吸引物，充分展现农耕文化、乡土特色、民俗风情，如萍乡的上栗傩神节和湘东春锣、赣南客家文化、兴国山歌节、信丰脐橙节、樟树药材节等；田园生态旅游模式，即以农村田园生态环境和各种农事活动为凭借和吸引物，"吃农家饭、住农家屋、干农家活、摘农家果、做农家事"，将农村生态和农事风情、旅游与休闲相结合，以满足城市居民回归自然的心理需求，如庐山脚下的农家饭庄、上堡梯田等；综合型的乡村旅游模式，即以各类型的乡村旅游产品集于一体进行开发，如星子县开发的温泉度假村等。

江西乡村旅游开发模式的构建，要在深入挖掘江西乡村旅游文化特色和注重环境保护的基础上，结合国内外发达地区乡村旅游开发的成功经验，以江西乡村生态环境条件为基准，发掘并构建地域特色鲜明的江西乡村生态旅游发展模式，创建江西乡村生态旅游品牌，提高江西乡村知名度，发挥江西旅游名牌效应，促进江西社区经济发展。

1. 乡村民俗体验与主题文化村落发展模式

该模式具有承载古村落、新文化村落、新经济村落等不同阶段乡村整体人文生态系统物化与意化相统一过程的认知和体验功能。在长期与自然协同进化的过程中，农村中积淀了很多生态文化的内容。但是在现代都市功利思想的冲击下，这些生态文化没有经过仔细鉴别就被淹没在城镇化的浪潮中，乡村文化的多样性正在不断减少。通过乡村生态旅游的发展，有鉴别地开展乡村传统文化的抢救和保护工作，有利于乡村特有的生活文化、产业文化、民俗文化的继承和发扬，有利于创造出风格特殊的农村文化。同时，为了满足都市人回归自然的潜在需求，该模式通过旅游策划、设计和组织管理，加上旅游者自身的体验，使都市人的潜意识现实化，有助于他们实现"回归自然"的愿望。江西有着丰富的民俗资源，涉及内容广泛，不仅有物质方面的资源，还有社会、精神方面的旅游资源，既有有形资源，也有无形资源。江西省民俗风情旅游项目的设计要深入挖掘乡村旅游资源的文化内涵，保持乡村环境的真实性，营造具有传统文化色彩的乡土气息和氛围，增加文化含量、增加知识性、增加参与性，留住游客，延长其逗留时间，树立"打造精品"的理念。体验旅游和民俗文化的结合是未来乡村旅游的发展方向。在目前国内旅游市场正从观光旅游向度假旅游、体验旅游发展的大趋势下,该模式具有很好的市场开发前景。

2. 传承地方性遗产之乡村主题博物馆发展模式

该模式具有承载传统产品与传统工艺、传统生活与生产方式、非物质文化遗产展演和文化景观重现的功能。乡村博物馆往往以一个特色突出的村寨为载体,通过静态的设施展示和动态的生活展示满足城市旅游者猎奇的心理,并将之与乡村文化遗产保护、生态环境建设结合起来,强调村寨在旅游中的整体性开发和有机成长,因而也称为"生态博物馆"。该模式属于乡村文化旅游资源开发的高级阶段,也是我国未来乡村文化旅游资源开发的模式趋向。这一模式在世界具有许多成功的事例。罗马尼亚首都布加勒斯特就有一座别具一格的乡村博物馆,馆内建有许多风格各异的农家房舍,它实际上是一个向人们介绍罗马尼亚农村建筑艺术、民间艺术和农民生活习俗的露天博物馆,生动地再现了几百年来罗马尼亚社会、经济、科技和人民生活变化与发展过程。馆内还藏有丰富多彩的雕刻、刺绣及彩陶艺术品,向人们展示了罗马尼亚不同时期传统文化的艺术成就。从江西乡村人文资源来看,由于江西"吴头楚尾,粤户闽庭"的地理位置,便利水路的交通,与外地的各方面交流较为频繁,文化上呈现出过渡性、兼容并蓄的特征,各地区、各民族文化的多样性在此有机地结合起来。在悠久的历史长河中融会形成的赣文化尤以宗教文化、陶瓷文化、士文化和客家文化为典型代表。这些文化都具有明显的地域性,是江西自然地理特点的产物,反映了"天人合一"的哲学思想,包含有朴素的生态观,自然与文化已融为一体,是极具潜力的文化生态旅游资源。因此,江西乡村旅游应着重发掘乡村遗产,开发和完善瓷都文化游、客家文化、道家文化游等产品。

3. 主题农园与农庄发展模式

该模式具有教育农园、市民农园、租赁农园等多种形态,承载了农旅结合的农事参与、自然教育和DIY创意空间等功能,是兼有观光和教育功能的一种乡村旅游形式。经营者们通过收集、设计、建设一些与城市生活完全不同的农村设施,通过策划一些在城市里从未接触过的活动给旅客新的信息、新的知识。如法国政府向土地所有者租用或购买土地,然后将一部分作为农业部门所属培训中心的教育农场,或者由政府辟为"自然之家"教育中心。巴黎郊区最大的教育农场规模有上万亩土地,场内修建了展厅、步道,开设了牛舍、挤奶室、奶制品加工车间等设施,展示奶制品生产的全过程,供学生和游人参观。这种模式参与性强,集观光、度假、体验、学习、科考等各种活动于一体,使游客与当地居民之间产生了一种深厚而持续的依恋情感,游客的重游率也较高。

4. 区域景观整体与乡村意境梦幻体验发展模式

乡村意象是乡村环境氛围在旅游者头脑中的形象,是吸引旅游者的最大资源优势。乡村景观意境的感知和体验也成为现代最为时尚和最有吸引力的乡村旅游活动和产品形态。江西吉安美陂村,是一个很有特色的乡村聚落,完好地保留了367栋民居及5座书院。尤其是900余米的美陂古村,鼎盛时期街上有店铺200余家,现仍然保留有108家。同时,该村还有红色文化的添染加色和浓郁的民间文化风情,不但日益受到世人的瞩目,而且吸引了众多导演的眼光,电影《山重水复》《闪闪的红星》《井冈山》中的许多特写镜头,都是在这里拍摄录制的。因此,美陂村的旅游开发,可借助区域景观的整体优势与乡村文化意境梦幻体验相结合的发展模式,带动美陂村的旅游发展。

乡村生态旅游是一种文化性、趣味性、参与性很强的产业，单纯以田园风光为主的观光方式，无法满足市民追求高层次、高品位的专门化活动的需求。乡村旅游只有在内容和形式上充分体现出与城市生活不同的文化特色，体现出鲜明的地域特色、民族色彩和文化内涵，并将之融合于优美和谐、平衡发展的生态环境中，才能最大限度地激发旅游者的需求动机。生态旅游和文化旅游的紧密结合是江西乡村旅游可持续发展的基本要求，江西乡村旅游只有沿着生态旅游和文化旅游紧密结合的方向前进，才有希望把江西省建设成国内乃至国际著名的乡村旅游胜地。

（资料来源：张定方．乡村旅游可持续发展模式——江西省的案例研究 [J]．江西社会科学，2008（5））

第一节　乡村旅游可持续发展的内涵

一、旅游可持续发展

（一）可持续发展的概念

可持续发展思想起源于生态环境领域，最初是指生态的可持续性，着重从自然属性定义可持续发展，强调要保护和加强环境系统的生产和更新能力。后来，又出现了从社会属性、经济属性和科技属性定义的可持续发展概念。尽管对可持续发展的概念，至今仍众说纷纭，但真正得到国际社会普遍认可的可持续发展经典定义是在1992年里约热内卢联合国环境与发展大会上得到公认的《我们共同的未来》中提出的定义：即"既满足当代人的需要，又不损害后代人满足其需要能力的发展"。可持续发展在评价指标上与传统发展模式所不同的是不再把GNP（国民生产总值）作为衡量发展的唯一指标，而是用社会、经济、文化、环境、生活等各个方面的指标来全面衡量发展。把眼前利益与长远利益、局部利益与全局利益、社会效益与经济效益有机地统一起来，使经济能够健康持续发展。

（二）可持续发展理论的产生与发展

可持续发展理论的产生和发展大致经历了三个重要阶段：

第一个阶段，1972年6月，联合国人类环境会议于瑞典首都斯德哥尔摩召开，共有113个国家和一些国际机构的1 300多名代表参加了会议。这是联合国历史上首次研讨保护人类环境问题的会议，也是国际社会就环境问题召开的第一次世界性会议，标志着全人类对环境问题的觉醒。会议的成果主要体现在两个文件中，其一是大会秘书长委托完成的非正式报告《只有一个地球》，其二是大会通过的《联合国人类环境宣言》。这是第一本关于人类环境问题的最完整的报告。

第二个阶段，斯德哥尔摩会议第一次把环境问题的重要性和紧迫性摆在各国政府面前，开始在全球范围内唤起世人对环境问题的觉醒。但是，本次会议未能把环境问题同经济和社会发展结合起来，暴露了环境问题却未能确定其根源和责任，也就不可能真正找到解决问题的出路。许多发展中国家并未意识到环境污染的影响，甚至认为环境污染是发达国家的事情。

第三个阶段，在纪念斯德哥尔摩会议10周年之际，一些专家撰文指出，新的问题已经出现。一方面，虽然发达国家在治理环境污染方面取得了一些进展，但环境问题的焦点却逐渐转移到了发展中国家；另一方面，越来越多的证据使各国政府逐渐开始认识到环境问题决不只是一个国家内部的问题，只有通过国际合作，才有可能真正取得进步。以后又相继发表了《我们共同的未来》《我们共同的安全》《我们共同的危机》三个纲领性文件。最引人注目的是，《我们共同的未来》报告中首次采纳"可持续性"和"可持续发展"的概念，把环境与发展紧密地结合在一起。170多个国家的代表团参加了这次会议，有102位国家元首、政府首脑以及联合国机构和国际组织的代表出席了这次会议并取得了重大的成果，通过了《21世纪议程》和《里约环境与发展宣言》两个纲领性文件以及《关于森林问题的框架声明》，签署了《生物多样性公约》和《气候变化框架公约》。通过会议，国际社会就环境与发展密不可分，为生存必须结成"新的全球伙伴关系"等问题达成共识，接受了可持续发展思想的重要纲领。这次会议是1972年联合国人类环境会议之后举行的讨论世界环境与发展问题的最高级别的一次国际会议。它所通过的文件充分体现了当今人类社会可持续发展的新思想，反映了关于环境与发展领域合作的全球共识和最高级别的政治承诺。这次大会在更高层次上、更大范围内提出了可持续发展是全球社会经济发展的战略；并要求每个国家都要在政策制定、战略选择上加以实施。至此，可持续发展已成为许多国家政策制定的指导思想和战略选择。中国也相应制定了《中国21世纪议程》，并把可持续发展作为中国经济发展的战略之一加以实施。

（三）可持续发展理论

Swarbrooke（2002）认为可持续发展理论通常具有三个方面：环境（自然与人文环境）、经济（社区与商业）、社会（当地居民与游客）的可持续发展。环境的可持续发展包括一个社区内所有的自然环境、耕作环境、人造环境、野生动植物及自然资源。经济的可持续发展包括新近注入一个社区的所有资金和当地商业从旅游活动中所获取的所有利润。社会的可持续发展包括旅游者和社区各自的活动及其之间的互动。值得一提的是，这三个方面是平等的，相互依赖，相互制约。为了获得旅游业的可持续发展，必须正确理解这三个方面之间的关系。但是，大部分的研究工作都把重点放在了旅游业可持续发展中的环境和经济方面。

Muller认为，三个方面的可持续性对旅游业发展的贡献是相同的。但Hunter不认可这种平衡论。Hunter指出，这种平衡的方法是理想化、不切合实际的，因为它建立在一个假设之上，即可持续旅游业有多种实现方式。Hunter提出，可持续旅游业不一定意味着这些经常发生竞争的领域会在某种程度上取得平衡。Hunter提出了四种可持续发展的旅游形式，第一种方法被称为"需求型旅游业"。这种方法重点强调的是旅游业的发展和满足游客和旅游产业的需求。第二种方法是"产品导向型旅游业"。这种方法优先考虑旅游产品，对环境和社区的关注也仅仅局限在它们是如何直接或间接地影响旅游产品。第三种方法是"环境导向型旅游业"。这种方法将环境放在主导地位，而其他方面退居其次。以此为指导发展的旅游产品严重依赖自然环境，任何对环境的改变都会威胁到该地区的旅游业前景。第四种方法是"原发型旅游业"。这种方法发展的旅游业基于生态学。旅游业从业人员在规划旅游产品、营销旅游项目和提供客户服务的过程中将旅游地生态的可持续发展纳入考虑范围。

（四）旅游业可持续发展的原则

正如可持续旅游业具有多种定义一样，旅游业可持续发展的原则也是建立在各个作者不同观点和强调的重点之上的。他们重点关注如何管理一个社区的资源以实现经济健康发展，资源保护，投资和收益分配中的公平，保证自己自足，以及满足游客需求。所有原则对旅游业可持续发展都很重要，任何一个原则被忽视，都会使可持续发展陷入危机。这些原则如下：

（1）所有的自然环境、历史和文化资源，在造福当代人的同时要加以保护，确保后代人享有这些资源的权利；发展旅游业时，外界对环境、社区和游客的负面影响应当最小化；可持续发展应当保持或改善当地环境质量；保持或提升游客的满意度；在分配由社区发展带来的收益时应当确保公平。（WTO，1998）

（2）在社区开始发展之初就应当考虑到所有利益相关者，利益相关者应当被告知可持续发展的相关概念；应当尊重旅游目的地的文化、经济、生活方式、环境和政治制度；对发展的规划和管理应当在环境极限之内，并考虑到对各种资源的长期合理利用，旅游业的规划发展和实施，应当是国际和地区可持续发展战略的不可分割的一部分；旅游业应当考虑到环境代价和收益，全方位拉动当地经济活动，而不应当成为导致当地经济基础单一化的原因；在旅游业发展的各个阶段，都应当进行研究，以及时了解情况，解决问题，使利益相关者得以对变化做出反应，并抓住机遇（Southgate & Sharpley，2002）。

（3）采用的方法应当经过整体规划，具有战略性；为了子孙后代的利益，应当确保生产力能够长期持续（Bramwell & Lane，1993）。

（4）更深入地了解和理解旅游业对环境和社区做出的突出贡献；提高当地人的生活质量（Alipour，1996）。

（5）减轻对社区资源的过度消费和浪费；维持自然、社会和文化系统的多样性；在旅游业的营销过程中应当提高对旅游目的地的自然、社会和文化环境的尊重，同时，提升游客的满意度（Garrod & Fyall，1998）。

二、乡村旅游可持续发展

世界旅游组织（WTO）将可持续旅游定义为经济发展的一种模式，并具有以下特征：能够提高旅游区当地居民的生活质量；可以向游客提供高品质的旅游体验；在满足现实旅游者和当代居民需要的同时，保证旅游区环境免遭破坏。《可持续旅游发展宪章》中指出，可持续旅游包括三个方面的含义：在为旅游者提供高质量旅游环境的同时，改善旅游地居民的生活水平；在开发过程中维持旅游供给地区生态环境的协调性、文化的完整性和旅游业经济目标的可获得性；保持和增强环境、社会和经济未来的发展机会。根据《可持续旅游发展宪章》给出的定义，可持续发展分成：生态的可持续发展、文化的可持续发展和乡村经济的可持续发展。生态的可持续发展，指的是乡村旅游的发展要与对当地基本的生态发展、生物的多样性和生态资源的维护相协调一致；文化的可持续发展，指的是乡村旅游的发展要提高人们对生活的控制能力，并使之与人们的文化价值观相协调，同时要注意维护和增强乡村社区文化的独特个性；经济的可持续发展，是指发展乡村旅游能够取得一定的经济效益，资源能够得到有效的管理，以便造福我们的子孙后代。

Hanneberg（1993）认为旅游业的经营如果在不超出大自然的承受力和自然资源的再生能力的前提下进行，是能够实现可持续发展的，同时也应认识到社会、风俗习惯、生活方式以及人类自身对游客旅游体验所做出的贡献，让人们平等合理地分享到可持续旅游所带来的经济利益。尤为重要的是旅游业的发展不该违背旅游地居民的意愿。

无论对可持续旅游发展如何定义，有一点是可以肯定的：可持续旅游发展将对环境和当地的经济起到积极的促进作用，同时它还可以增进人们对旅游业发展给自然、文化和人类生存所带来各种影响的认识；确保效益风险的平均化；从包括当地居民在内的社会各个阶层中寻求最终的解决途径从而实现旅游业与其他资源利用的协调发展；规划与区域性管理相结合，使旅游资源的开发和资源的永续利用呈现合理有序的发展状态；通过将自然资源、文化资源对社会经济发展、社会环境的重要性公示化，实现对这些珍贵资源的保护；对旅游发展所带来的各种影响实行监管和评估。建立一套切实可行的环境监督机制，并对由此产生的各种负面影响进行有效控制。（WTO，1993）

鉴于上面提到的定义及基本思想，乡村旅游可持续发展的实质主要体现在以下四个方面：

（一）公平性

所谓公平性指的是机会选择的平等性。这里主要涉及两层意思：一是同代人之间应公平受益、公平享有旅游及消费机会。乡村旅游可持续发展要求人们必须重视旅游地社区对旅游者的旅游质量所做的贡献，因此旅游接待地区居民有权参与本地旅游开发的重大决策，就其所期盼的社区类型出谋划策，并分享旅游业带来的收益；二是旅游资源和环境应该实现代际共享，当代人旅游需要的满足不能以旅游区环境的恶化为代价，剥夺后代人的社会发展能力和生活需求。当代人留给后代人开展旅游活动和发展旅游业的环境资源不应少于目前拥有的程度，每一代旅游开发者和经营者都应为下一代人的发展机会负起同样的责任。

（二）可持续性

乡村旅游需求的不断满足和生态环境的可持续性是旅游业有可能实现长期发展的首要条件。乡村旅游业的发展必须建立在旅游地区生态环境和社会文化环境的承受能力之上。旅游业的发展既要能够吸引足够数量的游客来访，并保证其旅游质量，又不致使当地的环境和社会文化出现不可逆转的破坏性变化。提高人们对文化和价值观的认识，维护和增强社区的个性是保障旅游地社会文化可持续的基础。经济的可持续发展要求效益的取得应以资源的有效利用和有效管理为前提，发展乡村旅游能取得经济效益，资源能得到有效的管理，以便能造福子孙后代。经济效益是对乡村旅游经营者和相关部门经济投入的回报，是维系乡村旅游供给的重要因素。

（三）共同性

由于各国历史、文化、社会经济发展水平，旅游资源拥有程度及其使用状况不尽相同，有关旅游可持续发展的具体目标和政策不可能整齐划一。但是旅游可持续发展作为全球旅游发展的总目标，所体现的公平性和可持续性原则是相同的。围绕这一目标的实现，全球必须协同采取行动。因此，各国政府、联合国机构和非政府组织、旅游实业界、旅游接待地区民众以及广大旅游者对旅游可持续发展的实现都负有责任,旅游可持续发展的实现需要各方的规范合作。世界旅游组织在其所制定的《旅游业21世纪议程》中尤其强调指出,旅游可持续发展的实现需要世界各地坚定的承诺和协同一致的行动。其中有关目标和政策上的承诺是由社会各个阶层和各个方面共同做出的。从根本上讲,这意味着政府和社会各个方面在增强对环境和发展问题的认识上必须确立有效的合作。

(四)利益协调性

这里所说的利益协调性主要是指主客双方的利益协调,即旅游者与接待社区之间的利益兼顾与协调。首先,乡村旅游的发展必须与当地经济有机结合,满足旅游开发地的基本发展需要,提高当地居民生活水平和社会发展水平。其次,旅游者希望能够被提供高质量的旅游经历,能充分体验旅游地所具有的独特的历史、社会与文化。这两个目标的实现缺一不可。事实上,一旦当地居民与游客的利益发生冲突时,游客的利益常常得不到保障。此外,当地社区对旅游业的参与也因种种问题而受到制约甚至限制。其结果是旅游业的发展不但没能改善当地社区的生活质量,反而使当地社区的正常生活受到不同程度的干扰,由此而使当地社区产生反感,反过来又会对旅游者产生某种程度的不满情绪甚至不利影响。所以,要使旅游业能够可持续发展,就必须使主客双方的利益得到兼顾。这既是旅游可持续发展的一项目标,同时也是一个实现旅游可持续发展的基本保障。乡村旅游作为一种强有力的发展形式,应有效地保护乡村旅游资源与环境,用可持续发展的观念与方法正确处理旅游开发与乡村旅游资源、环境和乡村文化特色的关系。乡村旅游发展必须建立在生态环境的承受能力之上,与乡村经济、文化、社会发展相协调,自觉理智地循序渐进,并保障乡村资源利用的持续性。乡村旅游的可持续发展在推动旅游业向前发展的同时,可以维持乡村旅游资源的合理、永续利用,保护和改善乡村生态平衡,还能带动农村经济的发展,增加农民收入,改变农村贫穷落后的状况,为今后农村经济的持续增长增加了新的动力。改变传统的发展观念,杜绝短期行为,是实施乡村旅游可持续发展的根本保证。

第二节 乡村旅游可持续发展的目标

乡村旅游可持续发展要求在时间尺度上,既要满足当代人旅游的需要,又不能损害子孙后代满足其旅游需要的能力;在空间尺度上,既要提高旅游者的旅游质量,又要改善当地居民的生活质量,既要协调保护环境、维持乡村"独特性"与旅游开发之间的矛盾,又要注重乡村资源、经济、社会、文化、环境的协调发展。但总的说来,其目标可以归结为乡村生态可持续发展、乡村社会和文化可持续发展、乡村经济可持续发展三个方面。

一、乡村生态可持续发展

纯净的环境、良好的生态是乡村旅游的基础,乡村生态的可持续发展要求乡村旅游的发展要与对基本生态过程、生物多样性和生态资源的维护协调一致,对乡村旅游接待容量实施有效控制,增强当地居民和游客保护生态环境的意识。实现乡村生态可持续发展,首先要保持当地生态环境稳定性,并进一步优化环境。在一些偏远的乡村地区,那里森林覆盖率高、空气清新、水质纯净、动植物种类繁多、地域特色明显,但环境容量有限,发展乡村旅游要实施有效控制接待容量，旅游活动量必须严格控制在乡村环境承载力范围内。其次，增强当地居民和游客保护生态环境的意识。最后，实现乡村旅游资源可持续利用。

二、乡村社会和文化可持续发展

乡村社会和文化的可持续发展是指乡村旅游的发展要提高人们对其生活的控制能力，这一能力的提高要与人们的文化和价值观相协调，并维护和增强社区的个性。乡村社会和文化的可持续发展，一方面要求旅游区在开发规划时，要确定其社区社会承载力，并通过必要措施，将由于旅游带来的消极社会影响控制在临界点以内；另一方面，必须借助地方政府的力量，制定保护地方文化和社区特色的法规，并通过有效宣传，使旅游者充分尊重乡村社区文化和风俗习惯，同时鼓舞当地居民自尊、自爱，使他们相信通过旅游这种方式，可以增强他们对所在社区的社会认同感和对文化的尊重。

三、乡村经济可持续发展

经济效益是乡村旅游的经营者和相关部门经济投入的回报，这是乡村社区发展旅游业的目标之一，也是维系乡村旅游供给的重要因素。也就是说发展乡村旅游要有合适的投资回报，乡村旅游必须带来不低于旅游开发的门槛游客量，以维持当地供给的规模和水平。但是这种旅游规模也并不是越大越好，它还要取决于当地的经济实力，即乡村旅游规模的确定必须与当地区域经济发展水平相匹配。经济的可持续发展还要求效益的取得应以资源的有效利用和有效管理为前提，根据都市旅游者对乡村旅游的特定需要，针对乡村特有的旅游资源，开发有特色性、吸引力强的乡村旅游产品，并通过有效管理和合理控制，从而获得最大的经济效益，促进乡村经济的繁荣发展。

第三节 乡村旅游发展存在的问题

从总体上看，中国乡村旅游还没有过渡到可持续发展阶段，这是我国当前乡村旅游经济发展的总体特征。非可持续性表现在产业布局上就是市郊发达、边远地区欠发达；表现在旅游收入分配上，就是乡村社区居民的直接旅游收入所得相对较少。从市场发育看，我国乡村旅游经济的市场处于形成阶段，部分市场处于量的增长阶段。从乡村旅游发展的区域不平衡性来说，当前阶段的乡村旅游没有进入可持续发展时期，从广为认可的可持续发展概念来讲，地域的公平乃至代际的公平是可持续发展的重要内涵。一些名胜景区和城市近郊的乡村旅游业发展较快，乡村文化资源被破坏性利用，就有文化多样性消失的威胁，不利于乡村文化的代际保留和传承。而乡村旅游产业收入在分配方面也存在不公平，所以，我国乡村旅游总体上还没有进入可持续发展时期。我国乡村地区经济社会发展和生态保护的关系没有得到很好的协调，乡村旅游经济活动表现出大规模的商业开发、景观人工化等矛盾和问题比较突出，旅游对乡村环境的破坏和干扰没有得到完全的控制。这都表明我国乡村旅游目前处于非可持续发展阶段。城市近郊和边远山区、林区相比，前者乡村旅游发展的领先程度十分明显。乡村地区的旅游资源禀赋不同，地方政府干预的方式和力度不同，也造成了乡村旅游发展的区域不平衡。地域间的平衡发展和人际的公平是可持续发展的重要标尺。下面将从乡村旅游经济的地域特点和收入分配特点等方面进一步分析当前中国乡村旅游发展中存在的问题。

一、区域发展不平衡

海外学者曾注意到我国旅游业沿海地区发达，内地特别是西部地区的旅游业欠发达的现实，这与我国一段时期内实行的区域梯度发展战略有关。乡村旅游业的发展也有这种区域不均衡的趋势。在城市的周边地区，由于交通便利、游客出行方便、出行的费用较低，这些乡村地区率先兴起了乡村旅游。但在边远的山区、林区或在一些贫困的乡村，连高级公路都没有，不用说旅游产业，就连旅游活动都几乎难以展开。这反映了乡村旅游发展的区域不平衡性。以全国农业旅游示范点为例，在首批200多处示范点中，分布在城市周边的占大多数。从这种分布特点来看，中国的乡村旅游在一定程度上是城市化进程向乡村地区扩张的结果。一些大中城市的近郊已出现了"卫星城"，城市化对于乡村旅游来说是一把双刃剑。一方面，乡村地区的城市化可以改善旅游基础设施，提升其可进入性；但另一方面，乡村景观和乡村地区文化会受到不同程度的破坏，不利于乡村旅游的可持续发展。在旅游业不发达的边远乡村，由于乡村旅游资源未经过或很少经过人为破坏，乡村旅游业发展的潜在优势或者说后发优势就比较突出。边远地区的生态完整性比较优越，野外地区尽管可进入性差，但往往是理想的生态旅游目的地。

乡村旅游业在地域上形成中心至边缘的两极关系，以城市近郊为中心的乡村旅游业比较集中，距离中心城市较远的乡村地区旅游业发展滞后，这种区域上的不平衡性是由于经济开发程度不同和旅游资源禀赋不同两方面原因造成的。在一些名胜风景区，如一些名山大川或森林公园的文化和生态旅游，虽然交通条件一般，但每年有稳定的客源和旅游收入。这类乡村旅游业的发展得益于传统文化的力量，名胜是历代文化积淀而成，或得益于高超的旅游产品营销手段，如通过连续的旅游节庆进行促销。名胜景区的旅游业有传统的旅游市场，有比较有约束力的政府管理，有比较成熟的经营手段。

二、乡村文化逐渐变淡

城市化使中国乡村旅游业产生了中心—边缘地域结构。如果从文化的多样性保护来看乡村旅游业的区域特点，那么，城市近郊的乡村旅游，其"乡村味"正越来越淡，"城市味"越来越浓。在很大程度上这种破坏乡村文化多样性的旅游影响来自于旅游业经营者对乡村文化保护责任的认识不足，所以，他们在经营中才"一面倒"去迎合来自城市的旅游消费者的口味。农村等乡村旅游目的地正面对这样现实的棘手问题。

三、乡村旅游的生态压力大

有些乡村旅游目的地分布在偏僻的山区、林区、少数民族聚居区，当地部分居民的生态意识薄弱，乡村旅游经营过程中忽视了环境保护，旅游者的行为也缺乏规范，在旅游区内随地乱扔纸屑、果皮、食品袋等垃圾，对文物乱涂乱写等不文明行为时有发生；旅游者的随意采摘与践踏，使乡村旅游地的植被面积减少，游客和经营者遗留的生活垃圾、开发商丢弃的建筑垃圾造成了生态和人居环境的恶化，原本清新自然的空气与绿色环境被污染，乡村旅游的吸引力就会下降。自然生态环境负载过重是乡村旅游发展中必须加以重视的问题。越来越多的旅游者涌入，带来的垃圾、污水、汽车尾气对环境的威胁很大，导致在很多开展乡村旅游的地方出现环境退化、资源过度使用、品牌特征淡化的现象。乡村旅游发展过程中出现的生态环境破坏与退化既是迫切需要解决的问题，也属于乡村旅游特定发展阶段所造成的不利影响。

[小贴士]

呼伦贝尔乡村旅游发展的生态影响

呼伦贝尔市是内蒙古自治区所属的12个盟市之一，土地面积25.3万平方千米。据呼伦贝尔市政府的统计，2004年该市共接待旅游者281万人次，其中国内旅游者245万人次，国外旅游者36万人次；国际旅游创汇1.45亿美元；旅游业总收入达35.7亿元人民币，占该市GDP的13.6%。呼伦贝尔虽然被称为市，但地形以林区和草原为主，由于当地森林和草原的旅游资源极具特色，呼伦贝尔的旅游业在很大程度上具有乡村性。

呼伦贝尔市有展示草原民俗的呼和诺尔旅游区、巴彦呼硕旅游区、金帐汗旅游区；有展示森林风光的海拉尔西山国家森林公园、红花尔基国家森林公园、莫尔道嘎国家森林公园、绰源国家森林公园；也有展示历史遗迹的嘎仙洞历史遗址、诺门罕战争遗址、海拉尔北山侵华日军要塞遗址以及"三少"民族博物馆；展现河湖风光的莫日格勒河、呼伦湖旅游区；还有展现口岸边境风光的满洲里国门、中俄互市贸易区、额尔古纳界河；以及展示冰雪风光的牙克石市凤凰山旅游景区、鄂温克旗冬季那达慕、海拉尔、满洲里冰雪民俗风情园等。

呼伦贝尔市民族家庭游旅游项目更接近乡村旅游。呼伦贝尔市作为内蒙古自治区东北部边疆少数民族聚居地区，素有"中国北方游牧民族成长的历史摇篮"的美誉，民族历史文化和民族风情文化积淀厚重。呼伦贝尔市现有32个少数民族，特别是达斡尔、鄂温克、鄂伦春三个"三少"民族和俄罗斯族，民俗文化独具魅力，即便是蒙古族，生活在呼伦贝尔的巴尔虎、布利亚特、厄鲁特蒙古族，也以其独特的民俗文化区别于内蒙古其他地区的蒙古族。民俗文化旅游是呼伦贝尔旅游的重要组成部分。

为了充分适应旅游客源市场需求，深度开发呼伦贝尔得天独厚的民俗文化旅游资源，呼伦贝尔积极开展了民族家庭游项目建设，推出了家庭游产品。家庭旅游项目的开展，对于推动旅游产业化进程起到了积极作用。2004年，呼伦贝尔市旅游局与市妇联、民族事务局、工商局、扶贫办联合启动了"巾帼家庭生态旅游户"（包括牧户、林户、民俗户、农户、猎户等），其中室韦乡的俄罗斯家庭民俗旅游户，海拉尔区的农民俱乐部，鄂温克旗、陈旗的牧业旅游户，阿荣旗的鲜族民俗户受到游客的青睐，鄂温克旗辉苏木的牧民民俗旅游区已经形成规模。呼伦贝尔市旅游局鼓励少数民族居民建立自己的民宿、餐饮等旅游服务设施。以家庭为单位，现在树立了10户布里亚特民俗游示范户，统一规定了服务水平和质量、卫生条件、收费标准等。布里亚特属于森林蒙古族，与陈巴尔虎旗的草原蒙古族在民俗方面有明显不同。陈巴尔虎旗确立了20户民俗游示范户。其饮食、服饰、歌舞等都成为旅游吸引物。这种家庭游使游客有机会近距离感受和参与少数民族的生产、生活，如参加生活食品的加工、品尝当地特色食品等。以少数民族家庭为中心来组织的民俗游正在成为一种旅游开发模式，在鄂尔古纳县级市俄罗斯族居住地以及阿荣旗的朝鲜族居住地，也有成功推广少数民族家庭游的案例，但推广之中也产生了景点的人工化倾向的问题。

2005年6月，笔者经过为期一周的实地调查后，在呼伦贝尔市林业局下属的海拉尔东山森林防火航站，参加了由呼市林业局组织的旅游与林业发展座谈会。该市旅游管理条例正在起草过程中，来自林业、旅游和环保管理部门的专家正进行旅游管理的立法准备工作。除此之外，呼市启动的"蓝天碧水"工程开展了环保、旅游和林业等部门间的协调和合作。政府部门之间的协调行动有利于当地旅游业的可持续发展。除涉及旅游发展的法制手段有待于完善之外，生态环境的保护工作正面临新的挑战。旅游活动的生态负效应，即其对环境的破坏作用，已引起业内人士的关注和担忧。笔者在呼伦贝尔市著名景区、我国第一批农业旅游示范点之一的呼和诺尔旅游区考察时发现，个别景点由于人和机动车的践踏、草场局部沙化现象比较突出。呼和诺尔旅游区位于古老的巴尔虎草原中心地带，2001年被评为2A景区。那么，在旅游旺季，生态旅游景区有没有对游客数量和游客行为实施必要的控制呢？在一些景区有环保部门的执法人员来检查和控制污水和垃圾等环境污染。但是，预先控制的环保管理理念还没有树立起来。现在的管理方式还是先污染、后治理。来自游客的污染物被丢弃后，由景区工作人员回收处理。游客的行为需要进一步加以规范，从而减少污染和对植被的践踏。

旅游业的发展要依托山川秀美的生态环境，但呼伦贝尔市生态建设、环境保护与经济发展之间的矛盾依然存在。比如，造纸厂项目建成后，对河水有一定的污染，治理力度不够，其水处理厂不是经常性地启动；生态破坏的过程也是旅游资源受损的过程。经济发展与环境保护之间矛盾的凸显，要求各方利益相关者处理好旅游业与其他行业的关系，保护好自然环境，共同适应生态环境承载力的限制。否则，经济发展的环境治理成本过高，必然严重影响旅游业的可持续发展。

思考：呼伦贝尔乡村旅游发展过程中存在哪些方面的问题？

（资料来源：王继庆. 中国乡村旅游可持续发展问题研究［M］. 哈尔滨：黑龙江人民出版社，2008.）

四、经营管理不完善

总结我国目前乡村旅游发展中需要着力加以解决的经营管理问题是十分必要的，这可以使我们提出的发展对策和模式具有针对性和可行性。这些问题的出现与我国长期以来的城乡二元经济结构的弊端有千丝万缕的联系，也是广泛存在的城乡差距在乡村旅游发展中的具体表现。

（一）来自乡村旅游业生产要素的问题

农村基础设施的不完善制约了乡村旅游的发展。尽管各级政府部门对乡村旅游地的基础设施建设有了一定的财政投入，但对于我国广大农村地区来说，许多基础设施仍然适应不了游客的需要。道路、停车场、卫生间、电话等公共设施简陋；客房、餐厅等食宿设施条件差，生活污水和垃圾处理设施缺乏，卫生状况等条件难以让游客满意。

乡村旅游业开发资金短缺是我国乡村旅游可持续发展的又一个制约因素。乡村旅游资源开发初期的投资大、产出少，到了中后期才能增加收益率。我国乡村旅游地的开发大部分处于初始阶段和起步阶段，政府的乡村旅游开发资金有限，村民分散经营的经济效益低、积累少，用于基础设施建设的资金还难以适应乡村旅游发展的需要。目前我国乡村旅游发展较快的区域集中在大、中城市的周边，城乡互动发展的程度不够，乡村旅游在偏远地区的发展有一定的困难。

人力资源是乡村旅游业发展中的重要生产要素。乡村旅游经营管理人才匮乏是较普遍的问题。乡村旅游从业人员缺乏有效的培训，人员素质有待于提高。乡村旅游经营以村民为主体是对的，但村干部或当地农民需要了解相关的管理知识、旅游市场营销的知识，以及宣传乡村文化的技能。乡村旅游处于粗放经营状态，形成轻管理、低质量、低收入的恶性循环，不利于我国乡村旅游业的可持续发展。

（二）来自产品开发的问题

乡村旅游产品同质化、质量等级差别不明显是受到普遍关注的问题。实际上这与村民的市场信息不充分，对市场需求的定位不准确，或不了解乡村旅游的细分市场有关系。一些乡村旅游产品仅仅停留在提供农家食宿接待服务和季节性采摘活动上。丰富的乡村旅游资源还没有得到充分的开发与利用。乡村旅游产品的开发和设计在一定程度上存在着盲从和简单效仿的问题，结果是产品雷同、档次不清晰，不能满足旅游者多层次、多样化的休闲旅游需求。乡村旅游产品形式单一、缺乏特色源于对乡村旅游文化内涵挖掘得不充分。许多乡村旅游地以农业观光为主，多数乡村旅游产品没有真正体现乡村生产、生活和风俗的其他层面。乡村旅游地的文化吸引力、生态吸引力还没有通过营销手段、技术手段得以全面的展现。乡村旅游经营存在着规模小、品牌意识淡薄的现象。

总体来看，我国乡村旅游没有针对细分市场形成系列化、品牌化的产品，乡村旅游资源有待于科学有效的利用，乡村旅游市场的发育度也有待于提高。在未来城乡市场一体化发展过程中，这个产品开发与营销的劣势会逐渐得以克服。

（三）体制与政策上的障碍因素

我国乡村旅游发展历程不到50年，目前涉及乡村旅游资源开发和管理的体制仍需要进一步完善。乡村旅游业涉及旅游业、农业、林业、渔业、畜牧业、国土资源、环保、文物保护等众多公共部门，各部门之间的协调机制还没有完全建立起来。乡村旅游业的规范化发展需要政府干预与行业组织的自律相结合。另外，由于几乎没有跨区域的乡村旅游行业协会，经营者缺乏开拓远距离客源市场的组织保证和技术能力。

乡村旅游资源的产权界定比较复杂，难以划分归属。大部分乡村房产虽然具有私有产权，但乡村文化传统、景观资源、自然环境和乡村旅游品牌等却是利益相关者的无形资产，带有公共产品的特点。在没有相应的制度约束下，部分村民的短期行为可能对公共利益造成损害。

从经营主体来看，公司化的现代企业制度还很少引入到农家乐等乡村旅游业之中，乡村旅游大多以农户或村集体为单位，由村民自发经营，缺乏高素质的专业人才，管理手段落后，经济效益不高。由于村民在经营管理上处于劣势，一些乡村社区的居民集体淡出旅游业的竞争，使得大量外来经营者涌入，出现了飞地化现象，造成乡村旅游的利益分配流向城市的多，流向乡村的少。

[小贴士]

"飞地化"是什么意思？

目前，在我国乡村旅游中飞地化现象普遍存在，并由此导致了因利益分配不均而引起的旅游目的地居民的上诉、故意毁坏旅游地环境、攻击游客等各种形式的反抗和不满，严重影响了我国乡村旅游的健康发展。所谓"飞地化"，是指城里人或者外来投资商占据了旅游业中的经营者地位，并且占有绝对或者绝大多数的收益权，使得乡村旅游目的地成了城里人的飞地。

（四）乡村旅游发展与城市化、商业化的冲突

城市化的过程是历史必然现象，关键是要构建和谐的城乡关系。城市化过程中，如果人们处理不好新农村建设与乡村自然和文化遗产保留的关系，就容易造成农村地区乡村特性的淡化和乡村景观的庸俗化，乡村旅游发展的载体就会受到破坏。

乡村旅游的主要动因在于乡村具有与城市截然不同的人文风格和自然环境，如原始、古朴、自然等。这些乡村特性吸引了回归自然、追求生态美的旅游者。但目前不少乡村旅游地大兴土木，大建楼堂馆所和大型娱乐设施，把城市现代化建筑移植到了乡村，形成了乡村城市化的发展局面，乡村旅游地被改造成主题公园，乡村旅游资源特色消失，村落景观失真，乡村旅游赖以存在和发展的乡村特性就会受到一定的消极影响。

维护乡村遗产的真实性与商业化旅游开发之间往往存在矛盾。王云才总结了乡村遗产地商业化的四个表现和违背真实性原则的五种乡村旅游开发模式。过度商业化的表现有：

（1）景观遗产的高强度开发用于满足大量旅游者的需求。景观遗产区域内人流如织，形成大规模的人口聚集和大规模的接待服务设施，表现出明显的商业化特征，而非文化特征。

（2）在景观遗产内部或周边地区，兴建了旅游商业化基地，从事大规模的固定的物品商业贸易，成为遗产区城镇化的典型。

（3）在景观遗产遗址周边人工仿造一系列景观从事旅游经营指向十分明确的各种经营活动，使原有的景观环境高度商业化。

（4）乡村景观遗产区内到处兜售的各种纪念品和宣传招贴、现代音乐强化了遗产的商业化氛围。违背乡村遗产真实性旅游开发活动包括：反映各种少数民族文化的"民俗村"的建设；在旅游过程中特意为旅游者安排的各种民俗表演和民俗旅游体验；部分乡村主题公园；人工将一个地区所有分散孤立的景观遗产整体搬迁集合而形成的人工遗产博物馆或主题文化园；对已经毁坏的现今不存在的乡村景观典型的人工整体恢复。

[小贴士]

西递、宏村乡村旅游发展中的社会文化影响

西递、宏村古村落位于安徽黟县。2000年12月，安徽古村落因符合世界文化遗产第三、第四和第五项遴选标准而列入《世界遗产名录》。世界遗产委员会认为西递和宏村两个古村落保留了传统的乡村面貌，其古老建筑和供水系统完备的民居是非常独特的文化遗存。西递、宏村地理位置较偏远，交通不方便，两村落的旅游产业直到2004年才有明显的发展，2004年两村落所属的黟县的旅游人数首次达到180万，旅游总收入约6.8亿元，这与周庄一个镇的旅游经济规模相当。

在发展旅游产业的过程中，皖南古村落出现了风貌虽存、民风渐易的令人担忧的现象。有些村民开始热衷于经商，有的甚至出售假古董。游客与村民交往中，发生交易纠纷的也不少。民风渐失的深层含义是当地的旅游社会文化承载量已经满负荷甚至超负荷。游客与当地旅游纪念品经营者之间的冲突，是旅游者数量过多，对当地居民生活方式影响很大，甚至超出当地社会文化承载量的反映。

旅游承载量包括设施承载量、生态承载量和社会承载量。社会承载量既包括来自旅游者的旅游感知承载量，也包括目的地的社会文化承载量。旅游过程中，外来文化与目的地传统文化之间冲突可被容忍的最大程度被称为社会文化承载量，如单位时间内接纳的游客超过一定的数量，将对当地社会文化产生难以接受的影响，基于社区调查所得的数据可以估算出社会文化承载量。这种估算的结果只是一个参考值，因为游客和旅游目的地居民的文化背景、文化影响程度和方式等千差万别。社会文化承载量这个概念为保护古村落传统生活方式提供了依据。

当地现有的法规和计划在一定程度上协调了当地居民、游客和政府之间的复杂关系。安徽省文物局专门制定了《皖南古民居保护条例》，对属于私产的古建筑严加保护，不允许私自改建、扩建。这些属于文物的私宅受法律保护。而如何规范当地居民的经营行为就是更难的问题。当地设立的景区管委会限制售货摊点设在参观点。为了补偿经营者损失，从门票收入中抽出一部分分配给各家各户，分配标准依据人口、居住面积及对村落的保护程度而定。

为了减少古村落的环境压力，政府主管部门计划在1 000米之外建设新城。这符合世界教科文组织关于世界遗产的保护规定，即世界遗产千米之内不得有新的建筑。扩大村镇的旅游设施，可以提高设施承载量，有助于保护古村落建筑，但并不能从根本上解决消极的社会文化影响问题。

游客在古村落购买纪念品时发现同质量的产品价格却相差几倍，甚至更多，所以产生了民风渐失的印象，降低了旅游满意程度。如果从经营管理细节上进行规范，为经营者和游客提供产品鉴定方法，对欺诈游客的行为进行处罚等，这些措施将有助于游客和当地居民的和谐交易，民风淳朴的古村落形象就会树立起来。

从游客管理的角度看，对一些知名参观点的游客数量和游客行为要有必要的限制，如一个时间段进入一个参观点的人数控制在不拥挤的水平上，游客参观前对当地文化要有足够的认识，尊重当地的文化传统，这也是缓解旅游产生的对古村落社会文化负面影响的重要途径。

作为世界遗产的古村落，其有形和无形文化遗存的保留面临着挑战，同时也经受着村民自身生活方式演变的考验。这为古村落文化旅游的可持续发展增加了难度。

思考：西递、宏村在乡村旅游发展中的社会文化影响是什么？

（资料来源：王继庆．中国乡村旅游可持续发展问题研究［M］．哈尔滨：黑龙江人民出版社，2008．）

第四节　乡村旅游可持续发展的途径探讨

乡村旅游作为现代旅游的一种新形式，已成为当今重要的产业形式，它把城市与农村紧密相结合，赋予乡村产业发展新内容。从本质上讲，乡村性是吸引旅游者进行乡村旅游的基础，是用以区别城市旅游和界定乡村旅游的最重要标志。促进乡村旅游可持续发展应该做好以下几个方面：

一、政府工作

首先，制定科学规划，健全各项法规制度，做到统放适度，规范管理。乡村旅游的开发、旅游资源离不开农业部门、旅游部门、其他行政主管部门等的协调统一有效管理，政府主管部门依据农业资源的不同性质、作用、功效统筹规划，有机整合，分门别类，制定相应的旅游发展规划和政策，运用法律、行政、经济等手段做好指导、监督，有针对性地进行管理。"统"是为了乡村旅游的整体形象和整体利益，"放"是为了让一家一户的分散经营更灵活，更好地适应旅游市场的需求。

其次，开发乡村旅游的地区要重视本地人才的培养，用现代化科学管理制度和方法经营乡村旅游。乡村生态旅游是一种文化性、趣味性、参与性很强的产业，只有在内容和形式上充分体现出与城市生活不同的文化特色，体现出鲜明的地域特色、民族色彩和文化内涵，并将之融合于优美和谐平衡发展的乡村生态环境中，才能最大限度地激发旅游者的出游动机，促进乡村旅游持续健康发展。

最后，扶持完善乡村旅游配套设施。旅游环境是个综合指标，旅游业的持续发展更是综合性经济产业，既包括有形的指标，如便捷的交通，以提高旅游区的可进入性；特色的乡村旅馆，以增强对游客的吸引力；也包括无形的服务质量等标准，创造高质量、高品位的旅游服务环境，以赢得游客的稳定性，使游客进得来、留得住。

二、乡村旅游产品品牌的构建

乡村旅游重点在乡村景观所具有的典型乡村性和传统地域文化特色性，开发保持乡村旅游产品就要从挖掘产品供给入手，考虑这些资源的内涵，多方位满足游客观光、度假、求知、闲适、猎奇、尝鲜、参与等活动需要，调动游客视觉欣赏、触觉感知、味觉品尝、丰富听觉等多种感官，让游客主动参与，丰富见识、增长才识。这就要求依据乡村旅游产品自身兼具生产性、生活性和生态性的功能特征，保持乡村旅游产品的自然真实性，设计具有独特性的产品。农业的地域性、自然条件差异性决定了产品不能模仿，切记追求一刀切。

乡村旅游产品的梯级分层开发要自然和人文兼顾，推动"物的乡村旅游"和"人的乡村旅游"相互融合，相互促进。留住乡土文化和建设农村的生态文明的同时，思想、观念和意识，素质能力、行为方式和社会关系，都是必须要考虑的内容。这些最好要融入乡村古朴建筑、乡民奇妙典故传说、传统部落住宅、浓厚底蕴的乡村节庆、风情沿革、农作物及生产方式等都是丰富的乡村人文资源之中。因此要认真分析旅游乡村的历史发展过程，从中探寻乡村发展的文脉、演变，设计一些吸引旅游者参与共融的农家生活旅游项目产品，山水之乐乐在人，山水之美美在人。因朴实的农村乡情让旅游者体验乐趣，因旅游参与而收获知识，满足旅游者寓教于乐的需要，能使游客积极参与，共融共乐，创造更多的经济效益。

三、建立有效利益分配和调控机制

乡村旅游良性持续发展的核心问题之一就是旅游利益主体间的利益平衡分配、协调控制。可持续旅游的主要利益相关者——旅游社区集体和居民、当地政府、旅游企业、旅游者之间的关系非常复杂，常态又处于动态，必须确保各利益之间分配均衡，方能充分调动各方面的积极性和参与热情，使乡村旅游资源发挥最大效益。而当地政府作为乡村旅游资源的最大权利人和乡村旅游总体利益的代言人，旅游资源产权归属人责任重大，它规划利益群体参与旅游开发，保证从制度入手，建立利益保障机制、利益表达机制、利益沟通机制、参与机制等，实现利益的公平、公正，合理规范所有利益相关者的利益需求。

四、注重经济利益、资源和生态环境、社会文化效益综合发展

乡村旅游的基础在农业，农业自身的生产经营、乡村文化建设、农村生态及资源环境的开发保护影响着乡村旅游的进一步发展。为了开发建设，单纯追求经济利益，乡村旅游独特的原生态资源一旦遭到破坏，很难治理恢复，所以要预防并渐进推进，不能一窝蜂，不能刻意模仿随意开发，开发必须兼顾资源与环境，把追求经济效益具体化为实际的旅游经营和管理。旅游资源目标开发的同时，对乡村旅游的考核要严格到位，对游客的接待容量不能超过环境的承载能力，以及乡村居民的承受能力。我们可以通过建立乡村保护区等形式，把濒临消亡的乡村自然景观和传统文化予以保护。另外，发展乡村旅游，文化是内涵，关键在服务。城市旅游者乡村游除物质观赏外，重在精神娱乐、精神收获。要树立这样的观念：服务本身就是一种文化，游客从旅游服务中更加认可和尊重当地旅游产品和村民，反过来，旅游地村民从自己提供的高质量的旅游服务中对自己地方风俗文化及服务感到自豪、自爱，自然行为极易升华为文化遵守的自觉。所以，品味乡村生活，只有旅游服务与乡村文化有机结合才能提升乡村旅游质量和品位，才能保持乡村旅游健康持续发展。乡村旅游地要把资源优势、生态优势转变为经济优势，以优美的生态环境、特有的文化产品吸引各类游客，创造出自己稳固的旅游形象，使乡村旅游最终发挥综合效益。

[**实务训练**]

调研成都本地（或家乡）的乡村旅游、经济发展和生态环境情况，对调研情况进行分类分析和总结，并撰写一份调查报告。

第五章 乡村旅游可持续发展

[知识归纳]

本章详细介绍了乡村旅游可持续发展的内涵，包括乡村旅游可持续发展的概念，其产生和发展的三个阶段及旅游业可持续发展的原则。乡村旅游发展的实质体现在公平性、可持续性、共同性、利益协调性四个方面。通过可持续发展，实现乡村生态可持续发展、乡村社会和文化可持续发展，乡村经济可持续发展。针对我国乡村旅游可持续发展存在的一系列问题，提出应该从政府方面、品牌构建方面、利益分配方面、综合效益方面实现乡村旅游的可持续发展。

[案例解析1]

婺源乡村旅游发展之道

婺源位于江西省东北部山区，地处皖、浙、赣3省交界处，位于117°E，29°N。全县土地总面积2 947平方千米，县域东西长83千米，南北宽54千米，呈椭圆形。婺源行政上隶属于江西省上饶市，辖16个乡（镇）、1个街道办事处、171个村委会、20个居委会，人口35.59万，其中农业人口29.80万。婺源县乡村旅游资源丰富，生态环境秀美，且自古文风鼎盛，名人辈出，享有"书乡"的美誉，被外界誉为"中国最美丽的乡村"，具有发展乡村旅游的资源优势。

婺源乡村旅游起步于2000年，虽然起步晚，但起点高，发展快。2001年以来，婺源抓住江泽民总书记视察婺源的机遇，依托丰富的自然旅游资源和深厚的文化旅游资源，准确定位婺源的旅游形象为"中国最美的乡村"，以乡村旅游为主打品牌，把自然与人文旅游资源有机融合，开发出了江湾、汪口、晓起、李坑、鸳鸯湖、文公山、大鄣山、灵岩洞、彩虹桥、思溪延村、理坑等20多个景点，其中江湾景区和大鄣山卧龙谷景区被国家旅游局评为4A级旅游景区；成功打造了东线"伟人故里古村游"、西线"山水奇观生态游"、北线"古洞古建古风游"三条旅游精品线路；2003实现了婺源旅游的第一次转变。2007年，婺源逐步转变旅游业开发初期粗放式的管理模式，将县内10个精品景区资源进行整合，组建了婺源旅游股份有限公司，扩大了"中国最美的乡村"品牌影响力。2008年全县共接待游客410万人次，实现门票收入8 000万元，同比分别增长20.5%、37.7%，实现旅游业综合收入达10亿元，相当于全县GDP的27.4%，三大产业比重由2001年的30∶36∶34优化为2008年的16∶42∶42，实现了婺源旅游的第二次转变。2009年，婺源确定新的发展思路，以科学发展观为指导，着力提升旅游产业竞争力，推进旅游产业转型增效，实现三大转变，在旅游增长方式上，由数量型向质量效益型转变；在旅游产品结构上，由单纯观光游览型向观光旅游与休闲度假游、专项旅游和会展商贸旅游结合型转变；在旅游产品结构上，由大众旅游为主，向大众旅游与高端旅游统筹发展转变，实现了婺源旅游的第三次转变。

（资料来源：李海平，张安民．乡村旅游服务与管理[M]．杭州：浙江大学出版社，2011．）

思考与讨论：

婺源乡村旅游发展中存在的问题是什么？应该如何应对？

解析要点：

婺源乡村旅游发展中所存在的问题可以从文物保护方面、生态环境方面、基础设施建设方面、产品方面、景区服务方面进行考虑。针对所存在的问题从加强科学的规划管理、挖掘特色旅游资源方面，积极拓宽融资渠道、完善旅游配套设施方面，实施品牌化经营、加强旅游形象宣传方面，培养乡村旅游管理人才、提高经营管理水平方面，加强对古建筑的保护方面等采取措施促进乡村旅游可持续发展。

[案例解析2]

杭州都市经济圈：发展乡村旅游促进城乡统筹

2010年11月18日下午，"发展乡村旅游，促进城乡统筹"杭州都市经济圈大型联合采访活动在杭州梅家坞正式启动。都市经济圈各地报纸、广电、网络等媒体记者陆续走进杭州、湖州、嘉兴、绍兴的农业观光休闲园（点）和农家乐特色村，用笔和镜头记录乡村旅游的样本，充分放大后世博效应，使"江南绝色·吴越经典"的品牌影响力不断增强，加快旅游作为城乡统筹先发产业的发展。杭州都市经济圈旅游专委会、宣传专委会、杭报集团、杭州文广集团相关负责同志出席启动仪式。

都市经济圈旅游彰显同城效应：据了解，杭州、湖州、嘉兴、绍兴四座城市自2007年5月杭州都市经济圈市长联席会议第一次会议召开以来，四地抱团发展动作频频，尤其在旅游方面，四地市民都感受到越来越强的同城效应。2010年2月，杭州都市经济圈旅游专委会推出了为期一个月的"江南绝色·吴越经典——杭嘉湖绍新年旅游优惠月"活动，吸引了5万名都市经济圈居民出行。世博会期间，杭州都市经济圈作为离上海最近的都市经济圈，旅游市场更是呈现出强劲增长的发展态势，接待国内外旅游人数和外汇收入双双大幅增长。

乡村旅游实现城乡区域共享富民：乡村旅游作为现代农业、农村资源与现代旅游业相融合的一种新型业态，一直受到都市人的追捧。在城乡统筹区域发展的背景下，发展乡村旅游这一统筹城乡一体化的先发产业，可以加速实现都市经济圈优势特色旅游资源互补，实现都市经济圈城乡区域共享富民。作为乡村旅游的经典，地处杭州西湖风景名胜区西部腹地的梅家坞村，素有"十里梅坞"之称，拥有西湖龙井茶一级保护基地1 646亩，是西湖龙井茶核心产区之一。整个村落青山环抱、幽谷滴翠、白墙黛瓦、小桥流水、绿茶飘香，拥有"不雨山长涧，无云山自阴"的得天独厚的自然景观资源、优越的旅游文化资源和丰富的社会文化资源，拥有160余户农家乐经营户的梅家坞是杭州城郊最富茶乡特色的农家自然村落和茶文化休闲旅游区之一，拥有乡村茶文化旅游中心、茶乡新农村休闲旅游区、小牙坞家庭旅馆休闲度假区、象鼻岩山村旅游区、梅竺渔村、白沙坞自然茶园风光区、天竺坞壶中天地休闲度假区、十里琅珰古道旅游区八大区域，并挖掘开发了周恩来纪念室、琅珰岭、礼耕堂三个历史文化景观，形成了特色鲜明的茶文化村风貌。

2011年11月25日到31日聚焦都市圈乡村旅游样本：从梅家坞出发，联合采访团使用一周的时间，深入临安太湖源和余杭双溪漂流、农夫乐园，聚焦乡村旅游的样本。随后，联合采访团陆续走访湖州、嘉兴，最后齐聚绍兴，与出席杭州都市经济圈市长联席会议的四地市长"面对面"。

（资料来源：李海平，张安民．将乡村旅游服务与管理［M］．杭州：浙江大学出版社，2011.）

思考与讨论：
谈谈乡村旅游与区域经济发展的关系是什么？

解析要点：
在城乡统筹区域发展的背景下，发展乡村旅游这一统筹城乡一体化的产业，可以加速实现都市经济圈优势特色旅游资源互补，实现都市经济圈城乡区域共享富民。

复习思考

1. 联系实际谈谈地理环境对发展乡村旅游的影响。
2. 乡村旅游可持续发展的目标是什么？
3. 请寻找国外乡村旅游发展的成功案例。分析该案例在发展乡村旅游的过程中实现乡村旅游可持续发展的模式是什么，并分析其对我国乡村旅游可持续发展的借鉴意义。

第六章

乡村旅游规划实务

[学习目标]

通过本章的学习，达到以下学习目标：
1. 掌握乡村旅游规划的目的与原则；
2. 熟悉乡村旅游规划的程序和内容；
3. 了解乡村旅游规划的类型。

[实训要求]

1. 熟悉乡村旅游规划的基本程序；
2. 能对具体乡村旅游点的旅游资源进行调查，根据调查的情况对其进行科学定位；
3. 为某个乡村旅游点进行简单的乡村旅游规划。

近年来，在城乡统筹和新农村建设的背景下，乡村旅游迅猛发展并逐渐成为农村一大特色，乡村具有将各景观、田园等"串珠成链"拉动乡村旅游的作用，因此，对乡村旅游进行规划设计，可为实现乡村可持续发展提供重要的技术手段和宝贵思路。

第一节 乡村旅游规划概述

一、乡村旅游规划的内涵

乡村旅游规划，是旅游规划的一种。从资源的角度而言，是以村落、郊野、田园等环境为依托，通过对资源的分析、对比，形成一种具有特色的发展方向。社会主义新农村建设，乡村旅游开发策划、规划与设计，对乡村旅游产业发展模式、乡村特色休闲及景观建筑的设计，乡村游乐项目策划，农家乐升级，民俗村度假开发，古村落文化休闲开发，农业生态园打造，新农村风貌设计，乡村旅游景区规划，乡村主题度假区规划，乡村会所、温室建筑设计等都属于乡村旅游规划的范畴。在理解乡村旅游规划的含义时，需要注意以下几点：

首先，乡村旅游规划不仅是一项技术过程，而且是一项决策过程。它不仅是一种科学规划，而且是一种实用可行的规划，二者必须同时兼顾，才能规避"规划失灵"。

其次，乡村旅游规划不仅是一种政府行为，而且是一种社会行为，还是一种经济行为，不仅要求政府参与，而且规划工作还一定要有未来经营管理人员参与，并与当地群众、投资方相结合，避免规划的"技术失灵"。为此，应建立"开放式"规划体系，允许多重决策权威，如专家、官方、企业、群众的协调参与，避免规划师单纯根据领导的意图编制蓝图。此外，为了更好地服务社会，还应建立一种机制，使规划师有能力在各部门的决策者之间进行协调，最终产生一个好规划。

最后，乡村旅游规划不是静态的和物质形态的蓝图式描述，而是一个过程，一个不断反馈、调整的动态过程，规划文本仅仅是这个过程的一个初始阶段，即目标的确定和指导性意见。面对未来的种种不确定性，乡村旅游规划必须采取弹性的思想和方法。它同时也应该是一个"全程规划"的概念，应包含"一条龙"服务的思想在内。

二、乡村旅游规划的目的

目前，中国各地快速的城市化进程，给乡村空间、乡村社会文化及景观带来了极大的冲击，给相应的规范和标准带来了挑战，需要有较为系统的研究基础和较为系统的体系来进行规范。从这个角度看，乡村旅游规划的规范不宜过于粗放。相比其他领域规划业的发展，我国乡村旅游规划还处在初级发展阶段，更多的旅游规划企业目前还没有意识到旅游规划的重要性，而已经具备强大产业力量的中国旅游企业，急需旅游规划这个"催化剂"来提升自己的创新能力，提升旅游产品的核心竞争力。鉴于此，乡村旅游规划成为促进乡村旅游可持续发展的关键点。概括来说，乡村旅游规划的目的可以概括为以下三个方面：

（一）顺应发展需求，促进乡村旅游规划

近年来，国家越来越多的政策意在推动乡村旅游的发展，因此各地政府越来越注重当地乡村旅游的发展，可以说乡村旅游规划是在政府推动、市场需求的情况下产生，并在规划市场需求的推动下不断发展。

（二）正向引导，避免乡村旅游盲目发展

乡村旅游规划是根植于我国特殊国情的一种规划形式，它是根植于旅游发展规划和乡村规划的，它的存在和发展主要受到旅游市场的自我调节机制和政府对市场的调控性政策的相互影响。很多参与过乡村旅游规划的同行专家、政府官员、乡村旅游业主均表示，乡村旅游开发的意图很好，但是由于缺乏合理的规划，往往导致盲目开发，从而造成乡村旅游点打造乡村味不足、项目设计不能满足游客需求等问题。对于大尺度范围的乡村旅游区问题更是突出，乡村旅游的盲目发展将会导致区域乡村旅游同质化发展严重、发展特色不突出，更严重的还会给乡村旅游区的经济、社会、文化等方面的发展产生负面影响，因此大尺度范围的乡村旅游区的发展更加迫切需要乡村旅游规划的指导。

（三）乡村旅游规划助力新农村建设

乡村旅游对新农村建设的意义在于可以充分利用农村旅游资源规划农村，调整和优化农村产业结构，拓宽农业功能，延长农业产业链，发展农村旅游服务业，促进农民转移就业，增加农民收入，为新农村建设创造较好的经济基础。建设之前，规划先行，发展乡村旅游规划，可以提高农村自然资源、人文资源的品质，增加价值，提升利用效率。在发展乡村旅游的过程中，借鉴国外先进经验，提高旅游业在当地社区的参与度，在尊重农民意愿的前提下进行农村建设，提高当地农民的民主、法治意识，实现"管理民主"的目标。

三、乡村旅游规划的原则

乡村旅游作为一种特殊的旅游形式，其规划应该顺其自然、顺应潮流，做到既能持续地吸引游客，又要使乡村在保持原来的生活方式的基础上逐步发展，并从该项活动中获得效益。为此，这里提出三条乡村旅游规划的基本原则。

（一）因地制宜，综合规划设计

乡村旅游规划应充分考虑原有农业生产的资源基础，因地制宜。

1. 做好乡村基础设施建设

（1）充分利用乡村基础设施

乡村具有必要的基础设施，如住房、道路交通系统、饮用水供应系统、排水系统等，这些基础设施往往还具有其独特性，如傣族的水井、杆栏式的竹楼，彝族的渡槽、土掌房，侗族的风雨桥，客家人的"城堡式"土楼，在进行规划时，要充分利用这些已有的基础设施。

（2）适当建设配套设施

为迎接大量的城市旅游者，还可以考虑加快农村公共基础设施建设，改善农村交通、用水、用电、通信等生产生活条件，提供乡村旅游配套设施，保障游客对旅游乡村的住宿、餐饮、旅游公厕、停车场、农产品购物点等配套设施的需求。当然，同时也要考虑基础设施的容量，包括住房、道路交通系统、饮用水供应系统、排水系统等，不能因为游客的到来使这些基础设施难于承受，或者失去其独特性。基础设施的设计与施工也理应顺应农村生活方式，尽量做到不干扰村民的正常生活，这些都是做好乡村旅游开发最基本的要求。

2. 尊重乡村的自然与人文肌理

（1）尊重乡村的历史文化肌理

乡村的肌理中最重要的是历史文化肌理。旅游规划进村后，最容易伤害的也是历史文化传承。因此，这就要求旅游规划师必须有相当的责任心和历史感，在思维模式上要随时和乡民保持默契，不要一味地迎合市场的需求，应该突出传统的乡村文化优势，充分挖掘古村、古镇的文化内涵，包装具有特色的传统乡土工艺技术，提高乡村旅游的文化氛围及底蕴，以及一些最能提供当地人文风气的少数民族特色产品，通过少数民族在建筑、服饰、饮食、歌舞等方面的民族风貌、风情、习俗等特色优势去规划具有特色的乡村旅游。例如，浙江省鄞州区的湾底村在发展中，就让"乡愁"印记品牌标签，乡村旅游的"天宫庄园"既成了都市里的村庄，又成了国家4A级旅游景区。

（2）尊重乡村的经济社会肌理

每个乡村都有着自身独特的经济社会肌理，任何规划都不能把一些不切实际的模式强加给乡村的经济社会发展现实，不能超越也不能滞后于乡村的经济社会发展阶段。尤其在中国这样一个地区发展很不平衡的大国中，各地乡村的经济社会状况千差万别，在规划设计过程中，应该坚决避免采取工业化的流水线作业来进行乡村规划。乡村规划需要采取一些"反城市"的方式，需要摆脱刚性扩张思维，以温柔的心态和温柔的手法来雕琢乡村。北京大学的吴必虎教授曾经说过一句话：规划不能过度。面对乡村，我们要去掉"过度"之心，去掉"过度"之手段，怀着敬畏，让规划温柔地走进乡村。

(3) 尊重乡村现有的自然环境并合理利用

在乡村旅游规划中，我们提倡坚持规划为纲，基础先行，生态保育，打造大地景观和林相艺术，从而使乡村旅游开发建设力度不断加大，资源环境品质同步提升。同时，还提倡将乡村中的自然景观进行合理的开发和有效的利用，同时也要考虑自然生态环境的良好保护，降低人类活动对其的影响，将生态化的要求贯穿于乡村的各项规划之中，通过农业和旅游相结合的方式，打造休闲农业下的乡村旅游发展模式，建设一个高效和谐的社会—经济—自然复合生态系统。例如，福建省泰宁县委县政府高度重视世界地质公园、世界自然遗产、国家级森林公园的资源禀赋，呵护生态环境，开发特色产品，赢得了"安养小城"的赞誉。"见山、见水、见人、见物"是乡村发展旅游的最重要基础，让生态文明、文化传承与乡村旅游结伴而行。

(二) 培植精品，营造主题形象

基于许多村落的乡村旅游缺乏拳头产品，也就是常说的旅游精品，从对乡村旅游资源利用的深度上，也难以深度地进行开发，因此，乡村旅游规划应以生态农业模式作为农业生产的整体布局方式，培植具有生命力的生态旅游型休闲农业精品。另外，还要发挥乡村已有的生产优势，例如可以采用有机农业栽培和种植模式进行无公害蔬菜的生产，体现农业高科技的应用前景，形成产品特色，营造"绿色、安全、生态"的主题形象。

1. 突出优势

乡村旅游资源数量丰富、规模宏大、种类多样，但是同时由于乡村产业的相似性，带来了各地乡村旅游资源的相近。因此，在乡村旅游规划设计中，要进行横向资源类比分析，突出区域优势，提升乡村旅游的吸引力和生命力。突出优势，一是要突出乡村自然景观优势，引导游客领略独特的乡村风光和山水景观；二是要突出乡村的传统文化优势，充分挖掘古村、古镇的文化内涵，包装具有特色的传统乡土工艺技术；三是要突出体现地方、民族在建筑、服饰、饮食、歌舞等方面的民族风貌、风情、习俗等特色优势。

2. 强化特色

特色是旅游产品的吸引力，在乡村旅游规划设计中，强化特色一是突出原汁原味的乡村特色，避免乡村城镇化和商业化，强调乡村旅游文化性和原生性。在乡村旅游规划设计中，服务设施设计要符合朴素、自然、协调的基本原则，融入当地资源和环境背景；日常餐饮提供和旅游项目设计要贴近农家生活，满足游客"吃农家饭、住农家屋、干农家活、享农家乐"的消费需求，创办专项特色餐饮、特色住宿、特色观光、特色休闲、特色商品、特色娱乐、特色种养业等，防止盲目追求高档。二是忌不切实际的生搬硬套。乡村旅游规划需要对乡村资源优势和风土人情进行认真的调查和研究，选择合适的旅游项目，在学习他人的基础上，研究乡村旅游市场，研究本土特色、挖掘本土特色、突出本土特色，用本土特色赢得市场。三是提供丰富和多元的旅游产品和项目。在乡村旅游规划中，既要贴近农家生活，也要尽量避免做吃饭、打牌、钓鱼等千篇一律的旅游活动项目，要多元开发形成农家乐、渔家乐、林家乐、品果游、赏花游、采摘游、特色村落、农业观光园区、休闲农庄、乡村俱乐部等多层次产品结构和业态的旅游产品结构，给游客提供丰富的、多元的在乡村旅游活动。

3. 扩大参与性

乡村旅游的核心吸引力在于游客的体验参与。乡村旅游规划设计，要提供给旅游者采摘、捕捞、耕耘、栽种、推磨等乡村劳作机会，让旅游者在体会农事的艰辛的同时，获得健身娱情。乡村旅游需要发展和建设多功能、复合型旅游活动，让游客能充分体验和参与乡村民风民俗、乡村生活和劳作形式，在劳动的欢快之余，购得满意的农副产品和民间工艺品；在乡村参与游泳、摸鱼、捉泥鳅、钓龙虾等乡村娱乐活动，实现了娱乐、取乐和消闲的目的；在乡村品尝各色水果蔬菜，获得视觉、味觉、触觉和听觉上全方位的体验。

（三）效益兼顾，实现可持续发展

乡村旅游规划的推进，首先要从农村发展观念更新，牢固确立科学的可持续的发展观，以经济社会有规律的阶段发展和环境资源可持续的健康成长入手。世界发达国家普遍首先将环境保护、旅游组织、休闲行为、康乐选择、就业机会、生活质量作为政府政策干预的考量。欧盟以乡村旅游为重点，推动地区发展和结构调整。欧洲乡村旅游发展的著名战略就是积极倡导乡村"社区参与"的发展模式，公众与私人联合，共同制定发展战略和一系列公众、私人在社区尺度上乡村发展的革新。因此，这就要求我们在规划乡村旅游的时候，要鼓励村民积极参与，并使居民从中获益。例如，村民可向游客提供当地的传统食品，可以生产工艺品向游客出售，可以组织本地的歌舞表演以增添游客的兴趣。另外，还可以把本地和附近地区的居民培养成为乡村旅游的导游，这样的导游能更生动地讲解当地的各种情况，并能从中得到报酬。在有资金、技术和培训支持的情况下，要认真规划乡村旅游，鼓励那些真心实意地想参与乡村旅游项目的村民来开展这项业务。开发乡村旅游的乡村应该能从该项活动中得到报酬，然后再把这些收入用来改善乡村的旅游设施和提高服务质量。

四、乡村旅游规划的类型

根据乡村旅游规划目的地不同的资源类型，可以将乡村旅游规划分为以下三类。

（一）生产型乡村旅游规划

在众多类型的乡村中，生产型乡村是非常常见的一种。例如，某流域是中国水稻生产主区，该区域多个乡村构建稻、鱼、鸭共栖农田景观；在郊区或城市周边的乡村构建轮作农田景观、间混套作农田景观；在丘陵地区建立"丘上林草建好塘，河谷滩地果渔粮"立体农林复合生态系统模式。该地区河谷滩地形成稻—鱼和藕—鱼特色水域区，丘上小于5°的缓坡地带种植特种水果、瓜类及蔬菜，丘上5°~25°的陡坡种植桃、梨、橘、橙，大于25°的丘顶形成水保林木区，布局上突出春季赏花、夏季品果、秋冬体验民俗的景观特色；在其生态经济区构建"粮（饲）—猪（牛）—沼—稻（果、棉、茶、油、菜）"农田景观，吸引了大量的游客。对于这种生产型乡村，对其进行规划设计时应注意结合乡村的特点，充分发挥区域板块整合、生态修复的作用，注重功能外延，将区域内各节点有机地联系起来，形成一条将生产型景观融为自然环境的特色旅游资源。

[小贴士]

生产型乡村旅游规划项目——梅县雁南飞茶田度假村

梅县雁南飞茶田度假村位于叶剑英元帅的故乡——广东省梅县雁洋镇,总面积450公顷,是广东宝丽华集团公司饱蘸着祖国茶文化,在青山绿水间浓墨重彩挥洒而就的融茶叶生产、加工和旅游度假于一体的山区"三高农业""生态农业""旅游农业"的开放型旅游度假区。雁南飞茶田是把农业与旅游有机结合,融茶叶、水果的生产、生态公益林改造、园林绿化和旅游度假于一体的生态农业示范基地和旅游度假村。雁南飞茶田度假村以"茶田风光、旅游胜地"为发展方向,营造浓厚的茶文化内涵并融客家文化于其中,既有自然风光,又有农业开发、度假功能。在弘扬茶文化方面,创出了一个新的模式。雁南飞茶田度假村先后荣获国家4A级旅游景区、全国农业旅游示范点、全国高产优质高效农业标准化示范区等二十多个荣誉称号。

(资料来源:中国乡村旅游网 http://www.crttrip.com/showinfo-12-70-0.html,2015-12-16)

(二)历史文化型乡村旅游规划

对以文化底蕴和古色古香的建筑为主体的乡村旅游规划,应注意以优美的环境和深厚的文化底蕴为卖点。在对这种资源类型的乡村进行规划时,应注重对古建筑的科学管理,促使当地生态环境进入良性循环,保护建筑景观,提高旅游资源的品位。而乡村文化在乡村旅游规划中,可以通过四个方面去进行表达。

1. 通过乡土建筑风貌展示乡村文化

在各个乡村中,其本土建筑具有丰富的历史、文化、艺术性,直接反映了乡村的文化内涵和个性特征。目前,有的规划盲目要求迁建、复建或兴建人造景观,致使一些乡土建筑原有的历史风貌格局被肢解,造成乡村特色文化的缺失。无论是清丽婉约的水乡古镇,还是质朴自然的黄土窑洞，都是乡村人祖辈智慧的结晶。乡民祖居于此，乡土建筑与乡民的生活息息相关，所以对乡土建筑的改造与利用，应当充分听取乡民的意见，尊重其结构的特色和完整性。

2. 通过乡村活动展现乡村文化

在进行乡村旅游规划时，应注意结合乡民日常活动进行设计，使得游客可以在旅游中参与到本土乡民的生活形态中去。例如：通过组织开展推磨、播种、收割、喂养家禽家畜等农事活动，让游客体验乡民劳作的艰辛；通过设计组织游客参与赶集、庙会等活动，让游客认识乡村贸易的民俗形态；通过组织游客体验如跳鸡、抬轿子、打水漂等游戏活动，让游客体验乡村自然纯朴的休闲文化；通过设计开展乡村戏曲学唱、乡村艺人表演等文艺活动，让游客充分融入乡村生活中去。

3. 通过家族文化的传承展现乡村文化

在乡村中，宗族、家族氛围十分浓厚，这就使得在不少乡村社会中，祠堂、族谱等文化传承之物依旧存在。对此，可以通过祠堂修缮、族谱修订等方式，将祠堂、宗祠融入乡村旅游中，并设计成一个参观项目，使游客体验到乡村文化中"人"的代际和情感的延续。

4. 通过乡民的参与彰显乡村文化之魂

对于乡村旅游而言，乡民作为直接的文化传承和展示者，是最为丰富的文化资源。当前，部分规划将乡民迁出村落，让投资者入驻经营，殊不知失去了乡民的乡村也就丢掉了乡韵、乡魂。只有通过乡民的积极参与，包括从事本土民俗表演、指导农事活动、教授乡村游戏等，以及提供有乡村特色的餐饮、住宿等服务，才能给游客以真实的乡村面貌，这也是乡村旅游须臾不能离开的魂之所在。

[小贴士]

历史文化型乡村旅游规划项目——梭嘎苗族生态博物馆

生态博物馆并不是集中收藏展示文化，而是以文化遗产的"真"面目形象展示出来，属于世界上最先进的博物馆建设理念。人们在这样的博物馆中可以认识到乡村文化的近似原始状态，这种模式特别适合一些民族特色保存较好村寨的旅游开发，是一种具有可持续性优势的新型模式。对于民族村寨的旅游开发，可以通过建立生态博物馆的方式实现，早在1995年，我国就率先在贵州地区建立了第一个梭嘎苗族生态博物馆。

梭嘎苗族生态博物馆地处六盘水市六枝特区境内，是乌蒙山腹地的一个苗族村寨。社区内生活着一个苗族的分支，共有4 000多人，至今仍过着男耕女织的农耕生活，延续着一种古老的、以长角头饰为象征的独特的苗族文化。这种文化非常古朴，有原始的平等、民主风尚，有丰富的婚恋、丧葬和祭祀礼仪，有别具风格的音乐舞蹈和十分精美的刺绣艺术。为保护和延续这支独特的苗族文化，中国和挪威政府在此共建了中国第一个生态博物馆。

此后，我国相继建立了隆里古城汉族生态博物馆、堂安侗族生态博物馆等16个具有当地文化特色的生态博物馆。通过生态博物馆的建立，更好地保护和保存文化遗产的真实性、完整性和原生性；并将保存的民俗与旅游较好地结合起来，形成民俗主题旅游，让游客能亲身体验古老而传统的浓浓的民族文化。

（资料来源：改编自搜狗百科http://baike.sogou.com/v77753976.htm?fromTitle）

（三）综合型乡村旅游规划

综合型乡村景观旅游规划包括自然景观、生产景观、文化景观、体验景观的规划。在规划过程中,要依据乡村旅游的特点、区域自然景观、资源环境及目标市场与系统内部空间结构相互作用的关系进行规划和设计。同时,也可依托当地富饶的自然和文化资源,基于其生态优势和农林业基础,大力发展山地生态、文化旅游和休闲度假产品及产业,建设四季多元、宜居宜游的休闲度假基地。

[小贴士]

综合型乡村旅游规划项目——珠海十里莲江农业观光体验园

"十里莲江"旅游项目位于珠海市斗门区莲洲镇,占地面积逾5 000亩,是依托莲洲镇优美的自然生态环境和田园风光,提倡"5+2"生活方式(一周5天在珠海上班,2天在十里莲江度假),以"农耕度假、养生生活"为核心,打造集生态农业观光、农耕体验、休闲度假、科普教育和养生居住等为一体的大型综合型乡村旅游项目。

"十里莲江"旅游项目一期工程于2011年3月12日正式开工,于2011年10月21日完成接待中心的建设工程并投入使用,2012年国庆逐步开放,2017年全部投入使用。十里莲江旅游项目采用统一规划、统一建设、统一推广、统一管理、分散服务的模式,以提供全新生活方式——"农耕养生"为目的,通过土地租赁、合作开发和"三旧"改造等方式,结合广东省绿道4号线和莲江村的名村建设,把生态农业观光、农耕体验、休闲度假和养生居住等贯穿整个旅游项目,同时充分发掘莲江村、光明村和大沙农场的自身特色,形成多个特色旅游项目,引导游客分散游览和消费。借助"十里莲江"旅游项目的品牌效应,预计每年约能接待游客50万人次,增加常住人口1.5万人。游客和住户白天可以沿绿道和登山径观赏成片的景观农作物、岭南特色的古村落和水乡风貌的自然风光,在农耕博览馆参观农耕文化展览并聆听华南农科专家讲授农耕知识,下田体验种植和收获的乐趣,到改造后的古村落购买土特产、体验亲子陶艺制作和品尝特色农家菜等,喜欢水上活动的还可以搭乘游艇出海观光、捕鱼和潜水;晚上可在农家里品茶看星星、在风情酒吧内和三五好友把酒当歌、住富有情调的农家客栈等。还可承包土地请村民耕种,"我的地盘我做主,想吃什么种什么"。另外,十里莲江旅游项目还提供高科技的身体检查服务、全方位的养生疗程、人性化的生态居住等,吃"蟠桃"、住"桃花源"不再是梦想。

(资料来源:改编自十里莲江农业观光体验园官网 http://www.shililianjiang.com/PG=HOME)

第二节 乡村旅游规划的程序

乡村旅游规划作为旅游规划的一种特殊类型,必须遵循旅游规划的一般原则与技术路线。规划技术路线是规划过程中所要遵循的一定逻辑关系,其中包含了规划的主要内容和制定规划的基本步骤。到现在为止,国内外还没有专门针对乡村旅游规划的技术路线,而针对一般的旅游规划技术路线,很多专家提出了众多方案,这些方案各具特色,但基本思路大体一致。本书中,我们根据旅游规划的一般性要求以及对乡村旅游规划的实际需要,认为乡村旅游规划的程序一般分为五个阶段。

一、规划准备和启动

规划的准备和启动工作主要包括：
（1）明确规划的基本范畴；
（2）明确规划的制定者和执行者；
（3）确定规划的参与者，组织规划工作组；
（4）设计公众参与的工作框架；
（5）建立规划过程的协调保障机制。

这些是启动乡村旅游规划应该具备的基本条件。规划受到当地社会经济发展水平、政府部门结构、行政级别等因素的影响，特定地方的规划可以跨越其中的某些步骤。

二、调查分析

这一阶段的工作包括：
（1）乡村旅游地总体现状分析，如乡村旅游地自然地理概况、社会经济发展总体状况、旅游业发展状况等；
（2）乡村旅游资源普查与评价，可以利用国家颁布的旅游资源分类与评价标准对乡村旅游资源进行科学、合理的分类，并做出定性和定量评价，将人们对乡村旅游资源的主观认识定量化，使其具有可比性；
（3）客源市场分析，通过调研客源市场，详细分析客源流向、兴趣爱好等因素，为市场细分和确定目标市场做好基础；
（4）乡村旅游发展SWOT分析，在以上三个方面科学分析的基础上，对当地发展乡村旅游进行全面的综合考察，找出发展乡村旅游的优势和机遇，并摸清存在的劣势和面临的威胁。

[操作示范]

浙江省宁波市镇海乡村旅游发展规划（节选）——调查分析

一、镇海发展乡村旅游的基础条件

（一）区位条件

镇海区位于浙江省宁波市区的东偏北，为宁波市的城区之一。其地理位置为北纬30°，东经121°，其西部毗邻江北区，南部隔甬江与鄞州区、北仑区相望，北部与慈溪市相连，东部为海岸线。镇海紧邻正在施工中的杭州湾跨海大桥和舟山连岛大桥，是将来连接上海与宁波、舟山与宁波的枢纽，是宁波重要的北门户。

（二）自然条件

镇海区地处宁绍平原东段，地形由西北部丘陵和东南部海江平原所组成。境内地质属于华南加里东褶皱系东北域，浙闽粤沿海燕山朝火山活动带北段。丘陵属四明山余脉，起自汶溪望

海尖，延东至澥浦凤凰山入海，形成连绵14千米山带，高程均在100~400米之间。山脚线以南至甬江，为水网平原，属姚江水系。本规划区内主要以平原地形为主，部分规划区位于山地丘陵中。镇海区境内主要水系为甬江，起自宁波市区三江口，向东北延流至招宝山入海，镇海境内河流长16千米，江体宽度270~404米之间，水深3.3米以上。全区多年平均水资源总量52 889万立方米（含重复利用水），其中地表水资源48 759万立方米，占总量92.2%；地下水资源4 130.72万立方米，占总量7.8%。全区多年平均降水总量11.009亿立方米；多年平均年径流深470~920毫米；径流总量5.09亿立方米。时空分布规律与降水相似。

总体来看，镇海区域内山陵相对集中于西北而区内水网密布，在水库区附近有较好的山水资源组合，结合镇海乡村条件，西北部将成为乡村旅游的重点发展区。

（三）气候条件

镇海属亚热带季风湿润区，年平均气温为15.8℃~16.3℃。日平均气温稳定通过10℃，持续时间为231~235天。无霜期237天。年降水量1 310毫米至1 370毫米，年平均雨日148天。郎家坪为全区降水中心，最大降水值达1 493毫米。年日照时数为1 944.3小时，日照率44%。气候资源优势是温和湿润，四季分明，无霜期长，雨量充沛，为工农业生产发展提供极为有利的环境条件。镇海境内影响较大的异常天气有台风、暴雨、干旱、冰雹、低温、霜和冰冻。台风影响期5~11月，主要集中在8、9月，镇海区属台风次重影响区。

总体来看，镇海气候条件较好，适游期长，而良好的气候条件对镇海农林生产十分有利，同时也为乡村旅游提供了较长的出行时间。

（四）动植物条件

镇海区境内的植被属中亚热带常绿阔叶林亚地带，浙闽山丘甜槠木荷林区。主要植被有针叶林、阔叶林、灌丛、草丛等次生植被及人工引种植被。沿海滩涂草本植被，总长约89.7千米，滩涂塘堤两岸芦苇丛生，塘下滩涂尚有三棱蔗草、盐田碱蓬、小飞蓬等，草本植被覆盖率40%~70%。沿海丘陵针叶林占全县林地30.92万亩的90%，暖性针叶林主要有马尾松、黑松和杉木，其中马尾松达19万亩；温性针叶林主要有柳杉、金钱松等，仅少量分布。沿海丘陵阔叶林，现存多为次生类型，主要由石栎、青冈、苦槠、枫香、木荷、赤皮桐、红楠等，多分布在县林场、共同、杨岙和招宝山。沿海平原竹林植被，常有香樟、木荷、杉木、毛竹，其中沿海咸地哺鸡竹为镇海特产，常年400亩左右。此外还有螺旋藻等特种养殖业。品种丰富的植被条件为其发展花卉园林业提供了有利条件。

镇海区境内的动物资源主要以家禽养殖业为主，当前家禽养殖业占农业比重十分大，主要有鸡、鸭、牛、羊等养殖业。此外还有白鹭，该类型鸟类为我国珍稀保护动物，其体型纤长，姿态轻盈，可以美化周边水域环境。

二、镇海乡村旅游资源概况及评价

（一）乡村旅游资源类型概况与分析

依据《全国农业旅游示范点、工业旅游示范点检查标准（试行）》和《浙江省乡村旅游点服务质量等级划分与评定》标准，参考《宁波乡村旅游资源调查报告》对镇海区境内的乡村旅游资源单体进行分类，分为农业风光、生态环境、民俗风情和历史建筑四大类。

1. 农业风光类

其中依托农业风光的资源类型又可以分为苗木花卉、主题农庄、纯农家乐、渔家乐四类。

2. 生态环境类

依托生态环境类型是指生态环境良好，具有一定生态小气候，可以提供度假休闲功能的资源。镇海乡村旅游生态环境类主要为中大河骆驼实验段。中大河骆驼实验段位于骆驼街道民联村，政府总投资1 000万元，并于2005年建成。该项目已成为河岸观光休闲点，是镇海区级生态河道。河宽10多米，沿河两侧绿化较好，种有多种花木，绿色廊道辐射单侧宽度约10米，有几处小亭和两座小桥，并有一处亲水性建筑。但沿河两侧预留空地面积小，发展大规模的休闲娱乐项目可能性不大，景点当前旅游功能性不强，缺少垃圾桶、休息的座位、公厕等配套设施。目前的规模较适合做周边居民日常休息、散步场所。因此就旅游资源整体评价而言，仅为一级。

3. 民俗风情类

依托民俗风情类型的乡村旅游资源是指，以当地居民在长期生活中形成的独特风俗习惯为主要对象的资源。本次调查中，镇海乡村旅游点依托民俗风情的主要有横溪村。该景点依山傍水，有保持完好的自然生态和农村生产、生活方式，且以长寿为一大特色，区别与其他地区同种类型的景点，非常具有民俗特色。旅游资源整体评价为三级。

4. 历史建筑类

镇海乡村旅游点依托历史建筑的共有4处：郑氏十七房、澥浦老街、汶溪老街和团桥民俗街。"郑氏十七房"为明清江南民宅建筑之典范，其中各房自成系统，布局风格独特，系镇海区级文保单位。整体建筑保存完好，是全国最大的明清建筑群之一。澥浦老街位于澥浦镇余严村，始建于清代或民初，历史悠久，部分老民居民宅建筑保存完好。汶溪村位于镇海区九龙湖镇，相传为文种故里，据清雍正《宁波府志》记载："文种故里，因以名溪"。"文溪"这一地名一直沿用了2 300多年。当前汶溪老街部分区块建筑风格保存比较完好。

三、镇海乡村旅游市场基础分析

随着宁波经济的迅速增长，带动了周边各县区的旅游产业发展，许多外省的游客也来镇海参观旅游。目前镇海乡村旅游主要以本地游客为客源主体，但本地以外的市场对于镇海乡村旅游整体形象的传播、知名度的提升有非常重要的作用，不可忽略。因此将镇海乡村旅游市场分为本地客源和外地客源两部分，对本地客源特征分别加以分析。

1. 客源结构构成

本地客源中主要以宁波老三区和镇海城区内的游客为主。根据镇海旅游总体规划调查报告显示，从来镇海旅游的被调查游客居住地分布状况来看，本市和本区的居民所占地比例相对高一些，总共占了33%。

2. 旅游目的构成

通过对游客来镇海目的地调查，可以看出，本地游客到镇海的目的具有多样性，但主要仍然以公务和商务为主，分别各占27%和13%，同时也有教育性质旅游和体验乡村生活的体验游以及探亲游等，探亲访友的游客占23%，另外还有少数游客是由于路过等原因在镇海逗留。

3. 旅游方式构成

本地游中主要以自驾游为主，附近大中学校的地区也有团队游。另有一部分是搭乘公交车下农村的探亲者。被调查游客的出游性质以家庭、夫妻情侣以及一个人占主体，所占比例均在25%左右，与朋友出游次之，占16.05%。

4. 本地客源市场特征总结

本地客源主要以宁波市区及镇海城区的周末度假的工薪族为主，同时，附近在校大中专学生也占了很大比例；年龄上多以中青年人为主，也有中小学生和银发族；目的上多数人主要以体验式的休闲度假为主，同时兼有参观学习娱乐等。出行方式上自驾车出游的比重逐渐增加。

四、镇海乡村旅游发展的SWOT分析

（一）优势

1. 区位交通

从乡村旅游的微观区位来看，镇海与宁波市区中心的距离仅比江北郊区稍远，与鄞州、北仑相当，较慈溪、余姚为近，是宁波较理想的一日游或两日游目的地。同时，区内329国道、79省道贯通全区，连接了宁波市中心区、北仑区和慈溪市，新修成的九龙大道更是拉近了宁波市中心区到九龙湖景区的距离。良好的区位交通条件为以周边城区为主要市场的乡村旅游发展提供了很好的条件。

2. 经济实力强、已形成一定的开发机制

镇海经济发达，2005年农业总收入达到119.99亿元，区财政收入达到25.75亿元。政府和民间投资旅游的能力都比较强，有不少企业或个人有较强的发展相关旅游产品或进行旅游发展投资的意向。区内居民素质普遍较高，民风正、治安好，旅游人文环境极佳，同时大部分乡村居民对发展旅游、改善乡村环境、提高经济收入表示支持，旅游发展环境良好。

3. 具备一定乡村旅游发展条件

从调查的几个乡村旅游区点来看，镇海乡村旅游发展已形成了一部分产品。在镇海几个乡村旅游点中，农家乐、水果采摘、观光园区、乡村民俗旅游等乡村旅游类型都有可以依托发展的地区，能够形成丰富的乡村旅游产品体系。而区域内水系丰富，又有九龙湖这一较大体量的旅游区可以依托，同时靠近宁波乡村旅游客源集中地，市场条件较好，镇海乡村旅游发展还是具有很好的前景的。

4. 有较好的人文、产业资源可以依托利用

从镇海区民间艺术调查的成果来看，镇海的民间艺术还是较为丰富的。同时镇海区也是宁波甬商文化和海洋文化的集中区之一。通过收集、发掘这些散落在镇海民间的人文资源对镇海乡村旅游的发展大有帮助。此外镇海的农业产业资源如花卉基地、农业基地、苗圃等也能为镇海乡村旅游发展提供较好的支持。

（二）劣势

1. 自然资源品质一般，类型结构欠佳

镇海的主要乡村旅游资源从类型上看与乡村直接相关的资源点较少，而农业产业类资源较多，其中林地、景观河道、苗圃基地以花卉、林地为主要资源特色的资源点占了6个，将近总数的一半，余下的分别为古村、古街和农业生产基地等乡村旅游资源。相对而言，过多的农产业类资源在乡村旅游开发上需要更多的基础设施建设和旅游改造、管理上的投入。

具体到资源品质上，除郑氏十七房和横溪古村外，各资源点总体资源品质欠高：历史街

区破坏较严重；农林类生产基地在特色和规模上仍有欠缺；苗木类的资源还难以产生旅游的核心吸引力。资源的品质不高、结构不佳较严重地限制了镇海乡村旅游的发展。

2. 依托发展条件较差、部分地区环境相对不利

镇海区乡村旅游资源中，大部分都不在城区或大型景区的直接辐射范围内，从发展乡村旅游的条件来看并不具有很大的优势。且苗圃、花卉基地类的乡村旅游资源位置相对独立，距离周边村、镇较远，缺少村镇在服务、设施方面的支持。同时这些资源与村、镇的互动能力也不足，难以充分发挥乡村旅游对乡村经济的促进作用。

在实地调查中，发现部分乡村旅游资源如阿二农庄、光明村生态林基地等都处于高压走廊范围内，高压走廊很大程度上限制了旅游项目建设类型及范围。除高压走廊外，乡村旅游资源区周边河道水质较差也是一个主要问题。大部分的河水同时受到工业、农业、生活用水的污染，河水浑浊，漂浮物较多，部分河段有刺激性气味，很大地破坏了旅游环境。

另外在调查的几个乡村旅游资源点中除九龙湖周边的几个点外，其余各地都缺乏配合良好的山水景观，景观缺少变化也提高了乡村旅游发展的难度。

3. 起步较晚，知名度较低

镇海在乡村旅游方面起步相对较晚，这从镇海乡村旅游开发处于初级阶段这点就可看出。镇海乡村旅游资源点中大部分都处于发展的初级阶段，有些甚至还在旅游发展的意向阶段，没有进行正式建设。少部分已经开始营业的地区也是规模不大、产品有限，难以满足现有市场的需要，面临着扩容和再发展的问题。同时在乡村旅游发展的经验方法也更显不足，缺少像余姚、江北等区、市那样在支持乡村旅游发展的有效手段和政策。

在知名度上，镇海本身长期以来重化工区的形象很难扭转，宁波地区对镇海乡村所知有限，这将极大地影响镇海乡村旅游的发展。同时宁波其他区、市已经形成了一定的乡村旅游品牌和代表产品，如余姚、慈溪的杨梅，奉化的水蜜桃、滕头村、鄞州区的天宫庄园等都在宁波地区内具有一定的知名度。而镇海在乡村旅游方面除依托九龙湖的部分地块（如横溪、九龙农家苑）外，其他旅游资源旅游知名度低，影响力仍局限在附近地区，竞争能力显得不足。作为乡村旅游的后发地区，要在市场中占据一席之地，在营销上需要付出更大的努力。

4. 农村对于乡村旅游发展的认识不足

镇海乡村旅游没有形成规模与目前乡村对旅游发展缺少认识了解也有关。大部分乡村旅游的经营者对于乡村旅游的了解有限，对乡村旅游的认识主要停留在农家乐方面。同时由于对乡村旅游认识不足，乡村旅游发展没有形成较大的规模，错过了前阶段发展的良好时机。

（三）机遇

1. 旅游业宏观发展态势好

世界及中国旅游业持续快速增长。旅游业在成为全球第一产业后继续迅猛发展。近几年来，长三角和宁波旅游市场发展势头迅猛，呈现出持续、全面、快速增长的良好态势。

同时由于受到了更大的关注和政策上的支持，并将在今后较长的一段时间里成为我国居民短程旅游的一项重要内容，乡村旅游有着很好的发展空间。

2. 政府部门高度重视

区委区政府以及旅游主管部门非常重视旅游业的发展，把发展旅游作为关键工作来抓，

明确了旅游业的产业地位，为旅游业的发展提供政策保障和全方位的支持。

同时，乡村旅游作为社会主义新农村建设的一个有效途径，也得到了区内其他政府部门如农林局、水利局的重视和支持，使乡村旅游发展可以更好地与农村发展的实际相结合，也能更好地发挥乡村旅游对乡村经济的促进作用。

3. 本地旅游产品类型的缺失

从现状来看，宁波乡村旅游的主要产品仍集中于观光、农家乐（渔家乐）、水果采摘、垂钓等相对低端的初级产品上。而乡村会所、乡村俱乐部等高端乡村旅游产品屈指可数，为镇海乡村旅游进军高端留下了机会。

与周边县市区相比，镇海本身旅游产品类型不多，而乡村旅游产品作为一项新兴旅游产品能够得到更多的重视，同时镇海乡村旅游发展较晚也为乡村旅游产品向高端发展留下了更大的空间，在发展乡村旅游高端产品上具有更多的优势。

4. 交通和城市格局改变带来的机遇

在镇海区的城市发展规划中，镇海的中心区未来将由现在的招宝山街道（原城关镇）迁至骆驼街道，新城区的建设已经逐步展开。尽管城市格局的这一改变需要较长的时间来完成，但对镇海乡村旅游发展却有着直接影响。一方面，城市格局的改变使得镇海中西部以乡村为主的地区得到更多的基础设施建设，改善乡村环境，设施差、河道污染等问题将逐步得到解决。另一方面，城市格局的改变还使镇海的中心区更加接近宁波中心区，使镇海距离核心市场更近，将带动镇海乡村旅游在区位关系上与江北、鄞州两区竞争力的提升。

（四）挑战

1. 竞争加剧

乡村旅游点的快速增长必将加剧乡村旅游间的竞争。宁波市内的江北、鄞州、余姚等区市在这轮乡村旅游发展的大潮中纷纷出台了一系列规划和支持政策以促进乡村旅游进一步发展。这些地区本身就是乡村旅游的强势地区，在乡村旅游发展上资源更好，而且更有经验，随着新一轮乡村旅游的发展，宁波乡村旅游将得到更大的提升，同时竞争也将进一步加剧。

2. 城市化的生态压力

镇海在城市中心迁移过程中必将迎来一个新的城市化高潮，这对乡村旅游来说既是一个机遇，更是一种挑战。城市化发展容易导致乡村的城市化倾向，最终失去了乡村旅游发展的意义。在这种形势下如何保护好乡村环境、利用乡村资源、发展乡村旅游必将面临更大的挑战。

3. 人才和投资缺乏

在乡村旅游发展中面临的最大问题无疑是人才和物力的缺乏。由于现在存在的某些偏见使得乡村留住人才十分困难，而乡村旅游虽然以乡村居民为主要经营者和工作人员，但服务对象仍以城市居民为主，这就需要有了解城市居民旅游需求的工作人员进行指导，同时乡村旅游的营销和管理也需要相应的人才，如何吸引人才是乡村旅游发展的一个重要问题。

在资金方面，单纯依靠村民自身经济实力发展乡村旅游规模和档次都很有限，对于需要发展高端乡村旅游产品的地区必须吸引社会的投资。由于旅游投资往往规模较大而收益较慢，如何有效吸引投资也是乡村旅游发展需要解决的一个问题。

（资料来源：改编自宁波东方旅游规划研究院《浙江省宁波市镇海乡村旅游发展规划》（2007—2015））

三、确定总体思路

通过以上分析乡村旅游发展的背景和现状，剖析乡村旅游与乡村地区横向产业之间（尤其是农业）和纵向行业之间的关系，诊断其发展中存在的问题，再联系国家和地区有关旅游业发展的政策法规，最终确定乡村旅游发展的总体思路，包括乡村旅游战略定位、发展方向定位，并确定总体发展目标。

[操作示范]

浙江省宁波市镇海乡村旅游发展规划（节选）——确定总体思路

镇海乡村旅游发展目标体系

1. 镇海乡村旅游总体定位

镇海旅游业的新热点；

宁波乡村旅游体系中以山水生态和商帮故里为特色的休闲区域；

宁波乡村旅游发展的第一梯队。

2. 乡村旅游总体发展目标

抓住新农村建设的新机遇，利用镇海乡村资源与文化特色，发展乡野风光、休闲情调和民俗文化和谐统一的城郊休闲旅游，优化、提升和丰富镇海旅游产品体系，促进镇海旅游业的发展。经过5~10年的努力，将镇海区建设成为特色明显、环境优美、经济富裕、文化丰富的宁波市重点乡村旅游目的地。

3. 产业目标

通过丰富镇海乡村旅游产品体系，来进一步完善镇海旅游产业链，增强镇海区旅游接待服务能力。乡村旅游产业应当成为镇海旅游目的地建设的重要内容，成为镇海第三产业发展的有力支撑。

规划期内以九龙湖省级重点旅游镇和十七房国家3A级旅游区建设为重点，争取建设横溪村、汶溪村等4个符合浙江省《乡村旅游点服务质量等级划分与评定》标准的3A级旅游乡村，联勤村与光明村为浙江省工农业示范点，中大河乡野风光带为代表的4个浙江省乡村旅游示范点，并建设以南泓渔村乐园、团桥民俗乐园为代表的20~30个具有一定规模的乡村旅游点，从而形成产品丰富、层次分明的镇海乡村旅游体系。

（资料来源：改编自宁波东方旅游规划研究院《浙江省宁波市镇海乡村旅游发展规划》2007—2015）

四、制定规划

这一阶段是乡村旅游规划工作的主体部分，是构建乡村旅游规划内容体系的核心，主要工作就是根据前几个阶段调查和分析到的结果，并依据发展乡村旅游的总体思路，提出乡村旅游发展的具体措施，包括乡村旅游产业发展规划和乡村旅游开发建设规划，此外还有乡村旅游支持保障体系方面的建设。需要注意的是，在制定详细的规划内容时，必须考虑规划区域的乡村社区建设和社区居民的切身利益。

五、组织实施

依据乡村旅游规划的具体内容,并结合乡村地区实际发展情况,切实做好乡村旅游规划的具体实施工作。要根据经济、社会、环境效益情况,对规划实施的效果进行综合评价,并及时做好信息反馈,以便对规划内容进行适时的补充、调整和提升。

第三节 乡村旅游规划的内容

由于各地区在开展乡村旅游规划时所处的地理大环境相差悬殊,并且乡村旅游规划的地域范围也不同,有的规划范围可以大到一个省,有的只限定在几个乡村地域范围内,这就使乡村旅游规划的内容不可能千篇一律,而是必须根据乡村旅游规划区的实际情况,对具体的规划内容进行适时的调整。然而,无论何种形式、何种范围的乡村旅游规划,其核心的规划内容是相似的,在规划时必须都要涉及。乡村旅游规划的核心内容应该包括以下五大方面:

一、规划背景

规划背景是对乡村旅游项目情况做总述,解释项目编制缘由,介绍项目委托方、编制方的基本情况,确定项目规划范围,根据编制过程中涉及的法律法规列举编制依据,确定近中远期规划的起始年限。

[操作示范]

邻水县乡村旅游总体规划(节选)——规划总则

第一条 为了把握国内乡村旅游发展的趋势、摸清邻水县乡村旅游目前总体现状和所处的开发阶段及存在的问题,确定进一步发展的思路、给出相应对策,促进地方产业优化和农民增收,特制定《邻水县乡村旅游总体规划》。本规划通过后,将成为邻水县乡村旅游业开发与建设的指导性文件。本文本与邻水县乡村旅游总体规划图纸同时使用,二者不可分割。

第二条 规划范围

本规划范围与邻水县行政区划范围一致,辖18个镇、27个乡,辖区面积1 919.22平方千米。

第三条 规划期限

本次规划期限为2013—2022年,分为二期:近期(2013—2017年),重点开发建设期;远期(2018—2022年),全面建设、系统巩固完善期。

第四条 规划原则

1. 整合集聚,培育品牌　　2. 控制发展,规模经营
3. 依托景区,联动发展　　4. 社区参与,产业优化

第五条 规划依据

1. 法律和法规依据（略）
2. 行业标准依据（略）

(资料来源：百度文库《邻水县乡村旅游总体规划》(2013—2022))

二、基础分析

基础分析是规划编制中各项工作得以顺利开展的保障。科学、客观、翔实的基础资料整理和分析，能够为规划的后续工作打下坚实基础，是项目与产品能够落实到规划地块的关键。乡村旅游规划的基础分析主要由以下几个部分组成：乡村旅游现状分析、乡村旅游资源普查及评价、乡村旅游发展的SWOT分析。

（一）乡村旅游现状分析

乡村旅游现状分析是指对乡村旅游规划区所处的行政区域的经济、社会、人文、历史等多方面的综合考察，以及对当地旅游产业发展状况的全面把握，诸如地理背景、自然条件、历史文脉、地方文化、经济发展、内外交通、居民生活、旅游发展等。通过分析这些内容，可以从宏观上了解当地发展乡村旅游的基本状况，发现那些能够促进乡村旅游发展的因素，并找出障碍性因素，以便为制定更详细的乡村旅游开发规划提供依据和支持。在总体现状的分析中，要着重分析当地的旅游产业发展状况，包括乡村住宿与接待服务设施状况、乡村旅游景点开发状况、地方旅游交通设施、乡村旅游商品开发现状等。

（二）乡村旅游资源普查及评价

乡村旅游资源普查是指对乡村地区具有开发潜力的旅游资源进行全面的考察、分类和总结，以及搜集与乡村旅游资源有关的各种文字、图片、视频等资料，以便对当地的乡村旅游资源有总体了解。乡村旅游资源普查是乡村旅游规划的基础性工作，因为乡村旅游资源是发展乡村旅游业的基础，那些具有垄断性或鲜明独特性的乡村旅游资源是塑造乡村旅游吸引力的关键因素，直接影响着乡村旅游业发展的深度和广度。在乡村旅游资源普查过程中，可以按照乡村旅游资源类型的划分方法进行划分，这样可以详尽地统计乡村旅游资源点，避免出现遗漏。

乡村旅游资源评价是指在乡村旅游资源普查的基础上，对乡村旅游资源的特征、功能及开发潜力与品质进行综合分析，从而区分出乡村旅游资源的等级与优劣，找出资源的优势、问题与不足。乡村旅游资源评价也是乡村旅游规划的重要基础性工作，同时也是进行乡村旅游产品设计的前提。乡村旅游资源评价一般包括定性评价和定量评价两部分。定性评价是对当地的旅游资源状况进行总体的把握，通过与其他乡村旅游地的比较分析，确定出当地的特色资源和垄断性资源，从而确定当地需要树立的资源品牌。定量评价是对当地的乡村旅游资源划分出具体的优劣等级，一般按照国家旅游局制定的旅游资源评价指标体系，通过专家打分，把旅游资源从高级到低级分为五个等级。通过定性评价可以找出本地最具市场竞争优势和垄断性的旅游资源；而通过定量评价可以找出本地最具开发潜力的旅游资源。两者结合就可以客观、真实、全面地反映本地旅游资源的特征。

（三）乡村旅游发展SWOT分析

SWOT分析法是目前国际上通行的条件综合分析法，它通过对旅游资源地内部的优势和劣势，以及外部环境的机遇和威胁的综合分析，来确定该地发展旅游业的战略措施，为决策制定提供依据。乡村旅游作为一种极具地域特征的旅游产品，必须依赖各方面的内部条件与外部环境。因此，科学地进行SWOT分析将有助于制定科学的发展目标与发展规划，使乡村旅游的发展建立在科学指导的基础之上。

优势和劣势是针对乡村旅游地本身而言的。诸如区域经济条件、资源禀赋状况、地方政策环境、区位状况、产品特色、服务质量、品牌建设等，都是进行优势、劣势分析的切入点。通过分析优势可以确定乡村旅游开发和地方旅游产业发展的正确方向，坚定发展乡村旅游的信心。在正确分析优势的同时更要深入分析、研究自身的劣势与不足，以便在今后的发展中予以克服和避免。

机遇和威胁是针对外部环境和竞争者而言的，诸如国家的政策方针、社会总体环境、法律法规的制定、旅游产业发展趋势、旅游产业政策调整、竞争者的市场行为、旅游需求的变化、生态环境建设等，都是进行外部分析的基本内容。通过分析机遇，可以把握旅游产业发展新动向，尽早发掘新的市场机会，以便在旅游市场中处于主动地位。通过分析威胁可以规避市场风险，减少或者避免资源的浪费和生态破坏。

三、总体构思

确定乡村旅游发展的总体思路，就是在对乡村旅游地总体状况进行分析，对乡村旅游资源进行考察及评价，并在对当地发展乡村旅游进行SWOT分析的基础上，对当地发展乡村旅游业进行战略定位，并确定当地发展乡村旅游的主要方向、发展目标、发展战略，以便为当地乡村旅游开发规划提供总的指导。

（一）战略定位

对乡村旅游业进行战略定位是确定乡村旅游业在本地区经济发展和社会进步过程中的地位，是给其一个恰如其分的"名分"。战略定位是为发展本地乡村旅游提供政策性依据，它说明地方对乡村旅游业的重视程度和基本认识水平。

（二）发展方向定位

这是为了指明本地乡村旅游业发展的正确道路，为了更好地进行一系列的具体开发规划，避免多走弯路。确定本地乡村旅游发展方向，需要以乡村旅游资源的特点和比较优势、客源市场需求的发展方向、乡村旅游产品和市场开发的可能性和必要性以及旅游可持续发展的要求作为依据。

（三）确定发展目标

目标的确定可以为乡村旅游的健康、快速发展提供明确方向，可以检验乡村旅游每一发展阶段的成果，还可以调动本地居民参与的积极性，因为目标的实现需要多方面的共同努力。乡村旅游发展目标可以划分为战略目标、经济目标、社会与生态目标。战略目标可以细分为总体目标、近中期目标和远期目标。经济指标则为乡村旅游发展提供了更加详细的标准体系，包括乡村旅游的发展速度、增长指标等。由于乡村地区发展旅游不仅要取得经济利益，更重要的是要获得社会、生态效益的可持续发展，因此社会与生态目标也至关重要，社会与生态目标规定了发展乡村旅游所要达到的社会效益和生态效益。

(四)确定产业发展战略

乡村旅游产业发展战略是指在制定乡村旅游发展目标的基础上,提供一系列的乡村旅游发展政策保障体系,以便与乡村旅游发展目标相适应,更好地实现预期目标。乡村旅游产业发展战略包含一般性战略、针对性战略、具体战略步骤等。一般性战略是旅游发展战略中具有普遍意义的战略和原则,对大多数地方都适用,也是各地发展旅游业都必须坚持的战略选择,诸如政府主导战略、可持续发展战略、信息化战略、人才战略等都是一般性战略。针对性战略是依据不同的乡村旅游地自身的条件而提出的差异性战略选择,它是为了更好地发挥地方优势和机遇,尽可能地避免劣势和威胁,从而找到地方乡村旅游发展的新突破。诸如生态化战略、区域联合战略、多部门促进战略等都是针对性战略的表现。具体战略步骤即是对乡村旅游进行分期发展规划,是根据当地乡村旅游发展的总体目标而确定的阶段性任务。一般以时间为界限,把具体战略步骤分为2~3个规划期,比如可以划分为近、中期战略任务和远期战略任务,并确定阶段性目标,这样更易于目标的把握和操作。

[操作示范]

邻水县乡村旅游总体规划(节选)——发展目标及发展战略

第六条 发展定位

积极探索农业直销模式、景区依托复合开发模式、民俗文化引领等模式,大力培育乡村旅游产品,丰富乡村旅游产品体系,使乡村旅游成为邻水县旅游产业的重要支柱和旅游品牌,成为广安市乡村旅游引领板块和特色板块。

第七条 发展战略

1. 延伸华蓥山天意谷、御临温泉度假新城、大洪河生态旅游度假新城、万峰山旅游项目四大景区旅游产业链,建设特色乡村旅游片区。
2. 用乡村旅游推动特色乡镇建设。
3. 用品牌乡村旅游引导其他乡村旅游规模化和特色化经营。
4. 用乡村旅游引导农业产业规模化和品牌化发展。

第八条 发展目标

1. 经济目标

至2017年,邻水县乡村旅游点接待游客量360万人次;实现旅游收入5.76亿元。

至2022年,邻水县乡村旅游点接待游客量860万人次;实现旅游收入15.48亿元。

2. 社会目标

至规划期末(2022年),直接带动5 800个就业岗位。

3. 品牌目标

在规划期内,新增6个四川省省级农家乐休闲旅游示范点;新增10~15个广安市市级农家乐特色村(点);新增30个邻水县农家乐休闲旅游示范村(点)。

4. 文化目标

通过乡村旅游的开展,积极挖掘各乡镇、农村的历史遗存,做好文物保护和文化建设工作，在规划期内重点形成 2~3 个具有文化特色的品牌乡镇（村）。

第九条 市场定位
1. 基础客源市场：邻水本地客源市场及到邻水县内景区的溢出市场。
2. 重点客源市场：重庆一小时都市圈（包括广安在内）；
3. 机会客源市场：以达州、成都为主的川蜀市场，除此以外的全国其他地区市场和港澳台、日韩、欧美等市场。

第十条 总体形象
邻水县乡村旅游总体形象为："中国最美山村游"。
（资料来源：百度文库《邻水县乡村旅游总体规划》(2013—2022)）

（五）乡村旅游总体分区规划

乡村旅游分区规划是指根据规划区内不同的自然、地理、人文背景，以及乡村旅游资源的特色，将资源要素相近、组成结构类似、发展方向一致、需要采取措施类似的区域划分为一个主题性的旅游区，然后进行详细规划。乡村旅游分区开发规划一般包括以下内容：分区的地理范围、分区的基本概况、分区的发展定位、分区内重点开发项目的选择等。其中，分区的发展定位包含了主题定位、特色定位和功能定位等内容。

[操作示范]

邻水县乡村旅游总体规划（节选）——乡村旅游分区开发规划

第十一条 空间总体布局
邻水县乡村旅游发展布局总体定位为"一核、两翼、一主线"的空间结构形态：
"一核"——鼎屏镇旅游服务主中心；
"两翼"—— 西翼：城南铜锣山休闲度假区→城北罗家洞森林公园→关门石水库城郊休闲区→观音桥休闲脐橙园→柑子缪氏庄园；东翼：两袁大道→大洪河千岛洪湖→丰禾钰锦农业园→泥汉坪古村落→石柳新村产业园→八耳桉椤林。
"一主线"——鼎屏镇川渝美食街→渝北大湾镇→八家山原始松林→御临小三峡漂流→九峰山溶洞群→梁板清水谷→金钟水库牡丹生态园观光区→汤巴丘古民居→万峰山楠木林。
（资料来源：百度文库《邻水县乡村旅游总体规划》(2013—2022)）

四、策划规划

策划规划部分是乡村旅游规划编制的主体，这一部分基于总体构思的战略理念，详细阐述了规划者的规划思想和规划方法，是落实乡村旅游规划内容的唯一途径。

（一）旅游产品及重点项目策划

本部分主要根据乡村旅游地的资源、产业、市场等开发基础，提出项目地的产品设计思路，构建休闲、观光、度假产品体系，完成重点项目的设计构想。

[操作示范]

邻水县乡村旅游总体规划（节选）——乡村旅游产品开发规划

第十三条 重点特色旅游乡镇

在规划期内，新增6个四川省省级农家乐休闲旅游示范点；新增10~15个广安市市级农家乐特色村（点）；新增30个邻水县级农家乐特色村（点）。

1. 观音桥镇

（1）主题形象：脐橙大乡镇，多彩乡村游。

（2）规划构思：观音桥镇依托已粗具规模、人气渐涨的万亩脐橙园及其他经济果园，做大做强生态乡村旅游和文化乡村旅游，由镇旅游极核向乡旅游点进行发散，培育1~2个乡村旅游点（村），积极引导进行农家乐开发。

· 应积极申报省级生态农业名乡，突出生态农业乡村游特色。

· 依托脐橙大乡之品牌，培育"脐橙大观园"品牌节庆。

· 利用周边的山势，开发攀岩、野营等户外拓展运动，打造邻水的休闲运动品牌旅游区。

2. 黎家乡

（1）主题形象：千岛洪湖，渔歌唱晚。

（2）规划构思：规划依托现有良好的渔业旅游资源，完善黎家乡的旅游配套设施建设，打造自然与文化并重、休闲度假与渔业旅游产品，实现旅游区的提档升级。充分利用山水资源，精心打造自然风光和休闲娱乐胜地，成为邻水县乡村旅游样板示范区。

· 在大洪湖岸边及湖心洲处，建设高档景观度假别墅。别墅建筑样式为现代，建筑材料多采用钢化玻璃，尤其别墅面对水体一面，尽量为全玻璃体建筑，使室内空间与室外自然空间融为一体，充分融合自然气息。在大洪湖边缘靠近自然村处，建设几处亭桥，与改造后的自然村协调，形成乡村度假板块。

（资料来源：百度文库《邻水县乡村旅游总体规划》（2013—2022））

（二）土地利用协调规划

本部分主要对规划区内的土地利用进行统筹安排，合理确定建设用地面积和布局，完善土地利用制度，对敏感地块的用地指标进行控制，明确乡村未来的用地发展方向。

（三）居民社会调控规划

规划者应根据乡村实际情况和项目开发需要，因地制宜确定规划区内的居民搬迁、土地整理等，科学有序地组织社区居民的空间转换和搬迁流动，尽量保留乡村聚落景观。

（四）旅游容量与游人规模预测

由于乡村地区的特殊性，乡村旅游规划宜将旅游心理容量与旅游环境容量一起作为衡量标准，确定本地区旅游活动量极限值，并在此基础上，根据乡村旅游地已有的游人基数，按照一定的增长率，预测规划期内可能达到的游人规模。

（五）基础设施规划

包括给排水系统、供电系统、道路系统、燃气系统、电讯系统等方面的规划设计。基础设施规划要求各项指标能够满足乡村原著居民和未来旅游发展后的游客需求，规划方法和规划程序应严格按照国家相关标准规范进行。

（六）环境保护与环卫设施规划

本部分规划是通过对乡村环境的保护和培育，实现乡村整治。规划的主要内容包括明确保护目标，合理规划垃圾收集、污水处理、公共厕所等环卫设施，落实大气环境质量、水环境质量、固体废弃物、噪声等各类污染源控制指标，采取有效措施控制污染源。

（七）乡村遗产保护及风貌控制规划

乡村遗产保护规划主要对乡村地区具有保护价值的建筑、构筑物、服饰、景观等物质实体和民歌、舞蹈、手工艺、传说等非物质体制订保护计划，实施保护措施。乡村旅游规划应重视编制风貌控制规划，通过建筑风貌的协调规划，保护乡村景观和特色建筑，维护乡村意象，充分展示乡村的历史风貌和文化底蕴，统一建筑风格，突出整体性，避免杂乱无章。

（八）绿地系统规划

绿地系统规划主要是对乡村地区的植物生态系统进行规划。在绿地系统规划中，植物配置上应多采用乡土树种，力求打造自然随意、注重总体、色彩成片、单树成景的绿地景观，为乡村旅游活动的开展提供良好的绿色环境。

（九）防灾系统及安全规划

针对乡村地区可能遇到的各类灾害进行防护措施规划，主要包括抗震规划、防洪规划、消防规划、防病虫害规划、游客安全规划等多个方面。

（十）道路交通及游线组织规划

道路交通规划主要对乡村旅游地的道路交通体系进行梳理，规划建设进出便利、体系完善的道路系统。游线组织规划是将旅游区内各景点以游客游览线路的方式串联起来，规划游客流向，以更好地调节游客情绪、布局服务设施。

五、保障体系

任何规划项目都以能最终落实实施为目的，保障实施的主要内容即是为了确保策划规划的顺利实施而制定的一系列措施，主要包括项目建设时序规划、投入产出分析、管理与运营三个部分。

（一）项目建设时序规划

乡村旅游地的建设应从本地实际出发，避免一拥而上、盲目无序，导致开发失败对乡村遗产造成不可逆转的破坏。项目建设时序规划即是对项目开发建设的时间维度进行控制，循序渐进，量力而行，科学统筹安排资金、人力、物力，达到集约化、可控化、有序化建设。

（二）投入产出分析

投入产出分析是对乡村旅游规划所涉及的基础设施建设、旅游配套设施建设、市场营销宣传费用、项目建设费用等进行投资估算，对规划期内的旅游产出进行收入估算，制订投资计划，进行经济效益评估的过程。

（三）管理与运营

本部分的规划是为乡村旅游的开发、发展提供组织支持与后勤保障。主要包括乡村旅游社区的组织形式、管理模式、项目投融资模式、市场营销与宣传等方面的规划。

［实务训练］

通过实地或者网络对学校周边的某个乡村进行调查分析，在调查的基础上形成该乡村发展乡村旅游的总体思路，为其制作简单的乡村旅游规划方案。

［知识归纳］

乡村旅游规划，是旅游规划的一种。从资源的角度而言，是以村落、郊野、田园等环境为依托，通过对资源的分析、对比，形成一种具有特色的发展方向。社会主义新农村建设，乡村旅游开发策划、规划与设计，对乡村旅游产业发展模式、乡村特色休闲及景观建筑设计，乡村游乐项目策划，农家乐升级，民俗村度假开发，古村落文化休闲开发，农业生态园打造，新农村风貌设计，乡村旅游景区规划，乡村主题度假区规划，乡村会所、温室建筑设计等都属于乡村旅游规划的范畴。

根据乡村旅游规划目的地不同的资源类型，可以将乡村旅游规划分为三类，生产型乡村旅游规划、历史文化型乡村旅游规划、综合型乡村旅游规划。

乡村旅游规划的程序一般分为五个阶段：规划准备和启动、调查分析、确定总体思路、制定规划、组织实施。

乡村旅游规划的内容主要包括五块内容：规划背景、基础分析、总体构思、策划规划、保障体系。

［案例解析］

吴江市震泽新申农庄乡村旅游规划

吴江市震泽新申农庄是典型的现代农业生态园，占地380亩，位于西南部震泽镇，濒临太湖，居于长江三角洲的中心，与周边城市群上海、杭州、南京的距离都很近，水陆交通便捷，各类配套设施齐全。

根据用地现状的分析，规划区内用地规整，被道路和河流分割成几大块。根据其现状格局及地形、土壤、植被以及道路网等条件，按照设置活动的动静程度不同，将规划活动区主要分为南北两大地块。其中北部地块以各种娱乐活动和娱乐体验为主，包括亲水娱乐区、快活林活动区；南部地块以农事体验、棋牌、茶饮为主，包括农家别院体验区、茶室棋牌休闲区。

快活林活动区与亲水娱乐区：主要由建筑用地、活动以及活动设施用地以及附属用地构成。内部除划分相应的活动空间、设置相应的活动设施外，还布置了桑田农舍以及一系列附属设施。

农家别院体验区：主要由农舍与渔舍建筑用地、相应的活动用地以及附属设施用地等构成。在农家体验区内，设有农宅、农田、菜地、鱼塘等。农宅的布局追求现有江南水乡农家的特色，内部的装饰，按照农家的生活习惯布置，同时考虑游客的体验活动的需要。将农田、菜地、鱼塘合理设置在农舍的周围，组成农家生活的完整画面，让游客全身心地体验农家生活。同时，在农宅的周围点缀家禽、狗窝、饲养小动物的场所，以加强农家的趣味性。

渔家体验区：设有渔家、渔具展览以及一系列附属设施。渔宅布置在河边，能够与原有的农宅呼应，组成一个建筑序列，使农序的用地显得紧凑而不感到拥挤。同时控制渔家的体量，防止对政府接待的建筑的"越俎代庖"的现象。在渔家南侧开辟一块渔具展览用地，主要是让游客了解打鱼的多种方法，掌握渔事的知识。同时，在农家别院的南侧开辟一块小广场，加强与粗菜坊的联系，引导客流到农家别院。

茶室棋牌休闲区：主要由茶室、棋室、新申阁以及三者所围含的空间等用地构成。喝茶要求清新雅致的空间环境，因此将茶室设置在农庄南侧近地势起伏处，同时通过木栈道与石子小路，加强棋牌室与新申楼阁的联系。棋牌室的布置，运用"闹"与"静"的处理手法，考虑与农家别院以及与周围环境的联系。新申阁的设置，考虑新中农庄未来的发展，将作为空间的中心，是本次规划后期建设的重要的景观节点。

（资料来源：改编自吴江旅游网 http://www.wjtour.gov.cn/Restaurant/Detail/18）

思考与讨论：
1. 分析新申农庄的乡村旅游规划类型。
2. 新申农庄乡村旅游规划的要点有哪些方面？

解析要点：
1. 从乡村旅游规划目的地方向考虑其类型。
2. 从其乡村旅游规划的功能分区方面去解答。

复习思考

1. 乡村旅游规划的目的与原则分别是？
2. 面对不同乡村旅游规划类型时，应该采用哪些乡村旅游规划的内容？

第七章

乡村旅游形象建设

［学习目标］

通过本章的学习，使学生：
1. 了解旅游形象的内涵；
2. 熟悉乡村旅游形象的内涵、特征、构成内容；
3. 掌握乡村旅游形象设计过程与方法；
4. 熟悉乡村旅游形象传播与推广策略。

［实训要求］

运用相关图像处理软件，设计旅游目的地标识，做到简洁、内涵丰富，能准确地表达乡村旅游目的地理念与文化；乡村旅游形象传播方案的制定具有可操作性。

［引导案例］

中国乡村旅游形象标识亮相

2015年8月18日上午，中国乡村旅游形象标识在黄山市正式亮相、对外发布，今后该标识将作为全国乡村旅游对外宣传、推介的统一标识和形象符号。国家旅游局党组成员、纪检组长刘金平介绍了中国乡村旅游形象标识相关设计和内涵。如下图所示。

据了解，中国乡村旅游形象标识是由乡村的"乡"字抽象化处理演变成中国乡村旅游品牌的视觉形象。汉字"乡"象征着乡村、乡下，体现了乡村旅游的品牌定位。通过汉字"乡"的抽象化演变，既像乡间的小河流水蜿蜒潺潺、轻松欢快，又像乡村的秧歌舞动、自由奔放、恣意洒脱。值得注意的是，图案中还专门设计有两个圆点，像是两个游人欢快的舞动，又有中国传统文化中太极阴阳和谐的视觉文化感受。整个标识采用蓝绿色渐变表现，不

中国乡村旅游形象标识

仅体现人们崇尚自然、回归自然的现代生活理念,更体现出旅游行业青山绿水的特点诉求与承载。

"蓝色象征着蓝天,绿色象征着大地,天地间人的歌舞,也象征着旅游产业天人合一的和谐发展前景。"刘金平表示,整个标识图案不仅体现了乡村旅游休闲、宽松的旅游概念,又传达了乡村旅游是对乡村文化的深度体验,更是把人们内心深处那悠悠的乡愁情怀准确、完美地表达出来。

(资料来源:搜狐网 http://mt.sohu.com/20150819/n419255275.shtml)

第一节 旅游形象与乡村旅游形象

一、形象与旅游形象

形象一词在辞海中,具有两层含义,一是指形状相貌,二是指文学艺术区别于科学的一种反映现实的特殊手段。所谓形象,是形状相貌能够引起之义。这种形状相貌往往是能够引起人们的思想或感情活动的具体形状或姿态。因此,形象是客观事物的存在在人脑中的反映,它包含两个方面的含义。第一,形象是一种具体的形态,形状模样,是事物的外在特征,是有形的、可描述的,是一种客观的物质存在,具有客观性。第二,形象是通过人的主观感受体现出来的,深深地打上了个人情感色彩的烙印,人是形象的感受者,具有主观性。因此,形象兼具客观性与主观性双重属性。

形象的概念和探讨始于20世纪50年代,美国学者boulding(1956)首次提出形象这一概念,他认为人们的行为常依据形象,形象被视为是信念及对于特定对象的态度综合,致使在内心产生并接受其特征的图像。直到20世纪70年代旅游目的地形象的概念才被广泛地运用在旅游研究领域,学者Gunn提出,将旅游目的地形象分为两类:一是原生形象(Original Image),指个体通过教育或非商业营销性质的大众文化、公众传媒、文献等信息源形成的目的地印象,是内生的;二是引至现象(Induced Image),指受目的地有意识的广告、促销、宣传推动影响产生的形象。我国学者廖卫华认为旅游形象是现实和潜在旅游者(主体)对旅游地(客体)的感知,是对旅游地各要素产生的印象总和,是旅游地特征在旅游者心目中的反映。

综合中外学者对旅游形象的界定,我们认为,旅游形象是游客对旅游地各类要素的体验感知与情感评价的综合,是旅游地吸引物、旅游服务、自然环境、社会环境等的外部表征。旅游形象涉及旅游活动的三要素,即旅游主体(旅游者)、旅游介体(旅游业)和旅游客体(旅游资源)三个方面。我们必须明确,旅游活动本身是一项综合现象,包含了社会、经济、文化、政治等多重属性的活动,同时旅游形象还包括旅游地形象、旅游企业形象、区域旅游形象等众多层面的内涵。

(一)旅游形象分类

1. 旅游地形象

旅游地是指一定地理空间上的旅游资源同旅游专用设施、旅游基础设施及相关的其他条件有机结合的综合概念,是旅游者活动的基本依托。旅游地形象即旅游目的地形象,通常分为两个层面。首先,从旅游地层面来说,旅游地形象是旅游地对本身的各种要素资源进行整合提炼、有选择地对旅游者进行传播的意念要素,是旅游地主动进行对外传播所代表的形象,从这个角度上说,它是旅游地自身的主观愿望,希望旅游者获得并形成的印象。其次,从旅游者层面来说,旅游地形象是旅游者通过接触传播媒介或实地经历所获得的对旅游地的印象。是旅游地的形象在旅游者大脑中的反映。

2. 旅游企业形象

旅游企业作为旅游活动的媒介,是连接旅游者和旅游资源的桥梁。旅游企业主要包括旅游饭店、旅游交通、旅游景区、旅行社、旅游购物店等经营公司。旅游企业形象是社会公众对旅游企业在经营活动中显示出来的精神面貌的总体印象,并由此而产生的总体评价,如我们所熟知的著名旅行社、旅游景区等。

3. 区域旅游形象

区域旅游形象是指一个或几个地区所结合而成的"区域"的整体形象,是旅游者对该旅游区域的总体认识及评价。如我国目前的区域旅游形象包含城市旅游形象和乡村旅游形象两大部分。城市形象和乡村形象均对两个区域的旅游形象建构产生重要影响。

(二)旅游形象的构成

旅游形象是一个多层次、多结构的复杂系统,它是由多个因素构成的主要分为硬件要素系统和软件要素系统。硬件要素系统即旅游目的地的旅游资源、旅游环境、旅游基础设施等构成,是旅游形象的物质支撑。没有良好的硬件要素,旅游形象便无从谈起。一个地方的旅游资源决定了目的地在旅游者心目中的地位,因此,旅游资源是旅游形象的重要因素。高品位的旅游资源一般有助于树立良好的旅游形象,也更容易被旅游者接受和认可,同时知名度也较高。软件要素系统即旅游媒介及旅游客体所提供的服务。旅游业属于服务业的范畴,旅游产品是服务产品,其实质是各种旅游企业为旅游者提供的设施和服务,因此,旅游从业人员是构成旅游形象软件要素之一。服务人员的服务标准、服务质量是否能满足旅游者的需求也成为旅游者评价旅游形象的重要因素。

二、旅游形象系统

对旅游形象系统的建构，我们采用企业形象建构的基本理论与思路加以发展，形成旅游的 CIS 战略。CIS（Corporate Identity System）意为企业识别系统，也称企业识别战略。CI 是企业对自身的理念文化、行为方式及视觉识别进行系统的革新、统一的传播，以塑造出富有个性的企业形象，获得业内外公众组织认同的经营战略，从而提升和突出统一化形象，使企业形成自己内在的独特的个性，最终增强企业的整体竞争力。CIS 在美国出现于 20 世纪五六十年代，其含义是指企业将经营理念与精神文化，运用整体传达系统传递给企业周围的关系者或团体，使其对企业产生一致的认同感与价值观，从而达到企业促销目标的识别系统。CIS 包括理念识别系统（Mind Identity，MI）、行为识别系统（Behavior Identity，BI）、视觉识别系统（Visual Identity，VI）。三者相互作用、相互联系，共同塑造企业形象。

TIS（Tourism Image System）即旅游形象系统，是 CIS 在旅游形象塑造中的具体表现，它除了包含 CIS 的 MI、BI、VI 之外，还包含听觉识别系统（Hear Identity，HI）和风情识别系统（Folk Identity，FI）。

（一）理念识别系统

企业理念识别（MI）是确立企业独具特色的经营理念，是企业生产经营过程中设计、科研、生产、营销、服务、管理等经营理念的识别系统。是企业对当前和未来一个时期的经营目标、经营思想、营销方式和营销形态所做的总体规划和界定，主要包括企业精神、企业价值观、企业信条、经营宗旨、经营方针、市场定位、产业构成、组织体制、社会责任和发展规划等，属于企业文化的意识形态范畴。旅游地独特的文化、个性、精神面貌、伦理道德水平、宣传口号、发展目标、价值观等，需要确立乡村旅游地独特的经营理念，是旅游形象塑造的核心。

（二）行为识别系统

企业行为识别（BI）是企业实际经营理念与创造企业文化的准则，对企业运作方式所做的统一规划而形成的动态识别形态。BI 是直接显示 MI 内涵的行为，它以经营理念为基本出发点，对内是建立完善的组织制度、管理规范、职员教育、行为规范和福利制度；对外则是开展市场调查、进行产品开发，通过社会公益文化活动、公共关系、营销活动等方式来传达企业理念，以获得社会公众对企业识别认同的形式。

（三）视觉识别系统

企业视觉识别（VI）是 CI 的静态识别符号，是 CI 的最外在的表现部分。人们接受外部信息有 83% 来自视觉，因此视觉传达成为企业讯息传达最重要的手段。通过 VI 能把企业的基本精神内涵与其他企业之间的差异性充分表现出来。VI 是以企业标志、标准字体、标准色彩为核心展开的完整的、系统的视觉传达体系，是将企业理念、文化特质、服务内容、企业规范等抽象语意转换为具体符号的概念，塑造出独特的企业形象。视觉识别系统分为基本要素系统、应用要素系统两方面。基本要素系统主要包括企业名称、企业标志、标准字、标准色、象征图案、宣传口语、市场行销报告书等。应用要素系统主要包括办公事务用品、生产设备、建筑环境、产品包装、广告媒体、交通工具、衣着制服、旗帜、招牌、标识牌、橱窗、陈列展示等。视觉识别（VI）在 CI 系统中最具有传播力和感染力，最容易被社会大众所接受，具有主导的地位。

视觉形象设计通常要体现企业的企业精神、企业文化、企业发展定位、企业性质等。重点是以形象为主，产品为辅。首先确定创意定位、设计风格及行业定位等，再通过版面设计、图片选取、摄影等手段来塑造企业的整体形象。VI 以视觉传播感染媒体，将旅游理念、文化特质、服务内容、企业规范等抽象概念转化为具体符号，形成独特的内外感应气氛。旅游地的视觉识别主要包括旅游地名称、旅游地标志、旅游地的标徽、旅游商品、交通工具和户外广告等。

（四）听觉识别系统

听觉识别系统包括旅游地的语言、主题歌曲、背景音乐、民歌等。旅游者对当地语言和独具特色的歌曲最感兴趣，而乡村旅游地自然景观独特、民族风情浓郁、文化底蕴深厚，具有很多值得挖掘的听觉形象素材。例如，在风水景观建筑内部，可运用平缓、舒适的背景音乐；在乡村旅游活动场景中，可运用欢快的民歌民乐；在自然山水中，尽量保持原生态的听觉形象，如鸟语、松涛、水声等。

（五）风情识别系统

风情识别一般是指乡村旅游地中唯一具有并且能够成为该地区形象代表的节目或者活动。在长期的社会历史发展中，一些乡村旅游地积淀了独特的乡村地域文化、风俗习惯和生活方式，形成了各具特色的民俗风情。因此，乡村旅游地可以从乡村的吃、穿、住、行、娱等各方面演绎原汁原味的民俗风情，塑造风情识别系统。

三、乡村旅游形象

（一）乡村旅游形象的含义

从前面章节中我们对乡村旅游的分析可以得知，乡村旅游是以乡村社区为活动场所，以独特的乡村文化景观、优美的农业生态环境、参与性较强的农事活动和传统的民族习俗等为旅游资源，以城市居民为主要客源市场，融观赏、考察、学习、餐饮、娱乐、购物、休闲、度假为一体的旅游活动。因此，乡村旅游形象，一方面，是通过大众传播媒体呈现出的媒介形象和公众形象；另一方面，是旅游者对乡村旅游目的地的认识与评价，即乡村旅游目的地在旅游者头脑中的总体印象。我们在谈论乡村旅游形象是某个乡村旅游目的地的旅游资源以旅游产品的形式呈现在游客和公众面前，是社会对乡村旅游目的地特点的概括和总体评价，也是相关公众对该地的识别标志。

（二）乡村旅游形象分类

1. 乡村旅游景观形象

乡村旅游景观不同于城市旅游，主要包括各种自然景观、人文景观、乡村布局、乡村标志等，是乡村旅游的主导吸引因素。不同的主题呈现出来的景观形象差异较大，如以观光农业为主的农业种植景观，以休闲生态为主的休闲农业旅游。

2. 乡村旅游产品及服务质量形象

乡村旅游产品同样包含旅游产品的六要素，即吃、住、行、游、购、娱六方面。围绕着六要素所提供的服务水平，从业人员素养是乡村旅游形象的核心内容。

3. 乡村旅游的社会形象

由于我国城乡二元结构给公众所带来的刻板印象，使得乡村在部分公众心目中还停留在落后、偏僻等层面。因此，游客在旅游过程中所体验和感受到的当地社会生活的各个层面的状况，包括基础设施建设、村民的精神面貌、社会风气、风俗习惯和村民对旅游者的态度等反映出乡村整体的生态、文化与文明。因此乡村旅游社会形象在乡村旅游形象资源中占有举足轻重的地位。

（三）乡村旅游形象的特征

从旅游形象的构成角度看，乡村旅游形象是一种特殊的区域旅游形象，也具有旅游形象的一般特征。

1. 客观性与抽象性

一方面，形象本身是对具体事物的反映，是可感知的，但另一方面，形象是事物在人脑中的反馈，在多数情况下又是抽象的。乡村旅游目的地的社会存在决定了其形象，具有客观性和具体性。离开来乡村旅游目的地的现状，便不能构筑起一个可以被人知、信赖和引起人们好感的乡村旅游目的地形象。乡村旅游本身对于城市生活的旅游者来说，是一种较为陌生的生活方式和体验方式。在没有乡村旅游体验的情况下，只能通过大众传媒或以往的经验判断来感知乡村旅游形象。因而，从这一角度上说，乡村旅游形象又具有抽象性。

2. 整体性

乡村旅游形象是由内外各要素构成的统一体。从内部要素看，它包括乡村旅游目的地文化、资源特征、民俗节庆、农事活动等；从外部看它包括公众对乡村的认知、兴趣、信赖等。这两者之间密不可分，由此构成了内涵丰富、有机联系的整体的乡村旅游形象。

3. 多样性和复杂性

首先，乡村旅游形象主要是由人去塑造并被人感知的，因而总会受到不同的思维方式影响，认知能力和文化背景的不同，使人产生不同的感知。这也造就了乡村旅游形象的多样性和复杂性。其次，乡村旅游资源的组成既有自然环境，又有物质和非物质成分，由于其内容丰富、类型多样，因而在不同的乡村旅游目的地形象中呈现出多样性和复杂性。

4. 稳定性和可变性

乡村旅游目的地形象一旦形成，在相当长的一段时间内很难在人们心中淡化，形象是一种经验积累和理性认识的过程。某一乡村旅游目的地由于其资源特色与市场定位，使得其旅游形象相对稳定。而随着市场的变动，旅游者求新求变的心态，使得乡村旅游形象在一定程度中需要主动的稳中求变，带给旅游者新的理念、新的创意，由此吸引和满足不同旅游者的需求。人们的思维、认识也是随着外部环境的变化而变化，思维中的某地乡村旅游形象也会随之而变化，或越变越好，或越变越差。乡村旅游需要不断创新目的地旅游形象，在创新过程中，保持旅游目的地形象的相对稳定性。

5. 传播性

乡村旅游形象需要借助大众传播媒介和渠道进行传播，这种传播一般分为有意识传播

（乡村旅游开发主体或旅游企业积极主动的推广与宣传）和无意识传播（旅游者、公众的人际传播、大众媒体报道）。现代社会，人们通过接收大众传媒的信息而感知世界，对乡村旅游形象的感知除了亲身经历体会之外，更多的印象来源于大众传播媒介所传递的信息。乡村旅游形象在传播的过程中建构和形成。

6. 战略性

树立乡村旅游形象的目的是为了提高旅游目的地知名度，从而增加经济效益、社会效益和环境效益，实现这三大目标的过程便是乡村旅游形象战略化的表现。在社会化媒体环境的当今社会，口碑和品牌成为企业和地方经济在激烈竞争中取胜的重要因素。乡村旅游目的地要在激烈的竞争中取得良好发展就必须要着眼全局，提倡战略部署，走乡村旅游形象战略之路。

第二节　乡村旅游形象设计

一、乡村旅游形象设计的作用

乡村旅游形象是旅游目的地的生命，也是不同旅游区之间形成竞争的有力工具。实施形象战略有利于提高旅游地的知名度，同时把握旅游产品开发及其市场发展的方向，为旅游消费者购买决策提供信息帮助，也为旅行社组合和销售乡村旅游产品提供了基础。

（一）把握旅游产品开发及其市场发展的方向

乡村旅游地形象定位反映了旅游地的资源品级和产品开发的前景，也为旅游区的市场正确定位提供参考。在各级政府为解决农村问题而鼓励大力发展乡村旅游的情况下，众多乡村旅游地的诞生使得不同旅游地存在旅游产品雷同现象，同类旅游产品之间存在明显竞争，只有通过差异化的、特色鲜明的形象设计，乡村旅游地才能发挥持久的魅力，形成各自的竞争优势。

（二）提供旅游者购买决策的信息

许多研究认为，影响旅游者决策行为的不一定总是距离、时间、成本等一般因素，旅游地的知名度、美誉度、认可度可能更为重要。因此，许多旅游消费者在面对众多陌生的旅游地时常常犹豫不决，旅游地形象的建立则增强了旅游地的识别度，使许多旅游产品被形象、直白地表现出来，为旅游者做出决策提供了信息帮助。同时，由于乡村旅游在我国迅速发展的时间不是很长，加之许多资源级别较高且吸引力强的乡村旅游地分布在偏远的乡村，交通和信息传播等极为落后，很大部分乡村不为外界所知，因而旅游者无法对其形象做正确判断，影响了其对乡村旅游产品的购买决策，乡村旅游地形象策划则起到了补充和引导效应。

（三）为旅行社对乡村旅游产品组合和销售提供了基础条件

旅游企业特别是旅行社在组织旅游线路和包装旅游产品时，旅游地形象的建立和推广起着重要作用。旅行社在组织旅游线路时，往往是为满足不同层次和类型的游客需求进行组织，线路是以田园观光为主还是以民俗文化体验为主，或者是两者兼之，这与乡村旅游地形象的建立有着千丝万缕的关系。

二、乡村旅游形象设计原则

（一）地方特色原则

标识系统的设计要从旅游村落当地地方文化中汲取精华，体现地方特色，从而使标识系统的某些特征具有不可替代性。比如标识牌的造型设计可以取材于当地特有的装饰符号、生活生产用具、建筑形式等；在材料上选取具有地方特征的原材料，更好地融于环境，体现乡土气息；标识内容也要尽量反映当地的历史、文化等。

（二）综合性原则

标识系统的规划设计是一项综合性的工作。向游客介绍村落环境与文化传统是乡村旅游标识的一个重要作用。为了让游客全面而深刻地认识与感受乡村生活，就需要多学科的合作，包括生态、建筑、旅游、地理、艺术等多方的专业人员通力配合。涉及地方民俗方面，还需要当地居民的意见。这样多学科背景下的标识系统才能是科学而全面的。

（三）系统性原则

乡村旅游地标识系统是一项系统工程。乡村旅游地标识系统构成要素之间有一定的层级关系和组织构架，以整体形象展示在旅游者面前，因此在规划设计时要有全局观念，把个体特征统一到整体的风貌形象中去，达到整体上的最佳状态，实现乡村旅游目的地的最佳形象设计。同时，要在内容和功能上相互补充，构建一个类型多样、功能完备的乡村旅游标识体系，实现标识系统整体效能优化。

（四）生态美学原则

生态美是近些年才出现的一种新的美学观点，它是建立在生态人文观基础上的一种具有生态哲学意义的美学概念。生态美包括了自然美、生态关系和谐美及艺术与环境融合美，与强调对称、规则的人工雕琢形成鲜明对比。乡村旅游标识设计以自然生态规律和生态美法则为指导，效法自然，尊重乡村旅游地自然风貌，力求使标识系统成为乡村景观的一部分。

三、乡村旅游形象定位

（一）乡村旅游形象定位原则

乡村旅游地旅游形象定位在遵循整体性和差异性原则的基础上，还必须反映市场需求，体现乡村自然与文化资源价值，同时应与乡村旅游产品的策划相结合。

1. 市场需求原则

旅游地形象是影响目标市场购买决策的主要驱动因素，作为旅游企业运营的一个环节，其本质是一种旅游市场营销活动，而旅游地旅游开发一般是以其整体形象作为旅游吸引因素推动旅游市场，因此旅游地整体形象的塑造也必须紧扣旅游市场的发展趋势和需求。此外，乡村旅游地形象定位除了把握定位的目标市场而外，还必须做进一步的市场细分，目的是与共享相同目标市场的乡村旅游地在市场方面实行差异化策略，以分流竞争力。

2. 体现乡村自然与文化资源价值原则

乡村的自然和文化旅游资源是乡村旅游地旅游形象定位策划的基础和前提条件。乡村性是乡村旅游的基本属性,这一基本属性决定乡村旅游地的基本范围和区域特点,同时也体现了由于交通、信息沟通以及物质能量流通缓慢等因素的制约,使得乡村地区的民间文化、传统习俗、自然环境等资源保存较为完好、古朴,并极大地满足现代旅游者的审美需求和心理欲望,为乡村旅游开发提供坚实的基础条件。在进行乡村旅游地形象构建时,地方文脉分析是必不可少也极为重要的。地方文脉分析包含了乡村的自然和文化价值分析,乡村旅游形象定位必须体现乡村旅游地的自然和文化资源的价值。

3. 与旅游产品策划相结合原则

旅游产品策划在总体上反映了旅游地形象,看似空泛的旅游产品由大量特色旅游产品做支撑。旅游产品策划是旅游区策划的重要部分,一个区域旅游策划的成功与否,除了市场开拓、定位是否成功外,很大一部分因素取决于产品策划。另外,由于旅游产品的不可运动性决定了产品需要旅游形象的传播为潜在旅游者所认知,并引导旅游者要获得一个什么样的旅游经历来影响旅游者的购买决策。旅游地的旅游吸引物也是一种旅游产品形式,各种吸引物形象的叠加形成旅游地的基本形象。因此,在构建乡村旅游地形象时必须与旅游产品策划相结合。

4. 旅游消费者可接受原则

旅游地形象的传播对象是旅游者,在定位旅游地形象时,受众调查和市场分析是必不可少的环节。旅游地形象的构建目的也是为了更大限度地开发潜在旅游市场,让游客更清晰、方便地了解旅游地的特点及其独特之处,从而诱发旅游动机。乡村旅游地形象定位应当考虑旅游者是否能够接受的心理。

(二) 乡村旅游形象定位方法

1. 领先定位

适用于独一无二或无法替代的乡村旅游资源,如江苏省江阴市的华西村,被誉为天下第一村。或者特有的少数民族乡村聚居地(四川羌族聚居地)等。

2. 比附定位

避开第一,争取第二位。

3. 逆向定位

强调并宣传对象在消费者心目中第一形象和刻板印象的对立面的定位方式。采用逆向思维,进行反向定位。

4. 空隙定位

空隙定位即瞄准乡村旅游市场空隙,树立与众不同的主题形象。

5. 重新定位

重新定位即再次定位,用新形象替换旧形象。如长江三峡水利枢纽工程建设改变了景观(高峡出平湖),推出"魅力新三峡"的旅游形象。

四、乡村旅游形象设计的基本过程

乡村旅游形象设计是一项复杂而系统的过程,要求以理念识别系统为核心,行为识别系统为内涵,视觉识别系统为基础。所有的视觉表现需以内在的经营理念为依托,只有对经营理念有充分的理解,才能真正设计出能够反映经营理念的视觉识别系统,凸显乡村旅游的基本精神及独特的个性特点，吸引旅游者。在设计乡村旅游形象的前期必须要有充分的准备工作，如前期研究，包括乡村旅游资源、市场调查、受众调查，根据掌握的相关资料进行相应的形象设计。

（一）乡村旅游资源调查

乡村旅游形象设计首先要考虑乡村的旅游资源，包括民俗节庆、民族文化特色、地理优势特点。乡村旅游地旅游形象的实现过程中，地方文脉分析占重要地位。地方文脉分析主要是对乡村旅游地的资源特色和传统的民俗民间文化或后期形成的乡村社区文化等进行分析，试图寻找区别于其他地区的乡村环境氛围特性并具有代表性的旅游地本质。文脉分析在旅游地形象建立中具有基础性和重要性，因为形象的内容源自文脉。同时，在乡村旅游形象设计中，地方文化的渗透是关键，也是旅游形象的灵魂所在。

（二）市场调查

市场调查分析是指为了在通过文脉分析得出旅游地基本形象后，通过对旅游者关于目的地认识与感知来确定旅游目的地的总体印象，它是选择旅游地形象宣传口号的基础和前提，因为旅游地形象传播的对象是旅游者，通过调查确定形象，目的是满足潜在旅游者的预期心理。

（三）竞争性分析

旅游地竞争分析目的是为了体现旅游地的个性化与差异化。旅游地难免存在竞争，同时旅游者对旅游目的地认知过程中存在"先入为主"的效应，因此，定位乡村旅游地形象时必须进行竞争性分析，以免处在其他同类旅游地的形象遮蔽中。

（四）受众调查

进行受众调查有助于了解受众的偏好，尤其是针对乡村旅游市场的受众，通过了解受众的偏好，对核心受众群的分析与定位，充分挖掘并吸引潜在受众群体。在乡村旅游形象设计过程中充分考虑受众的喜好，才能使得乡村旅游形象的传播效果最大化。

（五）核心提炼与理念分析

通过对乡村旅游地充分调查后，在包括对旅游投资者、经营者的意向、旅游地的文化形态、旅游地的各种资源以及内外环境进行周密分析的基础上，提炼出鲜明的口号，确立自己的经营理念和哲学。根据总的定位理念，设计推出一套相关促销口号，对不同景区、不同目标市场推出不同口号，以完善和强化乡村旅游形象，在农民、旅游者以及目标旅游市场上保持一致的形象传播。

[小贴士]

成都三圣花乡的乡村旅游形象定位

三圣花乡位于成都市锦江区东南郊，是成都乡村旅游的成功典范，是"中国花木之乡"和国家级4A级风景区，被誉为"永不落幕的花博会""永不谢客的花之居"。景区是2003年成都市政府在三圣乡举办"中国成都首届花博会"之际，集中财力，借势造势，将花博会周边的五个村庄在原来经营花卉的基础上，由政府统一规划，因地制宜，错位发展，在 12 平方千米的土地上打造的"花"主题旅游村，现已成为国内外享誉盛名的休闲旅游娱乐度假区。

三圣花乡又被称为成都"五朵金花"，"五朵金花"其实就是三圣乡的五个小村子。这五个村子，各有特色，红砂村搞的是"花香农居"，幸福村搞的"幸福梅林"，驸马村搞的"东篱菊园"，万福村搞的"荷塘月色"，江家堰村搞的"江家菜地"。

这五个村子，各有特色，形成"一村一品一业"的产业格局：

花乡农居——红砂村主要发展小盆、鲜切花和旅游产业；

幸福梅林——幸福村围绕梅花文化和梅花产业链，发展旅游观光农业；

江家菜地——江家堰村以认种的方式，将土地给城里人认种，把传统种植业变为体验式休闲农业，实现城乡互动；

东篱菊园——驸马村突出菊花的多种类和菊园的大规模，形成"环境、人文、菊韵、花海"的交融；

荷塘月色——万福村优美的田园风光，成了艺术创作、音乐开发的艺术村。

思考与讨论：
1. 三圣花乡成功的因素有哪些？
2. 分析并讨论三圣花乡形象定位带来的启示。

（资料来源：海森机构 http://www.haisan.cn/archives/view-86-1.html）

第三节 乡村旅游形象传播

一、旅游传播与乡村旅游形象传播

旅游传播是以游客为主体的传播活动，旅游活动中的游客和东道主是旅游传播中的主客体，二者之间的关系往往可以互换，但多以游客为主。由于游客从来源地到旅游目的地的空间移动，建立了游客来源地文化与旅游目的地文化之间的关联，其中有信息的交流，也有生活方式、思想观念等方面的影响。

乡村旅游地形象的本质在于田园形象，更多外在的是旅游度假村和古镇的形态。这一形象的树立有赖于适应这一特色的传播方式，通常依靠比较传统的介质进行对外传播，比如电视、广播、报纸等立体传媒与平面媒体，通过乡村级别旅游宣传部门等掌握相关重要信息的机构来充当旅游形象的发出方，以此将典型形象展示给接收者群体，这些惯用的形象媒介工具扮演了乡村旅游目的地形象传播的中流砥柱。它们毫无例外地担任着联系乡村内外、沟通彼此上下的纽带和桥梁，适时动态地传输着广大乡村范围内的旅游目的地形象符号。乡村旅游形象设计的目的在于使人们认知旅游目的地，旅游形象如果不能有效地传播和推广，就失去了其形象设计的意义，因此，如何做好乡村旅游形象的传播与推广，需要我们考虑传播的特性，厘清大众传媒与人际传播的传播特性与路径，以便更好地制定乡村旅游形象传播策略。

二、乡村旅游形象传播的构成要素

为了进一步掌握旅游形象传播的构成要素，需掌握以下概念。

传播者（信源）：传播者又称传者、信源等，是传播行为的引发者，即在传播过程中信息的主动发出者。在社会传播中，传播者可以以个人的形式出现，比如人际传播活动。也可以以群体组织的形式出现，前者如群体传播，后者如大众传播。乡村旅游形象的传播者可以是乡村旅游地的管理者，也可以是旅游者。在旅游活动过程中，乡村旅游形象通过自身的行为表现，主动宣传或无形中制作并提供旅游形象相关信息给旅游目的地系统内的受众。

内容（信息）：指的是旅游信息，是旅游活动过程中相互传递的内容，来自于客源地的各种信息。这类有关乡村旅游目的地形象的信息主要来自于目的地所传达的内涵，也包括旅游者的评论。

媒介（渠道）：指的是传播的媒介渠道，包括大众传媒、自媒体、社会化媒体、旅游者口耳相传等渠道。一方面由旅游主体承担，旅游主体既是传播者又是接受者，另一方面，与乡村旅游有关的部门（如旅行社、旅游景点管理部门、旅游交通管理部门等）也会在旅游活动中，间接成为媒介传播的渠道。

受众：乡村旅游形象传播过程中，信息传播的接收者，包括报刊和书籍的读者、广播的听众、电影电视的观众、网民。

反馈：信息受传者向信息传播者（旅游者）返回信息、消息的过程。

三、乡村旅游形象传播的特征

（一）目的性

人类在传播活动开始之前就会制订出活动的计划，乡村旅游形象传播也是如此，具有明确的方向性和目的性。如某地在电视台做的地方旅游宣传口号，这是一种典型的旅游形象传播活动，希望通过响亮的口号向受众传达某地的旅游形象，取得宣传效果，吸引人群到某地观光游览。

（二）互动性

近些年来，随着旅游业的发展和旅游竞争加剧，旅游信息的传播者和受传者两大要素之间的沟通和交流在增加，在实际的传播过程中，越来越讲究传播者和受传者的互动性，传播者和受传者的角色不断互换，在反馈过程中，传播者变为受传者，受传者变成了传播者。换句话说，传播者既是传播的单项进行的两端，又是双向沟通的回归。双向流动的过程说明了传播活动具有互动性和动态性，传播者和受传者在互动中进行沟通和交流、信息共享的活动，失去互动性，传播的意义便不存在。

（三）体验性

"体验"是旅游传播最重要的特征。没有直接体验，旅游就不存在，直接体验是旅游传播最重要的特征。大众传播活动中，报纸、广播、杂志、影视等的传播不能带来真实的感受，旅游却能够，因为旅游活动存在直接体验。一切的深层沟通和理解不能仅依靠文字、图像、声音资料，而必须建立在脚步、目光、耳朵乃至整个血肉之躯全身心地投入才有显著效果。

四、乡村旅游形象传播策略

（一）乡村旅游符号传播

乡村旅游的理念需要通过一定的符号传递出来，旅游形象需要通过一定的符号加以传递。因此要设计出有新意的旅游形象标志，旅游特色在图案上的表现要鲜明、要简洁。旅游标志的设计需按照主题形象策划方案加以形象化的提炼创意。

（二）口碑传播

在社会化媒体时代，口碑营销传播的影响力不可小觑。现在吃饭、出行借助网友的推荐成为习惯，社交媒体为人际传播提供了良好的平台，因此，乡村旅游形象传播可以借助社会化媒体提高影响力。在借助社会化媒体进行乡村旅游形象传播的过程中，需要重视意见领袖的作用。另外，积极主动地建立自媒体，进行积极的形象传播有利于引导舆论，同时也为受众提供互动和交流的平台。要及时地关注旅游者信息反馈及建议，改进服务与设施，营造更良好的乡村旅游形象。

（三）节事活动或公关传播

旅游城市的节事传播其实是旅游目的地吸引受众眼球的一种传播方式，事件的强大号召力可以在短时期内促使事件发生地的口碑获得"爆发性"的提升。节事即指有加强影响力的大型活动，包括国际会议或展览会、重要体育赛事、旅游节事以及其他能产生轰动效应的活动。

1. 举办节庆活动

旅游目的地可以依托旅游、文化等方面的节庆活动，邀请当地以及国外的媒体记者前来报道，以期提高当地的知名度。南宁的国际民歌艺术节的运作便是很成功的例子，乘着民歌节歌声的翅膀，让人们从不知道南宁到认识南宁，从知之不多到被这个城市所吸引。

2. 承办大型活动

大型活动的承办对旅游地的形象传播是大有裨益的。大型活动对区域发展的影响包含经济、社会、文化、环境、形象等方面。

3. 旅游公关活动

公共关系活动是一种协调组织与公众的关系，使组织达到所希望的形象状态和标准的方法、手段。公关事件并不需要给广告媒介付费，但活动本身可以吸引媒体的关注，提升城市的知名度和美誉度，是一种低投入、高产出的传播方式。

（四）整合营销传播

单一的传播方式不足以形成良好的传播效果。以电视、广播、报纸、杂志为主流的大众传播媒体给受众树立了更为可信的传播者形象，因此乡村旅游目的地在进行形象传播过程中可以充分利用传统媒体。然而，传统媒体的传播形式与覆盖面在网络的冲击下使得传播效果受到一定限制。社会化媒体的出现降低了传播成本，乡村旅游目的地可以利用社会化媒体形成乡村旅游目的地—传统媒体—旅游者三者互动的平台，实施整合营销传播。

[小贴士]

如何塑造乡村旅游的网络范儿？

在互联网上，我们所见到的内容往往是以景区和城市旅游目的地为基础的吸引力。乡村呈现出的吸引力往往不如那些高大上的网络宣传，从视觉到文字，从感触到事件，我们忽略了太多对原乡吸引力的提升，忽略了当下社会对于乡村旅游和乡村度假的真实需求。乡村旅游的网络范儿理应被我们更加重视起来，农家乐与采摘园已渐成审美疲劳，那么如何通过网络范儿的塑造让乡村旅游提升吸引力呢？

通过在互联网的搜索，我们可以发现，乡村旅游正处于初步的产品完善阶段，旅游目的地的形态还很原始，吃顿农家饭、采点蔬菜瓜果、烧烤垂钓等漫山遍野。但从另一个角度，褚橙、叫鸭、卖檬等创意乡村特产的创意展现已经走出了一条文化创意的路。我们可以看到网络范儿是一种视觉与文字包装的文化外衣，但我们不能仅从美好的包装去过分夸大旅游目的地的吸引力，而应当是从短线和长线进行双向布局。

无论短线还是长线，都是为了提升曝光量、塑造品牌，实现以产品配合形象的手段让市场接受，从而达成旅游销售量的提升。如何推动乡村旅游的自我觉醒，激发乡村创意，从而融入互联网这场经济盛宴之中？可能网络范儿的塑造是乡村旅游营销出路，即营销与建设互补，线上与线下并举。

短线是通过4C理论进行市场挖掘。

【4C理论——需求、成本、便利、沟通】

短线更注重从市场视角出发，所以借4C理论进行破解，以营销为主要方式，通过网络运营，挖掘市场吸引力，快速增强市场认知。

首先，进行短线布局，所以乡村旅游的网络范儿在做短线的时候更倾向于营销的扩展。每个乡村都有精彩的故事，每个乡村都有善良的村民，每个乡村都有多样的风光，每个乡村都有独特的民俗，每个乡村都有特色的产物，每个乡村也都有世袭相传的乡村风貌。这是构成乡村旅游吸引力的几个关键要素。也是当下人们在亲身体验之前希望通过网络见到的内容，这些即是网络所提供的需求，抓住需求做内容，让互联网看到那些乡村的要素。

其次，成本是针对游客来说购买所付出的时间、金钱以及精力的投入总和。最近大热的互联网思维更多是在这一部分进行了购买成本的缩减。爆款就是减少选择的时间（即乡村化的亮点突出），做商业生态就是降低消费者购买成本（即乡村化的多种经营），粉丝圈层就是在互相帮助的圈层中减少精力的投入（即乡村化的旅游攻略）。

再次，在成交上，多运用网络的手段。比如支付宝、微信支付、刷卡等服务内容，在社交化软件和平台上都可以达成，乡村旅游不能困在一隅，要迎接互联网时代所带来的便利，为游客展现一种与时俱进的形象。

最后，客户关系管理是打造用户心中良好印象的手段。行前、行中和行后，游客会遇到诸多问题，热心、热情地做好乡村旅游店小二服务、回答网络问题、建立新媒体的沟通机制、树立乡村旅游的客服风格。让城市游客在乡村旅游，体验"网络豪华服务"。

短线的优点是短平快，可以在网络形象上迅速建立良好的品牌标签，但乡村旅游本身的建设是发展和持续吸引力的重要支撑，旅游产品创新、旅游商品优化、旅游服务细节等都需要通过长线的方式来弥补。

长线是通过4P理论进行产品塑造。

【4P理论——产品、渠道、价格、促销】

长线更注重从产品视角出发，所以借4P理论进行破解，以产品细节为主要手段，通过综合建设，提升产品创新力，逐步增加产品体验性。

首先，对于产品来说，大炕、土院落是一种返璞归真，也是乡村旅游产品的瓶颈。因为这家有，那家也有，产品提升的前提必须有差异化的意识，如果认为现在的自然增长量已经自给自足，那将在竞争中失去优质的客源。所有"蓝海"都走在"红海"的路上，乡村管理者一定要保持创新意识，从短线的反馈中、在外界信息的帮助下寻找产品创意。如可提升休闲舒适度，提供最舒服的院落休闲设备；如建设蓝精灵村庄；或者让整个村庄内外设施都回到100年前等。创意的路径很多，最怕不重视，在恍惚中失掉了自身的优势。

其次，渠道应该是有一个整体的统筹方。从个体到村级，从村到镇，从镇到县……逐级上升，个体可以有自己的自媒体，村可以建立和平台的销售关系，镇带动区域内的推广，县进行资源引入，市级进行产品和信息采集，进行多平台推荐，即整体实现一个网络矩阵。个体针对产品进行创意展示即生产内容，村和销售渠道签约合作建立供销一体化，镇完善乡村旅游品牌形象推广管理，县级单位对各平台制定合作奖励政策，市级以上可以集中在平台上对目标市场进行细分并传递各地区优质内容。渠道的整套体系根据旅游的特性逐层提供内容和优惠返佣众筹，这样个体支持1元钱，在县级即可形成很好的合作奖励政策，县级的营销费用支付市级在目标市场的投放，而销售返佣则由村作为供销单位统筹与平台磋商，镇做好辖区内形象管理。

再次，价格应从目标消费者和性价比两个方面思考。目标消费者分为高端、中端和低端，性价比是在产品内容的附加值上提升价格竞争中的优势。在这一部分，乡村旅游在实现上满足目标消费方面，可以根据产品的精品程度制定价格。性价比则可以提供令人尖叫的福利，比如院子里的一株果树或一群山羊；性价比也可以是在细节上做文章，比如乡村的花被子、山上摘下的一篮水果或架在火堆上的烤玉米。这就是软硬兼施的价格策略。

最后，促销大多应该放在县一级层面，个体本身单价成本就相对较低，这时候县级单位需要根据本地数据，制定科学并可执行的优惠政策，同时在各个村镇布局支持地方活动。争取在价格优势和节事活动吸引力上获得市场青睐。个体、村镇的促销效果在团购方面表现明显，但当下团购市场已经表明，大幅度的优惠本身对旅游目的地是一种盲目行为，做强自身吸引力，在矩阵框架内可以增强自媒体建设，尽量将最低的价格直接面向游客，而不要被渠道过分绑架。

长线的优点是提升产品和促成良性机制，使得乡村旅游更健康，能够长续经营下去。乡村旅游有很多被游客诟病为竞争恶劣、服务不规范、有度假没休闲、有乡村没乐趣等。长线布局需要各级管理部门付出更多的努力。

通过两种营销理论来解读乡村旅游，所体现的内容是希望乡村旅游能与时俱进，在互联网大潮到来时，应该用一些科学的方法论武装起来，在旅游市场中也能够一显身手。乡村旅游，网络范儿，走起！

（资料来源：凤凰文旅观察 http：//travel.ifeng.com/news/china/detail_ 2015_ 02/05/40452543_ 0.shtml）

第四节 乡村旅游品牌塑造

一、旅游品牌

(一) 品牌

品牌是指用以识别卖主的商品或劳务的名称、术语、记号、象征或设计及其组合,并用来区分卖主和竞争者。我国的品牌专家余明阳在《品牌学》中提出,品牌是在营销或传播过程中形成的,用以将产品与消费者等关系利益团体联系起来,并带来新价值的一种媒介。品牌是由市场属性和产品属性组成的一个系统,品牌的市场属性是指包括商标在内的一系列传递产品特性、利益、联想、文化、服务、价值观和个性等活动的总和,品牌的产品属性是指品牌代表着企业规模、产品质量、技术和企业形象等。

(二) 乡村旅游品牌

培育乡村旅游目的地品牌已成为当代乡村旅游发展的必然趋势。如今,参与乡村旅游的消费者在对旅游目的地食宿、吸引物等有形产品关注的同时,越来越重视对农村生活方式体验的获取。乡村旅游的品牌内涵是复杂而丰富的,最强势的乡村旅游的品牌是那些个性最为丰富的品牌。乡村旅游品牌建设的成功与否取决于目的地品牌个性与游客之间相互作用的程度。要培育或完善乡村旅游的品牌价值,必须构建起持久、相关、易于传播、对潜在游客有突出核心价值的品牌,需要凸显旅游地品牌与游客之间的相关性、品牌的新颖性和差异性。

二、乡村旅游品牌的价值与意义

乡村旅游的品牌是凸显目的地自身特点、利益和价值,树立目的地形象的标杆,包括旅游地内部的旅游吸引物、旅游产品、经营主体、服务设施、服务人员、生态环境等。所在地的政府、居民、相关法律和政策等这些要素是形成目的地品牌价值的内在支撑和外在保障。对当今的游客而言,他们对乡村旅游地的选择不仅是他们生活方式的外在体现,更是他们内在需求的体现。当游客把自己的时间和金钱用到一个村镇进行旅游或度假时,他们必然带有明显的情感诉求,希望借此获取身体上的舒适与心灵上的愉悦。因此对游客而言,乡村旅游的品牌应该具有社会、情感和身份识别的价值。成功的乡村旅游目的品牌能够在目的地自身优势与游客感知之间架起一座桥梁,让游客能够真实、深刻地体会到旅游所带来的满足感,并赢得游客的情感归属。因此,乡村旅游品牌的价值应涵盖目的地品牌的理性价值、情感价值与情感联系,体现旅游目的地对游客利益需求的满足。

三、乡村旅游品牌塑造策略

为了吸引游客,许多村镇都深入挖掘、积极展示自己的村落历史、农耕文化和独特风光,但是在同一地区内,很多村镇都有相似的特质。因此,必须找到本地的某种特质,同时使这些特质能在现在和未来都能与游客建立某种独特的情感联系,这也是塑造目的地品牌的关键所在。

（一）以特色旅游吸引物凸显差异化

从某种意义上来说，旅游目的地的品牌就是目的地最具特色或优势的旅游吸引物的一个集中体现。乡村旅游吸引物的打造必须对游客产生足够的吸引力和感召力，并能够为游客带去他们所需的满足感。只有呈现出"唯我独有"的特征，并且让游客感知这种特征，才能保证乡村旅游在品牌建设过程中获得成功。乡村旅游与其他形态旅游的根本区别在于乡村旅游所特有的内涵——农业文化。因此，在塑造特色吸引物时，需要在充分利用村镇生态环境、特色动植物、农业生产等资源要素的基础上，植入具有本地鲜明地域特色的文化。这些资源要素可以是本地文化遗产、风俗仪式、节庆活动、传统手工艺、特色饮食等。通过多形式、全方位真实地展示当地的特色文化，才能创造出具有持续吸引力和竞争优势的旅游吸引物，乡村旅游的品牌的价值才能持续发展、不断创新。

（二）优质设施与特色服务

旅游设施包含了为旅游活动提供的所有服务设施，它是开展旅游活动的基础，也是游客顺利进行旅游活动的物质保障。高质量、高水平的服务设施是乡村旅游目的地塑造自身品牌的基础与必要条件。优质的乡村旅游服务设施并不是对豪华或奢侈的追求，而应该是对各村镇民族或民俗特点的凸显。同时，基于现代游客的需求，在构建具有地方传统特色服务设施时，应尽量满足游客的生活习惯，保证游客体验的舒适度。除硬件设施外，乡村旅游地提供的服务也是保证旅游目的地品牌建设成功的必要条件之一。游客正是在与服务人员进行互动交流的过程中才形成了对目的地的认识和看法。一支拥有专业水准和敬业精神的高素质的乡村旅游服务队伍会给旅游者留下良好的印象。因此，应结合当地的特点与游客的需求，提升服务人员的专业技能和服务水平，让游客深切体会到真诚、专业和贴心的旅游服务。

（三）规范经营者和本地居民的行为

在乡村旅游业发展的进程中，农户、协会、园区、企业等各类经营者为旅游活动创造条件，并负责提供游客所需商品和旅游服务，是游客感知旅游价值的最直接接触者。经营者的行为直接影响了游客对村镇乡村旅游产品和服务的体验与感知效果，直接影响着游客的情感、利益。各经营者应积极创新旅游服务、提升服务水平和接待能力，给游客留下美好印象。在乡村旅游进行品牌建设时，需要让本地居民对品牌的内涵与价值有清晰的了解，并能够加以准确表达，从而使本地居民在与游客的沟通交流中更好地展示、传递本地乡村旅游的特色与收益。

（四）科学的政策引导和扶持

塑造乡村旅游的品牌，不仅是经营者与当地居民的责任，更需要地方政府立足全局，积极引导并大力扶持。政府应该能认识并确立本地乡村旅游品牌的本质与内涵，制定科学的宣传推广策略，引导区域内的所有相关主体统一思想和认识，积极参与到本地乡镇旅游品牌的塑造中。政府还应积极发挥导向作用，鼓励和吸引社会主体广泛参与，立足于旅游目的地品牌的定位，对本地乡村旅游的形象进行全方位的展示和推广，提升当地的知名度和影响力。

乡村旅游的品牌建设是不断丰富旅游目的地自身的价值内涵、强化目的地与游客之间联系的过程，需要旅游目的地在明晰自身优势的基础上，积极利用特有的资源设计出符合游客需求的旅游产品和特色服务，让游客深切感受到本地的与众不同。

[实务训练]

1. 选取一乡村旅游目的地,设计乡村旅游形象标识;
2. 制定乡村旅游形象传播方案。

[知识归纳]

乡村旅游形象一般被认为是现实旅游者和潜在旅游者对乡村旅游目的地的总体认识与评价,是乡村旅游目的地在现实旅游者和潜在旅游者头脑中的总体印象。从乡村旅游目的地形象感受者来看,一类是乡村旅游目的地在潜在旅游者头脑中的形象,另一类是乡村旅游目的地在现实旅游者头脑中的形象。因此,在设计乡村旅游形象过程中必须充分考虑乡村旅游目的地的资源状况、文化内涵、受众客源等众多因素,用以更好地传播与推广乡村旅游目的地形象。在游客与旅游目的地互动中更好地塑造乡村旅游品牌,从而使得乡村旅游目的地可持续良性发展。

[案例解析]

实施品牌战略,打造全域景区——郫县乡村旅游发展的经验与做法

郫县位于川西平原腹心、成都市西北近郊,享誉全国的豆瓣之乡、蜀绣之乡、中国农家乐旅游发源地,素有"银郫县"之美誉。辖区面积438平方千米,辖14镇(街道),户籍人口52.6万,常住人口79万。郫县人文历史厚重,为古蜀之都;生态环境优美,是成都市饮用水源重要保护带,被誉为"八河并流的水上城市,成都平原至美的田园";区位优势明显,县城离成都市区仅14千米,离双流国际机场25千米,成灌快铁贯穿全县,绕城高速、成灌高速、国道317等高等级公路四通八达。近年来,按照农旅融合,精品化、特色化、组团式的发展思路,成功走出了一条以农业资源为载体,集观光、体验、休闲、餐饮、农产品销售为一体,多种经营模式相结合的乡村旅游发展道路。已建成3个国家4A级旅游景区(农科村、望丛祠、三道堰水乡)和3个国家3A级旅游景区(成都川菜博物馆、战旗·五季花田、中国川菜产业园),有星级农家乐/乡村酒店36家,地接旅行社1家(成都蜀源旅游公司),建成健康绿道160余千米。先后荣获"中国农家乐旅游发源地""全国休闲农业与乡村旅游示范县"和"中国十大休闲小城""最美中国·生态旅游目的地"等殊荣。2014年,接待游客900万人次,实现旅游总收入19亿元,带动农民人均增收1 500元以上。

郫县乡村旅游发展经历了四个阶段。第一阶段(1985—1995年):农民自发阶段。农民利用自己的宅基地和承包地种植花卉苗木,改造自家房屋,开展接待服务,即农家乐的起步期。第二阶段(1995—2002年):政府引导阶段。政府鼓励和支持大力发展农家乐,制定经营规范,完善配套设施,加强培训和行业自律,进入了农家乐的兴盛期和规范发展阶段。第三阶段(2002—2009年):企业参与阶段。引进劲浪体育打造以运动休闲与乡村度假相融合的梦桐泉乡村酒店、湖南湘财证券打造以石刻艺术与乡村休闲相融合的鹿野苑等,启动了现代农业观光旅游项目,逐渐由个体经营向企业规模化经营转变。第四阶段(2009年以来):

转型发展阶段。普通农家乐融入特色元素，如徐家大院融入农家乐发展历程展示、刘氏庄园融入杨雄文化和苗木文化等，乡村旅游进入品牌化、特色化、标准化发展阶段。

从发展模式上看，郫县乡村旅游主要有政府主导和企业主导两种模式。一是政府主导模式，即以农科村为典型，随着成都周边地区"农家乐"的快速发展，市场竞争激烈，导致农科村"农家乐"从2000年开始一度走向低谷，减少到40余家。2004年郫县县委、县政府迅速做出"再造农科村、振兴农家乐、重铸乡村旅游新辉煌"的战略部署，全面实施农科村提档升级。2004年至今，县政府累计投入8 000余万元资金，带动农家乐经营户投入1.7亿元，全面提升景区硬件环境、服务质量和文化品位。2006年被评定为国家3A级景区，2009年被批准为"国家级农家旅游服务业标准化试点单位"，2012年升级为国家4A级景区。二是企业主导模式，即以市级第一批实施土地综合整治建设农民新型社区的战旗村为典型，通过农民集中安置，将剩余宅基地转变为集体建设用地，承包地流转为农业产业化用地。2010年引进企业投资兴建第五季妈妈农庄项目，2012年5月建成600亩薰衣草花田、100亩太空蔬菜观光大棚、特色乡村酒店、游客接待中心等配套设施，并成功创建战旗·5季花田景区。通过举办薰衣草生态旅游节和宣传促销，年吸引游客达50万人，实现村民人均收入达到12 320元。

郫县乡村旅游的具体做法如下：

(1) 突出特色，提升品牌形象。一是打造乡村旅游精品景区。按照"成熟一个、创建一个"的思路，深入挖掘独特文化内涵，以"川菜之源"为主题打造了川菜博物馆3A景区；以"乡村旅游发源地"为主题，通过升级改造和品牌提升，打造农科村4A级景区；以"浪漫花海"为主题，打造了唐昌战旗·5季花田3A景区；以"川菜味乡、工旅融合"为主题，打造中国川菜体验园3A级景区；2014年新增古蜀之源——望丛祠和西部最美水乡——三道堰2个4A级景区。二是打造特色精品乡村酒店（农家乐）。通过"三改一提升"等手段，改造传统农家乐20余家，建成13家乡村酒店。三是打造现代农业观光旅游特色园区。结合"一园三带五基地"农业产业格局，将生产性与观赏性、休憩性相结合，培育西部花乡、成都西镇绿农等现代农业观光旅游特色园区12个。四是打造乡村旅游特色镇村。依托丰富的水源、苗木和生态田园风光等优势，打造安德、三道堰、友爱等3个旅游特色镇和农科村、古城村、战旗村等3个旅游特色村。五是包装推介了天府蜀绣文化创意产业园等一批大型商务旅游综合体项目，加快推进多利农庄、千鹭湖等项目建设。

(2) 加强营销，聚集旅游人气。一是精心策划和举办重大旅游节庆活动。承办中国休闲农业与乡村旅游节暨首届中国农家乐发展大会、中国（郫县）望丛旅游节暨世界蜀商恳亲大会、中国成都国际非物质文化遗产节郫县分会场开幕式暨郫县安靖国际刺绣艺术节等重大节会活动，举办三道堰耍水节、"5.19中国旅游日2014四川花卉（果类）生态旅游节暨第三届薰衣草生态旅游节美丽郫县首届生态旅游节"等特色节会，对郫县旅游进行全方位推介。二是受国家、省旅游局及西南财大、川大等高校邀请，先后在"黔西南州乡村旅游培训班"、北戴河"2014年乡村旅游扶贫重点村村官培训班"、江西省"罗霄山片区旅游经济发展研讨班"和"全国基层旅游局长培训班"等课堂上授课，介绍郫县乡村旅游发展经验，吸引了众多考察团到郫县交流合作。截至目前，郫县以农科村、中国川菜体验园等景区为重点，累计接待省内外（及外国）考察团300多个。三是改版提升郫县旅游地图、宣传拉页等"6个1"宣传制品,全面提升郫县旅游网站服务功能和商务功能,完成农科村、三道堰手机终端信息服务APP及智慧3D旅游地图。四是开展多层次旅游宣传。利用中央电视台、《中国旅游报》等国内媒体以及境外媒体,积极通过论坛、推介会、讲堂等形式,多渠道宣传郫县乡村旅游。

郫县乡村旅游下一步发展思路如下:

(1) 加强旅游资源整合,打造旅游品牌。突出中国农家乐发源地品牌影响,以良好的生态环境、丰富的水资源和川菜之魂——郫县豆瓣酱为载体,以农科村、三道堰、唐昌古镇、望丛文化园等为重点,整合周边旅游资源,包装打造特色鲜明、主题突出的旅游区域;依托田园景观、川西林盘和八河并流的生态环境,加快"一三互动""文旅融合"发展,包装推介一批以特色旅游城镇为载体,以A级旅游景区为支撑,以特色旅游项目、精品乡村旅游企业和现代农业产业园等为补充的乡村旅游精品项目;以全县景区景点为基础,以古蜀望丛文化、天府农耕文化、水文化为支撑,推出独具魅力的乡村旅游大环线。

(2) 强化旅游配套建设,完善服务功能。以县域公共交通和绿道体系为主,打造"快旅慢游"交通组织网络,加快旅游集散中心建设,完善旅游交通标识标牌和科学合理的旅游导视系统。规划建设美食街区,引入知名餐饮品牌,突出川菜美食文化魅力。推进智慧旅游公共支撑平台、门户网站、手机导游导览等项目和应用系统建设,为游客提供全程旅游一体化服务。加快发展主题文化特色酒店,形成门类齐全、层级合理的接待体系。利用花木、手工艺品等资源,开发豆瓣酱、蜀绣等独具"郫县元素"的旅游商品。

(3) 突出宣传营销重点,扩大对外影响力。一是加大郫县"古蜀之源、川菜之魂、蜀绣之乡、生态之城"的城市品牌营销,着力培育古蜀文化旅游节、川菜文化旅游节和乡村旅游节等特色旅游节会品牌;二是充分利用中央、省、市新闻媒体以及新兴媒体加大对郫县文化旅游宣传营销;三是将旅游与城市营销有机整合,制作旅游LOGO、旅游宣传片、旅游宣传口号等,加大在主流媒体、重点客源地的营销宣传力度;四是建立全域景区整体联动宣传营销机制,推出"一日游""二日游"旅游线路,立足大成都圈层旅游热点资源,促进与都江堰、青城山、云南等省内外著名景区的区域合作;五是针对游客、旅游代理商等不同营销对象开展细分营销,拓展航空公司、旅行社等营销渠道,推进组合式立体营销,利用门户网站、手机终端等网络系统开展线上线下营销。

(4) 狠抓旅游精细管理,提升服务质量。充分发挥旅游协会的作用,利用"走出去、请进来"的方式,组织旅游企业和旅游管理人员外出学习乡村旅游先进发展经验;利用郫县丰富的高校资源,每年邀请银杏酒店管理学院、成都旅游学院等高校专家对郫县乡村旅游转型升级开展培训和指导;推进全县旅游标准化建设,完成50家旅游企业提档升级;探索开放式全域景区管理新模式,强化农家乐、乡村酒店服务质量提升,完成星级评定20家;探索建立"生态旅游企业评定标准",培育12家能接待"金、白、蓝领级"消费群体的旅游企业;做好农科村智慧景区、温德姆智慧酒店试点工作,引入5家知名旅游品牌管理公司参与管理;培养全域景区人才,争取"全国乡村旅游人才培训基地"落户郫县。

(资料来源:湖州在线 http://zt.hz66.com/jx/content.asp?id=60355)

思考与讨论:

1. 请分析郫县乡村旅游发展过程中有哪些经验可以吸取。

2. 在郫县乡村旅游品牌塑造的过程中，运用了哪些品牌塑造策略，请举例说明。

解析要点：

郫县在乡村旅游发展中有以下几条经验可取：突出特色、打造品牌、加强形象传播、强力营销。郫县在乡村旅游品牌塑造的过程中，主要还沿着从特色形象入手，打造人无我有、人有我特的思路来塑造品牌，具体事件可参看案例。

复习思考

1. 什么是乡村旅游形象？
2. 乡村旅游形象的内容包含哪些？
3. 简述乡村旅游目的地形象设计原则。
4. 乡村旅游形象传播有哪些策略？
5. 如何塑造乡村旅游品牌？

第八章

乡村旅游产品策划

[学习目标]

通过本章的学习能够使学生对乡村旅游产品策划有所认识。要求学生通过本章的学习能够做到:

1. 了解乡村旅游产品的概念和特征;
2. 熟悉乡村旅游商品的种类及开发原则;
3. 掌握乡村旅游项目策划的原则及策划要点;
4. 掌握乡村旅游产品的开发策略。

[实训要求]

1. 对某乡村旅游点进行实地调研,搜集有效信息;
2. 能根据乡村旅游点的类型、特征等基本情况,为其进行乡村旅游产品策划。

[引导案例]

三张王牌锻造美丽章村

章村镇位于天目山北麓,安吉的西南面,地处浙皖二省三县交界处。区域面积 89.16 平方千米,截至 2007 年年底,辖 9 个行政村,总人口 1.6 万,汉族为主,少数畲族。章村镇境内环境优美,空气清新,水质优良,气候宜人,森林覆盖率高达 79.8%,被誉为"植物王国基因库"的省级自然保护区——龙王山坐落于镇境内,1999 年经上海地理学会专家组考证为黄浦江源头,所以章村镇更有"黄浦江源第一镇"之美称。

据章村镇主要负责人介绍,章村镇对外打出了"畲族牌、源头牌、高山牌"三张王牌,把章村建设成为中国美丽乡村精品示范带和休闲旅游经济先行镇。畲族牌是指以特有的畲族生产与生活体验活动吸引游客为主体的旅游品牌。主要内容包括：竹乡伐竹乐、貔貅舞等一批乡土节目亮相舞台，三月三对歌等民间歌会向游客开放；游客进入畲村，可以吃乌米饭、喝山哈酒、赏畲族舞，回归生态乐园；可以打糍粑、包青团、放竹排，体验古老的民俗活动；可以跳竹竿舞，唱山歌，感受山民的狂欢与乐趣。源头牌是指以黄浦江探源、登山览胜、避暑休闲、观光购物为主体的旅游品牌。主要内容包括：赏源头美景，玩源头漂流，买高山特产，住特色农家乐，喝黄浦江源头活水。高山牌是指以高山村有机蔬菜为载体吸引游客开展各类自摘型娱乐活动为主的旅游品牌。主要内容包括：蔬菜休闲观光园、摘无公害蔬菜、赏高山人间仙境、住高山农家，使游客既能回归自然，又能修养身心。

（资料来源：李海平，张安民．乡村旅游服务与管理[M]．杭州：浙江大学出版社，2011．）

第一节 乡村旅游产品的内涵

一、乡村旅游产品的概念

乡村旅游产品是指旅游者在乡村旅游的过程中，能够购买或体验的一切有形的商品和无形的精神感受。基于旅游目的地来理解乡村旅游产品，它使旅游经营者依靠设施、交通及旅游吸引物来满足旅游者全部需求的服务。基于旅游者来理解乡村旅游产品，它使旅游者实现了一定心理需求的经历，其间需要付出一部分费用、时间及精力。基于旅游供给者来分析乡村旅游产品，它是为了实现乡村社会经济发展，通过加工以后的旅游客体。基于乡村旅游产品参与者的行为来理解乡村旅游产品，它由品牌产品、辅助产品及配套产品组成。这种旅游产品体系的形成，不仅能够满足不同游客的需要，而且能使旅游地在市场中具有一定的竞争力。

二、乡村旅游产品的特征

乡村旅游是以乡村为背景展开的旅游活动，在发达国家比较常见的说法有："基于农场的旅游（farm-based tourism）""农场上的旅游（on-farm tourism）""派生于农业的旅游业（Agri-tourism）"或者"农场旅游业"（farm tourism）。可见乡村旅游产品其实是乡村旅游经营者依托乡村旅游资源提供给旅游者的一切有形与无形旅游产品的总和。有形产品包括吃、住、行、游、购、娱等实物形态产品，无形产品指乡村环境和乡村文化氛围、乡村服务等在内的非实物形态产品。乡村旅游产品是吸引旅游者的重要资源，也是乡村旅游开发的关键要素。

与传统意义上的旅游产品对比，乡村旅游产品具有以下不同的特征：

（一）乡村性

乡村旅游产品依托乡村资源，以乡村风光和乡村生活作为卖点，能够让那些长时间生活在城市里且被钢筋混凝土所包围，受到各种污染，尤其被工作压力困扰的城市人得到放松，满足其逃离城市、远离污染和感受田园风光和乡村民俗文化的心理诉求。因此，保持乡村旅游产品的乡村性,避免乡村旅游城市化,是乡村旅游产品开发必须坚持的一条原则。

(二)体验性

乡村旅游产品的核心是体验。人们到乡村去旅游,不管是吃、住、行还是游、购、娱,本质上都是直接参与到乡村的生活和文化中,体验与城市生活迥然不同的民俗风情。因此,住农家屋、吃农家饭、享农家乐,这是乡村旅游产品最吸引人的地方,乡村旅游产品开发切不可忽视参与性这一根本内涵。

[小贴士]

体验旅游是什么?

自20世纪90年代以来,体验经济理论也逐渐渗透到旅游业。体验旅游的概念应运而生。2003年,Stamboulis和Skayannis认为,体验旅游是一种追求舒畅而独特感受的新型旅游方式,它是需要预先经过设计并组织的、有一定程序的、顾客需要主动投入时间和精力参与的,它能给游客带来一种新的附加值。它是体验经济时代旅游消费的必然要求,强调旅游者对历史、文化以及生活的体验,强调参与性与融入性。它比传统的旅游更重视从游客的亲身感受出发,更灵活地安排旅游方式及时间,为游客与旅游景区、活动主题、旅游服务人员之间提供更大的互动空间,让他们投入更多的精力去主动进行沟通、学习、探索及体会。

(三)回忆性

现代城市人口的根在农村,虽然他们远离了乡村生活,但乡村记忆却是难以泯灭的。乡村旅游产品能够满足城市人怀旧的情绪,唤起人们对过去生活的回忆。为了不让后代过于脱离乡村甚至四体不勤、五谷不分,人们也乐意带孩子回到乡村,在感受美好大自然的同时也分享自己的乡村知识和乡村经历。

(四)季节性

这是由于乡村风光和乡村农事活动都具有较强的季节性,体现在旅游产品中,也必然因为四季的变迁而呈现出较大差别。这种差别既可能给单一乡村资源的景区带来客源的暴涨和暴跌,所谓"冰火两重天",也能让资源丰富的乡村旅游景区一年四季风景迥异,春观花,夏收果,秋观叶,冬看雪,可以不断变换内容吸引源源不断的游客。

(五)差异性

我国地大物博,乡村旅游资源分布广泛,并且与自然环境、社会环境的关系十分密切。在不同的环境影响下,形成了各具特色的乡村旅游景观,而社会环境的差异性又形成不同的乡村民俗文化,如民族服饰、宗教、语言、节日庆典等。由于自然环境和社会环境的地域差异性,形成了乡村旅游产品具有明显差异性的特征。

除了上述的几点特征之外,乡村旅游产品还具有休闲性、自然性、知识性、参与性、消费平民性等特征。

 [小贴士]

太原市上兰村：土雕不土还值钱

上兰村位于山西省太原市西北部，汾河水由此进入太原市，村辖面积11平方千米，是太原市建制较早的村镇之一。上兰村作为太原市的北部名村名镇，人口汇聚，主要源于该地区的优美风景、著名景点和较好的生活条件。辖区及邻近村落，景点集中，有丰富的人文景观和自然风景，上兰新区也是太原市规划中的西北旅游地区的中心。

上兰村土雕是以普通黄土为原材料，经过加工硬化而成类似于焙烧砖的雕刻材料来雕刻各种主题的造型，从而建成大规模的土雕艺术园。土雕是世界范围首次将普通黄土作为雕刻材料，与冰雕、沙雕一样，具有易雕、快速、低成本的特点，是继冰雪雕、沙雕之后又可制作大型和大规模雕塑群的新的雕塑材料与雕塑模式。

思考：上兰村是如何做具有自身特色的乡村旅游产品的？

（资料来源：改编自李海平，张安民．乡村旅游服务与管理［M］．杭州：浙江大学出版社，2011．）

三、乡村旅游产品的分类

乡村旅游可以分成不同的类型，乡村旅游产品同样可以细分为不同类型。这里根据当地乡村旅游资源特色和市场需求，区分为生态观光型乡村旅游产品、体验型乡村旅游产品、休闲度假型乡村旅游产品、养老型乡村旅游产品、乡村教育类旅游产品五大类。

（一）生态观光型乡村旅游产品

生态观光型乡村旅游产品是以优美朴实的乡村田园风光、特色花木资源、乡村特色民俗、产业化农业园等为主要旅游吸引物，把乡村生态环境与当地民俗风情结合起来，以满足游客观光需求的乡村旅游产品。生态观光型乡村旅游产品是乡村旅游中最初级也是当前最常见的旅游产品，随着乡村旅游的快速发展，这类旅游产品已经更多地融入了参与体验活动和休闲度假等内容，使生态观光型乡村旅游产品内涵更加丰富，也更加富有吸引力。

（二）体验型乡村旅游产品

体验型乡村旅游产品是指以体验乡村生活和农业生产过程为主要形式的旅游产品，游客可参与当地人的生活，与当地人同吃同住同劳动，并在参与过程中获得娱乐体验、教育体验、审美体验等感受。体验型乡村旅游产品的开发对于乡村自然资源和基础设施的要求并不高，关键在于是否有对旅游者产生吸引力的体验型项目，各地因地制宜，全方位开拓体验型项目，并尽可能错位发展，避免同一区域内体验型项目的大面积重复。

（三）休闲度假型乡村旅游产品

休闲度假型乡村旅游产品依托乡村文化和乡村生态环境而开发，可分为家庭度假、疗养度假、商务度假和学生夏令营等几类，以节假日最为火爆。休闲度假型乡村旅游产品具有客人停留时间长、对游览地食住行等产业带动性强，并有助于促进乡村民间艺术发展的优势，其综合效益较高。随着我国"带薪休假"制度的不断完善,休闲度假型乡村旅游将具有更加广阔的开发空间和消费市场。

（四）养老型乡村旅游产品

伴随着我国社会老龄化的加速,养老问题倍受社会关注。在传统养老机构已经不能完全满足需求的情况下,新型乡村养老旅游产品应运而生。农村生态环境优美、空气清新,相比于城市而言产品既要借助乡村适宜的气候条件和自然环境,为老年人提供亲近大自然、远离城市喧嚣的环境,又要具备必要的医疗条件,能够提供常规和应激医疗服务。

（五）乡村教育类旅游产品

乡村教育类旅游产品就是为旅游者提供一个轻松舒适的学习环境,让游客在没有任何压力的情况下,学习到农、牧、林业,水产业,自然生态和生产生活等方面的新知识。这种集娱乐、教育培训、农业考察、学习于一体的高品位乡村旅游产品对于青少年旅游市场有较大的吸引力。

[小贴士]

乡村休闲度假型——浙江省安吉县报福镇农家乐

安吉县报福镇位于浙江省北部,安吉县西南,天目山主峰龙王山在该镇境内,是上海母亲河黄浦江发源地,报福镇由此闻名遐迩。报福镇距安吉县城20分钟、杭州1小时、上海3小时车程。境内有两条一级公路,04省道、11省道与沪杭高速、104国道、318国道贯通,交通便捷。申苏浙皖、申嘉湖杭高速公路即将通车。

报福镇自然条件优越,物产丰富。盛产天目笋干、白茶、高山有机茶、山核桃、中草药等。是素有"中国竹乡"美称的安吉县主要产竹区,全镇辖区151.3平方千米,其中山林面积20.66万亩,竹林面积8.9万亩,毛竹蓄积量1 568万枝。

境内水资源丰富,雨水充沛。黄浦江源头龙王山居其上游,镇西老石坎水库蓄水量达1.5亿立方米,小型水库6座。1958年被国务院命名为"小水电之乡",周恩来总理亲笔题词。境内原始森林、高山沼泽、溪涧飞舞、奇峰异石、古树怪松皆有,生态极具多样性,有"植物王国"之称,是著名的生态旅游区（省级自然保护区）,是湖州市仅有的少数民族（畲族）聚居区,是近年来生态旅游开发投资的热点区域。

报福镇农家乐于20世纪90年代后期起步,至今已形成五个农家乐度假区,分别坐落在著名的黄浦江之源——龙王山支脉的群山环抱之中。户户农家乐所在之地,推门可见群山叠翠,流水飞瀑,美景如画,清幽宁静。室内设计尽显简约自然、舒适整洁,配备淋浴等卫生设施,提供农家风味绿色菜肴。

报福镇农家乐休闲娱乐以体现绿色、自然、健康为主,突出田园特色:一是参与农事活动,如挖笋、采茶、摘菜、农耕等;二是享受农家传统娱乐项目,如棋牌、垂钓、竹筏、豆磨、水车等,内容丰富,可供随意选择。节日期间,还可欣赏到貔貅舞、花灯、龙灯、腰鼓等民俗风情表演。

报福镇不仅山高水远,环境幽雅,而且人文资源蕴藏丰富,境内还有在江南迅速崛起的著名风景旅游胜地——神秘、峻峭、幽深的"大汉七十二峰"和生态型构造、充满自然野趣的"锦业农业观光园"。另外还有石浪、古寺庙遗址千亩田等众多天然景观,是喜爱生态、度假养生的旅游人士的最佳选择。

思考:从浙江安吉报福镇农家乐成功的经验来看,开发乡村旅游产品需要具备哪些条件?

(资料来源:改编自李海平,张安民. 乡村旅游服务与管理[M] 杭州:浙江大学出版社,2011.)

第二节 乡村旅游项目策划

一、乡村旅游项目的特点

(一)旅游资源的丰富性

乡村旅游既有自然景观,又有人文景观;既有农业资源,又有文化资源。乡村旅游资源丰富多样。

(二)乡村旅游的地域性

乡村既有南北乡村之分,又有山地平原乡村之分,还有汉族和少数民族之分。乡村旅游具有明显的地域性。

(三)旅游时间的季节性

乡村农业生产活动有春、夏、秋、冬四季之分,夏、秋季节农业旅游火爆,冬、春季节旅游冷淡。乡村旅游具有很强的季节性。

(四)乡村旅游的可参与性

乡村旅游不仅仅是单一的观光旅游活动,而且还包括劳作、垂钓、划船、喂养、采摘、加工等参与性活动。乡村旅游具有很强的可参与性。

(五)旅游产品的文化性

我国农业生产源远流长,乡村劳作形式繁多,有刀耕火种、水车灌溉、鱼鹰捕鱼、采药采茶,还有乡村民风民俗、传统节日、民间文艺等。这些都充满了浓郁的乡土文化气息。

(六)人与自然的和谐性

乡村景观是人类长期以来适应和改造自然而创造的和谐的自然和文化景观,既保持着原来的自然风貌,又有浓厚的乡土风情。乡村这种"古、始、真、土"的乡土特点,使乡村旅游具有贴近自然、返璞归真及人与自然和谐的特点。

(七)旅游经营的低风险性

由于乡村旅游是在原有农业生产条件和资源基础上,通过经营方式的调整,不破坏原有生产形态,而使其多功能化、生态化的过程,所以开发难度小,见效较快,风险较小。

二、乡村旅游项目策划的原则

在乡村旅游项目策划过程中要注意的首要问题是协调好开发与保护之间的关系。一般来说，其开发活动应坚持如下原则：

（一）保护优先原则

乡村旅游的开发必须以乡村旅游资源保护为前提，若没有保护优先原则，在经济利益的驱动下，难免会造成景观破坏及景观差别的缩小乃至消失。

（二）科学管理原则

科学管理是减少旅游开发活动对资源及环境影响的有效手段。根据不同区域的景观敏感性的不同进行分区管理，利用先进的技术手段对旅游活动带入乡村景区系统的物质和能量进行处理。在乡村旅游活的管理中，可采用制定环境保护及传统文化保护与建设规划、建立环境管理信息系统、开展旅游环境保护科学研究、强化法制观念、健全环保制度、加强游客及当地人的生态意识等对策来加大管理力度。

（三）生态经营原则

生态经营原则要求旅游开发及经营带给生态系统的额外的物质和能量尽可能少。乡村旅游开发不鼓励大兴土木，而是提倡因地制宜，质朴自然。

（四）法制监控原则

管理部门要严格管理和保护环境，根据地域特点，建立健全各项规章制度，然后根据"谁主管、谁负责"的原则分类、分层次、分范围，明确管理职责，配设专人进行监督，以此来加大法制监控力度。

三、我国乡村旅游项目策划要点

（一）产品的升级

产品是任何旅游分支行业发展的核心。国内现有的乡村旅游产品以民俗村（农家乐）、采摘园（观光农园）等为主体。从国际经验来看，这些并不是未来乡村旅游发展的主流趋势。未来的方向应该是休闲度假和康体娱乐。由此带来乡村旅游的产品升级转化，如第二住宅、分时农业、滑雪、会展、节事等产品会越来越成为乡村度假的主要吸引物。当然，民俗村（农家乐）、采摘园（观光农园）等形式作为接待的基础，将长期存在发展，如何提升服务质量和形象是下一步的关键。要引导乡村旅游与周边景区景点联动发展，既丰富游线内容，延长游客滞留时间，又形成产业集群规模效应。另外，结合乡村旅游发展的新局面，可适当引入新型农业产品或产销体系，例如超市农业（借助原有旅游商品销售体系，在市区和区县中心地，评选设立一批乡村旅游商品超市或柜台，集中销售有特色的当地乡村旅游商品）、阳台农业（开发能让游客直接带回家的盆栽果蔬）、立体农业、动物农业等。以经济、科技、交通、信息资源等相对优势取代土地等自然资源的原始粗放劣势。

（二）加强营销的细分和深化

要进一步地深入研究市场，通过游客的社会属性、偏好和行为等方面的特征对市场进行细分,针对细分市场进行专门的营销。特别要运用好网络营销工具,改变现在的落后局面,优化现有信息平台。在当今信息化时代,人们出行之前都依赖于互联网搜索信息,确定目的地和行程安排。而目前乡村旅游中,以自驾车等自助游方式出行的游客越来越多,自助游极大地依赖于网络信息,这就决定了必须有强大的信息平台来支撑这一需求。目前乡村旅游的网络服务供给与需求极不匹配。因此有必要在短期内,与信息部门加强合作,全面建设乡村旅游的网站体系,并形成信息网络,在展示乡村旅游的同时,适当加快信息更新速度、开展在线服务,并在大型的门户型网站逐步建立国际频道,例如英文、法文、日文、韩文等语言的版本。

(三)注重市场的分级与拓展

现有的乡村旅游市场以本地城市居民观光休闲为主,与国际先进水平还存有较大差距。未来的各乡村很有可能会形成不同层次并行发展的状况。高端乡村应该像国际知名的意大利西西里岛、撒丁岛,马来西亚沙巴树屋等一样发展国际乡村度假旅游。

目前我国的度假产品在国际上竞争力不强。国际上主流的度假产品主要是海滨度假、温泉度假、山地(冬季滑雪)度假以及乡村度假。海滨度假方面,我国竞争力不如夏威夷、加勒比海、巴厘岛、地中海地区;温泉比不过日本;山地滑雪度假比不过阿尔卑斯、北欧和加拿大。只有在乡村度假方面,我国有一定的优势。对于国内乡村旅游发展较好、国际知名度较高的地区,如成都、北京、上海、杭州、云贵等地,可提炼出一些优秀的乡村旅游品牌,建设、营销成为国际旅游产品,不仅服务本地城市居民,也不仅是观光旅游,更可以开发中远程的度假市场,吸引国际游客。这一目标看似遥远,其实在云南香格里拉已经出现悦榕仁安藏村度假村这样一个成功的案例。

(四)加强从业人员培训,提高从业人员整体素质

乡村旅游的投资经营主体是农民,要使乡村旅游健康发展,避免出现一些景区常见的村民为争夺客源而强行拉客、兜售等破坏景区秩序和旅游环境的现象,就必须加强对乡村旅游经营者、从业人员及村民的教育和培训。首先可以采取多种形式,对农民进行农业科技、职业道德、民俗文化、旅游接待经营管理等方面的培训,提供农民在乡村旅游中的技能和水平;其次还可通过举办专题讲座、外出考察学习等多种途径进行培训,提高从业人员的综合素质,为乡村旅游发展提供人才资源保障,促进乡村旅游向科学化经营、规范化服务方面发展。

(五)规范接待服务体系,提升服务水平

政府要逐步健全规范的乡村旅游接待服务体系,完善乡村旅游行业分类标准,从接待设施、接待条件、接待能力和卫生状况等方面规范农民家庭的接待服务标准,提升乡村旅游的服务接待水平,提高服务质量,促进旅游经营者"合法经营,诚信服务"观念的形成。

(六)保持乡村文化本色,注重优良民风的培育

乡村环境的独特性形成了城市居民对乡村旅游的巨大需求,乡村旅游开发应立足于自身的生态农业特色和文化特点,重点体现"真味""原味"。保持农村原始风貌及当地传统社会风尚、淳朴厚道的自然秉性,才是成功的乡村旅游开发。不论是产品和服务,还是各种体验活动的设计;不论是村庄环境,还是农家乐居所,都必须强调乡村特有的情趣和格调,避

免乡村旅发展中产品和服务的城市化趋向。

乡村淳朴的民风是乡村旅游的重要吸引力之一。然而旅游经营活动的开展,经济利益的凸显,都会给原有的朴实民风带来冲击,因此需要在关注村民经济利益与保持朴实民风之间,寻找最佳契合点。培育优良的民风,不仅有利于促进乡村旅游的可持续发展,更可为乡村旅游创造一个良好的社会环境,从而吸引更多的游客。

(七)打造旅游品牌,创新营销策略和发展模式

21世纪是体验经济的时代,品牌则是体验的基础和灵魂。乡村旅游实施品牌战略可增强旅游者对乡村旅游产品和服务的认可度及感受强度。富有个性和内涵的乡村旅游品牌,能充分调动游客的感官,有效强化体验心理。打造乡村旅游品牌,也是解决乡村旅游产品和服务同质化趋向的较好方式。

第三节 乡村旅游产品开发策略

一、乡村旅游产品的资源要素及合理组合

乡村旅游产品的内涵是极其丰富的,外延是极其广泛的。许多自然和人文资源经过整合设计都可以成为富有乡土特色的旅游产品,这与乡村旅游资源的多样性是相一致的。

(一)乡村旅游产品的资源要素

乡村是与都市相对的一个空间概念,是指以农业为经济活动内容的聚落的总称,又称农村。在当代称之为非城市化地区,通常是指社会生产力发展到一定阶段上产生的,相对独立的,具有特定的经济、社会和自然景观特点的地区综合体。

乡村旅游是依托乡村的自然景观、田园风光、农业资源等要素开展的一切游憩、休闲、参与、娱乐、体验、科普活动。近年来,随着人们休憩时间的增加、生活水平的提高和思想观念的转变,乡村旅游越来越受到城市居民和游客的青睐。针对这一顾客群体的乡村旅游产品,除了必备的常规旅游要素(如知识、游客参与活动、娱乐性等)外,还须具备一些特定的旅游要素,比如乡村特定的地理生存环境、乡村特有的自然旅游景观、乡村特有的人文生活气息等。或者说,构成乡村旅游产品核心内容的应该是富有乡村地方特点的、原汁原味的农家(渔家、牧家)饮食、起居方式、生产模式、风俗习惯、自然风光等。这是设计与开发乡村旅游产品的前提条件,也是吸引城市旅游消费者的亮点。

在有关乡村旅游的论坛上,中国专家学者普遍认为我国的乡村旅游产品设计应考虑三个方面的因素:一是以独具特色的乡村旅游民俗文化为灵魂,以提高乡村旅游品位的丰富性;二是以农民为经营主体,充分体现住农家屋、吃农家饭、干农家活、享农家乐的农家特色;三是乡村旅游的目标市场应主要定位为城市居民,以满足都市人享受田园风光、回归淳朴民风民俗的愿望。

(二)乡村旅游产品资源要素的合理组合

乡村旅游的吸引力在于能唤醒人们对农耕文明的记忆,其核心旅游资源在于乡村的自然人文风貌和生产、生活及生态环境。因此乡村旅游产品所要研究的就是在城乡互动结构下,

乡村发展中如何对乡村资源和生产要素进行重新配置，进而形成推动新城镇、新农村建设的力量，打造田园化、花园式的都市，为乡居村民与乡村旅游接待提供更舒适便利的居住环境，为新农村的建设增添切合实际的动能。

1. 以农为本，合理布局

乡村旅游，尤其是都市周边的休闲农业、生态林业的发展以及乡村旅游目的地的打造，并不是单一独立的项目，而是布局有序的区域群体，是区域乡村旅游形象的塑造、区域整体竞争力的提升。因此，各地乡村旅游产品的打造，既要考虑农业旅游及休闲旅游的宏观趋势，又要前瞻城市发展趋势，对区域内乡土旅游资源进行通盘考虑、整合梳理相关的要素，形成乡村旅游产业集约化的发展，以乡村休闲连绵带、乡村度假区块为目标，构建乡村旅游的综合体、多元产品的复合体，从而形成区域整体的竞争力。以浙江省湖州市乡村旅游发展空间布局为例，在"十二五"规划中明确提出了构建"一带"（环太湖渔家风情乡村旅游带）、"两片"（西部自然生态乡村旅游片、东部水乡民俗乡村旅游片）、"十区"（打造"十大乡村旅游示范区"）的建设思路，充分体现了以农为本，合理布局，盘活区域内乡村旅游资源的要求。

2. "一区（县）一色""一村一品"，乡村旅游产品差异化发展

"一区（县）一色""一村一品"是近年来中国乡村旅游中"北京模式"的成功典范，值得借鉴和学习。自2007年以来，北京市10个郊区县围绕自身的资源特征，实施"一区（县）一色""一村一品"差异化发展战略。目前，各区（县）依托自身优质资源，分别打造了一批本地所独有的"一区（县）一色"的品牌产品。比如门头沟开发了五大主题旅游系列产品，依托灵山、龙门涧、百花山、妙峰山等原生态山水景观和丰富的生态植物资源，开发休闲度假旅游产品；依托古村落，开发都市农业旅游；依托潭柘寺、戒台寺，开发宗教文化旅游产品等。再如通州形成了以乡野游憩、垂钓娱乐、民俗风情、古迹游览为主的生态观光型乡村旅游，以葡萄等特殊果蔬、花卉为主的采摘观赏型乡村旅游，以吃住农家、娱乐农家、农事参与为主的体验型乡村旅游，以宠物犬、观赏鱼等观赏买卖为主的休闲型乡村旅游和以宋庄画家村为主的现代创意文化欣赏型乡村旅游五大类乡村旅游产品等。

"一村一品"中的"品"具有两层含义：其一是品种的意思。即根据各村自然生态条件、建筑风格、农产品的特色、风俗习惯等，打造旅游活动内容不同的旅游产品。其二是精品的意思。各村挖掘本地可引用的文化主题，赋予旅游目的地合适的文化脉络，围绕农业主题形成精品园区和精品村庄。比如从2008年起，北京市旅游局以现有民俗村为基础，选择旅游要素丰富、特点鲜明的30个特色乡村民俗旅游村进行了创意策划，形成了海淀区的"法兰西乡情·管家岭村"、丰台区的"地热温泉·南宫村"、门头沟区的"生态养生休闲·韭园村"、房山区的"穆桂英故里文化·穆家口村"、通州区的"宠物犬休闲文化·大邓村"、顺义区的"红色经典·焦庄户村"、昌平区的"边城文化·长峪城村"、大兴区的"采育人家，葡萄酒坊·东营二村"、平谷区的"边关山寨·玻璃台村"、怀柔区的"长城壁画·北沟村"、密云县的"体验古镇魅力、寻访边关文化·古北口村"、延庆县的"奶牛风情，魅力新村·大柏老村"等。

[小贴士]

民族风情依托型——青海省互助县土族民俗村

互助县是全国唯一的土族自治县，位于青海省东北部，县域面积3 423.9平方千米，平均海拔2 500米，人口37.5万人，其中土族6.5万人，占总人口的17.3%。西部土族故土园位于威远镇，被国家旅游局评为4A级旅游景区。整个景区分为土族民俗旅游、自然生态旅游、宗教文化旅游、青稞酒文化旅游四大块。民俗村是土族民俗旅游景区之一，是互助4A级旅游景区的重要组成部分，2004年以其完善的设施、优质的服务被国家旅游局评为"农业旅游示范点"。全村主要开展土族民俗风情旅游、土族花儿、土族婚俗、土族歌舞、轮子秋、民俗风味餐、纪念品销售、家访等服务项目，所有服务项目都按照土族传统文化风格进行，真实地反映了土族人的生活风采，土族民俗旅游在全省乃至全国都有一定影响。

民俗村是一个仅有126户、540人的小村，全村有劳动力264个。过去多年以农业为主，农民人均年收入只有500多元，人均生活水平较低。20世纪90年代初，民俗村从当初的接待型逐步转向经营型，建起了以家庭为单位的土族民俗旅游接待点。经过多年的发展和大胆尝试，逐步形成了"农家乐"形式的旅游接待点，从事旅游的人越来越多。目前，民俗村有民俗旅游接待户26家，上规模的风情园5家，近90%的村民从事民俗旅游业。

其主要做法是：

（1）依托资源，明确定位。即在政府部门的支持和配合下，确定以旅游带动就业和乡村经济发展的思路，积极引导农户结合自己的特点发展旅游业。

（2）立足品牌，狠抓景区建设。一是加大投资；二是大力挖掘土族民俗文化；三是加快配套设施建设。

（3）结合实际，规范发展。在县旅游局的指导下，组织成立了民俗旅游协会，制定服务标准，定期检查，从而实现了行业自律，提高了服务质量和市场竞争能力，从无序竞争向规范化转变。

思考：从青海省互助县土族民俗村旅游发展中可以了解到哪些信息？

（资料来源：改编自李海平，张安民. 乡村旅游服务与管理 [M]. 杭州：浙江大学出版社，2011.）

二、乡村旅游产品配套活动

乡村旅游"乐"在何处？是环境、餐饮、住宿、购物还是活动？应该说兼而有之。其中，乡村旅游产品中的配套活动是乡村旅游活动中的重要组成部分，尤其是乡村旅游产品中的配套活动应该成为乡村旅游活动过程中的重中之重。各地在乡村旅游活动内容的开发上，要因地制宜，不能千篇一律，应不断创新。应充分发挥各地自然资源和人文资源优势，积极倡导自助农庄、民俗民风、观光旅游、休闲养生等多种形式，合理安排各类活动，尽量延长游客逗留时间，使游客"乐"而忘返。

由于我国地大物博，各地地理位置、地形、气候、土壤、水文、矿藏、植物、动物等自然条件和社会经济条件存在很大差异,从而导致了人们的生产、生活活动类型多样,具有明显的地域性特征,特别是农业生产在这方面更为突出。因此,在乡村旅游产品配套活动的安排上也应体现地域特色。

太湖南岸的湖州,长期以来素有"鱼米之乡,丝绸之府"之称,由于湖州优越的地理位置、气候、土壤等各种条件,特别是太湖之滨的东部平原,一片水网平原地带,是种植水稻、养鱼、栽桑养蚕的好地方。这里勤劳的人民用他们的聪明智慧,在长期改造自然的过程中积累了丰富的养鱼、栽桑、养蚕的经验。湖州还是著名的"中国竹乡"。湖州西部安吉山区,是一个"山山岭岭毛竹林,绿竹一片似海洋"的竹子集中产区,竹林面积达130万亩。湖州又是中国茶叶文化的发源地。世界上第一部茶叶专著《茶经》,就是被誉为"茶祖"的唐朝陆羽隐居湖州时所著。根据湖州不同地区农事活动丰富多彩的特点,近年来,湖州各区县分别推出了不同类型的乡村旅游活动,生意红红火火,并已成为我国乡村旅游的典范。

乡村旅游产品配套活动的安排大致上有以下不同类型:

(一)农事生产活动

农事生产活动对城市旅游消费者有一定的吸引力,在乡村旅游产品整合的过程中,可以整体推出,也可以分段推出。即根据农事生产活动的时间、季节不同,灵活安排适当的农事劳作体验活动。

1. "茶事"活动

凡是茶叶产区均可以安排游客参与与茶叶生产有关的农事活动。中国制茶历史悠久,自发现野生茶树,从生煮羹饮,到饼茶、散茶,从绿茶到各种茶类,从手工制茶到机械化制茶,其间经历了复杂的变革。各种茶类的品质特征形成,除了茶树品种和鲜叶原料的影响外,加工条件和技艺是重要的决定因素。游客通过采茶、制茶等一系列活动,从中可以学到很多知识,比如茶叶的分类、茶叶的品质、茶叶的历史、中国茶艺和茶文化的发展,等等。同时,旅游者还可以将自己制作的茶叶作为旅游纪念品带回家,慢慢品尝,慢慢回味。

2. "养蚕"活动

中国服饰发展历史久远、形式多样、千姿百态。而在这个多彩的"衣冠王国"中,最能让人陶醉、最能体现中华民族文化卓越内涵、最能代表中华民族服饰文化的,当推丝绸服饰。丝绸服饰具有美的特性。首先,丝绸服饰能体现女性的曲线美。其次,丝绸服饰华贵飘逸,能使穿着者倍添风韵,显得潇洒轻盈。少女穿后轻盈活泼、楚楚动人,妇女穿后更显雍容华贵、典丽非凡,男士穿后则显得俊逸雅儒。然而,丝绸服饰的原料是怎么来的?很多城里人并不知晓,尤其是长期生活在城里的青少年朋友。为此,从事蚕桑生产活动的农家乐在养蚕季节里可以辟出一定的与"养蚕"活动有关的场所,并收集与养蚕生产活动相关的图片、资料、丝绸服饰展示等,以供游客参观和参与"养蚕"活动。

游客通过参观、询问和参与"养蚕"活动就能了解和掌握许多知识。比如:蚕的生长发育过程。蚕的一生经过四个生长发育阶段:蚕卵、蚕、蚕蛹、蚕蛾。蚕蛾是成虫,蚕是蚕蛾的幼虫,蚕蛹是从幼虫到成虫的变化阶段。简单说,蚕的一生经过卵、幼虫、蛹、成虫四个阶段。蚕能吐丝,用蚕丝可以织成漂亮的丝绸,这是我国最早发现的。早在4 700多年前,我国古代劳动人民就会利用桑树上天然的蚕吐出的丝,织绸做衣。大约在3 000年前,我国人民又发明了人工养蚕,使养蚕、织绸有了很大发展。当时世界上其他国家还不知道养蚕，也不会织绸。后来，随着商业的发展，各国间的交流多了，一些商人把我国的丝绸传到了阿拉伯、欧洲等地。外国人特别喜欢，也特别惊讶，他们不知道怎么会有这么美丽的做衣服的原料。大约1 500年前，我国养蚕的技术传到了欧洲。以后，世界各国才逐渐学会了种桑、养蚕、织绸。现在，我国的丝绸仍是世界人民非常喜爱、在国际市场上畅销的纺织品。因此，江南地区的农家乐适当开展一些"养蚕"生产活动，不仅能够提高中老年旅游者的乐趣，而且还可以向青少年朋友进行爱国主义教育。所以，"养蚕"活动是一举多得的好活动。

3. "摘果"活动

乡野田间摘果是乡村旅游的一大特色。游客在领略乡村景观风情的同时，远离都市的喧嚣，到乡野田间采摘桃子、柑橘、杨梅、葡萄等水果；去山里林间收获板栗、白果、山核桃等干果；让游客近距离接触大自然，到农家分享农家丰收的喜悦。但由于受各地地理环境、气候条件、土壤等多种因素的影响，摘果活动具有明显的地域性和季节性。

乡村旅游经营者还可根据自身的资源情况及旅游者的年龄、职业、爱好等因素，推出一些果树、菜地、林地、牧地等供城市旅游者认养，使旅游者亲身体验农事活动的整个过程，亲身体验农家生活。

4. "钓鱼"与"捕鱼"活动

在"钓鱼"与"捕鱼"生产活动中，垂钓是人类精神生活的高级延伸。钓鱼作为文化行为渗透到物质生活中，最晚在商、周之时，史载姜太公钓鱼遇文王可作佐证，更早的有龙伯国人钓鳌、詹何钓千岁鲤等神话传说，而后庄周、严光、韩信、张志和、陆游、查慎行等钓鱼名人都已志不在鱼，而各有所期，加之垂钓具怡情、健身的功能，致使历代钓者广泛，帝王将相、才子佳人、僧尼道士、布衣百姓，皆有所好，溪旁荷间，艇上矶头，深涧幽潭，烟波洞天，寄托着世代豪杰的夙愿，人们追求精神意念的升华，必然导致垂钓文学的出现。

江南是著名的水乡，河流、湖泊、水塘密布，是钓鱼爱好者首选的旅游目的地。历史上有不少文人墨客喜欢选择江南作为休闲、隐居的理想场所。比如唐代隐逸诗人张志和（约730—810年）曾归隐于湖州西塞山，朝夕泛舟徜徉于景色清丽的西苕溪一带，迷恋于湖州的青山绿水，过着早出晚归、风雨垂钓的田园生活，从而留下了脍炙人口的《渔父》诗五首，其中至少有两首描写了湖州山水风光，而最负盛名的是"西塞山前白鹭飞，桃花流水鳜鱼肥。青箬笠，绿蓑衣，斜风细雨不须归"。诗人以其真实的感受，将西塞山的迷人景色描绘得淋漓尽致，使西塞山自然山水的诗情画意得到了人化和升华，以致成为千古绝唱。

作为现代人休闲、娱乐、健身、养性的主要形式之一的"钓鱼"活动也已越来越受到老年人的喜爱。所以，具备垂钓条件的乡村旅游景点应安排一定的时间让游客参与这一有意义的活动。但在具体安排活动时应注意以下几个问题：

其一是环境适宜。要选择地势比较平整，适宜坐稳观看、空气清新、温度适中、出入方便、安全可靠的地方作为垂钓场所。

其二是渔具选用。应购置一些手感较轻、竿架易于插立、浮漂醒目、以便识别鱼的动态钓竿备用。

其三是备足相关用具。如板凳或座椅、遮阳伞具、饮用水、食物、必备药品等。

其四是合理安排垂钓时间与次数。尤其是老年垂钓者，应叮嘱其不可流连忘返，不可过于疲劳。

其五是建立安全措施。当垂钓者较多时，应不断派员巡视，保证游客人身安全。

乡村旅游垂钓活动应与专业钓鱼活动相区别，主要以休闲养心，锻炼身体和陶冶情操为主。而在沿海地区的渔家乐则可以适当安排一些拉网"捕鱼"活动，捕获的鱼虾由游客自主安排。

此外，乡村旅游经营者还可以根据自身条件适量安排一些其他的农事活动，比如种菜、挖笋、采菱、纺织等，以增加游客的体验乐趣。

 [小贴士]

深圳青青世界

青青世界位于深圳市南山区月亮湾大南麓，是深圳市著名的精致农业与观光旅游相结合的生态旅游景点，"鹏城十景"之一。该景点曾被深圳市环保局和深圳市教育局授予"深圳市环境教育基地"称号，被广东省委宣传部、广东省环保局和广东省教育厅授予"广东省环境教育基地"称号。围绕健康、自然、环保、家庭、诚信、敬业、互助、友善的经营理念，青青世界为游客建立了一个既健康环保，又有文化和艺术内涵、兼具家庭友善气氛的休闲度假景区。

在青青世界，游客可以感受具有"地球之肺"之称的热带雨林、富有动感的环保打击乐、亚马孙河鱼展，可以看到蝴蝶农场里翩翩起舞的蝴蝶、瓜果公园的奇瓜异果、花卉超市里千姿百态的花卉。小朋友可以在青青世界的"森林课堂"听课，让生动的实物、立体的画卷唤醒原本沉睡于书本的知识，探秘神奇的生态世界。

除了提供特色餐饮和住宿服务，青青世界还提供游客参与的活动项目，如制陶、钓鱼、自耕自种农夫田、捞金鱼、抓泥鳅，等等。让游客真正融入大自然并体会到田园之乐。

青青世界中有一个用玻璃建造的豆腐坊，豆腐的制作过程尽收眼底。除了可以参观豆腐的制作过程，还可以品尝豆腐。豆腐坊用精选黄豆加上青青的山泉水磨制的豆腐，是豆腐中的珍品。在青青世界的田园餐厅，经过厨师的精心烹调，制作成彭家豆腐、白灼豆腐等菜式，夹一块入口，闭上双眼，细细品味，山泉水带出黄豆的清香，两个字：美食。除了豆腐，青青豆腐坊还制作豆花、豆干、豆腐皮等各种豆制品。

青青世界瓜果公园种植各类具观赏性和食用性的瓜果蔬菜，其中以蛇爪、珍珠番茄、葫芦瓜、大南瓜等最具特色。青青世界的大南瓜，引进美国品种，采用无土栽培和滴灌技术，克服瓜果植物不能连作的难题，一天可生长3~5斤。瓜果公园内设的"城市农夫"自留地，给游客提供一个自身体验农村生活，亲手耕种的机会。一块2平方米的土地，租金580元/3个月，在租用期间，凭地契一家三口（2大人1小孩）可随时免费入园耕种。瓜菜成熟，摘回家细细品尝。

青青世界陶艺馆向游客展示陶的制作过程：炼泥、拉坯、修坯、上釉、烧制，并提供游客亲手参与制作的机会，体验陶艺的浪漫情怀。展厅展出青青世界陶艺师傅精心制作的陶艺品，主要以佛山石湾窑为主要风格，反映日常生活的陶塑小品。游客如有兴趣，可以买一件带回家,也会是一件不错的装饰艺术品。

思考:青青世界的成功之处是什么?

(资料来源:改编自网络内容http://baike.sogou.com/v6620261.htm?fromTitle)

(二) 民俗活动

民俗是指流行于民众社会生活各方面中的那些没有明文约定的(不成文的)、程式化的、民众群体的规矩,民间一代代传下来的传统风俗习惯,民间称为"老黄历""老规矩",也包括生活民俗、岁时民俗、家族民俗、信仰禁忌民俗等。

1. 礼仪活动

一切民俗活动,无论是衣食住行、社交礼仪、娱乐游艺、婚丧嫁娶还是民间信仰,无一不是人的活动、人的情感与客体对象的交流与融合。它充分记录了人情生活中的每一个细节,真实地传达了人们交往的情感体验,包含了人们的期望和情感的交流。民俗的存在,为人际交往构造了一座桥梁,使人们感受到人情的熏陶。在众多的人生礼仪活动中,祝寿的礼俗和婚嫁习俗应成为农家乐旅游的重要组成部分。因为人在一生中有几个重要阶段是难以忘怀的,如诞生、成年、结婚等。所以,乡村旅游经营者按当地风俗主动为客人举行"做寿"活动及演绎婚嫁习俗活动是很有意义的。首先使旅游者了解当地的风土人情并亲身体验当地人民的生活;其次是增进了游客与主人之间的友谊;最后从市场营销的角度来讲,是吸引"回头客"的好策略。

2. 岁时节日活动

岁时节日民俗是指在一年之中的某个相对阶段或者特定的日子,它在人们的生活中形成了具有纪念意义或民俗意义的社会性活动,并由此所传承下来的各种民俗事象。一般有周期性,有特定的主题,有群众的广泛参与。

我国主要的岁时节日有:春节、元宵、清明、立夏、端午、七夕、中秋、重阳、冬至、除夕等。在这些岁时节日里,民间都举办形式多样的庆祝祭祀活动,闪烁着古老的华夏民族礼仪之邦的文化传统。但活动内容各地有所不同,为此,乡村应根据各地的不同特点,充分利用岁时节日民俗文化活动,以吸引国内外旅游者的兴趣。其中可以组织游客积极参与的岁时节日活动主要有春节、元宵、端午、重阳节等。

(三) 娱乐活动

娱乐活动是旅游过程中的六大要素之一。我国的娱乐形式多种多样,内容丰富,流行广泛,并具有强烈的乡土色彩。娱乐主要是指流行于民间的各种游艺和竞技活动。一般来说,娱乐活动具有一定的季节性、竞技性、节日性和文化性。即不同的季节有不同的娱乐活动,不同的节日有不同的娱乐活动,且含有一定的竞技特点和文化内涵。比如"正月里来踢毽子,二月里来放鹞子,三月里来淘米包粽子""元宵舞龙观灯,端午龙舟竞渡;秋天斗蟋蟀,重阳爬山登高比赛"等。所以,乡村旅游经营者应认真研究我国的娱乐民俗文化,从中汲取营养,并加以充分利用。要尽量选取一些具有文化性、娱乐性和可操作性的娱乐项目,合理安排好游客的娱乐活动。

1. 组织观看和参与具有地方文化色彩的娱乐活动

这类娱乐活动集表演性、观赏性、游客参与性于一体,故应成为乡村旅游娱乐活动的主要内容之一。比如二人转、踩高跷、腰鼓、花灯、舞龙、少数民族的舞蹈等。

2. 定期组织一些民间竞技活动

民间竞技活动具有较强的刺激性，也能吸引旅游者积极参与。比如斗蟋蟀、斗牛、斗鸡、斗羊、斗鸭、射箭、攀爬、拔河等。

3. 搞好民间游戏和杂耍活动

民间游戏和杂耍种类繁多，生动有趣，客人参与性很强，所有必须组织好这类活动。若按活动性质的不同大体上可以分为以下几种类型：

游客活动类型：比如烧烤、篝火晚会、击鼓传花、打牌、麻将等。

智力型：比如猜谜、填字、小魔术等。

观赏型：比如看社戏、皮影戏、小魔术等。

第四节　乡村旅游商品开发设计

乡村旅游购物是乡村旅游活动中的一个重要环节。开发和销售有创意、有特色、有质量保障的乡村旅游商品对于提高游客对乡村的多方位了解和增加乡村居民收入以及带动地方经济发展具有重要意义，必须引起乡村旅游经营组织和乡村旅游主管部门的重视。

一、乡村旅游商品的概念和种类

乡村旅游商品是指伴随乡村旅游而产生的供消费者购买的具有乡村特色的旅游商品。其种类多种多样，可按照不同的标准分类。

（一）按商品功能分类

1. 特色农产品

特色农产品具有地方特色、生态绿色，易于存储与携带、包装精巧，如北京怀柔板栗、门头沟薄皮核桃、大兴西瓜。

2. 民间工艺品

民间工艺品富有地方特色，赋予创新的设计理念，是传统文化、民间工艺与现代审美的有机结合，如北京顺义的中国结、门头沟麦秸画、大兴黑陶工艺。

3. 农村生产生活用品

农村生产生活用品是现代都市人所接受、喜爱和使用的源于农村的生产、生活用品，如北京朝阳高碑店的仿古家具。

（二）按商品价值及价格分类

1. 高端乡村旅游商品

单件100元以上。

2. 一般乡村旅游商品

单件商品60元左右。

3. 低端乡村旅游商品

单件商品30元以下。

（三）按目标市场分类

1. 主要适合国内旅游者需求的乡村旅游商品

适合国内旅游者需求的乡村旅游商品主要为中低档商品、特色农产品。

2. 主要适合外国旅游者需求的乡村旅游商品

适合外国旅游者需求的乡村旅游商品主要为中高档商品，以具有地方特色、乡村特色、富有纪念意义及观赏性的工艺品及农村生产生活用品为主。

（四）按消费人群分类

1. 主要适合大中城市常住人群需求的乡村旅游商品

适合大中城市常住人群需求的乡村旅游商品主要为特色农产品、农村生产生活用品。

2. 主要适合大中城市非常住人群需求的乡村旅游商品

适合大中城市非常住人群需求的乡村旅游商品以民间工艺品为主。

（五）按商品主题分类

1. 乡村景区（景点）主题类商品

例如，北京市延庆县以长城为主题的各色纪念品，平谷区以桃为主题的各色纪念品。

2. 乡村民俗生产生活主题类商品

例如，北京市大兴区以西瓜为主题的各色商品以及以乡村民俗生产生活为题材的各色工艺品。

3. 民间传说、传统故事等主题类商品

例如，北京市顺义区的八仙过海工艺葫芦、骨雕刻笑佛。

（六）按市场开发程度分类

1. 已开发的乡村旅游商品

已开发的乡村旅游商品是指已经进入市场销售的乡村旅游商品。

2. 待开发的乡村旅游商品

待开发的乡村旅游商品是指具有开发技术、资源等条件的富有市场前景的尚未开发的乡村旅游潜力商品。

[小贴士]

成都市乡村旅游商品销售

成都市2006年3月在郫县农科村、青城后山泰安古镇、锦江区三圣乡和龙泉驿区洛带镇新开了4家乡村旅游商品购物中心，拉开了全市乡村旅游商品购物中心建设的序幕。

乡村旅游商品购物中心面积为100平方米，主要销售包括食品、用品、工艺品三大类的数百种成都市乡村特色旅游商品。此外，该市数十家旅游商品生产厂家还与这4家购物中心在农科村正式签订了合作协议。例如，当游客来到农科村旅游时，不仅可以到一户一景的农家小院休闲娱乐，还可以逛逛新建成的乡村旅游商品购物中心农科店，尽情挑选各种特色纪念品。装潢一新的店面格外引人注目，店内陈列的商品也是五花八门：有郫县豆瓣酱、蜀

绣、草编、兰草盆景等极具郫县地方特色的商品。在这间不大的店面里，收藏了来自全成都市各大乡村的特色产品，吸引了不少游客来这里休闲购物。在欣赏完农家美景之后，到这里来选购一些特色工艺品带回家也不失为一件美事。

乡村旅游商品购物中心的建立不仅为广大旅游爱好者购买特色商品提供了方便，也将在一定程度上促进农副产品商品化，提高农副产品附加值，形成特色旅游商品品牌，助推当地旅游产业快速发展。

（资料来源：改编自网络内容http：//blog.sina.com.cn/s/blog_ a251525401012yri.html）

二、乡村旅游商品开发的原则

（一）以市场为导向

以市场为导向，根据游客的消费偏好开发新型的旅游商品才能满足游客的各种需求，从而为游客提供愉快而且印象深刻的旅游经历。目前游客市场偏好变化比较大，呈现多元化特征，旅游商品的开发要随时更新，为多种类多层次游客服务。

（二）有组织研发

一般而言，乡村旅游经营组织规模较小，力量单薄，很难独立开发乡村旅游商品。因此，新的乡村旅游商品的研发和推广往往需要由行业组织或政府机构牵头协调，联合开发，共同营销；适当采取优惠政策，专业化服务，有效提高乡村旅游商品的研发水平和效率。

（三）注重商品质量与服务

商品质量是企业信誉的基础与保证。目前，乡村旅游商品质量差成了普遍存在的问题，且几乎没有售后服务。因此，应该成立乡村旅游商品质量监督部门，专门监督乡村旅游商品质量，受理有关消费者购买乡村旅游商品的投诉，捍卫消费者权利，营造乡村旅游商品长久、健康发展的良好环境。

（四）树立商标和品牌意识

乡村旅游商品应有注册商标，并制定防伪标识。同时，应培育消费者对该品牌的认可度、信任度，这同时也是企业宣传与树立品牌的过程。品牌应包括商品的品牌名称、品牌标志和商标。从形式上看，品牌应具有独特性、简洁性、便利性，使人易认、易读、易记。

[实务训练]

调研当地某家乡村旅游企业，并根据其类型、特征等情况，为其制作一份"乡村旅游产品活动策划书"。

[知识归纳]

本章以乡村旅游产品的内涵为切入点，重点阐述了乡村旅游产品在开发过程中的资源要素组合方式及相关的配套活动安排。同时详细介绍了乡村旅游项目策划的基本原则，在我国进行乡村旅游项目策划的过程中，从加强营销的细分和深化，注重市场的分级与拓展，加强从业人员培训、提高从业人员整体素质、规范接待服务体系、提升服务水平，保持乡村文化本色、注重优良民风的培育,打造旅游品牌、创新营销策略和发展模式等方面来进行。

[案例解析1]

北京市昌平区以奥运为契机打造乡村旅游名片

北京市昌平区旅游局在全力推动昌平特色乡村旅游的基础上,以奥运为契机,在原乡村旅游的特色内容里注入了更多的奥运元素,着力打造并向国内外积极推介以迎接奥运、服务奥运、接待奥运为主题的昌平乡旅游品牌。

举世瞩目的北京2008年奥运会给昌平乡村旅游业的发展带来了机遇,注入了生机。昌平区旅游局为做好奥运会的接待服务工作,向国内外精心打造推介昌平乡旅游品牌。区旅游局把包装和推出"昌平旅游乡村旅游接待村"工作纳入重点工作计划,在全区21个市级民俗村中精心打造特色鲜明、接待能力强、服务规范、软硬件具备的能充分展示北京乡村风采和代表昌平风貌的奥运乡村旅游接待村。其做法有:分别为这些村发放了纯中药制剂的消毒液,以提高卫生水平;对21个高级民俗村的标识、标牌进行了更换;对民俗户进行了礼仪、卫生、厨艺、安全等培训,进一步提高民俗户的接待服务水平;为所有民俗户制作了网页,在网上发布宣传,帮助这些民俗村提高知名度和影响力。

"昌平奥运乡村旅游接待村"是昌平区旅游局向国内外打出的昌平乡村旅游的一张名片。它代表了昌平60个乡村旅游接待村3 000接待户接待服务等方面的最高水平,同时向国内外游客展示了昌平的风俗、民风和新农村、新农民的发展变化。昌平,一个山、水、文化相和谐的地区,正以"昌平奥运乡村旅游接待村"的魅力,向世人展示她迷人的风采。

(资料来源:改编自新华网http://www.bj.xinhuanet.com)

思考与讨论:
1. 昌平区旅游局是如何利用2008年北京奥运会的机遇进行乡村旅游市场营销的?
2. 结合本章所学知识,你能为昌平区更好地发展乡村旅游提出哪些营销建议?

解析要点:

昌平区旅游局在利用2008年北京奥运会的机遇中利用奥运元素对昌平区乡村旅游进行了品牌推广。品牌的塑造和推广只是乡村旅游市场营销中的一部分,同时还应该结合产品、价格等方面来进行该地的乡村旅游市场营销。

[案例解析2]

建设世界最美乡村——荷兰羊角村

羊角村位于荷兰西北方Overi jssel省De Wieden自然保护区内。冰河时期De Wieden正好位于两个冰碛带之间,所有地势相较于周边来得低,造成土壤贫瘠且泥炭沼泽遍布,除了芦苇与蒿属植物外,其他植物不易生长,唯一的资源则是地底下的泥煤。居民为了挖掘出更多的泥煤块赚钱,将地层挖成了一道道狭窄的沟渠。后来为了使船只能够通过并运送物资,又将沟渠拓宽,形成今日运河湖泊交织的美景。

羊角村又有"绿色威尼斯"之称(也有人称"荷兰威尼斯"),因为水面映像的都是一幢幢绿色小屋的倒影。这里房子的屋顶都是由芦苇编成,这可比任何建材都耐用,使用年数少说也有40年以上,而且冬暖夏凉、防雨耐晒。据说从前芦苇是买不起砖瓦的穷苦人家的替代品,现在正好相反,只有有钱人家才买得起芦苇建材,价格为砖瓦的几十倍。这里的地价也早已水涨船高,大部分的居民是医生、律师等高收入者,这与从前的困苦情况恰好形成时空交错,这说明,贫困乡村保护好美丽乡村风貌,通过发展乡村旅游,同样可以达到脱贫致富的目的。

(资料来源:改编自新浪博客 http://blog.sina.com.cn/s/blog_ 6f024200010190uw.html?tj=1)

思考与讨论:
世界最美乡村——羊角村的成功给了你什么启示?

解析要点:
羊角村居民在适应当地生活、生存环境的过程中,形成了固有的当地乡村特色,并且很好地保留了下来。而正是这样的原生态环境成就了发展乡村旅游的宝贵资源。

复习思考

1. 如何理解旅游产品及乡村旅游产品?
2. 乡村旅游产品有哪些特征?
3. 如何合理安排乡村旅游配套活动?

第九章

乡村旅游市场拓展

[学习目标]

通过本章的学习能够使学生对乡村旅游市场有所认识。要求学生通过本章的学习能够做到：

1. 了解乡村旅游客源市场的构成；
2. 了解乡村旅游消费者的消费行为习惯；
3. 掌握如何开拓乡村旅游销售渠道；
4. 掌握如何进行乡村旅游的营销推广。

[实训要求]

1. 对某乡村旅游点进行实地调研，搜集有效信息；
2. 能根据乡村旅游点的产品、市场状况进行营销方案策划。

[引导案例]

东海桃花岛的"桃花"营销

桃花岛是一座风景宜人的小岛，位于浙江省舟山区普陀境内，也是金庸先生当年创作《射雕英雄传》的灵感来源。但多年来桃花岛犹如一个鲜为人知的"世外桃源"，甚是冷清。随着《射雕英雄传》的重新开拍，一个默默无闻的小岛由此而声名远播，逐渐成为浙江省新一轮旅游热潮中的热点。桃花岛到底是怎么做到的呢？

（一）全方位、立体化的运作模式

桃花给人的印象都是柔弱的，经不起风雨的考验，给人负面印象较多。为丰富桃花岛的内涵，在突出主题的前提下，当地政府推出了全方位、立体化的运作模式，将该项目分为软硬两部分，一手抓硬，一手抓软。硬件设施包括两大主题公园和桃花产业。为弥补桃花岛桃树种植不足，在两大主题公园——桃花村和桃花园中引进全世界的桃花品种，以实现"待到桃花烂漫时，她在丛中笑"的宏伟蓝图。这是一种显而易见的有形的桃花。还有一种无形的桃花便是桃花产业。为确保桃花岛旅游业持续健康的发展，就必须拓展桃花岛的内涵，将观光、参与及产品延伸整合起来，发展饮料、服装、文化、艺术等产业，虚实结合，盛装打造舟山的第二张名片。软件设施包括一系列的子文件，诸如每年一届的桃花仙子评选、桃花岛赛诗会、桃花岛化装舞会、桃花岛对歌、桃花岛故事的编撰、桃花诗与散文的征集等。

（二）举办大型活动

桃花自古以来就是美的天使，历代的文人墨客无不为桃花的姿色所倾倒。因此，"桃花"作为美的天使是当之无愧的。为突出桃花岛"美"的个性，当地政府举办了首届国际桃花节暨桃花仙子评选活动，通过这一特定主题来表达人们热爱美、欣赏美、追求美、完善美的美好心境。

（三）赋予文化内涵

桃花美艳但给人的感觉却显低廉。为弥补这一缺憾，凸显桃花岛的符号价值，当地政府赋予了"桃花"深厚的文化内涵，先后推出了桃花节诗会、歌舞等文化大餐，避开旅游这一条主线。从金庸笔下的《射雕英雄传》入手，增添桃花岛的文化气息，借势造势，锻造桃花岛品牌的核心竞争力。

（四）对相关硬件设施进行挖掘包装

任何事物都是有联系的，不同的环境造就不同的性格，不同的性格决定了消费者对品牌的好恶。为把桃花岛培养成一位人见人爱的"美姑娘"，当地政府又将桃花岛现有的资源如纯净的空气、撩人的绿色、古朴的建筑、硬朗的礁石、柔软的沙滩等进行充分挖掘，将这种天然的硬件设施和精心包装的软件设施巧妙地连为一体。

（资料来源：改编自乡谣·乡村旅游网 http：//www.xianggao.com）

第一节 乡村旅游客源市场分析

一、地理区域结构

旅游客源市场按旅游接待量和地区分布可以划分为一级市场、二级市场和机会市场。一级市场是指一个旅游目的地接待的旅游者人数在接待总人数中占比例最大的两三个地区的旅游市场。在通常情况下，一级市场占旅游目的地接待总人数的40%~60%。企业在制订市场营销计划时，不论是产品策略还是价格策略或其他经营职能都应优先考虑一级市场的市场需求和消费特点。二级市场，即在旅游目的地接待总人数中占相当比例的旅游市场，一般也可以包括三四个地区。二级市场的特点是有较大的市场潜力，只是由于外部环境和企业内部营销组合的不力，市场对旅游目的地的情况不十分了解或购买动机尚未形成，因此，潜在需求还没有完全转变为现实需求，需要花大力气去开发。机会市场是指一个旅游目的地计划新开拓的市场。其特征是该市场的出游人数与日俱增，但前往本旅游目的地的人数很少，属于有待于进一步开发的市场。机会市场通过目的地有效经营可能成为将来的二级市场甚至一级市场，当然必须通过认真调研，确认其潜力，才能加以开发。

从宏观角度研究旅游者的流向对确定目标市场和制定市场营销策略，集中优先的人力、物力、财力，开发一级、二级市场方面具有相当重要的意义。

[操作示范]

湖州地区农家乐的客源市场定位

一级客源市场：近距离客源市场，浙江省内（湖州、杭州、嘉兴、宁波等城市）及上海、江苏等省市。

二级客源市场：中距离客源市场，安徽、江西、北京等地和港澳台、东南亚。

三级客源市场：远距离客源市场，国内其他省份和海外其他客源市场。

湖州以一级旅游市场为开发重点，二级旅游市场为远期目标，辐射三级旅游市场，形成旅游市场的梯度开发体系。

二、人口特征结构

旅游者的特点可以表现在很多方面，如年龄、性别、职业、受教育程度、社会阶层、种族、宗教、收入、国籍、血缘关系等。这些指标与旅游者的欲望、偏好、出游频率等直接相关，而且旅游者的特点比其他因素更容易测量。根据黄进的研究，他将乡村旅游客源市场细分为六类：第一，城市里先富起来的一部分人，包括商人、企业家、个体营业者；第二，周末工薪阶层；第三，城市学生；第四，家庭爱好乡村旅游者；第五，离退休职工；第六，入境游客。

三、购买行为结构

根据旅游者对产品的理解、态度、购买目的、购买过程及方式等方面的不同，把整体旅游市场细分成不同的群体。一般来说，乡村旅游活动中旅游者的旅游动机主要是欣赏乡野风光、体验回归自然的感觉、体验与了解乡村农事、参观高科技农业、寻找怀旧的感觉、品尝土特产、购买新鲜的农产品等，这对乡村旅游市场开发和产品开发有着重要的参考价值。

四、心理结构

所谓按心理因素细分，就是指按照旅游者的生活方式、态度、个性等心理因素来细分旅游市场。旅游者的欲望、需要和购买行为，不仅受人口的社会统计特征影响，而且受心理因素影响。

第二节 乡村旅游消费者行为调研

一、乡村旅游市场的客源构成及特点

（一）青少年乡村旅游市场

青少年乡村旅游市场的主要特点是，旅游者多为未成年的中小学生，以学校或家长安排的有目的的旅游、实习等为主要内容,通过不同于城市生活的乡村旅游扩大视野、开阔眼界、培养吃苦耐劳精神等。这一客源适合开发参与性的务农活动、高科技农业技术参观活动,增进青少年对农村和大自然的了解。

(二) 青年乡村旅游市场

青年乡村旅游市场的旅游者多为追求现代潮流的年轻人。年轻人渴望的是一种全新的体验。这一客源适合开发参与性和娱乐性都比较强的乡村旅游产品。

(三) 中老年乡村旅游市场

中老年乡村旅游市场的本质特征是怀旧、回归自然。这些中老年人在年幼或年轻的时候生长和生活在农村,工作以后或者由于某种原因从农村迁移至城市。因此,他们对农村的生活会有追溯,在久居城市之后渴望有机会能够重新回到农村,体验回味。这一客源适合开发原汁原味的反映农村生活原貌的乡村旅游产品。

(四) 都市居民乡村旅游市场

都市居民乡村旅游市场的目标主要是城市普通居民家庭。他们久居喧嚣的城市,向往农村宁静、健康的生活环境。因此,乡村特色餐饮美食、采摘垂钓、休息休闲的旅游方式较为适合这类群体。

(五) 城市知识阶层乡村旅游市场

对于受教育程度较高的都市知识阶层,他们去乡村旅游的动机主要是体验城乡文化差异,更愿意选择具有历史地理内涵的乡村进行考察、探索,体验风土人情,因此,应当保护和开发具有历史、地理和人文特色的乡村旅游产品来满足这类旅游者的需要。

(六) 乡村疗养度假旅游市场

这一客源市场主要是城市高收入阶层及其家庭。他们去乡村旅游的主要动机是疗养健身。因此,温泉疗养、水体运动等乡村俱乐部形式适合此类旅游者。

 [小贴士]

成都农家乐市场资料

①农家乐的游客面很广。从经理、主管、公务员到工人、一般退休人员等都光临农家乐,而吸引力更大的是对低、中收入阶层。
②从居民整体出游的年龄构成上看,中老年出游者比例逐年上升。
③从性别构成上看,男女消费大体相当,区别不明显;从文化程度而言,以中低教育程度为主;从游客消费关系来讲,以家庭亲友聚会居多。
④城郊型农家乐多数客源来自本市,景区农家乐消费者来源广泛。
⑤旅游目的方面,大部分为休闲、娱乐、观光、体验;还有各类主题活动,如亲友庆祝生日等;健康疗养、临时招待等也是一部分旅游消费动机。

二、乡村旅游市场需求的影响因素

（一）个人因素

乡村旅游者的性别、年龄、职业和生活方式等不同，使乡村旅游市场的需求呈现多样性。例如，男性更倾向于体力娱乐型或探险类的乡村旅游活动，而女性较偏爱采摘、购物等乡村旅游活动；工作繁杂程度高和人际交往频繁的白领喜欢放松型的度假，而一般城市居民喜欢参与程度较高的农事或乡村体验旅游。

（二）经济因素

社会的经济发展水平及产业结构的调整和变化，会在很大程度上影响人们的收入和职业，同时也影响着乡村旅游业的发展和规划，影响着人们对乡村旅游产品的购买行为。

（三）社会文化因素

任何一种消费行为都是在特定的社会环境中进行的，社会文化影响着人们不同的价值观念、偏好。这些因素也决定了个人购买乡村旅游产品的种类。中老年人强调实用性，比较节俭，一般很少购买娱乐类乡村旅游产品。年轻人思想观念较为开放，加之工作和生活压力大，较多选择放松休闲的度假乡村旅游产品。

（四）市场供给因素

供给因素包括乡村旅游资源、旅游设施、旅游项目、旅游服务等。其中，乡村旅游资源是激发旅游者需求的重要因素，完善的旅游设施、丰富的旅游项目、周到的旅游服务等都会影响到乡村旅游的需求。

三、乡村旅游消费者的消费决策

旅游消费决策是旅游消费者做出的关于购买某种旅游产品进行消费的决定，乡村旅游消费者在做出决策时面临的问题，可以归纳为以下方面：

一是 Why，即为什么消费。乡村旅游者的消费动机不同，对旅游产品的需求也就不同。

二是 What，即消费什么。决定消费什么是乡村旅游消费决策的核心，如乡村旅游产品的类型、规格、价格等。

三是 How many，即消费多少。消费多少通常取决于其实际需求、支付能力及市场供求状况。

四是 Where，即去哪里消费。乡村旅游消费者会根据自己的消费能力、交通便利状况决定消费的目的地。

五是 When，即什么时候消费。这一般取决于乡村旅游消费者消费需求的紧迫性及空暇时间。

六是 How，即如何消费。比如是否选择预定，通过哪些方式预订等。

乡村旅游消费者消费决策的过程，可分为以下阶段：

消费认识阶段。在这一阶段，旅游者会根据自己的经济实力、闲暇时间以及所在地区乡村旅游的发展状况，做出是否出游的决定。

信息搜索阶段。如果旅游者认为有必要进行乡村旅游消费，就会寻找有关乡村旅游产品的信息。乡村旅游消费者获取信息的渠道有：固有的记忆、亲戚朋友的意见和建议、政府部门提供的信息、新闻媒体提供的信息等。

方案评价和选择阶段。信息搜集之后，乡村旅游消费者会将几种旅游产品进行对比、评价，结合自己的经济能力、消费动机等进行选择。

[小贴士]

群体对旅游决策的影响

某家人最近决定到北京旅游，但上中学的儿子积极提议到云南西双版纳去旅游。这家人的亲友、熟人、同事、同学也积极支持其到云南旅游，他们推荐云南的风景，并建议他们在另一季节到北京旅游。

思考：在此案例中，相关群体是如何影响这家人的旅游决策的？

（资料来源：杨永杰，耿红莉．乡村旅游经营管理［M］．北京：中国农业大学出版社，2011.）

第三节　乡村旅游销售渠道开拓

一、乡村旅游销售渠道的类型

乡村旅游销售渠道是指乡村旅游产品从乡村旅游经营组织送到旅游者手中所经历的各个环节连接起来的通道。

乡村旅游销售渠道有长短宽窄之分。销售渠道的长度是指旅游产品从乡村旅游经营组织送到旅游者手中的过程中所经历中间环节的数量，环节越多销售渠道就越长，反之销售渠道就越短。销售渠道的宽度是指一个时期内销售网点的数量，销售网点越多，销售渠道越宽；反之销售渠道就越窄。

乡村旅游销售渠道有直接和间接之分。直接销售渠道是指乡村旅游经营组织直接面对最终消费者进行销售，没有任何中间环节，如旅游者直接到"农家乐"饭店住宿用餐，这是目前我国大多数乡村旅游经营组织采用的类型。简介销售渠道是指旅游产品从旅游经营组织转移到旅游者手中，要经历一些中间环节，如零售商、批发商等。

乡村旅游销售渠道的中间环节包括乡村旅游代理商、乡村旅游批发商、乡村旅游零售商、专业旅游媒介等。

（一）乡村旅游代理商

乡村旅游代理商是指乡村旅游组织签订合同接受委托，并在某一特定区域内代理销售其旅游产品的旅游中间商。例如，代理商代理乡村旅游度假村接受预定、宣传乡村饭店的产品等，其主要收入来自被代理的乡村旅游经营组织支付的手续费或佣金。当乡村旅游经营组织需要开拓市场或无法直接进行营销活动时，可借助乡村旅游代理商的营销优势寻找市场机会。乡村旅游代理商在旅游消费者选择乡村旅游产品的决策中起到重要的作用。对于乡村旅游经营组织来说，应当为乡村旅游代理商提供了解乡村旅游产品的机会，如邀请其考察相关乡村旅游产品，以便乡村旅游代理商更好地发挥作用。

（二）乡村旅游批发商

乡村旅游批发商一般是指一些实力较为雄厚和具备较强管理、宣传、销售能力的旅游公司或旅行社。乡村旅游批发商通过与乡村旅游地、运输公司以及其他餐饮娱乐服务机构等直接洽谈签订合同，购买一定数量的单项旅游产品，将其组合成旅游线路批发给乡村旅游零售商。其收入主要来源于乡村度假饭店订房差价、乡村旅游地门票差价、运输公司支付的代理佣金等。由于单项乡村旅游产品越来越多，而乡村旅游消费者对乡村旅游产品缺乏全面的了解，往往更倾向于从乡村旅游批发商提供的乡村旅游产品目录中选择各种包价游。因此，列入乡村旅游产品目录中的乡村旅游经营组织具有更多地被旅游消费者选择的机会。

（三）乡村旅游零售商

乡村旅游零售商是指直接向旅游者提供乡村旅游产品的旅游中间商，主要是指旅行社。旅行社要在熟悉各种乡村旅游产品及其价格的基础上，帮助旅游消费者安排恰当的乡村旅游线路，向其提供咨询服务，并同各个乡村旅游经营组织保持良好的沟通和联系，及时反馈旅游消费者的需求信息。其主要收入来自餐饮、住宿、运输等支付的佣金。

（四）专业乡村旅游媒介

专业乡村旅游媒介是指从事乡村旅游宣传，向旅游者提供信息服务、预订服务、旅游线路推荐的旅游促销机构、旅游经纪人、旅游信息中心等。旅游促销机构可以是完全独立的组织、政府所属部门、旅游行业协会等。旅游经纪人是为交易双方牵线搭桥，促成交易，成交后向乡村旅游经营组织收取一定佣金的一种旅游中间商。旅游信息中心则把不同类型的各个乡村旅游经营组织的信息资料搜集之后输入电脑，旅游消费者可以通过电话、电脑等进行自动预订。

二、乡村旅游销售渠道开拓策略

（一）准确定位目标市场

乡村旅游市场主要是选择城镇区或者经济发达地区中具有回归自然、享受自然甚至是保护自然等需求的旅游者。但由于各乡村旅游产品所处理区位环境、资源特性、知名度、种类及其生命周期、主体经营实力及市场营销战略等的不同，在具体选择目标市场时也是不同的，所采用的策略也不一样。在实际操作中，要依据个地方经济状况、发展水平、交通状况等来确定目标客源市场区域和开拓市场的先后顺序。与乡村旅游产品距离近的市场和富裕起来的地区和人群都可以作为潜在目标市场。要改变由空间距离一种因素决定目标市场的做法，在目标市场选择过程中，要从营销主体资源、目标、竞争优势和市场规模等方面对细分市场进行评估，所选择的目标市场必须与乡村旅游市场营销主体的经营目标、产品形象、所拥有的经营资源等相符合。

（二）创建乡村旅游品牌

乡村旅游市场竞争十分激烈，只有创建鲜明的乡村旅游地品牌才能在激烈的市场竞争中立于不败之地。结合市场调查和资源调查确定乡村旅游地的主题形象和目标顾客群,选择多种渠道宣传乡村旅游产品。充分发挥广播、电视、互联网、移动通信广告等电子媒体和报纸、杂志、户外广告、交通广告、地址簿、直接邮寄广告、包装广告等印刷媒体的作用,大力展示乡村旅游发展成果,动员全社会共同关心和支持乡村旅游的发展,形成发展乡村旅游的良好氛围,鼓励有实力的企业"走出去",通过直接投资、品牌输出、企业并购等形式向外地扩展,在更大空间配置资源,提高乡村旅游企业的竞争力,利用各种节庆活动扩大乡村旅游地的市场知名度。定期举办乡村博览会,扩大乡村旅游的影响,提高乡村旅游的知名度。

(三) 采取市场渗透策略

大多数游客都是每年多次进行乡村旅游活动,因此,乡村旅游市场的开拓首先应实施市场渗透策略,提高游客对乡村旅游的忠诚度,增加旅游频率及提高人均消费水平。乡村旅游区别于其他旅游类型的显著特征就是它对回头客的依赖程度较高,从调查的结果看,大部分游客都多次进行了乡村旅游活动,4次以上的占到了44.28%。客户关系的建立、顾客忠诚的创造对稳定与开拓乡村旅游市场具有重要意义。因此,对于开发回头客市场,除了进行新产品开发以外,还要引入客户关系管理概念,提高游客对乡村旅游目的地的忠诚度,这是政府与企业必须考虑的问题。比如让游客在乡村拥有自己的一份土地、在乡村拥有第二个家等形式就是创造顾客忠诚很好的办法。

(四) 乡村旅游企业加强合作

乡村旅游企业之间加强区域协作与联合,是乡村旅游资源开发与乡村旅游未来发展的一项重要举措。从今后一段时间看,探索开拓和扩大乡村旅游客源市场的新途径就是加强区域和区域间各主要乡村旅游企业之间的联系与协作。

[小贴士]

阳谷县阿城镇闫庄村成立聊城市首家乡村旅游合作社

2010年12月28日,山东省聊城市首家以开展农家乐旅游服务为主的农民专业合作社在阳谷县阿城镇闫庄村挂牌成立。它的成立为聊城市农民专业合作社的发展开辟了新的领域,解决了聊城市乡村旅游业发展水平低、规模小、实力弱、带动能力不强等问题,拓展了新的旅游服务形式,加快了聊城市乡村旅游业的发展进程。

闫庄村位于阳谷县阿城镇,农业旅游资源丰富,民风民俗多姿多彩。近年来,该村因地制宜发展庭院经济、环村经济林,发展民俗文化旅游,出资100万元成立乡村旅游专业合作社,并先后建成了14个"乡村民俗文化"展厅,展出近30个系列民俗展品,大力发展农家垂钓、瓜果采摘等农家乐旅游项目,还建有钓鱼台、运动场、棋艺台、东西龙潭和儿童乐园等旅游配套设施。闫庄村相继被国家、省市主管部门评为省级文明村、山东省绿化示范村、中国民俗文化村、山东省旅游特色村、全国特色景观旅游名村等荣誉称号。

据相关专家介绍,随着近年来周末游的逐渐兴起,越来越多的城市人群到城郊乡村休闲观光、体验乡村生活。闫庄村旅游专业合作社作为一个农民发展乡村旅游的合作互助组织,为聊城市乡村旅游发展带来了新的机遇，对加快聊城市乡村旅游资源整合开发、壮大乡村旅游经济规模、增加农民收入具有重要作用。

思考：阳谷县阿城镇闫庄村成立的乡村旅游合作社对市场开拓起的是什么作用？

（资料来源：改编自聊城新闻网 http：//news.lcxw.cn/liaocheng/yaowen/20110105/53244.html）

第四节　乡村旅游的营销推广

一、乡村旅游产品组合策略

所谓乡村旅游产品组合，是指旅游企业经营各种不同的乡村旅游产品的组合，它主要包括三个因素：产品线的宽度、深度以及关联度。这三个因素的不同组合构成了不同的乡村旅游产品组合。乡村旅游产品的组合策略实质上就是针对目标市场，对产品组合的宽度、深度以及相关项进行选择、决策以便使乡村旅游产品组合达到最优效果。

（一）扩大组合与缩小组合策略

扩大旅游产品组合是指扩大产品组合的宽度，增加旅游产品数量，扩大乡村旅游企业的经营范围，增加乡村旅游产品组合相关性大的旅游产品种类。

乡村旅游企业可以经营多种乡村旅游产品，同时推向多个不同的旅游市场。例如某个乡村旅游企业经营生态观光旅游、乡村度假旅游、土特产购买旅游、田园生活体验旅游等多种产品，并以金领阶层市场、白领阶层市场、灰领阶层市场以及老年市场等多个旅游市场为目标市场。采取这种组合策略，既可以满足不同阶层市场的需求，也有利于扩大乡村旅游产品在整个旅游产品中所占的市场份额。

缩小旅游产品组合即缩小旅游产品的宽度，使之成为较窄的产品组合。缩小经营范围，达到小而精的状态，实现旅游生产的专业化，同时淘汰已经过期或过时的旅游产品。乡村旅游企业可以向某些特定的市场提供所需的产品，例如专门向老年人提供怀旧乡村旅游产品，向金领阶层提供乡村度假旅游产品，向女青年提供乡村土特产购买等旅游产品。这种策略有助于乡村旅游企业集中力量对特定的目标市场进行调研与分析，充分了解各种服务阶层的需求。同时，乡村旅游企业还可以只经营某一类的旅游产品，面向多个不同的服务阶层市场的同类需求，例如乡村土特产品可以同时面向老年市场、中青年女性市场、白领女性市场等。这种产品线较为单一，旅游企业便于管理，经营成本较低，可以根据市场的需要不断完善和改进产品。

（二）产品差异化和产品细分化策略

由于旅游者的年龄层次不同，受教育程度不同，所从事的工作不同，因此在选址乡村旅游产品时他们的期望与出发点也是不同的。乡村旅游企业要全面满足各个层次旅游者的旅游需求是越来越难了。

乡村旅游企业可以发挥自身的优势，找准对自己最富有吸引力的某一类或某一个年龄阶层的客源市场，用最适应这部分市场需求特征的产品组合为自己的服务产品，如对金领阶层提供乡村度假旅游产品，对白领阶层提供远离工作压力的乡村休闲旅游产品，对老年人提供乡村怀旧旅游产品，对青年妇女提供土特产购买旅游产品，对青少年提供乡村生活体验旅游产品等，这种方法实际上是对目标市场进行细分，以退为进，以获得更好的发展。

二、乡村旅游价格策略

价格策略是当前旅游市场上多数旅游者比较关注的营销方式之一，价格的高低决定着旅游者的购买意愿，因此在市场竞争日益激烈的今天，价格营销策略仍然不失为重要的营销手段。

（一）取脂定价策略

取脂定价策略是指采用高价迅速回收投资，力求较快取得收效的一种策略。在西方形象地称其为"取脂"或"撇油"定价策略。根据促销强度的大小，可分为高价促销（快速取脂）和高价低销（慢速取脂）策略，采取这一种策略必须具备下列条件：第一，顾客并不太了解旅游产品的特征和性能；第二，顾客对该旅游产品具有某种偏向性，价格弹性较小；第三，旅游市场容量相对有限，或者现实的顾客较少。

这种策略的优点在于：价格高时获利多，有利于增强企业实力；价格高则表示留有余地，便于此后开展价格竞争并掌握主动权；高价代表旅游产品优质，有利于提高旅游产品身价，满足旅游者追求高端大气上档次的消费心理。当然这种销售策略也有不足，那就是价格过高不利于旅游产品对市场的开拓，同时还妨碍新产品推广。除非具有资源垄断性的企业，否则一般不敢贸然采取这种竞争方式。

（二）满意定价策略

满意定价策略是指新的旅游产品价格定得不高不低，既能对旅游者产生一定的吸引力，又能使旅游企业弥补成本后有较大盈利，以达到旅游者和旅游企业都满意的一种销售策略。这种定价策略适用性较强，适合于各种旅游产品以及延伸产品营销时采用。当然想要找到一个双方都满意的价格点并不是一件容易的事情，必须对产品成本、旅游市场需求及本企业和同行的产品进行周密的分析和研究才能做到。

（三）低价竞争策略

旅游市场低价竞争策略由来已久，这种策略能够满足游客追求低价的心理预期，但旅游企业收入并不因此而大大减少。其中的奥秘在于客人的二次消费，旅游企业通过降低某个主要消费项目价格的方式（如门票），刺激客人前来消费，却通过客人购买其他产品和服务的方式来弥补降价损失（譬如在降低门票的同时要求客人必须参加自费的晚会节目）。当然，企业也可以采取淡季降价方式争取客源，表面看价格确实下降许多，但其实与降价带来的高客流量对比，企业的实际收入反而是增长了。

［小贴士］

"5元吃一天"的定价策略

某乡村酒店离市区较远，但交通方便，只是客人嫌远不太愿意入住，酒店生意一直不太好。酒店营销人员建议降价销售,打出房价五折优惠的告示,但入住率并没有明显增加。后来又有人建议,干脆减少优惠,以"5元吃一天"的方式优惠促销。也就是说,凡住店客人均可凭房卡购买"5元吃一天"的餐券,餐券上印有"住店宾客用餐,早餐1元,中、晚餐各2元,凭房卡购买用餐优惠券"字样。酒店提供的三餐虽算不上高档,但也不寒碜,客人吃饱吃好是没有问题的。此广告播出后不久,酒店客人骤然增多,达到了较好的效果。

思考:该乡村酒店是如何通过恰当的价格策略提升业绩的?

(资料来源:改编自温州日报 http://wzed.66wz.com/html/2014-12/28/content_1754475.htm)

三、乡村旅游营销渠道策略

产品分销渠道长度、宽度以及中间商的选择能够决定产品销售的业绩,一般而言,中间渠道多,成本越高,但传播效果会更好,而渠道越短,成本越低,但销售业绩会下降。

乡村旅游产品大多数采用零售渠道销售模式,即没有中间商,虽然节约成本,但产品销售主要靠客人口碑介绍,传播深度和广度都不够。其实酒好也怕巷子深,乡村旅游企业可以结合自身产品定位和市场定位,选择有较强传播能力的合作伙伴协助销售,如委托专业旅行社,利用其客源优势,增强营销效果。

四、乡村旅游智慧营销策略

[小贴士]

智慧营销是什么?

智慧营销又叫网络营销,主要是指在网络环境下(包括互联网和移动终端)销售产品和服务的行为。将智慧营销运用到乡村旅游产品销售目前还处于起步阶段,很多地方是利用农产品销售网络发布乡村旅游接待信息。但伴随移动互联技术的普及和乡村旅游的发展,采用智慧营销方式销售乡村旅游产品是必然趋势。

(一)智慧营销的特点

1. 智能化

智慧营销可以采用大数据筛选技术,对用户的购买习惯、购物爱好进行统计和细分,找出规律,方便我们寻找目标客户,增强销售的准确性。

2. 低成本

智慧营销成本低的特点尤为显著,主要表现为:

(1)没有店面租金成本。传统的销售商需要租赁店面来吸引和招徕旅游者,而且店面的租金较为昂贵,而网络营销则仅仅需要一台在网络上的网络服务器,或租用部分网络服务器的空间即可。在电子技术高速发展的今天,购置一台网络服务器设备的费用与租赁店面相比完全可以忽略不计。

(2) 销售成本低。网络营销具有良好的促销能力，经营者只需要负担较低的广告促销费用，而且利用多媒体技术可以把旅游商品完整地展示在旅游者面前，既可以主动散发，又可以随时接受旅游者的咨询。

(3) 结算成本低。面向旅游者的网络销售系统允许购买者在互联网上以信用卡支付，其重点在于网上的实时结算，这对于旅游产品购买者而言是更为方便的；对旅游产品供应商来说则降低了结算成本。

3. 无时空限制

智慧营销采用电子数据（即为无纸化贸易）和电子传递，使营销双方无论何时何地，均可与世界各地的商品生产人员、销售人员、消费者在线交流，实现全球快速订货和在线交易。

（二）乡村旅游产品智慧营销方式

把智慧营销手段运用到乡村旅游业，开发乡村旅游产品智慧营销模式，对于提升乡村旅游营销绩效具有重要意义。其主要做法是：

1. 建立智慧营销网络

建立智慧旅游网络是当前旅游城市化智慧工作的主要任务之一，智慧旅游网包括智能检测系统、智能分析处理系统和智能化管理系统，工程浩大，投资不菲。但是对于普通乡村旅游业主来讲，如果只是把自己的产品集成到官方或非官方的智慧旅游平台，能够向全国各地消费者实时展示乡村旅游产品信息，接受咨询和预订，其实花费并不大，业主只要配备上网设备，派专人负责网络营销工作，租赁第三方服务平台，即可正常开展网络营销工作。

2. 确定销售信息内容

建立网站或网页后，重要的是如何吸引旅游者，因此网站或网页信息内容比较关键。乡村旅游产品网站的内容要丰富，图片要精美，版式要对旅游者有吸引力。可以采用付费的方式由推广公司对网站或网页进行推广，提升点击率。

网站内容应当包括当地乡村旅游资源信息、乡村特色餐饮信息、主要接待农户介绍、乡村民俗活动介绍、乡村娱乐活动介绍、乡村土特产介绍等方面；旅游相关信息包括旅游目的地乡村的天气状况、路况等；乡村旅游咨询、旅游攻略等信息；提供客人预订和查询服务等。

3. 确定网络预订流程

通过电子商务平台进行并完成网上购物是一个相对比较复杂的技术流程，但相对复杂的流程都在后台，对于销售者和购买者而言却是越来越简便，旅游者在网上购买旅游产品与在现实中购买旅游产品的流程已经没有太大的差别与困难。

旅游网站向客户提供的可供选择的支付方式应该是越多越好，这是因为网站面对的是各种各样的网上旅游者，一方面，每种支付方式都有一定的客户覆盖率；另一方面，每种支付方式都有其不同的转账周期。就目前很多网站而言，可以使用多种银行的储蓄卡、信用卡支付、支付宝形式支付甚至也有请人代付等方式，操作起来简单、方便、快捷。

（三）非主流的"自媒体营销"方式

自媒体又称"公众媒体"，是与传统官方媒体、社会机构媒体相对应的一种传媒途径，是公民通过现代信息平台，发布个人所见所闻的载体形式，主要载体是论坛、博客、微博、微信等。通过自媒体进行营销，营销途径虽然"非主流"，但如果受众量较大的话，仍然可能取得较好的营销效果。自媒体营销的主要方式有以下三种：

1. 微博营销

微博作为当前新兴的信息传播平台，不仅拥有大量的用户，同时受到各年龄层次人群的追捧，成为当下较流行的销售渠道之一。微博营销主要通过发微博的方式，对微博粉丝进行销售。由于微博受到字数的限制，不能发布太多内容，多以发布介绍产品的链接网址为主，因此在开展微博营销之前，业主应当建立自己的产品网站或网页，或者建立独立的 APP 链接，能够提供在线咨询和在线支付服务，方便消费者获取信息，购买产品。

2. 微信营销

微信营销也是目前很流行的自媒体营销方式之一。业主注册微信账号后，建立起自己的朋友圈或者消费者群，既可通过向微信好友圈发布产品信息的方式进行在线营销，也可以通过手机下载"微店"，简单注册后即可开通网上商店，直接向朋友圈进行推销。

3. 论坛营销

论坛营销是利用网上论坛的开放性和受众多的特点，在论坛中推销自己的产品。不过，论坛营销内容往往与论坛主题不一致，容易被人忽略甚至引起反感，营销者应当精心策划，通过营造具有"震撼""震惊"效果的事件，达到引起大众关注和讨论的目的，才能较好地实现营销的目的。

[小贴士]

新媒体时代的旅游营销

2014 年三亚市首次将夏季旅游推介活动交给天猫、天涯社区、微博、微信和官方网站等新媒体开展。在精心策划后，以"清凉一夏·最三亚——2014 三亚夏季在线旅游节"为主线的活动于 5 月 18 日上线。"天猫旅游大卖场"以天猫三亚旅游官方旗舰店为主平台，每月推出毕业季套餐、亲子游套餐、蜜月套餐、特色新品（低空旅游、邮轮、高尔夫产品）等主题性特惠套餐产品，不断吸引网友下单，以此形成固定的网友期待的品牌卖场活动。结果"人在哪里，我们的营销就要追到哪里"，这次旅游营销活动取得了极大成功。

在"酒香也怕巷子深"的新媒体时代，三亚旅游夏季推介，不但在平台上主要借助新媒体，在口碑营销上大做文章，在营销方式上也不乏新媒体思维，契合了"活动式营销"的新理念。以"专注、极致、口碑、快"为特色的互动营销，是新媒体时代旅游营销的一个利器，三亚算是初尝甜头。

（资料来源：改编自三亚户外旅游网）

总之，乡村旅游产品智慧营销使乡村旅游产品从展示、宣传、预订到销售都有了本质的变化，对于提升乡村旅游产品的销售业绩具有良好的促进作用，应是今后乡村旅游营销发展的方向，值得大家关注。

[实务训练]

乡村旅游市场营销策划书：以当地某乡村旅游产品为例，从乡村旅游产品经营者的角度撰写一份乡村旅游市场营销策划书。

乡村旅游市场营销策划书一般有以下内容：

1. 产品分析（20%）：包括产品的现状、特色、优劣势分析、机遇挑战分析等。
2. 市场分析（20%）：包括这个区域的游客特点、周边的旅游景点竞争对比、本旅游产品的客源市场定位等。
3. 营销方案（30%）：包括产品、价格、促销、销售等策略。
4. 对方案提出经费等预算（15%）。
5. 对方案的不定因素（风险）提出预防建议或措施（15%）。

[知识归纳]

本章在分析乡村旅游客源市场构成特点及消费行为习惯的基础上，重点强调应该从准确定位目标市场、创建乡村旅游品牌、采取市场渗透策略三个方面进行乡村旅游销售渠道拓展。同时采用乡村旅游产品组合营销策略、乡村旅游产品价格营销策略和乡村旅游产品智慧营销策略来进行有效的营销推广。

[案例解析1]

千岛湖旅游市场营销有新动作

2011年，千岛湖旅游加大营销力度，创新营销举措，积极拓展旅游市场。

在传统观光、度假产品的基础上，着重研发高星级酒店、豪华游艇、休闲垂钓、游船会等高端度假旅游产品；环千岛湖骑行、婚纱摄影、蜜月度假、徒步等特种旅游产品；三清山+千岛湖+婺源路线、黄山+千岛湖+婺源路线、千岛湖+浙东线路等周边会展及奖励旅游产品。

在市场开发上，重点推广东南湖区公交游船观光旅游，在东南湖区码头接待中心窗口开通直客接待业务，并加速拓展千岛湖观光旅游中长线市场，境外市场重点开发中国台湾市场。同时，做好千岛湖乡村休闲旅游，重点推广春季千岛湖摄影节、夏季千岛湖漂流节、秋季千岛湖采摘节、冬季千岛湖民俗文化节等乡村旅游节庆活动及以葛岭为主的两个以上乡村旅游休闲社区。此外，还制定了2011年《淳安县旅游企业市场营销鼓励办法（试行）》，以调动旅游企业的市场营销积极性。

（资料来源：改编自河南旅游网 http：//www.uhenan.com/travel/wangml/xinwen-4206.htm）

思考与讨论：

谈谈乡村旅游市场营销的重要性。

解析要点：

市场营销是任何一个企业或者产品都要做的功课，对乡村旅游来讲更是很有必要的，2011年千岛湖为做靓乡村休闲旅游，还制定了2011年《淳安县旅游企业市场营销鼓励办法（试行）》，以调动旅游企业的市场营销积极性。

[案例解析2]

2011成都乡村旅游节开幕

2011年，以"现代大都市，魅力新田园"为主题的中国·成都乡村旅游节在青白江凤凰湖开幕，会上发布了"中国乡村旅游发展——成都宣言"。"成都宣言"倡导积极向上的乡村旅游方式，在切实保护好农民自身利益的同时，积极采用低碳的生产方式和消费方式，实现乡村旅游资源的永续利用；并且妥善处理好乡村文明传承和创新的关系，促进乡村人口素质提升；积极推动乡村旅游和一、二、三产业融合发展，促进乡村旅游品牌化、规模化、集群化发展。

据了解，2010年，全省乡村旅游收入达489.6亿元，占全省旅游总收入的27.2%，为全省5 100余万农民人均增收960元。乡村旅游已经发展成为四川最具潜力和活力的旅游经济增长点。

在历时一个月的时间里，除了整合成都19个区（市）县近期开展的一系列乡村旅游活动外，旅游节还将精心推出"田园成都·乡村印象"拍客大赛、"乡村之夜"主题音乐会、"陌上花开·驿路向前"休闲骑行月、"乡里·春味"2011成都乡村美食月以及首届网上田园美食节暨十佳田园丽人大赛等十大活动。

开幕式上，成都市旅游局还授予青白江杏花村、双流县黄龙溪、温江万春镇等乡镇2010年度成都十佳"最美乡村"荣誉称号。

（资料来源：改编自腾讯大成网 http：//cd.qq.com/zt2011/xclyj/）

思考与讨论：
怎样做好乡村旅游的市场营销工作？

解析要点：
近年来，很多地区都会定期举办乡村旅游节，这既是对乡村旅游知识的一个普及机会，也是乡村旅游的一种很好的营销方式。

复习思考

1. 乡村旅游市场营销与一般的旅游市场营销的不同之处表现在哪些方面？
2. 我国目前乡村旅游客源的构成如何？
3. 乡村旅游产品的一般定价方法有哪些？

第十章

乡村旅游餐饮服务管理

[学习目标]

通过本章的学习,使学生:
1. 了解餐饮业的内涵及特征;
2. 了解乡村旅游餐饮业的特点;
3. 掌握餐饮服务流程、服务标准;
4. 熟悉乡村旅游特色菜品的开发。

[实训要求]

1. 掌握餐巾折花的基本技法和要领;
2. 能熟练地完成中餐摆台流程,礼仪符合规范与要求;
3. 能够进行乡村特色餐饮宴会的主题设计。

第一节 乡村旅游餐饮服务概述

一、餐饮业的内涵

餐饮业(Catering Industry)是指有目的、有组织地向社会提供餐饮产品及相关服务,并以此来获取经济效益与社会效益的第三产业。按欧美《标准行业分类法》的定义,餐饮业是指以商业盈利为目的的餐饮服务机构。根据中国国家统计局《国民经济行业分类》2011年修订版(GB/T 4754—2011)的定义,餐饮业是指通过即时制作加工、商业销售和服务性劳动等,向消费者提供食品和消费场所及设施的服务性行业(industry)。

[小贴士]

餐饮业有什么特征呢？

餐饮业具备以下几个特征：①产品以提供菜肴及其他食品、酒水、消费场所及与餐饮相关的劳务服务为主，属于第三产业、劳动密集型产业；②既有生产加工产品（如菜肴、酒水、小吃、糕点）的工业生产属性，又有提供有偿劳务服务、方便顾客购买、消费的商业交易属性；③有严格的行业准入标准，食品、卫生、防疫、环保、节约、消防、安全生产方面都有相关法律法规的具体要求；④场所设施设备、就餐环境以及文化氛围也是产品的一个重要组成部分，直接影响到顾客的满意度和餐饮产品的市场竞争力；⑤产业性质属于分散型行业，在空间分布上一般不会过于集中；而生产、服务与经营活动，在时间上则比较集中。

二、乡村旅游餐饮业

顾名思义，乡村旅游餐饮业即在乡村旅游活动中最有乡村特色的餐饮。乡村旅游的开发主要依靠农业生物资源、农业经济资源、乡村社会资源等对象而开展的旅游活动，有利于让游客了解当地的风土人情、认识当地的风俗习惯。乡村旅游餐饮应具备如下特点：

1. 乡村性

乡村旅游餐饮依托具有鲜明特色的乡村旅游和民俗民族文化，主要客源来自于城市居民，乡村旅游餐饮应突出农家特色，回归田园的特点，菜品原材料凸显乡村野趣，餐厅装潢具有乡村特色。

2. 生态性

乡村旅游餐饮主要经营者为当地农民，菜品原材料也来自于自家种植的无公害、无污染蔬菜。

3. 体验性

乡村旅游开发针对的主要人群是城市居民，都市人厌烦了充满喧闹的城市，到农村来感受恬静的田园风光，有利于陶冶身心。"住农家屋、吃农家饭、干农家活、享农家乐"的游客可以体验农活，田间摘菜，感受农家氛围。

第二节 乡村旅游餐饮服务要求及规范

一、餐饮服务礼仪规范

餐饮产品是由餐饮实物和劳务服务即烹调技巧、服务态度和技术以及环境、气氛等因素组成的有机整体，缺一不可。宾客就餐不仅是物质和生理的需求，还有精神上和心理情感上的需求。衡量餐饮服务质量的重要方面便是餐饮服务人员的素质。服务礼仪是餐饮服务质量中重要的环节，随着餐饮行业竞争的加剧，顾客到一家餐厅用餐，不仅是享受美食，更是体验服务的过程。

(一) 餐前服务礼仪规范

(1) 客人到餐厅用餐，领位员应根据不同客人的就餐需求安排合适的就餐座位并祝客人用餐愉快。引领入座应一步到位，手势规范，走位合理，步幅适度。

(2) 餐厅应备足酒单、菜单，保证其整洁完好。领位员应选择合理的站位，目视客人，用双手呈递酒单、菜单。服务次序应符合中西餐就餐程序。

(3) 客人入座后，餐厅服务员应选择合理的站位，按次序为客人铺好餐巾，动作应轻巧熟练，方便客人就餐。

(4) 向客人推荐菜品时，应使用规范手势，尊重客人的饮食习惯，适度介绍酒水。

(5) 书写菜肴订单时，服务员应站立端正，将订单放在手中书写。下单前，应向客人重复所点菜品名称，并询问客人有无忌口的食品。

(二) 餐间服务礼仪规范

(1) 厨房出菜后，餐厅应及时上菜。传菜时应使用托盘。托盘干净完好，端送平稳。传菜员行走轻盈，步速适当，遇客礼让。

(2) 值台服务员应根据餐桌、餐位的实际状况，合理确定上菜口。上菜时，应用双手端平放稳。跟配小菜和作料的，应与主菜一并上齐。报菜名时应吐字清晰、音量适中。

(3) 摆放菜肴应实用美观，并尊重客人的选择和饮食习惯。

(4) 所有菜肴上齐后，应告知客人菜已上齐，并请客人慢用。

(5) 需要分菜时，服务员应选择合理的站位，手法熟练，操作卫生，分派均匀。

(6) 服务员应以尽量少打扰客人就餐为原则，选择适当的时机撤盘。撤盘时，应遵循酒店相关工作程序，动作轻巧，规范到位。

(7) 餐厅服务员应随时观察客人用餐情况，适时更换骨碟。更换骨碟时，应使用托盘，先征询客人意见，得到许可后再服务。操作手法应干净卫生，撤换线路和新骨碟的摆放位置应方便客人使用。

(三) 酒水服务礼仪规范

(1) 服务员应尊重客人的饮食习惯，根据酒水与菜品搭配的原则，向客人适度介绍酒水。下单前，重复酒水名称。多人选择不同饮品的，应做到准确记录，服务时正确无误。

(2) 斟倒酒水前，服务员应洗净双手，保证饮用器具清洁完好，征得客人同意后，按礼仪次序依次斟倒，斟酒量应适宜。续斟时，应再次征得客人同意。

(3) 服务酒水时，服务员应询问客人对酒水的要求及相关注意事项，然后再提供服务。

(4) 服务整瓶出售的酒品时，应先向客人展示所点酒品，经确认后再当众开瓶。斟倒饮料时，应使用托盘。

(5) 服务热饮或冷饮时，应事先预热杯具或提前为杯子降温，保证饮品口味纯正。服务冰镇饮料时，应擦干杯壁上凝结的水滴，防止水滴滴落到桌子上或客人衣服上。服务无色无味的饮料时，应当着客人面开瓶并斟倒。

(四) 明档制作服务礼仪规范

(1) 厨师明档制作前，应按规定穿好工装、戴好工帽和口罩，保证灶面清洁卫生，作料容器干净整洁。

（2）制作时，厨师应尊重客人的意愿，严格按配量烹饪，做到手法熟练，操作卫生。

（3）服务时，一般应遵循先点先做的原则。

（4）受到客人称赞时，应真诚致谢，并主动征求客人对菜品的意见。

（五）餐后结账服务礼仪规范

（1）服务员应随时留意客人的用餐情况，客人示意结账时，应及时提供服务。账单应正确无误，呈递动作标准、规范。

（2）客人付账时，服务员应与客人保持一定距离，客人准备好钱款后再上前收取。收取现金时应当面点验。结账完毕，服务员应向客人致谢，欢迎客人再次光临。

（3）结账后客人继续交谈的，服务员应继续提供相关服务。

二、托盘

（一）托盘使用知识概要

1. 托盘的种类与规格

（1）托盘的种类：木制托盘，这种托盘用木做坯，外表用油漆进行彩绘；金属托盘，金属托盘的种类较多，有铜质托盘、铝制托盘、不锈钢托盘及高档的金银托盘。金银托盘一般采用铜质金属做胎，外镀金或银。塑料托盘，这类托盘均采用防滑工艺处理。

（2）托盘的规格：托盘的形状大体有两种，一种是圆形托盘，有直径35厘米、40厘米、45厘米等不同规格，餐厅席间服务常用的托盘以直径40厘米较为适宜。另一种是长方形托盘，其规格是长51厘米、宽38厘米。

2. 托盘的端托

端托一般分为两种，即徒手端托和托盘端托。使用金银器皿将菜肴直接送至餐台上时，往往采用徒手端托的方法进行服务。由于金银器皿和所端物品比较贵重，在端托时应采用双手捧托的方法。在端托菜肴盛器时，当盛器与托盘尺寸相同或大于托盘的情况下，也应采用徒手端托的方法进行端托服务。

托盘端托服务根据端托的不同物品及托盘的不同用途分为两种端托方式。一种为轻托，另一种为重托。轻托又称为胸前托，适合端托体积较小、重量较轻的物品。轻托服务操作时技术要求高，因为所托物品越轻，端托操作室托盘越容易滑落，不易端托平稳。因此，在轻托服务操作时，准备工作非常重要。重托又称为肩托，是较大且重的物品端托方式。重托需要餐厅服务人员有一定的臂力和技巧。无论轻托还是重托服务，都有理盘、装盘、托盘三大步骤。每个步骤均应按照服务规范中的卫生要求去做，在整理托盘前，将托盘进行洗涤、消毒。

（二）托盘的使用步骤

1. 理盘

检查托盘是否干净，如果有水迹、油迹，用干抹布擦拭。非防滑托盘视情况在盘内垫上洗净的盘垫布以防滑，垫布要用清水打湿、拧干、铺平、拉挺，四边与盘底平齐。依据岗位标准，将物品摆放于托盘上。装盘标准：内高外低；经常使用的放在外侧，不经常便用的放在内侧；物品与物品之间的距离要保持1~2厘米。

2. 起盘

将托盘从台面托起时：先用右手的大拇指钩住托盘的上沿，右手四指托住托盘的下沿，将托盘一头托至搁台外，保持托盘边有约 5 厘米搭在台上。左手手掌放开，托在托盘底部，右手扶托盘边，上身保持下蹲姿势（一脚在前，一脚在后），起身托起托盘。托盘过重时可先屈膝，双腿用力使托盘上升，然后用手掌稳稳托住托盘。

3. 托盘

动作要求为：左手上臂自然下垂，下臂向前与上臂成 90 度垂直，手掌五指自然张开向上，指实而掌心虚，托盘中心置于其上，以五指指尖及掌根做较大受力面积托稳托盘，保持托盘水平。行走时，提腰平视前方，另一手可放于背后，物品过重时可放在体前扶住托盘，或自然摆动。根据动作要领，挺胸抬头、目视前方、自然大方。服务过程中，服务员要小臂外展，将托盘平托于客人椅子后画，避免触及客人，当客人从托盘上拿物品时，要及时用右手相扶，保持平衡。行走时，要留意周围，避免碰撞。过门或拐弯时要放慢速度，用另外一只手进行防护。急停时，顺手的方向将托盘稍向前送出，以便减低速度并及时用另外一只手进行防护。

4. 放盘

上身保持正直，采取下蹲姿势（一脚在前，一脚在后），左手托托盘，将托盘拄在接手桌上，右手捏住托盘边缘往里推，同时抽出左手起身收脚。

三、摆台

摆台是为宾客安排就餐餐台和席位，把各种餐具按照要求摆放在餐桌上，摆台是餐厅配餐工作中的重要内容，也是体现餐厅服务质量和餐厅面貌的一门技术，需要综合运用美学、社会文化、礼仪习俗等知识。

（一）摆台的基本规范

（1）桌布：台布中心对正桌子中心位置，台布股缝线正对主陪与副陪，舒展平整，台布周边自然下垂与地面等距离，整理，使台布平整美观。

（2）转盘：将转芯放置在餐台中心，压在桌布缝交叉点上方，固定好；将转盘的中心点对准转芯的中央；转盘放好后，将台布拉平，保证无堆积、无褶皱。

（3）菜谱、酒水谱：放于转盘上，距离转盘边缘 2 厘米，正面朝向客人，位于主陪和主宾之间，和转盘在一个中心点上，酒水谱放在菜谱上面与菜谱边缘相切。

（4）接碟：接碟边缘距桌边 1 厘米，碟间距离均等。

（5）中酒杯（红酒杯）：摆在接碟正上方，其底座中心点与接碟中心转盘中心在一条直线上，距离接碟 1 厘米。

（6）小酒杯（白酒杯）：摆在中酒杯右下侧，底座距离中酒杯底座 1 厘米，底座中心与中酒杯底座中心在一条直线上与桌边斜成 45 度。

（7）筷架：与中酒杯底座中心在一条直线上，摆在小酒杯右上方，其前端与小酒杯右侧边缘平齐（相切）。

（8）筷子：将筷子套上筷套，摆在筷架上方，其底端距桌边 1 厘米，左侧距接碟 0.5 厘米，观赏画朝向客人，筷套口朝上；摆公用筷子、筷架，在主副位置的中酒杯与转盘之间中心点上摆放筷架，筷架竖放，筷子摆放于筷架上与桌边平行。

（9）茶碟：茶碟摆在筷子右侧，距筷子 0.5 厘米，底端距桌边 2 厘米。

（10）茶碗：茶碗摆在茶碟上，杯口朝上，杯柄（无杯柄的茶碗以碗底中心点为准）与酒杯底中心点在一条斜线上与桌边成45度。

（11）勺托：摆在茶碟正上方，与中酒杯、筷架底座中心点在一条直线上。

（12）小勺：摆在勺托内，勺把朝右与桌边平行。

（13）香巾托：摆在茶碟右侧，距茶碟0.5厘米，底座距桌边2厘米与桌边平齐。

（14）口布折花：摆在接碟中央，观赏面朝向客人，中心点与中酒杯中心点在一条直线上，放稳、不倒、不散。

（15）牙签筒：牙签数量为餐位数2倍，尖头朝下放于牙签筒内；将牙签筒轻放于转盘上，外边缘与转盘边距离2厘米，并转于主陪与主宾之间。

（16）椅子：椅子归位，椅座前边沿与下垂的桌裙接触成90度，椅子的中心必须与接碟、中杯、转芯成一线。

四、餐巾折花

餐巾是餐饮服务中的一种卫生用品，宾客用餐时，餐饮服务人员将餐巾放在宾客的膝盖或胸前，餐巾一方面可用来擦嘴或防止汤汁、酒水弄脏衣物；另一方面餐巾可以美化餐台，不同的餐巾花型蕴含着不同的主题。在乡村旅游餐饮场所，形状各异的餐巾花摆放在餐台上，既美化了餐厅，又突出了餐饮的主题，给人以美的享受，烘托就餐气氛。

（一）餐巾折花的基本类型

按照餐饮折花的盛器可分为：杯花，即放在杯子中；盘花，可放于盘中或其他盛器内；环花，套在餐巾环内，成为环花。按照餐饮折花的造型可分为植物花、动物花、实物花和抽象花。

（二）餐巾折花的基本技法

餐巾折花的基本技法包括推折、折叠、卷筒、翻拉、捏、穿六大部分，简要介绍如下：

1. 推折

（1）在打折时，两个大拇指相对成一线，指面向外，指侧面按紧餐巾推折，这样形成的褶比较均匀。

（2）初学可以用食指或中指向后拉折，这时应用食指将打好的褶挡住，中指控制好下一个褶的距离，三个指头互相配合。

（3）推折时，要在光滑的盘子或托盘中进行，可分为直线推折或斜线推折，折成一头大一头小的褶或折成半圆形或圆弧形。

2. 折叠

将餐巾平行取中一折为二、二折为四或者折成三角形、长方形等其他形状。折叠的要求是：要熟悉基本造型，折叠前算好角度，一下折成。避免反复，以免餐巾上留下一条褶痕，影响餐巾美观。

3. 卷筒

将餐巾卷成圆筒并制出各种花型的一种手法。卷的方法可以分为直卷和螺旋卷两种。直卷：餐巾两头一定要卷平；螺旋卷：可先将餐巾折成三角形，餐巾边要参差不齐。无论是直卷还是螺旋卷，餐巾都要卷紧，如卷得松就会在后面折花中出现软折。

4. 翻拉

将餐巾折卷后的部位翻成所需花样，翻拉大都用于折花鸟。操作方法是：

（1）一手拿餐巾，一手将下垂的餐巾翻起一角，拉成花卉、鸟的头颈、翅膀、尾巴等。

（2）翻拉花卉的叶子时，要注意对称的叶子大小一致，距离相等，拉鸟的翅膀、尾巴或头时，一定要拉挺，不要软折。

5. 捏

捏的方法主要用于折鸟的头部。操作时先将鸟的颈部拉好（鸟的颈部一般用餐巾的一角）；然后用一只手的大拇指、食指、中指三个指头，捏住鸟颈的顶端；食指向下，将餐巾一角的顶端尖角向里压下，大拇指和中指将压下的角捏出尖嘴。

6. 穿

穿是指用工具从餐巾的夹层褶缝中边穿边收，形成皱折，使造型更加逼真美观的一种手法。穿时左手握住折好的餐巾；右手拿筷子，将筷子的一头穿进餐巾的夹层褶缝中；另一头顶在自己身上，然后用右手的拇指和食指将筷子上的餐巾一点一点往里拉，直至把筷子穿过去。皱折要求拉得均匀，穿好后，要先将折花插进杯子，再把筷子抽掉，否则皱褶易松散。

五、上菜、分菜

上菜和分菜是为客人进餐进行服务的重要环节，也是乡村旅游餐厅服务人员必须掌握的基本技能之一。

（一）上菜服务

1. 上菜服务程序

我国乡村旅游主要以中餐服务为主，中餐上菜应掌握的原则是：先凉菜，后热菜；先咸味菜，后甜味菜；先佐酒菜，后下饭菜；先荤菜，后素菜；先优质菜或风味菜，后一般菜；先干菜，后汤菜；先浓味菜，后清淡菜；先菜肴，后点心、水果。由于中国菜系很多，很多地方在上菜程序上也不完全相同，这就要根据用餐类型、特点和需要，因人、因时、因事而定，特殊情况特殊处理。

2. 上菜时机

冷盘可在用餐前上好，宾客入座开席后，服务员即可通知厨房准备出菜。当冷盘用去三分之二时，便可上第一道热菜，应注意的是第一道菜应尽快出。当前一道菜将吃完时，即上下一道菜，要防止出现空盘空台的情况。另外，上菜也不可过勤，过勤会造成菜肴堆积，菜肴易凉，同时也影响客人的品尝。每道菜间隔时间原则不超过 5 分钟，出主菜前间隔时间不超过 8 分钟。

3. 摆菜

摆菜是将上台的菜按一定的格局摆放好，其基本要求是：讲究造型艺术，注意宾客的风俗习惯，方便食用。具体要求如下：

（1）摆菜的位置要适中，如冷菜中的拼盘，热菜中大菜、汤菜一般应摆在餐桌中央。

（2）比较高档的菜、有特殊风味的菜一般要先摆在主宾位置上，在上下一道菜时再移到副主人一侧。

(3) 有造型的菜肴应将菜肴图案正面朝向主宾,以供主宾和主人欣赏。
(4) 各种菜肴要对称摆放,要讲究造型艺术。
(5) 每上一道菜都要将桌上的菜肴进行一次位置调整。
(6) 台面菜肴要保持"一中心""二平放""三三角""四四方""五梅花"的形状,以使台面始终保持整齐美观。

4. 上菜的礼貌习惯

(1) 按照我国的传统礼貌习惯,上整鸡、整鸭、整鱼时,还应该注意"鸡不献头,鸭不献尾,鱼不献脊"。
(2) 在上有图案的菜肴时,如孔雀、凤凰等拼盘,要将菜肴正面朝向主宾,以供主宾欣赏和食用。
(3) 上每一道菜时,服务员应站直后报出菜名,并向客人介绍菜肴特色,以活跃用餐气氛。

六、斟酒

斟酒服务是餐饮服务环节中重要的内容,斟酒的流程及服务标准如下:

(一)斟酒服务流程与标准

(1) 按主宾、主陪的顺序,顺时针斟倒。倒酒前,先征询客人意见,倒酒时要缓慢,让客人决定倒多少。
(2) 站在客人右后侧,身体前倾,但不能贴靠客人,右脚伸入两椅之间,右手握酒瓶瓶底1/3处,左手托托盘(平稳地外展于椅背后)、酒瓶商标标识朝向客人,应直臂用手腕活动进行斟酒。
(3) 斟酒时瓶口不可搭在杯口上,瓶口离杯口1~2厘米,要注意手握酒瓶的倾斜度以控制酒流出的速度和流量,每斟完一杯酒下压手腕并旋转瓶身45度,然后逐渐抬起瓶口。斟加热的酒水需提醒客人,酒刚加热过,比较烫,请慢用。
(4) 啤酒、饮品斟至八分满;白酒、高度酒斟倒1/2至2/3杯(中杯),客人有特殊要求时应满足客人需求。
(5) 啤酒、香槟酒斟时速度要慢一点,以减少斟酒溢出的泡沫。
(6) 瓶口有防伪球(如茅台和小糊涂仙)在斟酒之前先将酒瓶摇一下,将里面的防伪球活动开,瓶口周围有防伪孔的(如五粮液)斟倒时将酒瓶缓缓倾斜30度、使酒液均匀流入酒杯,在斟倒过程中发现酒水流量变小,可及时旋转酒瓶转换方向或及时将酒杯放于托盘内斟倒,避免将不合格服务呈现于客人面前。
(7) 倒酒时,禁止左右开弓、动作过猛、酒水溢出。

(二)续酒服务流程与标准

(1) 宴席中随时观察客人的酒杯,当发现饮品仅剩1/3或酒水空杯时,及时给客人添加。可以这么说:"先生/女士打扰一下,您看需要给您再添些酒水吗?"禁止长时间空杯,客人叫酒时不马上过去,斟倒时不征得客人同意直接将酒杯添满。
(2) 客人主动要求加酒且已经喝了很多的,服务员要主动劝酒。

(3) 若客人自带的酒水快喝完时，提醒客人所剩酒水的数量，征询客人是否再拿自带酒水还是喝酒店的酒水。

(4) 结账后客人再要酒时，应适当劝酒，若客人执意要再开酒，重新在酒水单上记录后马上让酒水员提供酒水。

第三节　乡村旅游餐饮管理

一、餐饮管理的任务

餐饮管理的任务是以市场开发和客源组织为基础，以经营计划为指导，利用餐饮设备、场所和食品原材料，发扬传统民族特色，科学合理地组织餐饮产品生产和销售，满足游客多层次的物质和文化生活需要，促进旅游地经济增长，增加旅游目的地收入。

（一）乡村旅游餐饮管理工作

1. 做好乡村旅游餐饮市场定位

乡村旅游目的地应该根据自身环境和特色以及内外部条件，认真做好市场调查，选准目标市场和客源对象，做好市场定位，同时要符合乡村旅游特色，保持与乡村旅游目的地文化民俗风情相一致，充分考虑乡村旅游目的地特色、文化，确定餐厅的经营风味，花色品种、经营方针、经营策略、产品价格，保证市场定位适应目标市场的需求变化，做到与乡村旅游目的地良好的互补，形成乡村旅游目的地的特色吸引力。

2. 合理确定餐饮管理预算目标

乡村旅游餐饮管理要根据市场定位和经营策略，在市场调查和分析的基础上，认真做好市场预测，尤其是旅游旺季，要合理确定预算目标，编制餐饮管理经营计划，确定企业和餐厅收入、成本、费用、利润目标。

3. 做好食品原材料采购管理

乡村旅游餐饮的特色之一是食材的新鲜程度，就地取材。餐饮管理要根据餐厅不同经营风味、菜单特色，做好原材料及物品采购业务、库房管理、领料发料等工作，保证生产需要，在旅游旺季的时候尤其要充分保证食材供应。

4. 做好厨房产品生产组织

餐饮管理要根据不同餐厅的经营风味，合理安排生产流程，集成和发展烹调艺术，搞好厨房生产过程的组织，保证产品质量。

5. 做好餐厅销售管理

餐饮管理要根据不同餐厅性质、风味提供优良的就餐环境，同时要适时制定销售方案，加强日常促销管理，加强服务人员菜品推销技巧的培训，在满足客人物质和精神享受需要的同时，扩大销售，增加餐饮利润。

6. 做好成本核算与成本控制

餐饮管理要制定标准成本和消耗定额，做好逐日、逐月的成本核算。加强成本控制管理，做好成本考核和成本分析，降低劳动消耗，以此获得更好的经济效益。

(二) 餐饮管理的基本要求

1. 掌握客源动态，以销定产

乡村旅游餐饮客源主要来源于周边城市游客。有特色的乡村饮食可以成为吸引城市游客的重要吸引物。因此，做好客源动态的预估，以销定产能最大限度地保证菜品的新鲜与质量。食物做好后很难保存，因此要求管理人员必须根据订餐情况、市场环境、历史资料、当地气候、天气预报、节假日变化、旅游淡旺季等情况，做好预测分析。每天、每餐尽可能掌握就餐客人的数量变化及其对花色品种和产品质量的要求，并据此安排食品原材料的供应和生产过程的组织，从而避免浪费。防止产销脱节，影响客人消费需求和业务活动的正常开展。

2. 注重食品卫生，确保客人安全

餐饮卫生的好坏直接关系到客人的身心健康，也是保持餐饮形象的重要因素。如果发生食物中毒和疾病传染，不仅造成重大的经济损失，而且严重影响餐厅的声誉，甚至影响乡村旅游目的地的旅游发展。

3. 掌握毛利，维护供求双方利益

餐饮经营的毛利率高低直接影响餐饮企业经济效益和消费者的利益，这就要求管理人员区别不同情况，如不同菜式、市场竞争情况等，制定毛利率标准。既要发挥市场调节的作用，又要维护供求双方的利益，既要扩大销售，又要在降低成本上下功夫，要定期检查毛利率结果，根据市场供求关系做出必要的调整。

二、餐厅楼面管理

餐厅楼面管理同其他行业的管理一样，通过计划、组织、指挥、协调、控制等过程，使用所属的部门或餐厅工作人员能协调合作，以达到组织的最终目的。

(一) 计划管理

餐厅的目标是通过预算、指标、工作标准、操作规程等手段从上级下达到基层，并逐级订出计划，保证目标得以实现。乡村旅游餐厅要根据经营目标来制订相应的计划。餐厅计划主要有菜单计划、营业收入计划、成本控制计划等内容。

(二) 组织管理

组织管理一方面指建立合理的组织结构，确定各层次、各个部门的划分，继而定岗、定员、定责；另一方面是指根据工作需要合理调配餐厅的人力、物力、财力，最大限度地满足销售需要。同时还要合理配备、培训、使用、激励各岗位人员，建立合理的薪酬制度及各项规章制度，通过设定有效的岗位职责与工作流程，能更好地实施组织管理。

(三) 指挥管理

指挥管理是指管理人员为了达到既定的目标而有效地领导他人的一种活动，包括引导职工最大限度地发挥自己的能力，同时直接或间接地激励职工的行动，使之不偏离目标。管理者在履行指挥权时，要尽量克服个人感情用事，更要杜绝瞎指挥。指挥管理人员以等级链为原则，即管理人员只对本身的直接下级指挥。千万不能越级指挥，否则会造成无所适从的乱局。

（四）协调管理

协调是餐饮各相关部门和谐的配合，使得各项工作或业务活动能够顺利进行。餐厅业务分工不同，如采购、烹调、服务等不同环节、不同岗位，各个环节和不同岗位之间的人员需要密切合作，员工之间的工作不协调及餐厅与宾客、员工与宾客之间的不协调随时都可能出现。因此，协调作用就是对各种不协调的情况进行及时解决，找出问题的关键因素，采用各种措施办法，协调各部门，以保证日常业务的顺利进行。

（五）控制管理

在旅游餐饮中，控制是把各个部门的活动约束在本店的经营方针、经营目标和计划要求的轨道上。根据目标和计划来测定实际的施行情况，指出工作中出现偏差的环节，并加以纠正。餐厅通常对以下活动进行控制：数量控制，如采购量、储藏量、资金占用量等；质量控制，如菜肴质量和服务质量；时间控制，如生产速度、服务时间；成本控制，如餐饮成本、劳动力成本等；周转率控制，即翻台率。

三、餐饮安全卫生管理

食品安全与餐饮卫生是餐饮企业经营与发展的重要保障，乡村旅游餐饮在保证乡村特色与服务的同时，必须加强餐饮安全与卫生的管理，才能营造安全健康的就餐环境，保证宾客的饮食安全卫生。餐饮安全卫生管理主要由食品安全、营业场所安全卫生、服务人员卫生等几方面构成。

（一）食品安全卫生管理

乡村旅游餐饮企业在制定自己的食品安全管理体系的时候，都应通过分析每个加工过程当中，食品安全危害可能造成不良后果的严重程度及其发生的可能性，来制定具体的控制措施。控制措施应包括基础设施和维护方案、操作性前提方案、HACCP 计划等。这些是餐饮行业企业进行安全管理体系当中的主要措施，通过这些控制措施，餐饮企业能够达到组合控制生产过程当中食品危害的目的。

［小贴士］

HACCP 是什么？

HACCP 是 "Hazard Analysis and Critical Control Points" 的简称，是指危害分析和关键控制点。是国际食品法典委员会在 1997 年公布的食品安全卫生的管理规则。其起源是由美国太空总署在 20 世纪 60 年代为提供太空人的食物而发明。中华人民共和国于 2008 年以 HACCP 原则建立"食品安全管制系统"，并推行餐饮业 HACCP 认证标章。

（二）餐饮场所安全卫生

餐饮企业食品安全管理的基础设施和维护方案应包括餐饮加工场所的选址、建筑结构、布局、分隔、面积、墙壁与门窗、屋顶与天花板、厕所、更衣间、库房、专间、空气、水、能源等条件的供应和支持性设施，菜肴加工设备和工具等方面。食品加工设备和工具在清洗消毒方面应有良好的操作性,各类防护设施应定期维护、除臭,温度指示装置应定期校检。

(三) 用水安全

餐饮经营管理中必须考虑用水(冰)的安全、清洁和消毒、人员卫生、交叉污染的预防措施、虫害控制、化学品的管理等方面。应达到供水水质符合 GB5749《生活饮用水卫生标准》。供水设施要完好,供水管道系统无逆流和交接现象,供水设施及容器(如盛冰杯)的消毒要求。严格对所有器具的全面清洗消毒,餐具清洗消毒池专用,规定相应的清洁消毒方法。

(四) 人员卫生

食品卫生从业人员上岗前和定期的健康检查、卫生管理制度、健康申报制度和建立从业人员卫生知识的培训,制定严格有效的消毒方法和程序。炒制、配菜、传送、服务等人员定岗定区域,防止各种不洁物和化学及物理污物对餐具等包装材料、食品接触面的污染。防止水滴、冷凝水、冰霜对食品造成污染。生熟产品器具分开,应用于非食用物质或废物的装备和用具应被标识,不作为可食性产品之用。

(五) 其他卫生注意事项

制订害虫防治计划,清扫消毒执行相关规定,破坏老鼠、蟑螂、苍蝇和其他有害昆虫孳生条件,清除其孳生地。制定并实施化学品如清洁剂、消毒剂、杀虫剂等的采购、储存保管、使用、标示、核销的管理程序。对化学品的使用要严格控制,防止污染产品、产品接触面和包装材料。

第四节 乡村旅游特色菜品开发

一、乡村旅游菜品的特征

(一) 地域性

由于地域、气候环境的不同,不同地区的主副原料之间存在着明显差异,各地在原料的选择、口味、烹饪方法、饮食习惯上存在着很大差异。而"越是地方的、民族的,越是世界的",这种差异性正是乡村旅游特色餐饮的特色吸引力所在。

(二) 生态性

乡村旅游特色餐饮产品的原料多以当地为主,绿色天然无污染。乡村旅游特色餐饮产品的原料立足当地,就地取材,采用乡村特有的原材料,充分体现野生、家养、粗种的特点。此外,在水库、山溪小河中自然生长的鱼虾,由于生活在没有受到污染的水域中,属纯天然"绿色食品"。

(三) 乡村性

乡村旅游特色餐饮的菜肴以民间菜和农家菜为主。一方面,烹饪技法简单,盛器不花哨,做法简便、纯朴,以煮、煲、蒸和炖等烹调方法居多。对于那些钟爱回归自然、返璞归真的旅游者来说,品味这实实在在的农家菜是很惬意的享受。另一方面,菜肴注重本味,香料用量少。

（四）家常性

农家菜的口味调配，简单大方不油腻，以家常口味见长，保持菜肴的原汁原味，极少添加甚至不加过重过浓的香料，一般就是家常的油、盐、酱、醋、料酒、味精、大蒜、生姜等，不用什么调色剂、添加剂，强调是什么肉就什么味，尽量保持食物的原汁原味，不受过多的烹饪程序所约束。

二、乡村旅游特色餐饮开发的原则

（一）乡土特色原则

乡村旅游对于都市人群来说，在于乡村的特有魅力，既要保持乡村特有的"土"味和"野"味，也要保持乡村旅游特色餐饮的原汁原味，展示乡村本土的特有民俗民风，让旅游者体验到其独特之处。同时，餐饮发展的趋势已逐渐从大众化进入个性化服务的时代。伴随乡村旅游持续推进，乡村旅游的竞争也会日趋激烈，要在竞争激烈的市场中求得生存和发展，就必须寻找和开发具有自身特色的餐饮产品，以区别于其他餐饮实体。

（二）生态原则

从消费者的角度来讲，人们对于餐饮的需求已经从吃得饱转为吃得营养、吃得安全、吃得健康。从餐饮经营的角度来讲，也必须重视餐饮活动对人类生存环境、人类健康的影响。如何为消费者提供绿色、环保、健康的餐饮产品，实现经济效益、社会效益和环境效益的三统一，是乡村旅游特色餐饮开发的一个重要原则。

（三）自然美和人工美协调发展原则

乡村旅游特色餐饮的开发是在其原生饮食文化资源的基础上进行加工改造，需要使自然美和人工美有机结合起来，协调二者的发展，不能单纯地强调某一个方面。如果在原生态的基础上进行合理的人为加工改造，则会使其变得更加"秀色可餐"。乡村餐饮需要讲究色泽美、香味美、滋味美、造型美，注意食物色、香、味、形的协调一致，在烹饪的时候讲究选料、刀功、火候、烹调技法和调味，这样才能给旅游者带来精神和物质高度统一的特殊享受。

（四）凸显文化原则

人们吃来吃去说到底就是吃一种文化，即传统的文化、地域的文化、民族的文化、时代的文化。特色餐饮开发必须以文化为核心基础，提供具有文化底蕴的特色餐饮文化产品和服务。餐饮脱离了文化，就只剩下充饥的功能，不值得回味，不会具有持久的生命力。通过特色餐饮文化的建设，把管理和经营的产品进行有效的结合。通过文化的纽带把普通的旅游者变成忠诚的旅游者，将积极、健康、文明、优秀的文化融入餐饮中，打造极具文化内涵的餐饮产品和服务是难以被竞争对手复制的核心竞争力。

（五）传承与发展原则

乡村旅游特色餐饮开发要遵循保护性的开发原则，要维护好当地的生态资源，防止人为的破坏和污染。传承乡村餐饮的饮食文化与特色，并结合当代人们所爱好的饮食特色，加以开发。

三、乡村旅游特色菜品的开发

（一）通过产品内涵的挖掘来突出特色

在原料的烹饪加工与制作中，近几年来比较流行"精料粗做、粗粮细做"的制作方法。对于乡村旅游餐饮中的绿色原料，如山珍、河鲜等，宜采用"精料粗做"，尽量保持其原有风味和营养成分。另外，充分发挥原料"野、绿、鲜"的优势。乡村有独特的地理区域优势来发展绿色经济，餐饮的烹调技艺特别体现在其手工性和天然性，同时与之相适应的是乡村天然本色菜肴的最大特点——古老朴实重实惠，返璞归真讲营养。

（二）扩展乡村餐饮品种的开发范围

我国乡村饮食文化资源各种各样，地方和民族特色浓厚，将旅游产品和一些风味食品包装成商品出售，对于游客来说具有相当大的吸引力。在商品开发的内容方面可以采用中国人饮食体系的模块进行。从"饮"和"食"两个方面进行总体开发，进而分解成"喝""吸""主食""副食"以及"点心"等各大板块进行各类具体饮食文化旅游商品的开发，在开发的过程中要重点突出乡村饮食的自然性与地域性，突出乡村饮食的文化包装。

（三）开发体验性饮食旅游

体验性饮食旅游是指旅游者亲自从事各种饮食活动，或深入农村家庭体验家庭生活文化，或亲自参加某种饮食商品的制作，或参加各种饮食民俗风情文化活动的乡村旅游模式，这种模式参与性强，集观光、度假、体验、学习、科考等各种活动于一体，使旅游者与当地居民之间产生一种深厚而持续的依恋情感，旅游者的重游率较高。可以尝试让游客参与食物的制作过程。饮食的快乐不仅体现在进食中，而且表现在食物的制作过程中。品尝佳肴美馔能令人身心舒服，制作食物会让人产生愉悦的心情。在条件较好的乡村旅游地，可开辟专门的"自助"厨房餐厅，在厨师指导下，从原料采集（或捕捉）、加工直到食品上餐桌，全让游客自己动手，以加深对乡村特色餐饮菜肴的体验，增强对餐饮文化的感受。

（四）开发乡村旅游特色饮食主题餐厅

饮食文化旅游资源具有层次性，有些是特色菜点，有些是家常小菜，有些仅是糕点、小吃。开发出各种档次的餐厅，才能让客人觉得物有所值，才能吸引客人前来就餐。虽然餐厅档次不一样，但都应体现民族及地方特色，才能弘扬和发展各地的饮食文化，也才能把乡村旅游特色餐饮资源真正开发和发展起来。特别注意保持乡村饮食主题餐厅的"自然本味"特征。人们在崇尚自然、回归自然的同时，也着迷于自然本味，乡村饮食也就自然博得了人们的盛赞。如位于热带雨林的海南保亭黎族，开发的雨林黎家养身主题餐厅，主推养身菜品，将大自然与养身主题很好地结合了起来。

[实务训练]

1. 托盘训练与餐巾折花；
2. 乡村餐饮摆台训练；
3. 乡村餐饮服务礼仪与流程训练。

[知识归纳]

乡村旅游餐饮服务与管理同样遵循一般餐饮业的管理与服务标准,在自身定位、餐厅设计、菜单设计、餐饮服务过程中要凸显乡村特色,结合乡村旅游目的地资源状况、民俗文化内涵为旅游者营造一个乡村餐饮文化的典范。乡村旅游特色餐饮突出的是"自己的"和"农家的"特色,因地制宜,根据旅游者的心理、喜好、口味、接受程度,用一种朴素自然的手法去迎合市场,满足旅游者的需求,并且要在此基础上有所发展和创新。

[案例解析]

2015 首届成都乡村美食旅游节

新华网四川频道3月16日电(汪昕):18日,记者从"2015首届成都乡村美食旅游节"新闻发布会上了解到,为更好地塑造成都"美食之都""智慧城市"的城市品牌形象,巩固成都市乡村旅游产业健康、快速的发展,"2015首届成都乡村美食旅游节"于3月18至5月3日举行。

主办方介绍,"首届成都乡村美食旅游节"以"美丽乡村 智慧旅游"为主题,在结合了各区(市)县"一县一主题"乡村美食旅游活动的基础上发起的、整合多方资源共同打造的、全成都范围内统一部署和宣传的大型节庆活动。活动依托成都市打造和建设"智慧餐饮旅游平台"的契机,联合银行、通信运营商推出实体店与电子网络销售一体化服务,充分将传统的餐饮旅游行业与电子商务平台相结合,促进成都市餐饮旅游业的转型发展。

首届乡村美食旅游节以锦江区三圣乡为主会场,都江堰、蒲江、郫县、双流、崇州、龙泉、新津等地均将设立互动体验区。同时还举办了成都市乡村旅游产业商会成立大会、乡村旅游发展峰会、"生态骑游""踏春赏花"和"万人免费吃——农家招牌菜"评选活动等。活动期间,还发布了"5.1黄金周攻略"——发布成都乡村美食旅游手册,并评选"成都乡村美食旅游"推广大使。

(资料来源:http://www.sc.xinhuanet.com/content/2015-03/17/c_1114669878.htm)

思考与讨论:
1. 结合案例,谈谈乡村旅游餐饮在乡村旅游中有哪些作用。
2. 结合案例,思考如何进行乡村旅游餐饮的创新与开发。

解析要点:
1. 餐饮是旅游六要素不可或缺的内容之一,民以食为天,饮食是旅游者首要考虑的内容之一。乡村旅游餐饮本身作为吸引游客的有力保障,其发展可以带动乡村旅游。依靠美食节庆活动,可以更好地调节乡村旅游淡旺季,增强乡村旅游目的地的吸引力。

2. 遵循开发原则,乡土特色、生态与文化保护原则。结合乡村旅游目的地资源禀赋特色、文化内涵,创新菜品与餐饮文化活动。进行活动策划,以大数据分析游客喜好。

复习思考

1. 乡村旅游餐饮具备哪些特点？
2. 乡村旅游餐饮管理的基本要求是什么？
3. 如何进行乡村旅游餐饮菜品的开发？
4. 搜集乡村旅游餐饮菜品开发的案例。

第十一章

乡村旅游客房服务管理

[学习目标]

通过本章的学习,需要达到以下学习目标:
1. 了解乡村旅游客房服务概述及民宿产品开发;
2. 熟悉乡村旅游客房管理内容;
3. 掌握乡村旅游客房服务的要求及规范。

[实训要求]

本章主要包括以下实训项目:客房服务接待及礼仪训练、客房清扫训练、客房投诉处理训练。通过本章实训,使学生具备:
1. 基本的客房服务礼仪;
2. 掌握基本礼貌用语及客房中、西式铺床的方法;
3. 具备处理客房突发情况及投诉的能力。

[引导案例]

某日,客房服务员小李需要到客房清扫房间,他在没有查看房态表的情况下,于中午1点30分到1320号房间清扫。小李到达房间门口,直接拿出房卡进入房间,不料却看到客人正在床上休息,场面比较尴尬。客人也表现出很不高兴的样子……

思考:你认为小李有错吗?如果有,请指出他错在哪些地方?客房服务员在对客房服务过程中,按照规章标准履行工作职责,你认为应该注意哪些方面?

第一节 乡村旅游客房服务概述

目前乡村旅游发展态势良好，在节假日及黄金周，大量的游客到乡村度假，体验当地的民风民俗，欣赏美景，品味美食。现代乡村旅游不仅提供传统意义上的农家菜供游客品尝，而且辐射到了吃住行游购娱等方方面面，并且消费群体也在不断地扩大。为了更好地满足游客的需要，乡村旅游在客房的设施设备、服务环境方面更需要进行创新和突破，才能吸引目标消费者，创造更大的经济效益和社会效益。

一、客房部的地位

在乡村旅游酒店中，客房部是不可缺少的部门，它既是对客服务部门，也是生产和消耗部门。它的硬件设施设备的好坏以及服务水平的高低直接影响着客人对酒店的评价。具体的作用包括以下四个：

（一）乡村旅游酒店可以解决部分农民就业问题

我国自古以来是个农业大国，农村人口密度非常大。僧多粥少的局面，使得农村有着大量闲置的劳动力。乡村酒店作为一个劳动密集型的行业，对就业者的素质上和技术上要求并不是很高，而且能通过产业关联带动、吸纳当地农民就业解决闲置劳动力就业问题。乡村旅馆以低投入高产出作为乡村经济的切入点，备受各有关方面的重视，成为农村脱贫致富的重要环节。在区域内适当发展乡村旅馆，不仅可以增加农民经济收益，而且可以节省资源，避免重复建设，解决供需矛盾，促进区域经济的发展。

（二）能够体现出乡村旅游酒店的服务质量

通过客房硬件设施设备的呈现以及服务人员对客服务的态度，能够让客人对酒店的整体服务质量做出评价，这也是衡量乡村旅游酒店服务质量的重要依据。

（三）是酒店重要的盈利部门

酒店除了餐饮和康乐部是重要的盈利部门外，60%的利润都来源于客房的收入。因此，酒店客房优雅的环境、完善的硬件设施、细致热情的服务都将影响到酒店客房的入住率和酒店营业收入的高低。所以，客房应该是清洁、美观、安全、舒适的空间，并且是客人一切活动的枢纽和中心。

（四）能够体现乡村旅游酒店的民俗与文化

乡村旅游酒店与一般商务型酒店在环境设置和文化氛围的烘托上具有区别。客人通过入住客房，能够体验到不同于商务酒店、快捷酒店的文化氛围和设计格调，客房更有乡村特色，体现当地的人文风俗，给客人留下不同的体验和深刻的印象。

二、客房部的主要任务

（一）提供干净、舒适、安全的入住环境

人们外出旅游，已经不像过去那样，不管环境如何，只要有入住的地方就行，而是能够得到干净、舒适、安全的入住空间。客房部非常重要的工作任务之一就是完成房间的清扫工作，使得客房的环境能够满足客人的需要。

（二）保证客房的设施设备运行良好

客房部除了完成日常清扫工作任务外，还需要检查各个房间以及公共区域的各项设施设备处于良好的工作状态，并且进行日常的保养。如果发现问题，还需要和酒店工程部联系，确保设备能正常运转，为客人提供良好的入住环境。

[小贴士]

客房部与工程部的协作关系

客房部与工程部的协作关系非常密切。客房部员工在工作中发现设施设备出现问题，需要提交工程部进行维修。客房部、工程部管理人员对常发生的故障和问题进行定期检查，并提交维修报告。除此之外，每年在淡季或者入住率不高的情况下应对酒店客房及公共区域逐步进行全面检修和维护保养。只有客房部和工作部之间形成良好的协作关系，互相配合才能保障酒店的设施、设备处于完好状态，才能为宾客提供优质服务，减少客人投诉。

（三）为客人提供细致、周到、热情的服务

酒店是客人的第二个家，客人在酒店的绝大部分时间也是在客房中度过，因此，客房部员工的服务水平和态度直接影响客人对酒店的评价。为了让客人有宾至如归的感觉，客房部服务人员在对客房服务时应该体现出细致、周到、热情的服务态度，使得客人感受到酒店良好的待客之道，从而留下深刻印象。

（四）降低酒店成本，保证客房正常运转

客房部的低值易耗和客用品是酒店每日消耗量较大的物品，对它们的科学管理直接影响到酒店的成本开支和经济利益。因此，客房部非常重要的工作任务之一，就是对物料用品等进行预算、管理，在满足客人需要和保证服务质量的前提下，科学管理，降低成本、减少浪费，确保酒店最佳的经济效益。

（五）协调与酒店各部门关系，满足客房服务需要

客房部与前厅部、工程部的关系最为紧密，这些部门的支持和合作直接影响到客房部的服务质量。因此，客房部应多与各部门进行沟通、协调，才能保证设施设备的正常运转和服务的顺利进行。

三、客房部硬件概况

（一）客房的类型

乡村酒店如果要评定星级，应保证有三十间客房。在类型上可以做以下划分：

1. 单人房（Single Room）

单人房，是放一张单人床的客房，一般数量较少、面积较小，面积大概 16~20 平方米，

适合单身客人。根据卫生间设备条件，单人间又可分为：无浴室单人间（Single Room without Bath）、带浴室单人间（Single Room with Bath）、带淋浴单人间（Single Room with Shower）。由于这种房间的私密性强，而近年来外出单独旅游的客人数量也逐渐增多，因此这类客房日益受到青睐。很多酒店增加了单人间的数量，并且在面积和装饰布置的档次上也有所改进和提高，在文化性上更具有特色。

2. 大床房（Double Room）

大床房是指在房内配备一张双人床的房间，适合夫妻或者单身宾客居住。如果根据客人的需要，比如新婚夫妇，可以将房间进行布置，使之更加温馨和浪漫，使用时则称之为"蜜月房"。大床房同样适用于那些偏好宽敞舒适的居住环境的单身客人。

3. 双人房（Twin Room）

双人房又称标准间（Standard Room），在房内放两张单人床，可住两位客人，也可供一人居住。一般用来安排旅游团队或会议宾客。这类客房在酒店占绝大多数。为了出租和方便宾客，有的酒店配备了单双两便床。在大床房供不应求时，可将两张单人床合为一张大床，作为大床房出租。

现在不少酒店的双人房面积都进行了扩大，在房间中放置两张双人床。这种有两张双人床的客房称为"Double-double Room"，可供两个客人居住，也可供一对夫妇或一个家庭合住。这种房间面积比一般的标准间大。

4. 三人房（Triple Room）

三人房是指房内放三张单人床，属经济型房间。此类客房在高档酒店很少见，当宾客需要三人同住一个房间时，往往采用加床的方式来解决。此外，还有同时供3人以上居住的房间，房内放置多张单人床。此类房间多见于一般旅馆、招待所、农家乐。我国的中高星级酒店一般不设置这类客房。

5. 套房（Suite）

套房一般分为标准套房（Standard Suite）、豪华套房（Deluxe Suite）、总统套房（Presidential Suite）。

（1）标准套房又称普通套间，一般为连通的两个房间。一间为会客室，在会客室可设盥洗室，可以不配备淋浴装备，一般供拜访的宾客使用；另一间为卧室，卧室摆放一张大床或两张单人床，配有卫生间。

（2）豪华套房则可以是双套间，也可以是三至五间或更多房间组成的多套间，一般分为卧室、起居室、餐室、书房、厨房和会议室等。卧室中配备大号双人床或特大号双人床，室内注重软装饰，体现高雅、华丽、舒适之感。

（3）总统套房通常采用双套组合方式，分成总统房如夫人房，各设有衣帽间、书（琴）房和浴室等，共用起居室和配备厨房的餐厅，还可设健身房、游泳池、酒吧台以及私家花园等，更高端的总统房还配有接见厅与会客厅，并严格与总统生活用房隔开。

6. 特殊客房（Special Room）

特殊客房又称主题客房，是为某一类人特别设计和布置，以满足宾客的个性化需求。这类客房具有非常浓郁的文化气息，是酒店个性化服务的体现。各种客房有其不同的特点，但同时又有很强的兼容性。比如，以某种时尚、兴趣爱好为主题的客房：汽车客房、足球客房、邮票客房、电影客房等；以某种特定环境为主题的客房：梦幻客房、海底世界客房、太空客房、森林客房、鲜花客房等；以健康环保为主题的客房：绿色客房、低碳客房、无烟客房等；以针对特殊群体需求为主题的客房：老年人专用客房、无障碍客房、高科技客房、钟点客房、宠物客房、女性客房等。

乡村酒店客房在设计时可以以当地特色为契机，结合游客的喜好和现代化的高科技技术来进行设置。

[小贴士]

酒店客房常用术语

序号	中文	英文	说明
1	房间状态	Room status	一般的房态为 OD（Occupied Dirty，住人的未打扫房）、OC（Occupied Clean 住人的已经清扫房）、VC（Vacant Clean，已清洁的空房）、VD（Vacant Dirty，未清洁的空房）、CO（离店房）、OOO（维修房）
2	双人间	Double Room	
3	单人间	Single Room	
4	套房	Suite	
5	住客房	Occupied	有客人正在入住的房间
6	免费房	Complimentary	客房处于出租状态，但是住客不需要付租金
7	续住房	Stayover	客人需要再续住的房间
8	打扫房	On－change	住客已经离店，但是客房尚未打扫完毕不能出租
9	请勿打扰房	Do not disturb	
10	外宿房	Sleep－out	住客租了房，但是未使用
11	住客房	Occupied（OCC）	即客人正在使用的房间
12	贵宾房	Very Important Person 简写 VIP	
13	常住房	Long Stay Guest（LSG）	长期由客人包租的房间
	少量行李房	Light Baggage（L/B）	表示住客行李很少的房间
	无行李房	No Baggage（N/B）	表示该房间的住客无行李，应及时通知总服务台
	加床	Extra Bed（E）	表示该客房有加床
	待修房	Out of order	等待修理或者正在修理的房间
	即将离店房	Due－out	住客将于次日退房
	走客房	Check－out	住客已经结账离店
	延时离店房	Late check－out	住客被允许在酒店规定的离店时间以后离店

(二)客房空间及设备用品

1. 客房空间划分

无论酒店的客房面积是大还是小,一般客房应具备 5 个功能区域:睡眠空间、盥洗空间、储存空间、书写空间、起居空间。近年来许多酒店的客房设计出现了一些微妙的变化,功能区域之间的界限开始变得模糊,并逐渐形成一种时尚与潮流。特别是很多高端酒店不再纠结于平板电视的尺寸,也不再盲目投资最新的室内科技装配——它们的重心转向了浴室的奢华体验。比如在客人在浴缸中通过智能按键,就能躺在浴缸中看电视、听音乐,甚至上网。同时,很多酒店已经打破了过去浴室墙的束缚,采用落地玻璃将睡眠空间与盥洗空间隔开,既增加了房间的视觉面积,同时也提高了房间的采光度和通透性。这种方式越来越得到客人的认可。乡村旅游酒店则可以根据酒店的实际情况进行客房空间的区分和布置。

2. 客房设备用品的配备

客房中的设备主要是指设施设备和客房用品两大类。

(1)设施设备

主要包括客房电器设备,比如电视、空调、电脑、小冰箱、灯具、热水壶、电吹风、电话等;卫生洁具,包括浴缸、淋浴器、恭桶等;家具,包括床、衣橱、梳妆台、电视柜、沙发、躺椅等;安全设备,包括烟感、温感等消防报警系统;软装饰,包括窗帘、地毯、装饰摆件等。

[小贴士]

客房设施设备的选取

客房设施设备的选用过程,针对 VIP 客人,一定要考虑到风俗习惯、喜好禁忌等,比如印度客人的房间不要摆放牛皮制品的家具、摆件等,因为根据印度教的教规,印度人将牛奉为神灵,是不能用和牛有关的制品的。否则就会适得其反,让客人对酒店留下不好印象而影响入住率。

(2)客房用品

酒店客房用品主要是指酒店床上用品、客房一次性用品以及其他杂件等。比如床单、被套、被芯、枕套、枕芯、浴衣、睡衣等客房布草,以及防滑垫、服务指南、纸巾盒、垃圾桶、衣架、烟灰缸、遥控器架、笔类、记事本、信封、保险箱、标示牌等。

对于不同等级的酒店来讲,客用品的选择品位和等级直接关系到客人对客房,乃至整个酒店的评价。因此,在选择客用品方面,乡村旅游酒店可以将本地区的特色或者原始风格融入客用品的选择和设计中,这样既具有个性,同时也能给客人留下深刻印象。在选择时,要考虑以下几方面:

①实用性

主要从方便客人使用和方便服务人员整理方面考虑。比如有的洗浴用品的外包装,酒店采用硬性材料,客人在使用时很难挤压出来,造成不便。在客用品选用时,这些细节也要考虑到。

②经济性

酒店在客用品选用过程中，要考虑到酒店的运营成本，可以多了解不同的酒店客用品供应商情况，进行比价比质，尽可能地选择物美价廉的客用品，并且和相关供应商建立长期合作关系。

③适度性

客用品要和酒店自身的档次、等级相匹配。中低档酒店客用品可以突出其实用性，价格不宜过高，否则增加营运成本；高档酒店则可以考虑高品质，或者有品牌的客用品，以此相适应。比如现在很多高星级酒店，像是希尔顿酒店就和彼得罗夫（Peter Thomas Roths）、菲拉格慕（Salvatore Ferragamo）、爱马仕（Hermes）等大牌合作，为其提供洗浴洗漱用品。乡村酒店客房客用品的采用可以以生态和无污染绿色环保为核心，沐浴液等采用无人工合成的植物提取物来进行制作，可放在玻璃瓶中，并采用牛皮纸等进行包装，既能体现乡村酒店的古朴自然，也能体现出酒店的环保、绿色意识。

总之，酒店的客用品选择一定要体现出人性化，并且在收集客人意见的基础上不断改进和更新，才能更好地满足客人的需要。

第二节 乡村旅游客房服务要求及规范

酒店客房服务质量直接影响到酒店的整体形象以及客人对酒店的评价。因此，无论哪种酒店，服务规范对于酒店发展来说都是至关重要的一个环节。

一、客房服务仪容仪表整理步骤及规范

（一）更换工作制服

服务员在穿制服前整理衣服，如有污渍，需要处理干净。检查制服是否有破洞、纽扣丢失、褶皱等。检查完毕后，佩戴好自己的工牌。

（二）穿戴鞋袜

穿酒店统一配发的鞋袜，一般客房服务员的鞋子为布鞋，并且检查鞋袜是否有破损和污渍。男服务员袜子颜色为深色。女服务员一般着裤装，则穿肉色短丝袜，同时检查丝袜是否有污渍和破损。

（三）整理面部及头发

男服务员面部清洁、无胡须，头发做到前不遮额、侧不盖耳、后不及领；女服务员化淡妆，不披头散发，需要挽成发髻于脑后。

（四）自我检查

面对梳妆镜，再次检查自己的仪容仪表等是否符合酒店客房部规定。在整理自己的仪容仪表中，要注意以下事项：保持指甲清洁，不涂抹指甲油；不使用味浓和刺激性的化妆品和香水；保持口腔的卫生，不吃有刺激性味道的食品，保持口气清新；保持良好的工作状态，微笑服务，精神饱满。

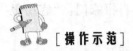

[操作示范]

客房常用礼貌用语

一、欢迎问候语

1. Good morning（afternoon, evening）, sir（madam）. 早上（下午、晚上）好, 先生（夫人）。
2. How do you do? 您好！（初次见面）
3. Glad to meet you. 很高兴见到您。
4. How are you? 您好吗？
5. Welcome to our hotel. 欢迎您到我们酒店来。
6. Wish you a most pleasant stay in our hotel. 愿您在我们酒店过得愉快。
7. I hope you will enjoy your stay with us. 希望您在我们酒店过得愉快。（客人刚入店时）
8. I hope you are enjoying your stay with us. 希望您在我们酒店过得愉快。
9. I hope you have enjoyed your stay with us. 希望您在我们宾馆过得愉快。（客人离店时）

二、感谢应答语

1. Thank you（very much）. 谢谢您（非常感谢）。
2. You are welcome! 不用谢！
3. You flatter me! 您过奖了！
4. It's very kind of you. 您真是太好了！
5. It's my pleasure. 很高兴为您服务。
6. I am at your service. 乐意为您效劳。
7. Thank you for staying in our hotel. 感谢您在我们饭店下榻。

三、致歉语

1. I'm sorry. 很抱歉。
2. Oh, it is my faults. 对不起，是我的过错。
3. Sorry to have kept you waiting. 对不起，让您久等了。
4. Sorry to interrupt you. 对不起，打扰您了。
5. I apologize for this. 我为此道歉。
6. That's all right. 没关系。

二、客房清扫服务规范及要求

（一）准备工作

1. 检查工作车上客用品及清扫工具是否齐全。
2. 将工作车放在待清洁房间的房门口一侧。

（二）敲门通报

1. 首先检查一下房门是否挂着"请勿打扰"牌或上"双锁"。

2. 轻轻敲门两次，每次间隔三秒，每次敲击三下，并按门铃一次，自报家门："客房服务。"声音不要太大，以客人能够听到为标准。

3. 在门外等候5秒钟注意听房内动静，如无反应，可重复以上程序两遍。

4. 确认房间无人后，用房卡打开房门，缓缓推开，并再次报称："客房服务。"

5. 如果客人在房内，要等客人开门后或经客人同意后方可进入并向客人问候，询问客人"是否可以打扫房间"。

6. 将"正在清洁"牌挂在房门的把手上。

7. 拉开窗帘，如有能打开的窗户，则打开窗户换气。

（三）检查房间

1. 打开所有照明灯具，检查是否完好有效。

2. 检查并调节空调到适当温度。

3. 巡视门、窗、窗帘、墙面、天花板、地毯、电视、电话及各种家具是否完好，如有损伤，及时向领班报修，并在"客房清洁报表"设备状况栏内做好记录。

4. 检查是否有遗留物品，若有发现，应立即上报并做好记录。

5. 发现已消费的酒水，填写酒水单，在下班时递送前台收银处并报告领班。

6. 随手将小冰箱清洁干净。

（四）撤换客房用品

1. 将卫生间内客人使用过的酒店毛巾收出。

2. 客人使用过的酒店客用品收出。比如牙刷、香皂等。

3. 面巾抽纸用至1/4、卷纸用至1/3时进行拆换。

4. 如果是走客房，拆换床上脏布草。

5. 把房内用过的杯子、垃圾袋、脏布草等一并拆换。

（五）做床

1. 中式铺床

（1）将床拉离床头板

弯腰下蹲，双手将床架稍抬高，然后慢慢拉出。将床架拉离床头板约50厘米，检查褥垫和床裙等。特别是褥垫上是否有毛发、污渍。

（2）铺床单

①开单。服务员站在床尾中间位置。用左手抓住床单的一头，右手将床单的另一头抛向床头。

②打单。将甩开的床单抛向床头位置。将床单打开使床单正面朝上，中线居中。手心向下抓住床单，两手相距约80~100厘米。将床单提起，使空气进到床尾部位，并将床单鼓起，在离床面约70厘米高度时，身体稍前倾，用力打下去。当空气将床单的尾部推开时，利用时机将床单尾方向拉正，使床单中线在正确位置上，两边所落长度需一样。

（3）包角包边。先包床尾，再包床头，从床尾右边角开始。包角时，先将床尾下垂的床单掖进床垫下面，如果是在床尾右角，右手将右侧下垂床单拉起折角，左手将右角部分床单折成直角，然后右角将折角向下垂直拉紧，包成直角，右手将余出下垂的床单"砍"进床垫下面。床尾左边的角，左右手相反操作。每个角要紧而且成直角。床单不能有垂下的部分。

（4）套被套

①把棉被两角塞进被套两角并固定好，双手抖动使棉被均匀地装进被套中。再把余下两角固定好，系好被套口。

②被套正面朝上，平铺于床上，被套开口部分与床头柜方向相反或向床尾。床头部分开与床头齐，四周下垂的尺度相同，表面平整。

③将床头处被子向床尾方向翻折30~45厘米。整理被子，要平整、美观。

（5）套枕套

①双手撑开枕套，放在床上。将枕芯竖放，左手"砍"枕心上方中心位置，右手捏住枕心上方1/3处，抓住枕套口，抖动枕芯封好枕套口。

②将套好的枕头摆放距离床头一拳距离，放于床头正中位置，开口方向与床头柜相反。

③枕头四角饱满，外形平整、挺括，枕芯不得外露。

（6）床复位。弯腰将铺好的床慢慢推回，注意床应摆正，并整理床面，做到平整、美观。

2. 西式铺床

（1）将床拉离床头板

弯腰下蹲，双手将床架稍抬高，然后慢慢拉出。将床架拉离床头板约50厘米，检查褥垫和床裙等，特别是褥垫上是否有毛发、污渍。

（2）第一次甩单定位（同中式铺床的铺床单）

①开单。服务员站在床尾中间位置。用左手抓住床单的一头，右手将床单的另一头抛向床头。

②打单。将甩开的床单抛向床头位置。将床单打开使床单正面朝上，中线居中。手心向下抓住床单，两手相距80~100厘米。将床单提起，使空气进到床尾部位，并将床单鼓起，在离床面约70厘米高度时，身体稍前倾，用力打下去。当空气将床单尾部推开时，利用时机将床单尾方向拉正，使床单中线在正确位置上。两边所落长度需一样。

（3）第一次包角包边。（同中式铺床的包角包边）

（4）第二次甩单定位。方法和第一次甩单定位相同，但是不同的第二次甩单无须包角，并且正面在下，反面在上。中线与第一条床单中线一致。

（5）铺毛毯。将叠好的毛毯打开，抛向床头，轻拉毛毯，使毛毯上端与床头的床垫保持齐平。铺好后的毛毯中线与床单中线一致，毛毯商标在床尾，并朝上。

（6）第二次包边包角。将床头下垂的衬单包裹毛毯，并反折30厘米。将床两边毛毯"砍"进床垫下，然后到床尾，包床尾右角时，左手将下垂毛毯拉起折角，右手将右角部分床毛毯成直角，左边相反操作。床尾两角应成直角。

（7）套枕套。双手撑开枕套，放在床上。将枕芯竖放，左手"砍"枕芯上方中心位置，右手捏住枕芯上方1/3处，将其放入枕套中。抓住枕套口，抖动枕芯，然后放在床上，以食指和拇指将枕套上沿对齐枕芯，下沿包裹好枕芯。套好的枕头开口背向床头柜。

（8）铺床罩。床罩拿到床尾，双手打开，把床罩左右及尾部饰部自然放下，床罩尾部的折线应与床尾齐平，左右同样齐平。

（9）打枕线。将床罩覆盖枕头，并将床罩头拉放在上下枕头中间位置。先将多余部分塞在两个枕头间，再将剩余多余部分塞在最下面枕头下，形成"双眼皮"。（如果是"单眼皮"，则将床罩头拉至刚刚覆盖完一个枕头处）

（10）将床复位。单脚跪地，双手轻托床尾，对正床头板位置，慢慢将床推回原处。

（六）擦拭灰尘

客房中擦拭灰尘，一般按照"桌面—窗台—小冰箱—衣柜—椅子—床头柜—床头板—电视—镜子—门"的顺序进行擦拭。

（七）清洁卫生间

1. 准备工作

（1）清洁用具箱，分格摆放，马桶刷、浴缸刷、多功能清洁剂、洁厕剂、百洁布、分色抹布4块；

（2）打开卫生间的灯和换气扇；

（3）抹布只能在淋浴区清洗，不得在面盆清洗。

2. 撤换脏布草和处理垃圾

（1）撤掉用过的脏布草，放入布草袋；

（2）住客房如毛巾放置在毛巾架上，未使用过的毛巾可以不更换；

（3）废弃物收集到垃圾袋中；

（4）清洁垃圾桶。

3. 清洁面盆、台面及两侧墙面

（1）用不同的清洁剂，喷洒卫生间不同的区域；

（2）在恭桶喷洒清洁剂前，先放水冲洗；

（3）用专用工具擦洗面盆、两侧墙面、台面和洁具并擦干；

（4）面盆塞和溢水口也要清洁。

4. 清洁镜面和玻璃

（1）将玻璃清洁剂均匀地喷洒在镜面；

（2）用干抹布从上至下将镜面擦干、擦净、擦亮；

（3）用干抹布将金属件擦干、擦亮。

5. 清洗淋浴区

（1）用专用工具清洁玻璃墙面、水龙头、淋浴蓬头、防滑垫等；

（2）清洗完毕后用清水清洗、擦干；

（3）做到无水迹、无皂垢、无毛发。

6. 清洁、消毒恭桶

7. 清洁地面

8. 补充卫生间客用品

按规定将卫生间一次性用品、棉织品摆放整齐。遵循离店更新、住客补缺不撤的原则。

（八）添补客房客用品及宣传品

（九）吸尘

主要区域包括窗前区、组合柜附近、床底、床头柜附近、过道、房门口。

（十）收尾工作

关好门窗、窗帘等，将空调调至规定的位置，再环视检查一遍房间内的清洁情况。最后拿走"正在清洁"指示牌，并将房门锁上。

（十一）完成"客房工作日报表"上相关登记

注意事项：

1. 清扫时，房门应一直开着，直至作业完毕、清扫人员退出时关门。
2. 清扫客房时，不要随意挪动或者移动客人的物品。
3. 清扫客房和清洗卫生间的用具要专项专用。清扫卫生间时，擦面盆、擦浴缸、擦恭桶、擦地面、擦墙面的抹布都要专项专用。
4. 清扫时按照"先铺后抹、环形清扫、先里后外、干湿分开"的原则进行。

[操作示范]

客房清扫礼貌用语

1. Housekeeping. May I come in? 我是客房服务员，可以进来吗？
2. Just a moment, please. 请稍等一下。
3. Sorry to have kept you waiting. 很抱歉让您久等了。
4. I'm always at your service。乐意效劳。
5. Can you tell me your room number? 您能告诉我您的房间号码吗？
6. I'm sorry to disturb you, sir. 对不起，先生，打扰您了。
7. Is there anything I can do for you? 您还有什么事要我做吗？
8. What can I do for you? 我能为您做些什么？
9. I hope I'm not disturbing you. 我希望没有打扰您。
10. May I see your room card? 能看一下您的房卡吗？
11. I'll be with you as soon as possible. 我将尽快来为您服务。
12. Please follow me, sir. 先生，请跟我来。
13. When would you like me to do your room, sir? 您要我什么时间来给你打扫房间呢，先生？
14. You can do it now if you like. 如果您愿意，现在就可以打扫。
15. May I do the turn-down service for you now? 现在可以为您开夜床服务（收拾房间）了吗？
16. We will come and clean room immediately. 我们马上就来打扫您的房间。

17. Turn-down service, May I come in? 夜床服务,我可以进来吗?

18. I'm sorry to trouble you, sir. May I clean the room now? 先生,对不起麻烦您了。现在我可以打扫房间吗?

19. I'm coming to change the sheets and pillowcases. 我来调换床单和枕套。

20. When would it be convenient? 什么时候比较方便(打扫您的房间)?

21. I'll come later. 我等会再来。

三、公共区域清洁工作规范及要求

乡村旅游酒店的公共区域是客人经常接触到的地方,其卫生质量的好坏,直接影响到客人对整个酒店的评价。而酒店客房部公共区域小组直接负责对酒店公共区域的清洁和保养。

乡村旅游酒店公共区域是指酒店公众共有、共享的区域和场所。主要包括酒店大厅、电梯、走廊、卫生间等区域。按照对公共区域清扫内容的不同,可以分为以下项目:

(一)客用洗手间清洁工作程序

1. 准备工作

清洁进行之前应先把清洁工具与用品准备好,例如海绵、恭桶刷、玻璃清洁剂、洁厕剂、消毒水、干湿抹布、拖把和除臭剂等。

2. 清洗恭桶与小便斗

(1)用洁厕剂少许倒入水中搅匀后用恭桶刷洗刷恭桶内外及底座,并用水冲净。

(2)用海绵蘸万能清洁剂擦拭恭桶盖、坐垫,用水冲洗,接着用干抹布把水抹干,再用消毒毛巾对坐垫进行消毒,最后把地拖干。

(3)小便斗清洗方法同上,如发现水锈、水渍必须用酸性清洁剂,否则水渍无法洗净。

3. 清洗洗脸台

(1)先喷洗洁精在洗脸盆内,用海绵来回洗刷,直到污迹洗净为止。

(2)用湿布将台面上水滴拭干,并用干布将水龙头及其他配件擦亮。

(3)用玻璃清洁剂把镜面擦亮。

(4)补充擦手纸、卫生纸卷及洗手乳液等。

4. 室内清洁

(1)地面以万能清洁剂加水洗刷干净,尤其在小便斗的周围要特别加强清洁。

(2)用拧干的拖把将地面拖干净。

(3)大理石的地面要定期除蜡、打蜡,使地面保持亮丽光洁。

(4)空调出风口、墙角、厕所的隔间壁面及门要保持无灰尘、无污渍。

(二)大厅的清洁工作程序

1. 入口

大厅入口处的清洁保养工作主要包括清洁地面和指示标牌等。

(1)饭店大门处的车道,由于车辆和人员往来,很容易有尘土杂物,需要不断地清洁。白天要不断地有计划地进行清扫,夜间要进行冲洗。北方地区的饭店冬季最好不要冲洗,防止地面结冰。

（2）为了防止或减少行人将尘土带进室内，门外行人必经之处要铺上踏脚垫，踏脚垫要及时更换清洗。

（3）此处还要放置雨伞架，在雨雪天气，安排专人照看；配备一些伞套，防止客人将雨水带进室内，减轻室内的污染。

（4）指示标牌也要经常擦拭，保持清洁光亮。

2. 门、拉手

清除灰尘、手印、污渍，保持清洁光亮。

3. 扶手

（1）扶手需要经常擦拭，保证无灰尘、无手印、无锈蚀，光洁明亮。

（2）金属扶手须用金属上光剂擦拭。

（3）木质扶手需用清洁蜡除污上光，通常每天一次。

（三）其他区域清洁工作程序

1. 员工通道

（1）日常的清洁保养主要是清除地面的垃圾杂物及污渍，但要注意防滑。

（2）定期清洁保养，主要是洗刷地面、清除墙面的污渍等。

2. 电梯

（1）准备玻璃清洁剂、干净抹布、吸尘器、百洁布等。

（2）用百洁布蘸上稀释后的清洁剂后，清洁电梯内板壁，将水迹擦干。

（3）涂上家具蜡，直至光亮。

（4）擦拭金属面板，使其光亮。

（5）清洁脚踏板、电梯门、玻璃镜面。

（6）清洁地面，并抛光。

（四）公共区域清洁保养的规范和注意事项

1. 白天维护地面清洁，避开客人聚集区域。
2. 夜间对大堂地面进行彻底清扫，并定期上蜡。
3. 大堂地毯每天吸尘3~4次，每2~3天清洗一次。
4. 及时清理立式烟筒，确保烟盘内烟蒂不超过2个。
5. 下雨天一定要有"小心防滑"的告示牌。
6. 对客用电梯要进行及时清扫。
7. 对公共洗手间1~2小时清扫一次。
8. 每天2~3次清理门前花盆内烟头等。
9. 消灭虫害。

四、客房突发情况及投诉处理方法

（一）面对客人的投诉如何处理

1. 请客人坐下，并认真倾听客人的投诉事由。
2. 及时道歉。

3. 尽快解决客人简单的投诉，并征求客人意见。对需要进行进一步调查的投诉，应尽量安抚客人情绪，并尽快调查解决。

4. 及时告知客人解决处理结果，并征求意见。

5. 再次向客人道歉。

6. 做好记录并上报告上级。

在处理客人投诉过程中要尊重客人，不要找借口搪塞或者辩解，吸取经验教训，提高服务质量。

（二）应对醉酒客人的处理方法

1. 发现客人醉酒后，及时通知同事帮忙，并安置客人回房间休息。不可单独搀扶客人进房间或单独帮助客人就寝。

2. 如果客人清醒，应将垃圾桶放在床边，方便客人呕吐使用。同时准备好纸巾等，对脏污的地面及时进行清理。

3. 安顿客人休息，房间留灯，轻轻退出房门。特别提醒客人不要卧床吸烟，防止因卧床吸烟不慎引燃客用品，引起火灾，危及客人安全。

4. 如果客人呕吐弄脏床上用品、地毯、窗帘等客房物品，服务员要报告楼层主管。对弄脏的现场保护好，做好记录，待客人酒醒后，请客人按客房规定赔偿。

5. 夜间服务员要注意加强醉客房间外的巡视，做好工作记录。发现可疑情况，及时报告楼层主管进入房间检查。

6. 如果客人已经不省人事，则及时通知酒店保安部和大堂副理，必要时尽快送客人去医院。

（三）应对客人在房间内煎煮食物的方法

1. 明确告诉客人不能在房内煮东西的规定，同时弄清原因。

2. 如果是煎药；可通知客房送餐部代办；如果是为了方便在房内煮食，可由餐厅厨房代煮，收取加工费；如果是客人对酒店的菜肴不满意，可介绍适合其口味的外面餐馆，以满足客人的需求。

3. 如果经多次劝说无效，酒店应采取措施，没收其电器，待其离店时归还。必要时，进行经济处罚。

（四）接待老弱病残类客人的方法

1. 对客人表示热情、关心，不能有模仿或者嘲笑客人的举动。

2. 在客人有亲友陪同下，了解客人的生活习惯以及对服务的要求。

3. 无亲友陪同的客人，应主动关心客人的起居生活，征询客人的意见和要求，对其进行护理。

4. 主动帮助客人提行李，根据情况搀扶客人。

5. 如果客人有不适等，应及时报告，并征询意见是否送其到医院，及时做好相应的安排。

（五）应对客人生病的处理方法

1. 应主动关心帮助客人，尽量满足客人的一切合理要求，以使客人尽快康复。

2. 慰问客人的病情。
3. 提醒客人，酒店附近有医院可以就诊；如果是急诊，应协助领班或者主管带客人到就近医院治疗。
4. 如果客人在客房休息静养，将纸巾、热水瓶及垃圾桶放置于床边。
5. 增加进入该客房的次数，特别留意客人房间的动静。
6. 向客人推荐合适的饮食和送餐服务。
7. 慰问客人，并送鲜花给病人，以表示酒店对他的关心。
8. 酒店不得提供给客人任何药品。
9. 如需陪同客人去医院，应由一名保安员和一名客房部员工陪同。

（六）应对客房停电的处理方式

1. 立即联系领班，了解停电情况。
2. 向客人说明停电原因，安抚客人情绪。
3. 用手电照明楼层，帮助滞留在走廊和电梯的客人转移。
4. 注意安保工作，加强楼层的巡视。
5. 恢复供电后再次向客人道歉，并巡视各楼层，检查电器能否正常启动。

（七）客房发生火灾的处理

1. 房客发现客房起火，可以利用客房外通道上的灭火器进行灭火，同时按火灾报警按钮报警。如果火势无法控制，则立即撤往室外安全地点，撤离过程中打电话给"119"报警。
2. 客房部员工应根据平时预案演练，立即组织引导房客进行安全疏散，并配合总服务台工作人员准确统计撤离人数，安抚客人情绪。
3. 酒店应按响自动消防报警按钮，启动楼内的自动消防设施。
4. 扑救初起火灾时，严禁单独灭火，要彼此相互照应，随时保持联系，当火势发展迅猛、蔓延扩大时应当及时撤离危险区域。

第三节　乡村旅游客房管理

一、客房组织机构管理

为了避免岗位空缺，导致员工工作量过大或者人浮于事，而使得工作效率低下，客房部必须科学有效地进行客房定员。

（一）客房定员

客房定员是指在确立客房组织结构的前提下，确定各部门、各岗位的工作人员数量。

（二）客房部定员考虑的因素

1. 酒店的规模与档次

客房部的编制定员与酒店的规模，以及客房部管辖的范围有关。规模大、范围广、分工细的酒店通常会设置经理、主管、领班和服务员四个层次，如图11-1所示；星级高、规模大的酒店层次更多。

2. 服务模式和管理方式

客房服务一般有两种模式，即楼层服务台和客房服务中心。不同的服务模式在用人数量上有很大的差异。楼层服务台岗位要求在每个楼层设置2~3班的值台服务人员，因此需要更多的编制定员。相反，客房服务中心人员编制就比较精简。

3. 工作量的预测

酒店客房部工作量一般分为以下三个部分：

（1）固定工作量

必须按时去完成的日常例行事务，如客房部的日常管理工作、客房服务中心、布草房、公共区域卫生等。

（2）变动工作量

即指随着酒店淡旺季不同而产生的工作量，主要表现在因客房出租率的变化而发生变化的工作量，如客房的清扫、洗衣服务等。

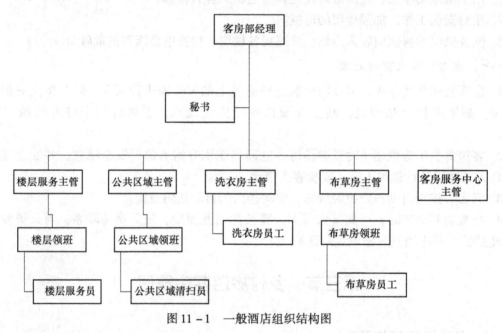

图11-1 一般酒店组织结构图

（3）间断性工作量

间断性工作量指那些不需要每天进行操作，或者不是每天24小时都需要连续操作，但又必须定期进行的工作量，如每周楼层申领补充客用品，定期对所有棉织品进行盘点，定期或根据需要对酒店外墙、外窗、地毯进行清洗，地面或家具打蜡等。

4. 员工的素质水平

工作效率的科学制定，与员工的素质有很大关系。酒店招收的员工的年龄、性别、性格、文化程度、专业训练水平的差异，都将影响工作量的测定。因此，了解和预测客房部员工未来可能达到的整体水平，是制定工作量的重要标准。

5. 客房工作设备的配备

如果设备越先进和现代化，用人数量就越少；反之，就要靠增加一定数量的劳动力来弥补。

（三）客房的劳动定额

劳动定额是指在一定生产技术条件下，为生产一定数量产品或者完成一定量的工作任务而规定的劳动消耗量的标准。

1. 劳动定额的表现形式

（1）时间定额：生产单位产品所消耗的时间。比如完成一间客房的清扫工作需要 40 分钟；

（2）产量定额：在单位时间内应当完成的合格产品数量。比如客房早班服务员在白班应完成 14 间客房的清扫工作。

2. 劳动定额的计算

（1）根据客房的工作标准，清扫一间标准间所用的时间。比如 30 分钟。

（2）测定当班全部工作时间。比如 60 分钟 × 8（小时）= 480 分钟。

（3）测定清洁客房可用的时间。480 分钟 – 20 分钟（准备时间）– 30 分钟（休息）– 20 分钟（交接班）= 410 分钟。

（4）第三步除以第一步，得到生产率标准：410 ÷ 30 ≈ 14（间）。表示一名客房服务员每 8 小时的班次清洁客房的劳动定额为 14 间。

（四）客房定员的方法

1. 现场观察法

根据现场情况的观察来分析、确定本部门的人员定员方法。这种方法需要管理人员有较强的经验，根据以往经验，结合客房部的实际确定人员。

2. 比例定员法

根据饭店的档次规模，按照一定比例确定人员总量。这种比例关系因不同酒店实际情况而不一样，在比例关系的确定上也不同。

3. 设备定员法

按照设施设备的数量和员工的定额来确定人数的方法。一般酒店的客房部服务人员与客房数的比例大概是为 1∶5。

4. 劳动效率定员法

这种方法是根据工作量、劳动效率、出勤率来计算定员的方法。计算公式是：

$$定员人数 = \frac{工作量}{劳动效率 \times 出勤率}$$

[操作示范]

乡村旅游酒店客房定员计算

某乡村旅游酒店共有 500 间客房（均折成标准间计算），年平均出租率为 80%。客房清扫服务员的定额为：早班12间，晚班48间。酒店员工实行每周5天工作制，每年除了可以享受法定节假日11天以外（五一、清明、中秋、端午、元旦各1天，国庆、春节各3天，以轮休方式补休），还可以享受年假5天。另外，估计每位员工一年中可能有6天病事假。

问：该酒店客房楼层服务员总数应该为多少？

客房服务员平均年出勤天数 = 365 − (52×2) − 5 − 11 = 245（天）

早班客房服务员定员人数 = (500×80%)/(12×245÷365) ≈ 50（人）

晚班客房服务员定员人数 = (500×80%)/(48×245÷365) ≈ 13（人）

客房服务员定员总数 = 50 + 13 = 63（人）

计算方法只是供管理人员参考，实际定员时应考虑酒店楼层结构、劳动力的市场供求状况等客观情况。同时，在旺季时酒店可以征召一些临时工来缓解用人紧张的矛盾。

二、客房服务质量管理

（一）客房服务质量基本要求

1. 微笑服务

微笑服务是客房员工为客人提供服务时的基本要求，也是酒店优质服务的直接体现。它能满足客人受尊重的基本需求，并且能给客人带来宾至如归的亲切感与安全感。同时，也能让服务员的工作进入良性循环。

2. 礼貌服务

礼貌礼节是客房服务质量的重要组成部分，因而也是对客房部服务员的基本要求。在客房服务中，服务员语言上要在文明性、艺术性方面都充分体现出"礼貌"二字。所以，服务人员应注意采用标准礼貌用语，在举止上要彬彬有礼，讲究正确的姿态。

3. 高效服务

在服务行业中，效率是非常重要的。而在酒店的投诉中，很多投诉都和效率有关。因此，在客房服务中，提供快速准确的服务是非常必要的，一些国际上著名的酒店对客房的各项服务往往都有明确的时间限制。比如客房清扫的定量、定额等。

4. 真诚服务

真诚服务，其实就是将感情融入对客服务的过程中，想客人之所想，做到热情、主动、耐心、细致，使客人感到宾至如归。真诚的服务应该体现在对客人细节的关注上。比如熟悉每一个客人的名字、喜好，能够在最小的地方发掘使客人感受真诚关怀的元素，从放电视机遥控器的习惯就能知道客人的左右手偏好，为左撇子的客人提前把鼠标安装在电脑左侧，然后留一张条子给客人，告诉他，酒店特地为他准备了左手鼠标，希望能有一个愉快的入住体验。如果有了真诚服务，会帮助酒店赢得很多回头客。

 [小贴士]

一对上海老夫妻的乡村度假之旅

一对上海老夫妻到某乡村酒店避暑。酒店里的所有员工都对这对老夫妻特别的照顾，除了关照其饮食起居和出行之外,在高温天里,服务员还会送上一碗清热解毒的绿豆薏仁汤以及当地清热解暑的无污染食材熬制的凉茶。两个多月来,酒店员工无微不至的关照让这对老夫妻感动不已,就跟家里一样的温馨舒心,感受到了酒店真诚的服务。因此,临走之时,老人家特地送来了锦旗和感谢信,恋恋不舍紧握着员工的手,并表示明年暑假有机会仍然会入住这家酒店,并将它推荐给他们的朋友。

(二)客房服务质量的控制

1. 设置科学合理的客房管理机构

酒店客房部各个岗位应按照科学合理的分工要求来履行各自的职责。部门经理拟订管理方案;主管做好质量管理工作,上传下达,负责员工技能培训等;客房部领班要对自己所负责区域房间的服务质量负全责,分工明确,责任到人,督察员工完成任务。

2. 加强对客房部员工的培训

(1) 培养员工服务意识

要在平时的工作中培养员工对服务质量的重视,让员工意识到客房服务质量是酒店经营的基础,使员工了解客房质量管理的基本内容及方法,做到服务的规范化和专业性。

(2) 提高员工的服务技能

酒店要做好岗前技能培训,提高员工的技能服务水平和效率。可以通过酒店的员工技能比赛激励客房部员工技能的提高。

3. 加强服务礼仪礼貌

客房服务中的礼仪礼貌使得客人对酒店的评价产生很大影响,同时也影响酒店的发展,这是一个酒店档次和形象的体现。进行客房服务时,笑容要自然,富有吸引力,眼神要真诚友好。站姿行姿要自然端庄,得体大方。礼貌用语要规范。良好的仪容仪表、礼节礼貌会起到画龙点睛的作用。

4. 注重与员工、客人的沟通

员工情绪对宾客的满意度有间接或直接的影响。而上级与员工之间的沟通对员工的工作态度有所影响,进而影响到员工的工作状态和情绪。因此,要有效地提高员工的工作积极性,管理者必须要尊重员工,并与员工进行广泛而有深度的沟通。这是以人为本管理的体现,也可以让员工有良好的心态来做好客房服务。另外,客房管理中另一个成功的因素在于有效地与客人沟通。酒店应该多征求客人对服务质量的意见,并认真分析和总结问题所在,提出改善的方式,以提高服务质量。

5. 规范化服务与细节服务相结合

能够按照标准化服务流程和要求,为客人提供满意舒适的服务。但是针对不同国家和地区的客人,在服务细节上也要有所区别。因为标准和规范只是酒店服务业的最基本要求,而酒店服务的最终追求是注重服务流程中的细节让客人从心里感受到酒店文化的不同。比如客人是一对新婚情侣,酒店在得到这一信息后,可以在客房内摆放鲜花和一些特色的情侣装饰物,使得房间更加温馨,也会给客人留下深刻的影响。

(三)建立客房服务质量保证体系

根据服务质量保证,实现客房服务标准化操作,同时保证服务质量。

1. 建立服务程序标准

根据服务接待流程，对到店入住的客人采用合理、科学的服务流程进行服务，使得服务具有有序性和完整化。从客人到店到离店，每一个环节都能体现出酒店的人性化和个性化服务，让客人感受到宾至如归。

2. 建立服务效率标准

客房服务的各个项目和环节都用时间来限定，以此提高效率，保证酒店客房部的高效率运转，同时减少酒店投诉率。比如标准间退客房清扫服务的标准时间为 50 分钟，住客房为 30 分钟；客房服务中心接到客人的服务需求后，3 分钟内要为客人提供服务等。

3. 建立服务态度及语言标准

主要是指在对客服务过程中应具备的标准礼仪及礼貌用语。比如微笑服务、标准手势语、仪容仪态规范及对客服务时的标准化礼貌用语。如"您""您好""请稍等"等。

4. 建立服务技能标准

客房的服务技能标准程序的科学与否，直接关系到客房的服务效率和服务质量。比如铺床的服务流程和方法标准的建立，可以让服务员减少时间的浪费，从而提高服务效率和质量。

5. 建立服务设施用品标准

服务设施用品标准指酒店对客人使用的各种设施设备、用品的质量、数量等方面做出的规定。这些硬件设施设备和用品直接体现出酒店的规格和档次。比如一次性用品质量低劣，直接让客人对酒店的整体服务质量产生怀疑和不好的评价。

6. 建立服务质量检查和处理标准

在客房部建立科学、合理、严格的质量检查制度，由领班、主管、客房部经理逐层负责。当出现客房服务质量问题后，尽快按照酒店客房应急事件处理程序进行处理，减少酒店损失和客人对酒店的不良评价。并且在事后找到原因、划清责任，对造成服务质量出问题的员工按照标准进行处罚，在客房部乃至酒店中引以为戒。

三、客房物资用品的管理

（一）客房设备用品管理的要求

酒店客房的基本设备用品可分为两大类：一类是设备，属于酒店的固定资产，比如客房内的电器、家具等；另一类是用品，基本上是客房内的低值易耗品，比如客房内的一次性洗漱用品等。这些设备用品的质量和配备的合理程度，装饰布置和管理的好坏，是客房商品质量的重要体现，是制定房价的重要依据。客房设备用品的管理符合 4R 质量管理要求。

1. 适时（Right Time）

在要用的时候，能够及时供应，保证服务的延续性和及时性，保证客人的需要。

2. 适质（Right Quality）

提供使用的客房设备用品的品质要符合标准，与酒店的星级档次相符合。

3. 适量（Right Quantity）

计划采购的数量要适当控制，确定合适的采购数量和采购次数，做到不囤积过多的客房用品，避免资金积压和产品过期。

4. 适价（Right Price）

以最合理的价格取得所需的客房设备用品。

（二）客房设备用品的管理方法

1. 核定需要量

酒店设备用品的需要量是根据经营状况和自身的特点提出计划，所以必须科学合理地核定其需要量。

2. 设备的分类、编号及登记

为了避免各类设备之间互相混淆，便于统一管理，客房部要对每一件设备进行分类、编号和登记。客房部管理人员对采购供应部门所采购的设备必须严格审查。

3. 分级归口管理

分级就是根据酒店内部管理体制，实行设备主管部门、使用部门、班组三级管理，这样有利于建立和完善责任制，切实把各类设备管理好。

4. 建立和完善岗位责任制

要明确各部门、班组、个人使用设备用品的权利，更要明确他们用好、管理好各种设备用品的责任。

5. 客房用品的消耗定额管理

客房用品价值虽然较低，但品种多，用量大，不易控制，容易造成浪费，影响客房的经济效益，实行客房用品的消耗定额管理，是指以一定时期内，为保证客房经营活动正常进行必须消耗的客房用品的数量标准为基础，将客房用品消耗数量定额落实到每个楼层，进行计划管理，用好客房用品，达到增收节支的目的。

（三）客房设备管理

客房设备主要包括家具、电器、洁具、安全装置及一些配套设施。

1. 客房设备选择的要求

（1）适应性

适应性是指客房设备要适应客人需要，适应酒店的档次，与客房的装修风格保持一致，起到美化环境的作用。

（2）方便性

方便性是指客房设备的使用方便灵活，简单易操作，同时易于维修保养。

（3）节能性

主要从保护环境、节约资源的角度出发，选择具有节能功效的客房设备，努力向绿色乡村酒店方向发展。

（4）安全性

安全是客人对酒店的基本要求。在选择客房设备时要考虑是否具有安全可靠的特性和装有防止事故发生的各种装置。比如烟感器、温感报警器等。

2. 客房主要设备的选择

（1）家具

家具必须实用、美观。构架结实、耐用和易于保养。比如客房床的尺寸应合适，不能与客房面积相冲突。弹簧使床具有弹性并提供支撑；床垫覆盖弹簧并加以衬料；弹簧和床垫都安放在床架上。

（2）卫生间设备

客房卫生间是客人盥洗空间，它的面积一般为4～7平方米。主要设备是浴缸（淋浴间）、恭桶和洗脸盆三大件。浴缸以表面耐冲击、易清洁和保温性好为最佳。浴缸按尺寸分大、中、小三种。一般饭店多采用中型的一种，高档饭店采用大型浴缸。浴缸底部要凹凸相间的防滑措施。如果是淋浴间则采用玻璃淋浴间。恭桶一般选用瓷质，具有美观且容易清洁的优点。卫生间的三大件设备应在色泽、风格、材质、造型等方面相协调。

（3）电器设备

酒店客房电器应该达到节能、美观的要求，并且安装在合适的位置，方便客人使用。电器类设备要提醒客人用电小心。同时，员工在清扫客房时也必须采用正确的保养和清扫方式，以确保电器的正常运转。

3. 客房设备的使用与保养

客房设备的使用，主要涉及员工与客人两方面。客房部要对员工在清扫房间时采用的方式方法进行培训，提高操作技术水平，懂得客房部设备的用途、性能、使用方法及保养方法。

（四）客房低值易耗品管理

客房低值易耗品是指客房各类客用低值易耗品。比如纸、茶叶、洗漱用品等。不同的酒店选择的低值易耗品也不同，但是，需要遵循以下原则：

1. 低值易耗品的选择原则

（1）实用

作为酒店采购部门在采购客用品时，要从方便客人住店生活的角度出发，应符合方便、实用的原则。比如，有些酒店提供给客人的洗发液、沐浴液等一次性用品装在瓶子里，客人在使用时挤不出，这就给客人带来了不便，也造成了浪费。如果是高星级的乡村酒店，还是需要小瓶装的一次性洗漱用品。

（2）美观

客用品应体现精致、美观，避免给人带来粗糙、贬值的感觉。

（3）适度

这主要是指客用品的种类与质量必须与酒店的档次相适应，客用品的用量也应与客人的实际使用量相适应。不能造成过度的浪费或客用品不足。

（4）经济性

这也是客用品成本控制的关键因素之一，酒店选择客用品时应尽量考虑价廉物美的产品。但是也要与本酒店的档次相符合，特别是高星级的酒店，客用品的选择要符合本酒店的形象。乡村酒店可以选择具有当地特色的图案作为背景印制在一次性用品上，既能带给客人新意，同时也能让客人对酒店留下深刻印象。

2. 客用品的控制

（1）确定消耗定额

可按客房的总数、类型、年平均开房率，确定各类客用品的年平均消耗定额。某个房间的年平均开房率高，客用品相对来说肯定就用得多。酒店可以以此作为依据，对各班组及个人客用品的控制情况进行考核。

计算某项客用品定额的计算公式：

单项客用品定额＝单房每天的配备数×客房数量×出租率×365

（2）确定储备定额

酒店一定要库存一定量的客用品，以便在旺季或者特殊情况发生时能及时使用，满足客人的需要。

①中心库房储备定额：客房部一般会设立一个客用品的中心库房，其存量能够满足客房一个月以上的需求。

②楼层小库房储备定额：储备客房一周需求量的客用品。

③工作车配备标准：一般配备一个班次的消耗量。

3. 做好客用品的日常管理工作

（1）做好客用品发放的控制

客用品的发放应根据楼层布草房的配备定额明确一个周期和时间。在发放可用品之前，楼层的领班应将所管辖楼层的库存情况了解清楚，同时填写领料单，凭借此单据领取物料用品。

（2）做好客用品的统计分析工作

①每日统计：在客房服务员整理、清扫房间时，应填此表，并在清洁完客房后对主要客用品的消耗情况加以统计。最后由宾客服务中心员工对整个客房部所有楼层的客用品的消耗情况加以汇总。

②定期分析：一般一月一次。主要是对物资的消耗进行分析和比较，从而制定盘点报告。

4. 客用品的节约措施

主要通过以下方法帮助酒店节约成本，减少客用品浪费。一是对于住客房内客人没有用过的客用品，应继续使用，不应随手扔掉；二是客房管理工作应紧随绿色潮流，尽量使用固定的容器盛放卫生用品，以减少不必要的浪费，防止对环境造成污染；三是跟随国际潮流，减少或取消一次性用品的免费提供，客人自带洗漱用品。

（五）酒店布草管理

1. 酒店布草的分类

（1）床上布件：床单、枕套、毛毯等。

（2）卫生间布件：浴巾、面巾、地巾、大小方巾。

（3）餐厅布件：桌布、口布、椅套等。

（4）装饰布件：窗帘、椅套等。

2. 布草消耗定量的管理

对棉织品的管理应注意以下几点：

（1）确定每间客房的配备量。

每间客房至少要有三套布草：第一套是客房中正在使用的；第二套是洗衣房中正在洗涤的；第三套则是储存备用的。

(2) 确定年度的损耗率。

布草的损耗率主要和酒店客源量的多少有直接关系。客源量大的酒店，布草的损耗率较高；反之则小。除此之外，如果酒店的档次不高，就没有必要采购太过豪华和华丽的布草，以免增加酒店的投资成本。但是，高星级的酒店则可以考虑使用质量好、美观、豪华的布草，这样才能和自己的档次相符合，让客人满意。

3. 布草的日常管理

酒店可以建立合理的布草收发制度。

(1) 以脏布草换干净布草。

(2) 如果超量领取，应填写借物申请。

(3) 有破损和污渍的布草应登记。

(4) 建立布草报废和再利用制度。

对于使用年限过长，严重损坏的布草应做报废处理。布草的报废要定期、分批进行，并且要有严格的核对审批手续。一般由库房主管核对并填写报废单，由客房部洗衣房主管审批；对于损坏小的布草，休整好后可继续使用；对严重损坏的布草，可以制成抹布，再利用，这样可以节约资源，降低酒店的成本。

(5) 建立盘点制度

可以每月盘点一次，并填写"布草盘点统计表"。

4. 布草的储存与保养

(1) 棉织品仓库应通风透气：湿度在40%左右，温度不超过20℃。

(2) 放布草的隔板不能锋利。

(3) 分类上架。

(4) 不与其他化学物品、食品一起存放。

(5) 注意保养，尽量减少布草的库存时间。

(6) 洗涤后应放在隔板上透气、降温。

四、客房安全管理

(一) 客房安全的重要意义

1. 客房安全是宾客入住的首要需求

客人选择酒店首先就会考虑自己的入住环境是否安全。试想一下，当客人进入房间，看到房间内电线密布，并且线路裸露，客房又紧挨酒店厨房，身处这样一个环境有没有安全感？如果说一家酒店不能保证客人的生命和财产安全，那么是没有人愿意选择这样的酒店入住的。因此，客房安全是宾客入住的首要需求。

2. 客房安全是酒店获得客源和正常运转的保证

如果一家酒店经常被媒体曝光发生盗窃、火灾等事故，那么肯定会影响其声誉，进而影响到酒店的客源和正常的经营活动。

3. 客房安全是饭店管理工作的重要内容

饭店的经营者在设计、管理饭店的时候，都会将安全工作纳入酒店管理体系中，管理者会设立专门的职能部门——保安部，让这一部门负责整个酒店的安全管理工作，保证饭店安全计划的实施。作为管理者应高度重视这一环节，否则将会给酒店带来极大的安全隐患，对酒店未来的发展造成不良的影响。

（二）客房安全管理的内容

1. 保障客人的人身、财产的安全

也就是酒店客房在管理、服务等方面让客人放心，不用担心自己的人身、财产等会受到威胁，放心入住。

2. 客人具有心理安全

客人入住酒店客房后，完全信赖酒店。比如笔记本电脑、手机等留在客房内不用担心失窃。这种信赖有赖于平时酒店对客房部员工职业道德的培训以及酒店客房安保的严密性。

3. 保障员工人身及酒店的财产安全

酒店不仅有义务保护客人的人身财产安全，同时也要保障员工和酒店自身的安全。比如员工单独清扫客房时，应有哪些防范方法和措施，这些在平时的培训中都应该引起管理人员的重视，防患于未然。

（三）建立客房安全制度

1. 跟房检查制度

凡客人退房后，服务员都必须认真检查该房间，主要检查设备、物品是否损坏或遗失，酒水消耗以及是否有烟火隐患及其他的异常情况。

2. 巡楼检查制度

要求是每次巡楼必须检查五项内容：楼层上是否有闲杂人员；是否有烟火隐患，消防器材是否正常及齐全；门窗是否关好或损坏；房内是否有异常声响及其他情况；设备、设施是否损坏。

3. 火警火灾的报案制度

发现火警按火警程序报警。

4. 遗留物品处理制度

凡在酒店范围内拾获的一切无主物品，视为遗留物品。任何人拾获，必须交本部门保管，并做好记录。

5. 交接班制度

各当班人员必须在交班本及报表上以书面内容做好交班，并签上自己的姓名，必要的项目也应用口头表达清楚。

（四）客房安全问题的类型

1. 各类突发事件

比如浴室冷热水供应不正常，烫伤或冻着客人；设施、设备年久失修或发生故障而引起的各种伤害事故；地板太滑、楼梯、地毯安置不当，使客人摔伤。

2. 疾病传染

客房部应注意保持房间卫生的清洁和消毒；布草的清洁，做到一客一换；卫生间设施的重点清洗消毒；消灭害虫。

3. 偷盗及刑事案件

要做好客房部盗窃及其他刑事案件的防范工作，应做好以下方面：员工应有良好的职业道德；做好客房房卡管理。除偷盗行为以外，客房部有时还会发生以谋财害命为主要特征的抢劫、凶杀案件。有效防止盗窃及其他刑事案件的发生，是客房安全管理的主要任务。

4. 火灾

客房火灾的引起主要是由于客人在房间内吸烟或者违规使用自带的大功率电器引发电线短路。火灾一般多发生在深夜到黎明这一段时间，很多时候是因为客人醉酒或疲劳时，卧床吸烟或乱扔烟头引起的。对于客房火灾的防范可采取以下措施：

（1）安装必要的防火设施设备

为了防止火灾的发生，饭店在建设时就应该选择适当的建筑材料，安装好必要的火灾防范系统，比如自动喷水灭火装置、排烟设备等。还可以在客房内安装烟感或温感报警器。

（2）搞好员工的培训，增强防火意识

增强员工的防火意识，教会员工如何使用消防设施设备，并在火灾发生时知道自己的职责，帮助客人逃生和实施自救等。必要时，酒店还可以利用淡季组织消防演习。

（3）在日常经营中采取必要的管理措施

酒店应该设立防灾中心，制定并贯彻执行消防安全制度，建立防火岗位责任制。同时，酒店应加强夜间的巡逻，这不仅仅是指保安部，客房部等也应进行楼层的巡逻和排查，还应该经常性地检查各种报警装置是否正常。

第四节　民宿产品的开发

如果星级酒店是豪华大餐，那么民宿就是回味无穷的私房佳肴。"民宿"一词源自日本，原意与英美的"Bed & Breakfast"（简称B&B）有许多相似之处，也就是仅提供住宿与免费早餐的家庭旅馆。它是一种私人经营的小型家庭旅馆，通常房间数量很少，服务人员没有统一的制服，穿着比较随意休闲。从预订到接待，基本都是民宿的主人及家人负责。类似于我国大陆地区的农家乐。随着时代的进步以及人们需求水平的提高，民宿的范围在不断地扩大。

一、民宿的定义

民宿是指利用自己家庭的空闲房间或者以购买、租赁的方式获得房间的使用权，结合当地人文特色以及自然生态、环境资源等进行设计，大多以家庭方式经营，提供客人在乡村等地方的一种住宿形式。民宿可以让客人更深入地体验一个城市和地区的生活，发现不同的美。从整个发展现状来看，日本民宿和中国台湾民宿有很多经验值得我们学习和模仿。

二、民宿的特点

国外民宿业经过较长时期的发展已相当成熟，并且逐渐凸显其特点，主要表现在以下四方面：①业已形成行业协会组织；②经营中高度关注人性化和个性化；③服务内容呈现多样化；④民俗化、本地化、家庭化明显。国内的民宿发展虽然起步较晚，然而发展速度迅速，在民宿共同特性的基础上也逐渐衍生出了具有大陆特色的民宿特点。

（一）住宿规模较小，容纳率低

一般民宿的房屋数量通常在50间以下，大多数民宿规模都在5到15间之间。虽然房间的数量局限了民宿接待团体游客的能力,却促进了主人与客人间的亲密接触,在两者的相互沟通交流中,提高了游客对于目的地的认知,增加了游客对于当地的自然历史、民俗文化的了解,同时也便于主人对房间布置的创意和发挥,更增加了其吸引独特消费习惯客源的魅力。

(二)汲取当地自然人文资源精华

民宿大多依托村落景观、自然风景、少数民族文化等资源,以简单食宿接待、特色农产品或少数民族歌舞表演为基本形态,提供休闲度假服务。其中,较为突出的一种形式就是利用原有村民的闲置空房,挖掘周边可利用自然资源和人文资源的独特性和专属性,形成各具特色的民宿形式,营造独特的生活意境。不论是著名的法云安缦、丽江古城以及乌镇民宿,都是巧妙地运用了当地村民的原有住房、周边的山水河流、独特民族民俗文化,加以合理地改造、维护和利用,造就了民宿品牌固有的特色,给旅客一个脱离尘世、"世外桃源"式的居留场所。

[小贴士]

"18世纪的中国村落"——杭州法云安缦

Amanfayun是阿曼集团(全球顶级的小型精品(Boutique)度假村集团之一)在国内开的第二家度假酒店,该酒店由昭德(杭州)酒店有限公司投资兴建。Amanfayun藏匿于一个风景如画的山谷中,四周围绕有静谧的茶园、天然林、别具风格的小村庄和五大佛教朝圣地之一的灵隐寺,拥有无可比拟的自然风景和独特的地理位置。

法云安缦(见下图)位于西湖西侧的山谷之间,距杭州市中心20分钟车程。沿路两旁竹林密布、草木青翠,经过植物园和西湖内部水路,便来到天竺寺和天竺古村落。法云安缦即坐落于天竺古村另一侧,毗邻灵隐寺和永福寺。此处包括周围茶园在内,占地面积共计14公顷。此处共有47处居所,始建于唐朝,曾为附近茶园村民所住。度假酒店的主干道——法云径连接所有客房(庭院住宅)和酒店设施。这里的住宅可追溯至百年以前,如今以传统做法和工艺修缮一新,砖墙瓦顶,土木结构,屋内走道和地板均为石材铺置。

法云安缦图

由于法云安缦的前身是一个叫作"法云村"的古村落,阿曼集团买下小村子之后在村子的基础上改建为酒店的客房,整个法云安缦的设计概念为"18世纪的中国村落",因此原来的格局被很好地保存了下来,尽量保持了杭州原始村落的木头及砖瓦结构,房间以不同形式遍布于整个小村庄中。甚至侍者的制服都使用了与村落极为合拍的土黄色。几乎所有的42套客房都不准备电视,房间内整体的灯光都比较暗,只在必须用到照明的地方才会使用,在这里,灯的功能被退回到18世纪中国村落的蜡烛时代。

(资料来源:改编自搜狗百科 http://baike.sogou.com/v55821936.htm?fromTitle)

(三) 结合本土地域文化

民宿的开发需要结合当地人文、自然景观、生态、环境资源及农林渔牧生产活动等,让游客体验当地的历史文化和风土人情,并与当地社区居民形成接触互动,实现深度旅游体验。各地的民宿一般创造或提供各种特定体验"菜单",体验项目均系以特定农作业或地方生活技术及资源为设计主题,诸如:农业体验(采摘蔬菜和水果、耕种稻米等)、林业体验(如菇菌采拾、烧炭等)、牧业体验(如剪羊毛、挤牛奶等)、渔业体验(如捕鱼、织渔网等)、加工体验(如做豆腐、捏寿司等)、工艺体验(如插花、捏陶等)、自然体验(如观星、野菜药草采集、昆虫采集、标本制作等)、民俗体验(如地方祭典、民俗传说、风筝制作等)和运动体验(如滑雪、登山等)等。

(四) 家庭氛围浓厚

民宿主人往往把民宿作为一生的艺术作品精雕细琢,融入极强的个人感情和人文理念,给游客提供具有浓厚的人情味、家庭温馨或者个性化的住宿设施,同时浓郁的人情味与亲和力是民宿主人的共同特点,他们注重与游客交流互动,让游客能够充分体验居家氛围。同时,民宿主人特有的服务理念和服务方式也让旅客轻松自在。在经营的理念上民宿一般追求崇尚自然、追寻记忆、返璞归真、超凡脱俗这一意境,平常鲜为人知的"管家式服务""VIP接待""亲情式服务"在民宿里已经显然不再采用,对民宿的服务理念和方式基本是"服务旅客于无形,服务旅客于需要的时候",让游客觉得随和而轻松,使旅客从第一印象上产生"回家的感觉"。

三、民宿的分类

(一) 按形态分类

从形态上看,民宿主要分为以下六种类型:农家乐、家庭旅馆、青年旅社、乡村别墅、酒店式公寓和客栈。

(1) 农家乐,农民向城市现代人提供的一种回归自然从而获得身心放松、愉悦精神的休闲旅游方式。一般来说,农家乐的业主利用当地的农产品进行加工,满足客人的需要,成本较低,消费也较低。

(2) 家庭旅馆,一般是利用业主的住宅改造为旅馆,成本低,价格低,规模小。

(3) 青年旅社,提供旅客短期住宿,尤其鼓励年轻人从事户外活动以及文化交流。青年旅舍多有交谊厅和厨房等公共区域,以及通铺或上下铺的团体房间形式可供选择。

(4) 乡村别墅,乡村别墅是依托城市郊区、乡村的舒适、原生态的环境,为游客和置业者提供居住、投资、度假的产品。中国式的别墅几乎还处于初步阶段，现有的乡村别墅主要是引入国外风格的别墅。

（5）酒店式公寓，一种提供酒店式管理服务的公寓，集住宅、酒店、会所多功能于一体，具有自用和投资两大功效，但本质仍是公寓。

（6）客栈，客栈规模一般规模不大，价格属于中下水平，采用当地特色建筑和具有当地民俗风格的装修风格，经营项目及服务富有当地特色，一般不提供一次性洗漱用品，自助服务等。

（二）按功能分类

从功能上，可以将民宿分为赏景度假型、农业体验型、民俗体验型、度假休闲型、艺术体验型、自助体验型六种类型。

（1）赏景度假型，结合自然的景观或是精心规划的人工造景，如万家灯火的夜景、满天星斗、庭园景观、草原花海或是高山大海等。

（2）农业体验型，以农林渔牧业为基础，含吃、住、娱、休闲度假于一体的综合型场所。在传统的农业乡村中，除提供有农村景观、体验农家生活之外，并有农业生产方面的体验活动，配套观光果园、观光菜园、观光茶园等。

（3）民俗体验型，以地理人文景观为特色，为游客提供休闲度假场所。

（4）度假休闲型，如海滨、草原、海岛、森林、雪山、温泉等拥有独特旅游资源的地方，可以满足游客放松休闲需求的场所。

（5）艺术体验型，民宿本身会体现出强烈的店主的风格，有较多的设计元素，能给用户带来猎奇的心理，或能提供一些个性化产品或体验活动的地方。由经营者带领游客体验各项艺术品制作活动，游客可亲手创造艺术作品，体验乡村或现代的艺术文化飨宴。

（6）自助体验型，强调自助互助、实惠、不浪费，以社群生活和文化交流著称。顾客多为背包客、夫妻或结伴而行的游客。

（三）从民宿产业的实际类型来分类

从民宿产业的实际类型来看，大致可以分为集群式专业化经营民宿和散户型精品民宿两大类。

（1）集群式专业经营民宿，投资相对较大，经营理念、管理制度、服务程序相对比较规范，精细化程度比较高，但和散户型精品民宿相比缺少乡间田野、返璞归真的农林气息。如杭州市灵隐景区内的法云安缦酒店、绍兴的大禹开元度假村、德清县莫干山镇洋家乐。

（2）散户型精品民宿，隐若于民间村落之中，和周边的自然环境、民俗风情融于一体，有利于旅客找寻失落的记忆或者追寻不曾发现和经历的世界。如德清三九坞的民间民宿、杭州西湖景区的"隐居西湖"。

四、民宿客房设计要素

（一）融入当地乡土文化

我国乡村民宿要充分体现当地的生活特色和乡情民俗，突出农牧体验、户外运动、休闲养生、民俗风情和文物古迹的展示及保护等不同主题，差异化发展多形态的农村现代民宿。比如少数民族为特色的民宿是吸引客源的一个非常重要和具有特色的民宿开发载体。

（二）与自然相协调

民宿的建筑外观体现农本、古典和生态，与当地的自然环境和人文景观相协调。提倡就地取材，使用低碳、环保的天然质朴材料，并将乡土底蕴与现代元素有机融合，以满足现代都市人的审美需求。

（三）与新型产业相结合

民宿业的发展要结合休闲、乡村观光、农村休闲运动、农事节庆等农村新型业态，让游客既能亲身体验精致的乡村生活，又能欣赏美丽的田园自然风光，从而带动农产品的销售和农村其他产业的发展。

（四）基础配套设施完善

现代民宿不仅要满足人们吃住的需要，同时也要体现方便和舒适性，比如WIFI的覆盖、客房的舒适及个性、露天小影院等，这些都是吸引客人的基础因素。

（五）体现出温馨舒适感

民宿与一般的酒店不同，因为它是由家庭进行经营，因此应该体现出温馨、舒适、轻松的家庭氛围，让客人从民宿的装修装饰上就能够体会出这样的感觉。

[小贴士]

德清"洋家乐"，融入环保理念改造农房

德清"洋家乐"（见下图）最早是一位南非小伙高天成在当地创办的。他本在上海做传媒工作，是"裸"（naked）观念的发起人，自称"被都市压得透不过气，开始在周边寻找原汁的自然"。一天，高天成在网上搜索到了莫干山这个避暑胜地，天性喜欢探奇的高天成约了朋友来到莫干山四处游玩。当了解到那些原汁原味的泥坯房大多闲置着，高天成和朋友们毫不犹豫地租下了其中六套，一租就是15年。简单装修后，就邀请友人周末前来度假。一间间小屋还有了"紫岭居""翠竹小筑""竹工作室"等优雅的名字。这一模式吸引不少外国人与德清本地人纷纷效仿。目前已建和在建的"洋家乐"共有六七十家，分别由南非、法国、韩国等20多个国家的各界人士投资。短短几年时间，小小"洋家乐"吸引了50个国家300多座城市的游客前来探访，不仅因其坐落山水间的自然环境之美，也因其迎合了低碳休闲旅游的世界潮流。

德清"洋家乐"有什么主要特色呢？

1. 融入环保理念改造农房

租用当地的泥坯房，在不破坏原有房屋框架结构的前提下，围绕低碳环保主题，利用旧原料，根据房子本身的特点进行设计。院子中，老房子拆下来的大梁对半剖开，成了长条桌；雕花橡木被用来当花园的藩篱；大树墩成了圆桌，石磴子一个个叠起来，就是凳子；盖着茅草棚的吧台，全部是用废旧啤酒瓶堆垒起来；墙边散放着农家常见的土罐，是烟灰缸；

德清"洋家乐"

竹篾编成的是喇叭形的垃圾筒。阳台上,废旧市场收来的木头做成柱子、栏杆;竹枝扎成了栅栏;修葺过的屋内,裸露的原木大柱;厅内的花格和吧台,也一"裸"到底,一块块红砖别致地围起后,未加涂饰;屋内的家具物什,都是四处"淘"来的宝贝,有当地古老的暖榻,笨重巨大的沙发床、藤椅子,下面有储物柜的椅子、老旧的火桶,还有从旧理发店搬来的理发椅等。所有的装饰保留和深化了泥坯房原有的风格和材质,融进新的设计元素,体现出自然和现代感的融合,表达出主人的原生态理念。

2. 提倡绿色低碳生活方式

装修时尽量不从外面带家具和建材进来,花了很多工夫在周围的村子里寻找旧家具,拆房剩下的雕花木梁、石礅、猪槽等都成了他们的装修原料。最具创意的是对猪槽的使用,下面凿了个下水孔,成了一个双人使用的洗手盆。没有空调、没有煤气,夏天靠电风扇,冬天靠每个房间安装的火炉,烧的是本地废木料、木屑压缩制成的柴火。门前有蓄水池承接雨水,水得到循环使用。垃圾分类后,树叶、苹果皮会埋在地下。客人被建议乘火车到杭州而不是开私家车,不允许在室内抽烟,发现第一次警告,第二次就要被"赶出门"。客人还被要求节约用电、用水,不提供每天换毛巾,没有电视。晚上可以烧烤,鼓励自己动手做早、中、晚餐,也可以请"阿姨"代劳。

3. 倡导无景点另类健康休闲理念

来三九坞(德清"洋家乐"之一)度假休闲的人大多是"裸家族"(naked family),他们的理念就是:放下一切!把自己交给自然,过一种简单的生活,爬山、散步、骑车、钓鱼,或者闭上眼睛,不思考也不说话,静听四周的鸟鸣声、山间的流水声、竹海的摇曳声。经营理念是为了给城市的居民创造一个可以完全放松解压的天然场所,但是并不破坏当地的自然环境,做到人与自然的真正融合,受到了客人极大欢迎。

4. 当地乡风民俗与西方文化融合

聘请当地人做"管家",请村里的一些妇女来做工。村里的孩子会带前来度假的外国小朋友下河摸鱼、上山摘果。销给客人的农产品是当地村民种的。每年三、四月份都会组织外国孩子和当地学生联谊，宣传环保理念，有时在一些节假日举办露天音乐会、烧烤、露营等活动，会邀请村民参加。参加当地农村的民俗文化活动，比如山里盛行的"年猪饭"，他们也会在冬天杀一头猪，做一桌中国山里特色的"年猪饭"。春节还特意安排外国客人与农家同乐，过中国春节。

（资料来源：归派旅游文化咨询集团 http：//www.greepi.com/research/urbanization/835.html，2014－08－13）

五、民宿的打造与开发

目前大部分民宿都是自发型为主，并且在不断的摸索与探索中。在开发的过程中，应从以下几个方面入手：

（一）资源的可利用性

主要是投资者要看民宿项目周边或者自身是否拥有极具吸引力的旅游资源，可以吸收大量的游客，比如少数民族文化资源、周围的自然观光资源等。可利用下列资源发展民宿：

（1）提供山区野菜，以风味餐招徕游客，如食用野菜、山药、川七等野味。

（2）以果树为特产，设计采摘的活动。如水蜜桃、草莓、葡萄的采摘等都可作为规划的主题。

（3）以渔产品为特产，设计捕捞节的活动。

（二）产品结构的完整性

主要考量民宿能否提供基本的符合标准的住宿、餐饮服务。是否具有个性化设计的庭院、花园、菜园、小果园、公共大露台、观景廊、小型户外运动场等。除此之外，在室内，最好能配备自助厨房、自助洗衣机、休闲茶室、咖啡吧、小型品酒室、棋牌室、书房、工艺品陈列室等。同时，可以结合主人的爱好，打造创意民宿休闲活动，如工艺品制作、休闲娱乐室、音乐酒吧、沙画制作等。能够为客人提供早餐、咖啡茶饮，美食加工，旅游行程咨询，代订机票、车票、门票，推荐美食，代叫出租车，土特产代购，接站、接机服务，组织特色民宿活动，包车服务，自行车、轿车租赁等。

（三）配套设施是否完善

首先，主要考虑民宿周围的交通方便性、生活的方便性等，而不是走出民宿周围一片漆黑，前不着村，后不着店。其次，大多数民宿与所处社区应和谐相处，否则会出现停水、断电等情况，给民宿经营造成各种意想不到的困难。

（四）使之具有文化性

没有灵魂的民宿就是普通旅馆。民宿除了旅馆的功能外，卖的是一种生活，也是一种当地文化、民俗的体现。可以利用以下文化资源：传统建筑文化资源，比如展现原住民特色的传统石板建筑景观、传统板屋建筑、古代建筑遗址、古道老街、古宅、古城、古井、古桥、旧码头等；传统雕刻艺术及手工艺品，具有地方特色的艺术品，都可运用作为发展民宿的主题，如石雕、木雕、竹雕、竹编、编织、服饰、刺绣、古农机具及家居用具等；民俗活动，当地的节庆，精心设计成连串的活动，以吸引游客观光休闲，留住民宿；乡土菜肴，设计地方风味餐，比如竹笋宴、梅子宴、茶宴、有机蔬果料理等。

（五）完善民宿的营销系统

民宿的营销推广，可以通过建立预订网站以及微博、微信、网页等网络渠道展示推广民宿；还可以进行整体营销，联合组建民宿协会，整合资源，整体打包营销，可以通过集体举办节庆活动来提高人气。或者通过口碑营销，与游客建立良好的客户关系，通过温馨的服务，口碑相传，打响自身品牌。可以通过住客的微信分享将其体验分享出去，使之能够通过口碑、朋友圈宣传，展现自己的经营特色与调性，找准自己的客户群，做到精准营销，效果往往事半功倍。

六、民宿的发展趋势

（一）产品主题化

随着民宿市场竞争的加剧，今后的民宿将逐渐摆脱早期单一依托景区的发展模式，而围绕某个主题进行差异化打造，形成本身具有旅游吸引力的主题民宿。比如茶主题、藏文化主题等。

（二）品质精品化

随着市场的成熟，民宿产品得到个性化的发展，同时资本的投资扩大，将会朝精品化、豪华化、高端化演进，开始进入民宿产业大发展的时候，也就是量变到质变的过程。

（三）业态多元化

从单一到多元化，是民宿行业发展的必然规律。未来的民宿将会不断延伸产业链，在住宿和早餐的基础上，拓展出向导服务、特产销售、休闲娱乐、农事体验等增值服务，甚至和艺术、音乐、创意等联系在一起，形成跨行业发展。

（四）经营连锁化

在民宿发展到一定阶段，经营者将着手打造自身的独特品牌，并逐渐扩大经营范围，实现连锁化经营，甚至会有国际型企业进入这个行业，使得民宿产业开始品牌化。

（五）管理规范化

目前国内的民宿发展尚缺乏统一的标准，这些需要政府出台相应的法律法规和管理细则，让民宿开发与管理朝更加规范化的方向发展，更能够保证产业均衡发展和客人的权益。

（六）运营专业化

未来，不管是在开发模式上，还是在推广模式上，民宿都会慢慢形成自己的专业化操作流程，借助互联网的力量，形成线下跟线上的互动，把社会资源进行更良性的整合，为消费者的出行提供各种个性化的服务，打造品牌，同时让客人真正地体会当地的生活。

[实务训练]

1. 学生在客房实训室中完成酒店中式铺床和西式铺床训练。
2. 学生分组练习酒店客房礼仪礼貌及标准用语。

3. 学生分组进行乡村酒店主题客房设计（包括客房主题名称以及客房五大功能区域的设计构思）。

[知识归纳]

客房部的作用：能够体现出乡村旅游酒店的服务质量；是酒店重要的盈利部门；能够体现乡村旅游酒店的民俗与文化。

客房部的主要任务：提供干净、舒适、安全的入住环境；保证客房的设施设备运行良好；为客人提供细致、周到、热情的服务；降低酒店成本，保证客房正常运转；协调与酒店各部门关系，满足客房服务需要。

客房的类型：单人房（Single Room）、大床房（Double Room）、双人房（Twin Room）、三人房（Triple Room）、套房（Suite）、特殊客房（Special Room）。客房空间划分：睡眠空间、盥洗空间、储存空间、书写空间、起居空间。

客房服务仪容仪表整理步骤及规范：更换工作制服、穿戴鞋袜、整理面部及头发、自我检查。客房清扫服务规范及要求：准备工作、敲门通报、检查房间、撤换客房用品、做床、擦拭灰尘、清洁卫生间、添补客房客用品及宣传品、吸尘、收尾工作、完成"客房工作日报表"上相关登记。公共区域清洁工作包括：客用洗手间清洁工作、大厅的清洁工作等。

客房突发情况及投诉处理：面对客人的投诉如何处理、应对醉酒客人的处理方法、应对客人在房间内煎煮食物的方法、接待老弱病残类客人的方法、应对客人生病的处理方法、应对客房停电的处理方式、客房发生火灾的处理。

客房组织机构管理：客房定员及计算方法、客房的劳动定额。客房服务质量管理：客房服务质量基本要求、客房服务质量的控制、建立客房服务质量保证体系。客房物资用品的管理的要求：适时（Right Time）、适质（Right Quality）、适量（Right Quantity）、适价（Right Price）。客房安全管理内容：保障客人的人身、财产的安全；客人具有心理安全；保障员工人身及酒店的财产安全。

民宿的打造与开发要考虑资源的可利用性、产品结构的完整性、配套设施是否完善、使之具有文化性、完善民宿的营销系统。

本章和第七章、八章、九章、十二章之间具有较强的联系。民宿产品的的推广和销售是乡村旅游未来发展的重点和创新点。同时，根据国家不同省份的乡村旅游标准，可以为乡村旅游客房未来发展趋势提供借鉴。

 [案例解析]

超越客人的礼节

某饭店的客房区域，一对香港赵先生夫妇从房间出来，边说着话边向电梯厅走去。这时，一名客房服务员急匆匆地从客人后面走来，从赵先生夫妇的中间穿过，超越了客人，并且连一点示意也没有。赵先生看着超过自己的客房服务员皱起了眉头，叫住了已经超越到自己前面的服务员，对服务员说："你这样做是不对的，这不像饭店的服务员。"服务员意识到了自己的问题，马上说："对不起，赵先生，我有点急事。"赵先生说："你有急事可以超过我，但你知不知道应该怎么超越？"

在楼层巡视工作的客房主管看到了刚刚发生的事情，就走了过来，向赵先生道歉说："对不起，这是我们的错，我们会加强对员工的教育。"赵先生诚恳地说："其实我倒没关系，我只是觉得做服务的人，应当时时有一种好的精神面貌、礼节礼貌修养和宾客意识，处处体现出严谨和规范。"

思考与讨论：
1. 客房服务员的行为有哪些欠妥之处？
2. 客房主管的做法对吗，为什么？

解析要点：

饭店的服务人员在行为、举止、仪表、姿态上都是有严格的规定的。如在通道上，服务员应靠右侧行走。遇有客人迎面走来，服务员在与客人相遇时，应当停住脚步，面向客人身体微侧，向客人问好，并伸手示意客人先行。服务员在与客人于同一侧行走时，应先问候客人同时伸手示意客人先行，并说"您先请"，且应与客人保持一定的距离，不得超越客人。如确因有较急的事要超越客人，应从客人的左侧超越，超越时应向客人说"对不起"，不能从并排行走或说话的客人中间穿越。如果客人是靠左侧行走的，服务员则可以从客人右侧超越，但同样要向客人示意，这些都是服务员应做到的基本要求。

客房主管向客人道歉并承担了责任的做法是正确的，维护了客人的面子和尊严。而员工做得不好，管理者确实有责任。但是仅仅在客人面前承担责任还是不够的，重要的是在平时应当对员工加强礼节礼貌方面的教育，而且应当是经常性的。礼节礼貌知识是酒店服务人员的必修课。员工的一言一行、一举一动反映着饭店的服务水平和管理水平。管理者要能发现管理和服务中的问题，并及时加以改进。

复习思考

1. 客房部的主要工作任务有哪些？
2. 客房的类型有哪些？
3. 客房服务仪容仪表整理步骤及规范是怎样的？
4. 客房定员的概念和方法是什么？
5. 客房服务质量基本要求包括哪些？
6. 客房物资用品管理的要求和方法是什么？
7. 客房安全及突发情况的处理方法有哪些？
8. 谈谈你的家乡有开发民宿的可能性么，有哪些资源可以利用？

第十二章

乡村旅游标准化管理

[学习目标]

通过本章的学习能够使学生对乡村旅游标准化有所认识。要求学生通过本章的学习能够做到：

1. 理解乡村旅游标准化的内涵；
2. 了解不同省份乡村旅游服务标准目前实施版本和具体内容；
3. 熟悉全国休闲农业与乡村旅游示范县、示范点的创建及评定程序。

[引导案例]

武隆推进乡村旅游标准化建设，率先出台乡村旅游规范

武隆推进乡村旅游标准化建设，率先出台乡村旅游规范。这些标准和规范包括乡村旅游村（点）基本标准、示范村（点）验收标准、乡村旅游经营户基本标准、乡村旅游星级示范户评定标准与管理办法、乡村旅游服务规范等，对乡村旅游住宿、餐饮、娱乐、购物等主要消费环节及组织管理进行了详细规定。

在乡村旅游经营户的基本标准中，武隆县规定，经营场所房屋建筑要有典型的乡村特色，接待面积300平方米以上；庭院内外有绿化，有果园、菜地、鱼塘等，面积不低于庭院总面积的20%；生活垃圾统一收运、集中进行无害化处理。餐厅接待面积30平方米以上，能同时容纳20人左右用餐，有5个以上具有农家风味和地方特色的菜点，印刷有菜单和饮品单，出菜率在60%以上。在乡村旅游服务规范中，对经营户的仪容仪表、语言表达、接待服务、客房服务、厨房管理、餐厅服务等多个方面进行了详细规定。比如在餐厅服务引客环节，要求"对于带小孩的客人，应尽量将他们安排在离通道较远的地方，以保证小孩的安全"。在点菜环节，还要针对不同群体，推荐相应的菜品。

（资料来源：http://www.cq.xinhuanet.com/2015-11/03/c_1117021405.htm，2015-11-03）

第一节 乡村旅游标准化概述

一、乡村旅游标准化的内涵

（一）乡村旅游标准化的定义

国际标准组织对标准化的定义是，为在一定范围内获得最佳秩序，对实际的问题制定共同的重复使用的活动，称为标准化。它包括制定、发布及实施的过程。根据这一定义，乡村旅游标准化是指在一定范围内的乡村旅游活动中，为保护当地乡村旅游环境，共同制定成一个统一的、规范的文字性文件，对外统一形象、统一提供服务标准，对内规范乡村旅游企业内部管理。目的是创建当地乡村旅游品牌、提高服务质量、产生经济效益和社会效益。

（二）乡村旅游标准的特点

1. 这是面向乡村旅游产品的标准，包括对乡村旅游交通、餐饮、住宿等旅游部门的综合规范。在乡村旅游标准的制定过程中，可以从以下框架进行建构，乡村旅游环境标准、乡村旅游设施标准、乡村旅游服务标准、乡村旅游质量与安全标准、乡村旅游环境与保护标准。

2. 乡村旅游发展主要是依托乡村自然、历史文化等资源，这些资源具有公共产品的特性，易受到商业开发的破坏。因此，在开发乡村旅游的同时，保持当地的特色是制定乡村旅游标准的重要职责。

3. 乡村旅游标准的制定需要遵循乡村地区的社会、经济条件和地方习俗，对旅游交通、餐饮、住宿等设施所提的要求要基于乡村地区现有条件和发展趋势，具有可行性和可操作性。

4. 服务设施标准、安全卫生标准和服务规范标准是乡村旅游标准的重要内容。由于我国乡村旅游地基础设施建设较落后，住宿、餐饮、交通等设施标准化程度低，环境卫生条件较差，服务水平差距较大。因此，为保证产品质量，必须对设施、安全卫生、服务等方面提出明确规定。

5. 对乡村旅游服务组织的服务能力和从业人员资质需要做限制性规定。乡村旅游大多是当地农民依托自家宅院发展而来，从业人员素质参差不齐，必须严格审查从业资格，以保障服务质量。

二、我国乡村旅游标准化的历程

目前，我国乡村旅游标准属于旅游标准的分支，最早可以追溯到1995年。经国务院标准化主管部门批复，国家旅游局成立了旅游标准化专业机构——全国旅游标准化技术委员会，负责旅游标准化各个方面的研究工作和标准编制的组织工作。截至2008年年底，在旅游产业已经颁布了18项国家标准和行业标准，其中国家标准11项、行业标准7项，是世界上颁布旅游业标准最多的国家。此外，地方政府及旅游行政主管部门对旅游标准化工作的重视程度和支持力度不断增强，旅游企事业单位自主或参与制定标准的积极性不断提高，地方制定旅游标准的速度不断加快。据初步统计，目前我国已经颁布的地方旅游标准已达 100 多项。同时，我国将形成以国际标准、国家标准、行业标准、地方标准、职业标准、协会标准和企业标准为层次分类，以基础标准、设施标准、服务标准、产品标准、方法标准为横向分类，以吃、住、行、游、购、娱及综合类为纵向分类的旅游标准体系。

但是我国乡村旅游由于起步较晚，在很多方面都还是空白。乡村旅游在国家标准层面上的较少，目前涉及乡村旅游方面的标准，部分由全国休闲标准化技术委员会进行制定和修改，比如《休闲农庄服务质量规范（GB/T 28929—2012）》《休闲露营地建设与服务规范第 2 部分——自驾车露营地（GB/T 31710.2—2015）》等。正在立项的包括《创意农业园区评价》《特色农业多功能开发利用资源分类》等。

2003—2005 年，为顺应乡村旅游发展，引导乡村旅游进行环境生态建设，提高软硬件水平，并进一步促进地方乡村旅游规模发展而制定了一系列规范和标准，成为后来全国制定乡村旅游规范的基础。这一时期制定的标准大多从硬件条件方面进行规定，以保障接待点的基本设施条件，并划分星级，为游客选择设施服务提供依据。在这一阶段中，北京、上海、浙江等省市依托型乡村旅游发展起来，同时以贵州和江西为代表的省份开始发展特色村寨型乡村旅游。2006 年至今，在国家商务部出台了《农家乐经营服务规范》之后，各地结合自身特点制定了地方标准。乡村旅游设施条件不断改善，产品、特色和服务的重要性逐渐提升。除了在硬件设施设备上出台了相关标准外，更重要的是加入了旅游服务质量的评定标准以及环境评定标准等。

截至 2009 年，我国共有包括四川、浙江、广东等 22 个省、直辖市制定了乡村旅游或农家乐旅游的相关规范与标准。同时，中国旅游协会休闲农业与乡村旅游分会组织开展全国休闲农业与乡村旅游星级示范创建工作，截至 2014 年年底共创建星级企业 731 家，其中五星级 165 家，四星级 348 家，三星级 218 家，为全国树立了一批星级品牌示范样本。

[小贴士]　　　　　　　　　　省级乡村旅游标准制定情况

时间	地区	名称	归口单位
2003	上海	农家乐旅游服务质量等级划分（DB31/T299—2003）	旅游事业管理委员会
2004	贵州	贵州省乡村旅舍等级评定与管理（DB52/T466—2004）	贵州省旅游局
2005	浙江	乡村旅游点服务质量等级划分与评定（DB33/T589—2005）	浙江省旅游局
	江西	江西省农家旅馆星级的划分与评定（DB36/T458—2005）	江西省旅游局
	江西	江西省乡村旅游示范点检查标准（暂行）	江西省旅游局

续表

时间	地区	名称	归口单位
2006	北京	乡村民俗旅游户等级划分与评定（DB11/T351—2006）	北京市旅游局
	江苏	农业旅游服务规范（DB32/T940—2006）	江苏省旅游局
	江苏	农家乐旅游服务质量等级划分与评定（DB32/T941—2006）	江苏省旅游局
	辽宁	农家乐等级的划分与评定（DB21/T1440—2006）	辽宁省旅游局
	新疆	农家乐开业基本条件（DB65/T2616—2006）	新疆维吾尔自治区旅游局
	新疆	农家乐旅游服务质量等级划分（DB65/T2617—2006）	新疆维吾尔自治区旅游局
	甘肃	旅游服务质量陇南农家乐等级标准（DB62/T1470—2006）	陇南市旅游局
	山西	山西省乡村旅游客栈服务规范（DB14/T149—2006）	山西省旅游局
2007	浙江	农家乐经营户（点）旅游服务质量星级评定办法（DB33/T669—2007）	浙江省农业和农村工作办公室
	甘肃	旅游服务质量甘南州农（牧）家乐等级标准（DB62/T1681—2007）	甘南州旅游局
	四川	四川省乡村旅游（含农业旅游示范点）质量等级评定标准（试行）	四川省旅游局
	四川	四川省乡村旅游示范村评定标准	四川省委农业办公室
	四川	四川省乡村旅游示范乡（镇）评定标准	四川省旅游局
	青海	乡村旅游质量等级划分与评定（DB63/T640—2007）	青海省旅游局
	河南	农家宾馆星级的划分与评定（DB41/T492—2007）	河南省旅游局
	安徽	农家乐旅游等级划分与评定（DB34/T755—2007）	安徽省旅游局
	宁夏	宁夏回族自治区农家乐旅游星级划分与评定标准（试行）	宁夏回族自治区旅游局
	宁夏	宁夏回族自治区"农家乐"旅游服务质量等级评定标准	宁夏回族自治区旅游局
2008	广东	广州市特色乡村旅游区（点）服务规范（DBJ440100/T9—2008）	广州市旅游局、广州市农业局
	山东	旅游强乡镇评定标准（DB37/T1082—2008）	山东省旅游局
	山东	旅游特色村评定标准（DB37/T1083—2008）	山东省旅游局
	甘肃	临夏州农家乐服务质量等级评定（DB62/T1708—2008）	临夏州旅游局
	广西	广西乡村旅游区（点）质量等级划分与评定（DB45/T563—2008）	广西壮族自治区旅游局

续表

时间	地区	名称	归口单位
2009	北京	乡村旅游特色业态标准及评定（DB11/T652.6—2009）	北京市旅游局
	贵州	贵州省民族村寨旅游设施与服务规范（DB52/T570—2009）	贵州省旅游局
	重庆	重庆市乡村旅游示范区评定标准（DB50/T314—2009）	重庆市旅游局
	海南	文明生态村旅游服务质量等级划分与评定（DB46/T151—2009）	海南省旅游局
	海南	渔家乐经营与服务质量规范（DB46/T143—2009）	海南省旅游局

（资料来源：http://wenku.baidu.com/view/6661b7e1524de518964b7dba.html，2011.10）

第二节　全国休闲农业与乡村旅游示范县、示范点创建及评定

一、申报的基本条件

（一）全国休闲农业与乡村旅游示范县申报的基本条件

1. 规划编制科学

示范县休闲农业与乡村旅游建设规划应符合当地经济社会和农业、旅游业发展规划要求，发展思路清晰，目标市场定位准确，布局结构合理，工作措施有力。

2. 扶持政策完善

当地党委政府认真贯彻党中央、国务院关于加强"三农"和旅游工作的方针政策，根据本县休闲农业与乡村旅游发展的实际需求，出台了较为完善的扶持政策和工作措施。

3. 工作体系健全

明确休闲农业与乡村旅游管理职能和主管部门，有健全的管理制度、统计制度、教育培训制度，及时掌握行业发展动态。加强服务平台建设，已建立休闲农业与乡村旅游行业协会等行业自律组织。重视服务能力提升，能围绕信息服务、创业辅导、融资担保、市场推介、教育培训、管理咨询等为企业提供有效服务。

4. 行业管理规范

建立了统一的管理制度和行业标准，对现代农业科技园、休闲农庄、观光采摘园、民俗村及连片的农家乐等实行标准化管理，近三年内无安全生产和食品质量安全事故发生。园区建设规范，无擅自占用耕地和基本农田修建休闲旅游基础设施行为，无以破坏农业生产为代价发展休闲农业与乡村旅游现象，没有发生污染环境和破坏生态资源事件。

5. 基础条件完备

县域范围具备良好的基础设施条件和完善的接待服务能力。休闲农业与乡村旅游点要做到通路、通水、通电，通信网络畅通，要有路标、有指示牌、有停车场，住宿、餐饮、娱乐、卫生等基础设施要达到相应的建设规范和公共安全卫生标准。生产和生活垃圾、污水实行无害化处理和综合利用。具有农耕文化展示、农业科学知识普及教育功能的园区，要做到

设施齐全、先进实用。

6. 产业优势突出

在全省范围内有一定知名度的休闲农业与乡村旅游点有10个以上，总数须超过100家；休闲农业与乡村旅游点分布在全县30%以上的乡镇区域，形成一定规模的休闲农业与乡村旅游产业带或集聚区；主要休闲农业与乡村旅游点要有地域、民俗和文化特色，有吸引力较强的体验项目和餐饮、服务功能。能够依托当地特色种植业、养殖业和农产品加工业开发设计休闲农业与乡村旅游产品。

7. 发展成效显著

休闲农业与乡村旅游主要经济指标在全省处于领先水平。年接待游客100万人次以上，农民受益面达到30%以上，从业人员中农民就业比例达到60%以上，从业人员30%以上取得相应的职业资格证书或60%以上接受专门培训。

[小贴士]　**2015年全国休闲农业与乡村旅游示范县名单**

地区	市、县（区）名
北京市	大兴区
天津市	武清区
河北省	临城县、唐山市丰南区、承德市双桥区
山西省	平顺县、太谷县
内蒙古自治区	呼伦贝尔市阿荣旗
辽宁省	大洼县、盖州市、大连市旅顺口区
吉林省	辉南县、蛟河市
黑龙江省	哈尔滨市阿城区、穆棱市
江苏省	大丰市、海门市、沭阳县、南京市溧水区
浙江省	天台县、开化县、德清县、宁波市象山县
安徽省	黄山市黄山区、泾县
福建省	松溪县
江西省	南昌县、上饶县、浮梁县
山东省	青州市、曲阜市、枣庄市山亭区
河南省	商城县、孟津县、封丘县、遂平县
湖北省	英山县、南漳县、咸丰县
湖南省	浏阳市、郴州市北湖区、耒阳市
广东省	大埔县、南雄市
广西壮族自治区	蒙山县、陆川县
海南省	定安县

续表

地区	市、县（区）名
重庆市	铜梁区、万盛经济开发区、开县
四川省	泸州市纳溪区、江油市、西充县、雅安市
贵州省	安顺市西秀区、铜仁市江口县
云南省	泸溪县、盐津县
西藏自治区	江孜县、乃东县
陕西省	留坝县
甘肃省	和政县
青海省	海东市乐都区
宁夏回族自治区	平罗县
新疆维吾尔自治区	泽普县、昭苏县、新疆生产建设兵团第十师150团
山东省	青岛市崂山区

（资料来源：国家旅游局 http：//www.cnta.gov.cn/，2015.11.24）

（二）全国休闲农业与乡村旅游示范点申报的基本条件

1. 示范带动作用强

休闲农业与乡村旅游项目符合当地规划布局和有关要求，并得到相关部门批准。能够紧紧围绕当地农业生产过程、农民劳动生活、农村乡土人情开发休闲产品，周边农民能够广泛参与和直接受益。通过项目建设，对当地经济发展、农民就业增收和新农村建设起到了重要的带动作用。

2. 经营管理规范

遵守国家法律法规，诚实守信，依法经营，依法纳税，热心公益事业，社会形象良好。管理制度完善，岗位责任明确，接待服务规范。近三年内没有发生安全生产事故和食品质量安全事故，无拖欠职工工资和损害职工合法权益现象。

3. 服务功能完善

园区规划科学，布局合理，休闲项目特色鲜明，功能突出，知识性、趣味性、体验性强。客房、餐厅干净整洁，卫生设施达标。通信、网络等设施顺畅。农耕文化展示和农业科技普及、教育等设施完善。机电、游览、娱乐等设备完好，运行正常，无安全隐患。

4. 基础设施健全

道路通畅，路标、说明牌、路灯、停车场健全。消防、安防、救护等设备完好、有效。无违规建筑和占用耕地乱搭滥建现象。建立了符合环保标准的污水和生活垃圾处理设施，生产和生活垃圾实行无害化处理和综合利用，近三年内没有发生污染环境等问题。

5. 从业人员素质较高

高度重视提高员工素质，注重加强人才培养。有完善的培训制度，健全的管理机制，坚持开展经常性的业务培训，上岗人员培训率达100%，关键和重点岗位人员持证上岗。

6. 发展成长性好

主导产业特色突出，坚持标准化生产和产业化经营，所产农产品要达到无公害、绿色或有机农产品标准。近三年示范点总资产、销售收入和利税等主要经济指标稳定增长。当年营业收入要达到1 000万元以上，年接待游客10万人次以上，吸纳当地农村劳动力占职工总数的60%以上。

 [小贴士]

2015 年全国休闲农业与乡村旅游示范点名单

地区	示范点
北京市	中农春雨休闲农场、欧菲堡酒庄、花仙子万花园、平谷区大华山镇挂甲峪村、七彩蝶园
天津市	蓟县穿芳峪镇大巨各庄村、蓟县渔阳镇西井峪村、武清区大碱厂镇南辛庄村、宝坻区泰泽康休闲农业示范园、北辰区双街镇双街村
河北省	乐亭丞起颐天园现代农业园、秦皇岛抚宁县仁轩酒庄、易县狼牙山万亩花海休闲农业园、广平县安居农庄、卢龙柳河庄园
山西省	长治长子县方兴现代农业园区、晋中市太谷县美宝农业观光园、灵丘县红石塄乡上北泉村休闲农业与乡村旅游示范点、万荣县晋汉子农庄
内蒙古自治区	呼伦贝尔市阿荣旗东光村、赤峰市元宝山区和润农业高新科技园区、鄂尔多斯市乌审旗内蒙古萨拉乌苏生态农业示范园区、兴安盟阿尔山市白狼镇林俗村
辽宁省	沈阳新大地休闲农业园区、丹东馨艺度假山庄、清原满族自治县大苏河乡南天门村、盖州市美然风景旅游度假区、大连旅顺口区水师营街道小南村、大连瓦饭店市东马屯农业生态园、大连金州新区金渤海岸蚂蚁岛国际旅游度假区
吉林省	长春市国信现代农业科技园区、辽金时代观光园、吉林市鸣山绿洲生态旅游度假村、隆达生态农业观光园
黑龙江省	绥芬河市蓝洋农业生态观光园、伊春市新青区松林户外风情小镇街、津口赫哲族壁画小镇民俗体验区、嘉荫县向阳乡茅兰沟村、绥化市经济开发区阳光休闲山庄
上海市	金山区吕巷水果公园、崇明县西来农庄、崇明县瑞华果园
江苏省	无锡市惠山区阳山镇、南京市栖霞区桦墅村、泗阳县大禾庄园、连云港市赣榆区谢湖有机茶果观光基地、东台市生态苗木示范园
浙江省	长兴县城山沟桃源山庄、舟山市普陀区展茅街道干施岙股份经济合作社、温岭市四季生态农业园、丽水市庆元县莲湖休闲农业综合体、嵊州市飞翼生态农业园区、余姚市九龙湾乡村庄园
安徽省	岳西县大别山映山红文化大观园、潜山县天柱山卧龙山庄、黄山市黄山区汤口镇岔村翡翠人家、水墨汀溪风景区
福建省	侯县龙泉山庄、长泰县马洋溪生态旅游区山重村、南安市皇旗尖休闲茶庄园、福安市新坦洋天湖山茶庄园、闽侯县相思岭现代农业科教观光园、厦门市顶上人家、厦门市集美区宝生园

续 表

地区	示范点
江西省	南昌县湖光山舍田园农庄、武宁县阳光照耀29度度假区、吉安市吉州区井冈山国家农业科技园、浮梁县景德镇双龙湾农业生态园、赣县寨九坳风景区
山东省	邹城市石墙镇上九山村、荣成市健康集团休闲农业示范区、临朐县石门坊寨子崮乡村旅游示范区、临邑县"红坛寺省级森林公园"、淄博市博山区池上镇中郝峪村、青岛莱西市沽河休闲农业示范园、青岛市黄岛区海青镇茶叶生态示范区
河南省	禹州市泓硕农业生态园、临颍县南街村、漯河市西城区沙澧春天现代农业园区、长垣县胜雪高新农业园区、巩义市夹津口镇韵沟村
湖北省	孝感市孝南区新建源生态农庄、十堰生态农业科技示范园、荆州市荆州区太湖港管理区桃花村、钟祥市中国汇源农谷嘉年华生态体验旅游区、武穴市希尔寨生态农庄
湖南省	郴州市北湖区爱尚三合绿色庄园、中方县南方葡萄沟、桃源县乌云界花源里生态休闲农业示范园、长沙县慧润乡村、益阳市大通湖区锦大渔村
广东省	罗县农业科技示范场、珠海市台湾农民创业园、佛山市高明区盈香生态园、新兴县天露山旅游度假区、湛江市麻章区南亚热带植物园
广西壮族自治区	南宁市西乡塘区石埠·美丽南方休闲农业旅游区、贵港市覃塘区"荷田水乡"乡村旅游示范点、玉林市"五彩田园"现代农业示范区、恭城县莲花镇红岩农家乐旅游点、东兴市江平镇万尾村
海南省	海口市龙华区兰花产业园、三亚槟榔河国际乡村文化旅游区
重庆市	荣昌区万灵山旅游度假区、云阳县三峡库区峻圆生态休闲观光产业园、石柱县八龙莼乡休闲农业示范园、奉节县长龙山山地观光农业示范区、忠县金色杨柳生态旅游观光区
四川省	彭州市葛仙山休闲农业与乡村旅游景区、自贡市百胜生态农业体验园、绵竹市中国玫瑰谷、成都市新都区花香果居、简阳市贾家东来桃源
贵州省	凯里市云谷田园休闲观光农业示范园、安顺市西秀区旧州镇生态文化旅游园、盘县娘娘山休闲农业旅游示范园、水城县猕猴桃产业示范园区、务川县洪渡河旅游休闲点
云南省	昆明石林台湾农民创业园、腾冲市界头镇、文山州普者黑玫瑰庄园、澜沧县芒景帕哎冷茶叶农民专业合作社、普洱市云南斛哥庄园
西藏自治区	昌都县八宿县然乌镇、昌都县察雅县吉塘镇吉塘居委会、阿里地区札达县托林镇扎布村、那曲地区班戈县青龙乡五村
陕西省	张裕瑞那城堡酒庄、泾阳县龙泉山庄、西安市白鹿原葡萄主题公园、榆林市瑞丰生态庄园、洋县朱鹮有机农业示范观光园休闲农庄
甘肃省	金塔县航天神舟休闲生态园、华池县南梁红色旅游小镇、景泰县红砂岘农业生态园、定西市金源水保生态观光农业示范园、武威市凉州区清泉农业大唐葡萄园

续表

地区	示范点
青海省	湟源县醋博园、湟中县青绿元生态农庄、西宁市青海高原酷馏影视文化村、德令哈市现代农业示范园区
宁夏回族自治区	银川市金凤区宁夏森森生态旅游区、吴忠市利通区吉水湾休闲村、平罗县陶乐天源复藏庙庙湖生态区
新疆维吾尔自治区	哈密市贡瓜休闲观光园、尉犁县兴平乡达西村、新源县那拉提镇阿尔善休闲农庄、阜康市城关镇美丽冰湖休闲观光采摘园、布尔津县阿山鹿王文华苑、新疆生产建设兵团第四师69团香极地香料植物观光园、新疆生产建设兵团第四师70团伊帕尔汗薰衣草观光园、新疆生产建设兵团第十师183团芦花湖观光农业示范区

（资料来源：国家旅游局 http：//www.cnta.gov.cn/，2015.11.24）

二、申报范围及程序

通过自我创建，达到"全国休闲农业与乡村旅游示范县基本条件"的县和"全国休闲农业示范点基本条件"的休闲农业点（包括农家乐专业村、农业观光园、休闲农庄等），均可自愿申报。申报工作由各省、自治区、直辖市及计划单列市、农业行政主管部门会同旅游行政主管部门负责。

（一）全国休闲农业与乡村旅游示范县申报程序

1. 由县级农业行政主管部门会同旅游行政主管部门对本县休闲农业与乡村旅游发展情况进行综合评估，并向县级人民政府提出申报建议。

2. 县级人民政府负责向省级农业和旅游行政主管部门提出申请，填写《全国休闲农业与乡村旅游示范县申报表》，并附本县休闲农业与乡村旅游发展情况、发展规划等综合材料。

[操作示范]

全国休闲农业与乡村旅游示范县申报表

申报县名称				
联系单位				
联系单位负责人		电话		手机
联系人		电话		手机
通讯地址			邮编	

续表

全县总人口（万人）		全县农业人口（万人）	
全县农业年总收入（万元）		全县旅游业年总收入（万元）		休闲农业与乡村旅游年总收入（万元）	
全县旅游年接待人数（万人次）		休闲农业与乡村旅游年接待人数（万人次）		其中：境内、港澳台、国外人数（万人次）	
休闲农业与乡村旅游点数（个）（不够100个点不能申报）		其中规模以上个数（年营业收入500万元以上，不够10个点不能申报）	
休闲农业与乡村旅游从业人数（人）		其中：农民从业人数（人）	
全县农民人均纯收入（元）		其中全县农民人均从休闲农业与乡村旅游获得收入（元）	
年度安排专项资金数额（万元）		其中：农业部门、旅游部门数额（万元）		全县特色旅游村数（个）	
县休闲农业与乡村旅游发展基本情况摘要（主要包括发展成效、做法、经验，发展规划、政策规定、管理体制机制、基础设施等）					
市级主管部门意见	农业部门（盖章）		旅游部门（盖章）		

续 表

省级主管部门意见	农业部门（盖章）	旅游部门（盖章）
农业部国家旅游局审核意见		

3. 省级农业行政主管部门会同旅游行政主管部门负责示范县初审，并择优报农业部和国家旅游局。

（二）全国休闲农业与乡村旅游示范点申报程序

1. 在休闲农业单位对照创建条件进行认真自我评估的基础上，可以自愿向县级农业和旅游行政主管部门提出申请，填写《全国休闲农业与乡村旅游示范点申报表》，并附本单位综合情况、相关证照等材料。

[操作示范]

全国休闲农业与乡村旅游示范点申报表

示范点名称					
负责人		职务		电话	
联系人		电话		手机	
通讯地址				邮编	
主导产业及产品		资产规模（万元）			

续表

年接待旅游人数（万人次）		其中：境内、港澳台、国外人数（万人次）	
年营业收入（万元）		其中：农产品销售收入（万元）	
年实现利润（万元）		年上缴税金（万元）	
从业人数（人）		其中：吸纳农村劳动力（人）	
从业农民平均年收入（元/人）		当地农民人均年收入（元/人）	
带动农户数（户）			
在特色产业发展或品牌培育方面获得市级以上荣誉称号情况		3A级以上景区评定情况	
示范点情况摘要 （包括经营情况、发展规划、基础设施建设、休闲功能开发和对当地经济社会带动状况等）			
县级主管部门意见	农业部门（盖章）		旅游部门（盖章）
市级主管部门意见	农业部门（盖章）		旅游部门（盖章）

续表

省级主管部门意见	农业部门（盖章）	旅游部门（盖章）
农业部国家旅游局审核意见		

2. 县级农业行政主管部门会同旅游行政主管部门负责对本县申报单位进行考核、评估，符合条件的可向省级农业和旅游行政主管部门择优推荐。

3. 省级农业和旅游行政主管部门初审后择优上报。

三、认定及管理

农业部、国家旅游局组织有关专家对各地上报的示范县、示范点进行综合评审，并对评审结果进行严格审核和择优确定后，在"中国农业信息网"和"中国旅游网"上进行7个工作日的公示。公示通过的单位，由农业部、国家旅游局发文确认并颁发"全国休闲农业与乡村旅游示范县"或"全国休闲农业示范点"牌匾和证书。

农业部、国家旅游局对示范县和示范点实行动态管理。对违反国家法律法规、侵害消费者权益、危害员工和农民利益现象、发生重大安全生产、食品质量安全事故以及不履行试点示范义务的，将取消其示范县或示范点资格。

[知识归纳]

乡村旅游标准化是指在一定范围内的乡村旅游活动中，为保护当地乡村旅游环境，共同制定成一个统一的、规范的文字性文件，对外统一形象、统一提供服务标准，对内规范乡村旅游企业内部管理。

[案例解析]

广安武胜县的"白坪—飞龙乡村旅游度假服务标准化试点"

2016年2月，由广安市武胜县现代农业园区管委会承担的"白坪—飞龙乡村旅游度假服务标准化试点"项目获国家标准委审批同意，试点期限原则为2年，试点任务包括建立健全乡村旅游服务机制、制定并实施乡村旅游度假服务标准体系、开展旅游业服务质量评价、创建乡村旅游服务品牌等内容。

"白坪—飞龙"乡村旅游度假区成功创建为全国休闲农业与乡村旅游示范点、国家4A级旅游景区、省级乡村旅游度假区。白坪乡、飞龙镇被命名为省级生态乡镇。度假区按照"产村相融、农旅结合的理念",加快推进农业现代化,努力建设业兴、家富、人和、村美的幸福美丽新村,形成了"三园一基地"和"一城一镇多新村"的发展格局。重点打造了花样年华、橙海阳光、丝情画意、四季花海、开心农场、金色大地6大景区,建成度假区规划馆、《红岩》英雄文化陈列馆、竹丝画帘展馆、柑橘博览园、甜橙体验园、樱花观赏园、中小学生综合实践基地、下坝记忆等30余景点,游客中心、星级厕所、自行车驿站、停车场、游客休息设施等基础设施配套完善,开发了竹丝画帘、武胜甜橙、礼品西瓜等旅游产品10余种。年接待游客50余万人次,年旅游收入上亿元。

思考与讨论：
从广安的例子中,谈谈为什么乡村旅游标准的建立势在必行?

解析要点：
可以从建立乡村旅游标准化的重要作用等方面出发,谈及对社会、对经济、对游客的影响。比如完善乡村旅游度假服务标准体系,强化度假区民俗文化的挖掘整理和保护利用,培育乡村旅游服务品牌,不断提高旅游接待能力,全面提升旅游服务质量和市场竞争力,从而带动相关产业的发展。

复习思考

1. 乡村旅游标准化的概念是什么?
2. 乡村旅游标准化的特点有哪些?
3. 谈谈我国乡村旅游标准化的历程。
4. 全国休闲农业与乡村旅游示范县、示范点的申报基本条件、申报范围及程序是怎样的?

附 录

一、浙江省乡村旅游点服务质量等级划分与评定
（DB33/T589—2005）

1 范围

本标准规定了乡村旅游点的硬件设施、安全措施和服务质量的基本要求。本标准适用于乡村地区农业和农村旅游或从事农村旅游服务与经营管理的各类经营主体。

2 规范性引用文件

下列文件中的条款通过在本标准的引用而成为本标准的条款。凡是注日期的引用文件，其随后所有的修改单（不包括勘误的内容）或修订版均不适用于本标准，然而，鼓励根据本标准达成协议的各方研究是否可使用这些文件的最新版本。凡是不注日期的引用文件，其最新版本适用于本标准。

GB16153—1996 饭馆（餐厅）卫生标准

GB/T 17217—1998 城市公共厕所卫生标准

GB/T 19004.2—1994 质量管理和质量体系要素第二部分：服务指南

3 定义和术语

本标准采用下列定义和术语。

3.1 乡村旅游点

乡村旅游点是指以具有一定数量规模且地理较为集中的乡村房屋、建筑设施和农民（渔民）家庭为接收单位，利用田园景观、自然生态、农村文化及农民（渔民）生产、生活等资源，以农业（渔业）体验为特色的吃农家（渔家）饭、住农家（渔家）屋、干农家（渔家）活、享受环境和生活的乡村旅游活动点（区）。

4 乡村旅游点服务质量等级及标志

4.1 乡村旅游点服务质量等级

根据乡村旅游点的设施建设与服务要求，可划分为三个等级，等级越高，表示乡村旅游

点质量与服务水平越高。

4.2 乡村旅游点服务质量等级评定的依据与方法

乡村旅游点的等级评定，依据乡村旅游点的硬件设施、功能布局、安全卫生、环境保护和服务管理等软硬件水平进行评分确定。

乡村旅游点的等级评定，应由当地乡镇、村（行政村、自然村）或农家联合体等集体性单位组织提出，由浙江省旅游标准化技术委员会负责评定、实施与管理。

4.3 乡村旅游点服务质量等级符号

乡村旅游点服务质量等级用金色向日葵表示，用一颗向日葵表示一星级，两颗向日葵表示二星级，三颗向日葵表示三星级。

5 总则

5.1 基本要求

乡村旅游点硬件设施、安全标准及服务质量的基本要求可概括为：设施齐备，安全有序，卫生达标，服务规范。

5.2 设施

5.2.1 硬件设施齐备到位，游客感知舒适。

5.2.2 交通设施完善，交通组织快捷高效。

5.2.3 各活动区的配套与安全设施齐全有效。

5.2.4 环境配套设施如住宿、餐饮等功能完善，满足要求。

5.2.5 通信设施完善，确保畅通。

5.3 安全

5.3.1 乡村旅游点须获得当地消防部门的书面许可，树立安全第一、预防为主的思想。

5.3.2 配备必要的、充足的、有效的各项安全设施，确保乡村旅游的正常经营。

5.3.3 建立健全各项安全管理制度、安全监督、操作规程，并确保严格执行。

5.3.4 确保游客参加乡村旅游活动的人身安全。

5.3.5 安全配套设施及工具要建立完整的维修、保养、更新制度，有专人、专职负责。

5.4 卫生

5.4.1 乡村旅游点的环境卫生符合规定标准。

5.4.2 制定各项卫生制度和措施，定期进行各项卫生检查。

5.4.3 遵守国家、地方政府的相关卫生法律、法规和规章。

5.5 服务

5.5.1 树立游客至上，优质服务的宗旨。

5.5.2 实行规范、标准化管理和服务。

5.5.3 建立服务质量监督保证体系，定期进行服务质量考核。

6 乡村旅游点质量等级划分条件

6.1 三星级

6.1.1 乡村旅游点硬件设施

6.1.1.1 建筑装修

乡村旅游点的主体建筑和配套设施建设，具有较强的民族性和地方性特点，其建筑形式、体量、色彩能够充分地与周围景观及其氛围相协调。

乡村旅游点建筑的内部装修简朴大方，在用材、内容上能充分体现民族性、地方性和农村特色。

6.1.1.2 住宿设施

乡村旅游点的住宿设施内配备有足够的冷暖设备或换气装置。

乡村旅游点客房内配套设施与用具能做到配备齐备，且一客一换。

乡村旅游点客房被褥、枕巾等用具能统一收集、统一清洗消毒。

6.1.1.3 餐饮设施

乡村旅游点餐饮设施建设能与乡村旅游点的整体环境相协调。

餐饮服务设施规模能与接待游客数量相适应，且能满足游客要求。

餐饮设施设备完好，能随时提供当地特色菜肴，且品种丰富、独特性明显。

6.1.1.4 卫生设施

每一楼层均能分设男、女公用卫生间，其数量、分布能与游客容量相适应。

卫生间标志明显且有防滑设施，室内设施齐备，盥洗室有门、水冲，通风良好、光线明亮。

卫生条件能符合 GB/T 17217—1998 的要求。

有残疾人专用卫生通道与卫生设施。

6.1.1.5 垃圾桶（箱）

在乡村旅游点内能设置足够的垃圾桶（箱），并注明标识。

乡村旅游点内垃圾箱的数量与布局适当合理。

乡村旅游点内垃圾桶（箱）体完好、有盖，表面干净无污渍，能及时处理桶内垃圾。

6.1.2 乡村旅游点布局

6.1.2.1 布局与分区

乡村旅游点有明确的功能分区，且各活动区的分隔明显、布局合理。

乡村旅游点有足够面积的绿化区域，植物与小品布置得当、环境优美。

乡村旅游点内有明确引导和介绍标识，且美观醒目，文字准确规范，位置合理，数量充足。

6.1.2.2 特色活动项目

乡村旅游点能提供特色多样的活动项目，活动项目有较强的地方性、季节性和参与性，能充分地体现当地农业（渔业）和农村特色，游客感觉舒适有特色。

乡村旅游点活动项目区域具有充足的活动空间，且项目布局合理、功能完善，展示、游览、体验等活动能有机结合，协调统一。

乡村旅游点活动项目与其他旅游点及附近乡村旅游点之间，具有较强的差异性。

6.1.2.3 乡村旅游点的功能管理

乡村旅游点建立有机构健全、职责分明的管理机构和专职管理人员，市场秩序优良。

乡村旅游点设有常设性接待人员，接待制度健全，且设有面向公众的旅游咨询电话和投诉电话，接听及时。

乡村旅游点有介绍乡村旅游点区位概况及活动项目等内容的小册子或折页，并同区内外旅行社建立良好的业务合作关系，客源稳定。

乡村旅游点服务人员着装有当地特色，态度热情，服务优良，全体从业人员均接受过旅游服务、安全等相关培训。

6.1.3 乡村旅游点安全

6.1.3.1 乡村旅游点的安全设施

乡村旅游点获得当地消防部门的书面许可。

乡村旅游点有足够的消防、防盗、救护等设备，且完好、有效。

乡村旅游点能保证各项安全设备的安全可靠，能按规定进行定期检查，严禁使用有事故隐患的各项安全设施、设备，严禁使用超过安全期限的安全设施、设备。

乡村旅游点危险地段的标志明显，防护设施齐备、有效。

6.1.3.2 乡村旅游点的安全制度

乡村旅游点能把安全工作摆在重要的议事日程，培养全员安全意识。

乡村旅游点能建立健全安全制度，明确各岗位的安全职责。

乡村旅游点相关人员能经常参加当地主办的安全培训和安全教育活动。

乡村旅游点建立有定期和不定期的安全检查、预演、监督和及时汇报制度。

6.1.3.3 乡村旅游点的安全管理

乡村旅游点经营管理与服务人员均接受过消防培训，并具有紧急情况下组织游客疏散、电话报警和快速救援的知识与技能。

乡村旅游点和游客较为集中的地区配备有足够的保安安全人员，以保证秩序和维护安全。

乡村旅游点能向游客提供安全卫生的餐饮服务，消毒措施到位，并有严格的定期监督、处罚和公示制度。

乡村旅游点建立有相应的医疗急救措施，并配备医务人员和游客常备药品。

乡村旅游点建立有必要的紧急救援机制、突发事件处理及应急机制。

6.1.4 乡村旅游点卫生

6.1.4.1 卫生条件

乡村旅游点的卫生设备和设施完好、无缺损，不漏水。

乡村旅游点的卫生场所内无蚊蝇、污物，墙壁、隔板、门窗等清洁无霉斑、无脱落、无刻画。

乡村旅游点内无污水污物，无乱建、乱堆、乱放现象，空气清新无异味。

6.1.4.2 卫生制度

乡村旅游点内公共卫生有定期的消毒制度和检查制度。

乡村旅游点卫生良好有保障，餐饮场所能达到 GB 16153—1996 规定的卫生标准。

旅游饮食卫生具有严格的定期检查和抽查制度，并有严格的管理制度和奖惩机制。

乡村旅游点具有严格的卫生消毒设施与卫生消毒制度。

6.1.4.3 卫生管理

乡村旅游点无游客针对旅游饮食卫生的投诉情况。

乡村旅游点具有消除老鼠、蟑螂、苍蝇及其他有害昆虫的措施。

乡村旅游点内的卫生便池能及时冲洗，做到干净、无污垢、无异味。

6.1.5 乡村旅游点生态环境保护

6.1.5.1 环境资源保护

乡村旅游点能充分保护当地特色自然资源、植被、土壤和环境条件。

乡村旅游点能充分保护当地的历史古迹、文物和特色建筑物。

乡村旅游点能充分保护当地的文化特色和传统民俗、生活习惯。

活动项目能充分做到以不破坏生态环境平衡为前提，能充分坚持环保原则。

6.1.5.2 环境生态保护

乡村旅游点能树立可持续发展的环境生态保护意识。

乡村旅游点建立有一定的环境生态保护制度、监督和约束机制。

乡村旅游点配备有必要的环境生态保护队伍和资金支持。

6.2 二星级

6.2.1 乡村旅游点硬件设施

6.2.1.1 建筑装修

乡村旅游点的主体建筑和配套设施建设，具有一定的民族性和地方性特点，其建筑形式、体量、色彩能与周围景观及其氛围相协调。

乡村旅游点建筑的内部装修简朴大方，在用材、内容上能部分体现当地的民族性、地方性和农村特色。

6.2.1.2 住宿设施

乡村旅游点的住宿设施内配备有一定的冷暖设备或换气装置。

乡村旅游点客房内配套设施与用具的配备较为齐备，基本能做到一客一换。

乡村旅游点客房被褥、枕巾等用具能勤换洗、干净整洁。

6.2.1.3 餐饮设施

乡村旅游点餐饮设施建设，能与乡村旅游点整体环境相协调。

餐饮服务设施规模，与接待游客数量相适应，能基本上满足游客要求。

餐饮设施设备完好，基本上能提供当地特色菜肴，且品种丰富、独特性明显。

6.2.1.4 卫生设施

有条件的楼层能分设男、女公用卫生间，其数量、分布基本上能与游客容量相适应。

卫生间标志明显且有防滑设施，室内设施齐备，盥洗室有门、水冲，通风良好，光线明亮。

卫生条件符合 GB/T 17217—1998 的要求。

有残疾人专用卫生通道与卫生设施。

6.2.1.5 垃圾桶（箱）

乡村旅游点内设置有足够的垃圾桶（箱），并注明标识。

乡村旅游点垃圾箱的数量、布局较为适当、合理。

乡村旅游点垃圾桶（箱）体完好、有盖，表面干净无污渍，能及时处理桶内垃圾。

6.2.2 乡村旅游点布局

6.2.1.1 布局与分区

乡村旅游点具有明确的功能分区，且各活动区的分隔较为明显、布局基本合理。

乡村旅游点有一定面积的绿化区域，植物与小品布置得当、环境优美。

乡村旅游点主要地段，有明确引导和介绍标识，且美观醒目、文字准确规范，数量充足。

6.2.1.2 特色活动项目

乡村旅游点能提供较为丰富的活动项目，活动项目有一定的地方性、季节性和参与性，能体现农业（渔业）和农村的特色，游客感觉舒适有特色。

乡村旅游点活动项目区域有一定的活动空间，且项目布局合理、功能完善，展示、游览、体验等活动要有机结合，协调统一。

乡村旅游点的活动项目与其他旅游点及附近乡村旅游点之间，有一定的差异性。

6.2.1.3 乡村旅游点的功能管理

乡村旅游点建立有机构健全、职责分明的管理机构和专职管理人员，市场秩序优良。

乡村旅游点设有常设性接待人员，接待制度健全，且设有面向公众的旅游咨询电话和投诉电话，接听及时。

乡村旅游点有介绍乡村旅游点区位概况及活动项目等内容的小册子或折页，并同区内外旅行社建立一定的业务合作关系，客源较为稳定。

乡村旅游点的服务人员着装有当地特色，态度热情，服务优良，大多数接受过旅游服务、安全等相关培训。

6.2.2 乡村旅游点安全

6.2.2.1 乡村旅游点的安全设施

乡村旅游点获得当地消防部门的书面许可。

乡村旅游点有一定数量的消防、防盗、救护等设备，且完好、有效。

乡村旅游点能保证各项安全设备的安全可靠，能按规定进行定期检查，严禁使用有事故隐患的各项安全设施、设备；严禁使用超过安全期限的安全设施、设备。

乡村旅游点危险地段的标志明显，防护设施齐备、有效。

6.2.2.2 乡村旅游点的安全制度

乡村旅游点能把安全工作摆在重要的议事日程，培养全员安全意识。

乡村旅游点能建立一定的安全制度，明确各岗位的安全职责。

乡村旅游点主要人员能经常参加当地主办的安全培训和安全教育活动。

乡村旅游点建立有定期和不定期的安全检查、预演、监督和及时汇报制度。

6.2.2.3 乡村旅游点的安全管理

乡村旅游点经营管理与服务人员接受过消防培训，并具有紧急情况下组织游客疏散、电话报警和快速救援的知识与技能。

规模较大的乡村旅游点和游客较为集中的地区配备有足够的保安人员，以保证秩序和维护安全。

乡村旅游点能向游客提供安全卫生的餐饮服务，消毒措施到位，并有严格的定期监督、处罚和公示制度。

规模较大的乡村旅游点和游客较为集中的地区具有相应的医疗急救措施，并配备医务人员和游客常备药品。

乡村旅游点建立有一定的紧急救援机制、突发事件处理及应急机制。

6.2.3 乡村旅游点卫生

6.2.3.1 卫生条件

乡村旅游点的卫生设备和设施完好、无缺损，不漏水。

乡村旅游点的卫生场所内基本无蚊蝇、污物，墙壁、隔板、门窗等较清洁。

乡村旅游点内基本上无污水污物，无乱建、乱堆、乱放现象。

6.2.3.2 卫生制度

乡村旅游点内公共卫生有定期的消毒制度和检查制度。

乡村旅游点卫生良好有保障，餐饮场所基本能达到 GB 16153—1996 规定的卫生标准。

旅游饮食卫生具有严格的定期检查和抽查制度，并有严格的管理制度和奖惩机制。

乡村旅游点具有严格的卫生消毒设施与卫生消毒制度。

6.2.3.3 卫生管理

乡村旅游点基本没有游客针对旅游饮食卫生的投诉情况。

乡村旅游点具有消除老鼠、蟑螂、苍蝇及其他有害昆虫的措施。

乡村旅游点内的卫生便池能及时冲洗，做到干净、无污垢、无异味。

6.2.4 乡村旅游点生态环境保护

6.2.4.1 环境资源保护

乡村旅游点开发能保护当地特色自然资源、植被、土壤和环境条件。

乡村旅游点开发能保护当地的历史古迹、文物和特色建筑物。

乡村旅游点开发能基本保护当地的文化特色和传统民俗、生活习惯。

活动项目能做到以不破坏生态环境平衡为前提，能基本坚持环保原则。

6.2.4.2 环境生态保护

乡村旅游点基本能树立可持续发展的环境生态保护意识。

乡村旅游点能建立有效的环境生态保护制度、监督和约束机制。

乡村旅游点能配备有必要的环境生态保护队伍和资金支持。

6.3 一星级

6.3.1 乡村旅游点硬件设施

6.3.1.1 建筑装修

乡村旅游点的主体建筑和配套设施建设，具有一定的民族性和地方性特点，其建筑形式、体量、色彩能与周围景观及其氛围基本上相协调。

乡村旅游点建筑的内部装修简朴大方，在用材、内容上能在一定程度上体现出当地民族性、地方性和农村特色。

6.3.1.2 住宿设施

乡村旅游点的住宿设施内配备有一定的冷暖设备或换气装置。

乡村旅游点客房内配套设施与用具的配备较为齐备，基本能做到一客一换。

乡村旅游点客房被褥、枕巾等用具能勤换洗、干净整洁。

6.3.1.3 餐饮设施

乡村旅游点餐饮设施建设，基本上能与乡村旅游点整体环境相协调。

餐饮服务设施规模，与接待游客数量相适应，能基本上满足游客要求。

餐饮设施设备完好，基本上能提供当地特色菜肴。

6.3.1.4 卫生设施

各楼层公用卫生间数量、分布基本上能与游客容量相适应。

卫生间标志明显且有防滑设施，室内设施齐备。

6.3.1.5 垃圾桶（箱）

乡村旅游点内设置有一定的垃圾桶（箱），并注明标识。

乡村旅游点垃圾箱的数量、布局较为适当、合理。

乡村旅游点垃圾桶（箱）体完好、有盖，表面干净无污渍，能及时处理桶内垃圾。

6.3.2 乡村旅游点布局

6.3.2.1 布局与分区

乡村旅游点绿化较好，环境较为优美。

乡村旅游点主要地段，有明确引导和介绍标识，且美观醒目、文字准确规范，数量充足。

6.3.2.2 特色活动项目

乡村旅游点能提供一定的活动项目，能体现农业（渔业）和农村的特色，游客感觉舒适、有特色。

乡村旅游点活动项目区域有一定的活动空间，且项目布局基本合理、功能较完善。

乡村旅游点的活动项目与其他旅游点及附近乡村旅游点之间，具有一定的差异性。

6.3.2.3 乡村旅游点的功能管理

乡村旅游点建立有机构健全、职责分明的管理机构和专职管理人员，市场秩序优良。

乡村旅游点设有兼职管理人员、兼职接待人员和面向公众的旅游咨询电话、投诉电话。

乡村旅游点有介绍乡村旅游点区位概况及活动项目等内容的小册子或折页，并不定期同区内外旅行社进行业务合作关系，具有一定的客源市场。

乡村旅游点服务人员着装有特色，服务良好，部分接受过旅游服务、安全等相关培训。

6.3.3 乡村旅游点安全

6.3.3.1 乡村旅游点的安全设施

乡村旅游点获得当地消防部门的书面许可。

乡村旅游点有一定数量的消防、防盗、救护等设备，且完好、有效。

乡村旅游点能基本上保证各项安全设备的安全可靠，能按规定进行定期检查，严禁使用有事故隐患的各项安全设施、设备；严禁使用超过安全期限的安全设施、设备。

乡村旅游点危险地段的标志基本明显，防护设施基本齐备、有效。

6.3.3.2 乡村旅游点的安全制度

乡村旅游点能把安全工作摆在重要的议事日程，培养全员安全意识。

乡村旅游点能基本建立相应的安全制度，明确各岗位的安全职责。

乡村旅游点主要人员能经常参加当地主办的安全培训和安全教育活动。

乡村旅游点能基本上建立不定期的安全检查、预演、监督和及时汇报制度。

6.3.3.3 乡村旅游点的安全管理

乡村旅游点经营管理与服务人员基本上接受过消防培训，并具有紧急情况下组织游客疏散、电话报警和快速救援的知识与技能。

规模较大的乡村旅游点和游客较为集中的地区，能基本上配备一定的保安人员，以保证秩序和维护安全。

乡村旅游点基本上能向游客提供安全卫生的餐饮服务，消毒措施到位，并具有一定的定期监督、处罚和公示制度。

规模较大的乡村旅游点和游客较为集中的地区基本上具有相应的医疗急救措施，并配备医务人员和游客常备药品。

乡村旅游点基本上建立有一定的紧急救援机制、突发事件处理及应急机制。

6.3.4 乡村旅游点卫生

6.3.4.1 卫生条件

乡村旅游点的卫生设备和设施较为完好、无缺损，不漏水。

乡村旅游点的卫生场所内基本无蚊蝇、污物，墙壁、隔板、门窗等较清洁。

乡村旅游点内基本上无污水污物，无乱建、乱堆、乱放现象。

6.3.4.2 卫生制度

乡村旅游点内公共卫生有定期或不定期的消毒制度和检查制度。

乡村旅游点卫生良好有保障，餐饮场所基本能达到 GB 16153—1996 规定的卫生标准。旅游饮食卫生具有定期或不定期的检查和抽查制度，并有一定的管理制度和奖惩机制。

乡村旅游点具有一定的卫生消毒设施与卫生消毒制度。

6.3.4.3 卫生管理

乡村旅游点基本没有游客针对旅游饮食卫生的投诉情况。

乡村旅游点基本具有消除老鼠、蟑螂、苍蝇及其他有害昆虫的措施。

乡村旅游点内的卫生便池能及时冲洗，做到干净、无污垢、无异味。

6.3.5 乡村旅游点生态环境保护

6.3.5.1 环境资源保护

乡村旅游点开发能基本保护当地特色自然资源、植被、土壤和环境条件。

乡村旅游点开发能基本保护当地的历史古迹、文物和特色建筑物。

乡村旅游点开发能基本保护当地的文化特色和传统民俗、生活习惯。

活动项目能基本做到以不破坏生态环境平衡为前提，能基本坚持环保原则。

6.3.5.2 环境生态保护

乡村旅游点基本能树立可持续发展的环境生态保护意识。

乡村旅游点能基本建立相应的环境生态保护制度、监督和约束机制。

乡村旅游点配备有一定的环境生态保护队伍和资金支持。

7 服务质量保证和监督

7.1 建立服务质量、安全保证体系

乡村旅游点能按照 GB/T 19004·2—1994 建立适应本乡村旅游点运行的服务质量、安全保证体系，并形成可操作的有关规章制度，作为能够实现规定的服务质量、安全措施和经营管理目标的手段。

7.2 建立服务监督机制

7.2.1.1 主动接受游客监督，对外公布质量投诉监督电话号码。

7.2.1.2 在乡村旅游点入口集中处或问讯处设意见（卡、箱），定期收集分析游客意见，进行相应服务改进。

7.3 投诉处理

诚恳对待游客投诉，认真及时地处理游客的意见和建议，并将处理结果及时通知投诉者，投诉必复。

二、四川省乡村旅游（含农业旅游示范点）质量等级评定标准（试行）

1 范围

本标准规定了四川乡村旅游（含农业旅游示范点）质量等级划分的依据、条件及评定的基本要求。

本标准是四川省旅游业的地方性标准，适用于四川省行政区域内正式开办的各种类型的乡村旅游景区（含农业旅游示范点）。

2 规范性引用文件

下列标准的条款通过本标准的引用而成为本标准的条款。凡是注日期的引用文件，其随后所有的修改单（不包括勘误的内容）或修订版均不适用于本标准。然而，鼓励根据本标准达成协议的各方研究是否可使用这些文件的最新版本。凡是不注日期的引用文件，其最新版本适用于本标准。

GB 3095—1996 环境空气质量标准

GB 3096—1993 城市区域环境噪声标准

GB 3838 地表水环境质量标准

GB 8978 污水综合排放标准

GB 9664 文化娱乐场所卫生标准

GB 9667 游泳场所卫生标准

GB 5749 饮用水卫生标准
GB 8978 污水排放标准
GB 18483 油烟排放标准
GB 16153—1996 公共场所卫生标准
GB/T 15971—1995 导游服务质量

3 术语和定义

本标准采用下列定义

3.1 乡村旅游 rural – tourism

乡村旅游是指利用乡村独特的自然环境、田园风光、生产经营形态、民俗风情、农耕文化、乡村聚落等资源，为旅游者提供观光、休闲、度假、体验、健身、娱乐和购物的一种新型的旅游经营活动。

3.2 乡村旅游景区 rural – tourism attraction

乡村旅游景区是指以乡村田园风光、民俗风情、农耕文化、乡村聚落等乡村旅游资源为主要的旅游吸引物，具有观光、休闲度假、娱乐康体等功能，能够为旅游者提供相应的吃、住、行、游、购、娱等旅游服务设施，并且形成了一定规模的独立经营管理区域。

具备一定规模的乡村旅游景区或自然村落，可以申请四川省乡村旅游质量等级评定，个体"农家乐"不单独申报。

3.3 农业旅游点 agro – tourism attraction

农业旅游点是指以农业生产过程、农村风貌、农民劳动生活场景为主要旅游吸引物的旅游点。

3.4 基本农田 basic farmland

基本农田是指按照一定时期人口和社会经济发展对农产品的需求，依据土地利用总体规划确定的不得占用的耕地。

3.5 检查项目指标的解释

3.5.1 接待人数：是指在标准规定的时间内，旅游景区所接待的所有参观人数的总和。

3.5.2 旅游收入：是指在标准规定的时间内旅游景区通过提供"吃、住、行、游、购、娱"等旅游服务所取得的各项收入的总和。

3.5.3 间接提供劳动就业岗位数：是指通过旅游景区兴办旅游业而在区内、外增加的间接提供劳动就业岗位、有相对固定收入的人数。

3.5.4 本地区因兴办旅游业而增加的纳税额：包括实际缴纳的税额和依据国家政策而减免的纳税额。

3.5.5 已形成的参观点数量：是指景区范围内能够自成一体、具有独特观赏性的参观点。

3.5.6 有统计数据的检查项目，一般以上一年实绩为准。如申报单位开展旅游经营活动的时间不满一年但已满半年，则以半年实绩为准，按达到本标准规定的年度指标分数的一半记分。

4 四川乡村旅游（含农业旅游示范点）质量等级及标志

4.1 四川乡村旅游（含农业旅游示范点）质量等级划分为五级，从高到低依次为五星级、四星级、三星级、二星级、一星级乡村旅游景区。

4.2 各等级乡村旅游景区评定的基础分：五星级乡村旅游景区需达到850分；四星级乡村旅游景区需达到750分；三星级乡村旅游景区需达到600分；二星级乡村旅游景区需达到500分；一星级乡村旅游景区需达到400分。

4.3 乡村旅游景区等级的评定必须同时满足对应的游客综合满意度和当地农民综合满意度的最低得分要求：五星级乡村旅游景区均需达到85分以上；四星级乡村旅游景区均需达到80分以上；三星级乡村旅游景区均需达到70分以上；二星级乡村旅游景区均需达到60分以上；一星级乡村旅游景区均需达到50分以上。

4.4 四川乡村旅游（含农业旅游示范点）质量等级的标志、标牌、证书由四川省旅游行政主管部门统一规定。

5 四川乡村旅游（含农业旅游示范点）质量等级划分条件

5.1 五星级乡村旅游景区

5.1.1 经济效益

a) 年接待人数20万人次以上。
b) 年旅游业收入400万元以上。
c) 当地农民年人均收入5 000元以上。
d) 农民因旅游获得的收入占总收入70%以上。

5.1.2 社会效益

a) 直接吸纳劳动就业人数80人以上。
b) 间接提供劳动就业岗位数100人以上。
c) 就业人员中农村剩余劳动力占有率80%以上。
d) 带动本地区产品及纪念品销售等附加效益300万元以上。
e) 本地区因兴办旅游业而增加的纳税额50万元以上。

5.1.3 生态效益

规划科学，绿化美化好，已通过省级环保部门环境评估，未对当地农业生产造成不利影响。

5.1.4 旅游规划

a) 制定有专门的旅游总体规划或农村地区发展规划，建设开发项目符合规划要求。
b) 做相关规划、调查时有当地农民参与协商、讨论。

5.1.5 旅游交通

a) 可进入性好。交通设施完善，进出便捷；道路路况好或具有一级公路直达旅游区；或具有旅游专线交通工具。
b) 有与景观环境相协调的专用停车场。管理完善，布局合理，容量能充分满足游客接待量要求；场地平整坚实、绿化美观；标志规范、醒目、美观。

5.1.6 旅游产品

a) 已形成的参观点数量有 6 处以上，绝大多数具有较高的吸引力，设置有丰富的农事体验型项目，能充分满足游客的需求。

b) 各参观点紧密结合地方特色，乡土风情浓郁，文化深厚，项目内容不重复。

c) 产品科技含量高，能极大地推动农业生产力发展。

d) 旅游商品种类繁多，地方特色突出，能较好地反映当地农业生产发展水平。

e) 有导游讲解服务，讲解内容科学、准确、生动；导游服务具有针对性，强调个性化，服务质量达到 GB/T 15971—1995 中的 4.5.3 和第 5 章要求。

f) 提供邮政及邮政纪念服务。

g) 有 3 条以上旅游线路，线路编排合理，内容丰富。

h) 游客一般逗留时间一天以上（含一天）。

5.1.7 旅游设施

a) 有游客接待中心，能通过集中讲解或播放录像等方式，向游客系统地介绍参观内容及参观须知。

b) 客房

ⅰ) 能提供 40 间以上客房。

ⅱ) 装修良好，照明充足，家具配套齐全，所有客房均配有电视机和空调。

ⅲ) 每间客房均设有卫生间；装有抽水恭桶、面盆、浴缸或淋浴等设备，并采取有效的防滑措施；24 小时供应冷热水。

ⅳ) 客房、卫生间每天全面清理一次，每日或应客人要求更换床单、被套及枕套。

ⅴ) 客房服务完善，能充分满足游客需求。

c) 餐厅

ⅰ) 有餐厅，且位置合理，采光通风良好、整洁，使用面积不少于 350 平方米。

ⅱ) 桌椅、用具、餐具、酒具、茶具等配套齐全，上档次。

ⅲ) 有酒水台、备餐柜，宴会单间不少于 10 间。

ⅳ) 餐厅地面已作硬化处理，防滑、易于清洗。

ⅴ) 提供的食品、菜品具有浓郁的农家风味特色。

d) 厨房

ⅰ) 布局合理，厨房面积与接待能力相适应。

ⅱ) 墙面满铺瓷砖，有吊顶。

ⅲ) 厨房地面硬化处理，防滑材料满铺地面，易于冲洗。

ⅳ) 粗加工间、烹调间、面点间、凉菜间、洗碗间应独立分开设置。

ⅴ) 凉菜间及面点间有足够的冷气设备，有空气消毒、清洗消毒设施，能够开合的食品输送窗口。

ⅵ) 餐（饮）具洗涤池、清洗池、消毒池设置合理，蔬菜清洗池、肉类清洗池独立分设。

ⅶ) 有食品库房和非食品库房。

ⅷ) 外购大宗辅料、粮油、副食品等有索证资料（进货单、产品质量检验报告等）。
ⅸ) 有充足的冷藏、冷冻和保鲜设备。
ⅹ) 有完善的防蝇、防尘、防鼠设施及污水达标排放设施。
ⅺ) 有符合要求的密闭废弃物存放容器。
e) 卫生间
ⅰ) 设计合理，与接待能力及服务功能相适应，与周边环境和建筑相协调。
ⅱ) 男女卫生间分开设置，厕位充足，冲洗设备齐全完好。
ⅲ) 卫生间采光、通风、照明条件良好，设备完好。
ⅳ) 设施齐全，配有手纸、手纸框、挂衣钩、洗手池（配备洗涤品）、烘手器、镜台。
ⅴ) 设有直接排污水管道，单独设置化粪池，防渗、防腐、密封，能有效处理粪便，污水排放达标。
ⅵ) 有残疾人使用的卫生设施。
f) 垃圾箱分类设置，标识明显，数量充足，造型美观独特，与环境相协调。
g) 有1个容纳100人以上的大会议室，配有必要的会议音响设备及电脑、投影设备。
h) 有娱乐设施设备，能充分满足游客需求。
i) 有与景观环境相协调的购物设施，旅游区统一管理，干净整洁，无假冒伪劣商品。
j) 景区内各种指示标志（包括导游全景图、导览图、标识牌、景物介绍牌等）位置合理，与景观环境协调。
k) 各条旅游线路道路通畅、干净、卫生；1千米以上的旅游线路上配有专用车辆或船只运送游客；农田、农舍或农场内辟有专门参观通道。
l) 通信设施布局合理；通信方便，线路畅通，收费合理。
m) 当地农村配套生活设施完善。

5.1.8 旅游管理

a) 乡村旅游管理应建立健全各项规章制度，并且农民参与该地区建设项目的民主决策。
b) 管理机构健全、职责分明，管理有效。
c) 有专职旅游市场管理队伍，市场规范有序。
d) 设有面向公众的旅游咨询、投诉电话，接听及时，对于旅游者投诉的质量纠纷能得到及时圆满解决。
e) 旅游从业人员培训率达到100%，并定期举办当地农民生产技能、经营管理、旅游服务培训。
f) 失地农民社会养老保险普及率达到85%以上。
g) 举办各类社区活动以丰富农民业余生活。

5.1.9 旅游经营

a) 有独立核算的旅游经营实体。
b) 积极参与各类宣传促销活动，旅游宣传资料内容丰富并有良好的旅游产品形象。
c) 客源市场稳定，市场拓展多元化，成效显著。
d) 游客接待制度健全，各接待环节协调有序；管理服务人员统一着装，态度热情，服务优良。

5.1.10 卫生条件

a) 环境整洁，无污水，无乱堆、乱放、乱建现象，建筑物及各种设施设备无剥落、无污垢。

b) 旅游景区及农户居住区污水排放达标，不污染农田、地面、河流、湖泊等。

c) 各类场所全部达到 GB 9664 规定的卫生标准；餐饮场所达到 GB 16153 规定的卫生标准；有游泳池的需达到 GB 9667 规定的卫生标准。

d) 食品卫生符合国家规定，从业人员有健康证，知晓食品卫生知识；餐饮服务配备消毒设施，不使用对环境造成污染的一次性餐具。

e) 所有卫生间管理良好，环境整洁，洁具干净、无污垢、无堵塞，无蚊蝇，无异味。

5.1.11 旅游安全

a) 认真执行公安、交通、劳动、质量监督、旅游等有关部门制定和颁布的安全法规；建立完善的安全保卫制度，工作全面落实。

b) 危险地段标志明显，防护设施齐备、有效，特殊地段有专人看守。

c) 有相关救援机制，应急处理能力强，事故处理及时、妥当，档案记录准确、齐全；设立医务室，并配备专职医务人员。

5.1.12 旅游信息化建设

a) 设立独立域名的网站，网站内容丰富，服务项目齐全，充分满足游客的需求。

b) 坚持网站的日常维护，数据及时更新。

5.1.13 资源环境保护

a) 空气质量达到 GB 3095—1996 一级标准。

b) 噪声质量达到 GB 3096—1993 一类标准。

c) 饮用水达到 GB 5749 的相关规定。

d) 污水排放达到 GB 8978 的相关规定。

e) 油烟排放达到 GB 18483 的相关规定。

f) 景区与周边环境协调和谐；区内的建筑外观也与景观相协调，环境优美，极具乡土特色，绿化面积 60% 以上。

g) 区内各项节能、环保技术推广实施好，对基本农田的保护措施积极有效。

h) 区内各项设施设备符合国家关于环境保护的要求，不造成环境污染和其他公害，不破坏旅游资源和游览气氛。

5.1.14 旅游发展后劲评估

a) 后续可开发利用的旅游资源和旅游项目很多。

b) 具有良好的市场基础和发展前景。

c) 可持续发展态势良好。

d) 已经编制出具有指导性、前瞻性和可操作性的中长期旅游业发展规划。

5.1.15 游客意见综合得分

游客综合意见分数达到 85 分以上。

5.1.16 当地农民意见综合得分

当地农民综合意见分数达到 85 分以上。

5.2 四星级乡村旅游景区

5.2.1 经济效益

a) 年接待人数 10 万人次以上。
b) 年旅游业收入 300 万元以上。
c) 当地农民年人均收入 4 000 元以上。
d) 农民因旅游获得的收入占总收入 50% 以上。

5.2.2 社会效益

a) 直接吸纳劳动就业人数 60 人以上。
b) 间接提供劳动就业岗位数 80 人以上。
c) 就业人员中农村剩余劳动力占有率 50% 以上。
d) 带动本地区产品及纪念品销售等附加效益 200 万元以上。
e) 本地区因兴办旅游业而增加的纳税额 30 万元以上。

5.2.3 生态效益

规划科学,绿化美化好,已通过省级环保部门环境评估。

5.2.4 旅游规划

a) 制定有专门的旅游总体规划或农村地区发展规划,并且建设开发项目符合规划要求。
b) 做相关规划、调查时有当地农民参与协商、讨论。

5.2.5 旅游交通

a) 可进入性好。交通设施完善,进出便捷,道路路况好;或具有一级公路直达旅游区;或具有旅游专线交通工具。
b) 有与景观环境相协调的专用停车场。管理完善,布局合理,容量能充分满足游客接待量要求;场地平整坚实、绿化美观;标志规范、醒目、美观。

5.2.6 旅游产品

a) 已形成的参观点数量有 4 处以上,大多数具有较高的吸引力,并设置有丰富的农事体验型项目,能充分满足游客的需求。
b) 各参观点紧密结合地方特色,乡土风情浓郁,文化深厚,并且项目内容不重复。
c) 产品科技含量较高,能一定程度推动农业生产力发展。
d) 旅游商品种类繁多,地方特色突出,能较好地反映当地农业生产发展水平。
e) 有导游讲解服务,讲解内容科学、准确、生动;导游服务具有针对性,强调个性化,服务质量达到 GB/T 15971—1995 中的 4.5.3 和第 5 章要求。
f) 提供邮政及邮政纪念服务。
g) 有 3 条以上旅游线路,线路编排合理,内容丰富。
h) 游客一般逗留时间一天以上(含一天)。

5.2.7 旅游设施

a) 有游客接待中心,能通过集中讲解或播放录像等方式,向游客系统地介绍参观内容及参观须知。
b) 客房
　ⅰ) 能提供 30 间以上客房。

ⅱ）装修良好，照明充足，家具齐全，电视机和空调配备率不低于全部客房数量的80%。

　　ⅲ）每间客房均设有卫生间；装有抽水恭桶或冲水便池、面盆、浴缸或淋浴等设备，并采取有效的防滑措施；24小时供应冷热水。

　　ⅳ）客房、卫生间每天全面清理一次，每日或应客人要求更换床单、被套及枕套。

　　ⅴ）客房服务完善，能满足游客需求。

　c）餐厅

　　ⅰ）有餐厅，且位置合理，采光通风良好、整洁，使用面积不少于250平方米。

　　ⅱ）桌椅、用具、餐具、酒具、茶具等配套齐全，上档次。

　　ⅲ）有酒水台、备餐柜，宴会单间不少于6间。

　　ⅳ）餐厅地面已作硬化处理，防滑、易于清洗。

　　ⅴ）提供的食品、菜品具有浓郁的农家风味特色。

　d）厨房

　　ⅰ）布局合理，厨房面积与接待能力相适应。

　　ⅱ）墙面瓷砖墙裙不低于2.0米，有吊顶。

　　ⅲ）厨房地面硬化处理，防滑材料满铺地面，易于冲洗。

　　ⅳ）粗加工间、烹调间、凉菜间、洗碗间应独立分开设置。

　　ⅴ）凉菜间有足够的冷气设备，有空气消毒、清洗消毒设施，能够开合的食品输送窗口。

　　ⅵ）餐（饮）具洗涤池、清洗池、消毒池设置合理，蔬菜清洗池、肉类清洗池独立分设。

　　ⅶ）有食品库房和非食品库房。

　　ⅷ）外购大宗辅料、粮油、副食品等有索证资料（进货单、产品质量检验报告等）。

　　ⅸ）有充足的冷藏、冷冻和保鲜设备。

　　ⅹ）有完善的防蝇、防尘、防鼠设施和污水达标排放设施。

　　ⅺ）有符合要求的密闭废弃物存放容器。

　e）卫生间

　　ⅰ）设计合理，与接待能力及服务功能相适应，与周边环境和建筑相协调。

　　ⅱ）男女卫生间分开设置，厕位充足，冲洗设备齐全完好。

　　ⅲ）卫生间采光、通风、照明条件良好，设备完好。

　　ⅳ）设施齐全，配有手纸、手纸框、挂衣钩、洗手池（配备洗涤品）、烘手器、镜台。

　　ⅴ）设有直接排污水管道，单独设置化粪池，防渗、防腐、密封，能有效处理粪便，污水排放达标。

　f）垃圾箱标识明显，数量充足，造型美观独特，与环境相协调。

　g）有1个容纳80人以上的大会议室，配有必要的会议音响设备及电脑、投影设备。

　h）有娱乐设施设备，能充分满足游客需求。

　i）有与景观环境相协调的购物设施，旅游区统一管理，干净整洁，无假冒伪劣商品。

　j）景区内各种指示标志（包括导游全景图、导览图、标识牌、景物介绍牌等）位置合理，与景观环境协调。

k）各条旅游线路道路通畅、干净、卫生；1千米以上的旅游线路上配有专用车辆或船只运送游客；农田、农舍或农作场景内辟有专门参观通道。

l）通信设施布局合理；通讯方便，线路畅通，收费合理。

m）当地农村配套生活设施完善。

5.2.8 旅游管理

a）乡村旅游管理应建立健全各项规章制度，并且农民参与该地区建设项目的民主决策。

b）管理机构健全、职责分明，管理有效。

c）有专职旅游市场管理队伍，市场规范有序。

d）设有面向公众的旅游咨询、投诉电话，接听及时，旅游者投诉的质量纠纷能得到及时圆满解决。

e）旅游从业人员培训率达到80%，并定期举办当地农民生产技能、经营管理、旅游服务培训。

f）失地农民社会养老保险普及率75%以上。

g）举办各类社区活动以丰富农民业余生活。

5.2.9 旅游经营

a）有独立核算的旅游经营实体。

b）积极参与各类宣传促销活动，旅游宣传资料内容丰富并有良好的旅游产品形象。

c）客源市场稳定，市场拓展多元化，成效明显。

d）游客接待制度健全，各接待环节协调有序；管理服务人员统一着装，态度热情，服务优良。

5.2.10 卫生条件

a）环境整洁，无污水，无乱堆、乱放、乱建现象；建筑物及各种设施设备无剥落、无污垢。

b）旅游区及农户居住区污水排放达标，不污染农田、地面、河流、湖泊等。

c）各类场所全部达到GB 9664规定的卫生标准；餐饮场所达到GB 16153规定的卫生标准；有游泳池的需达到GB 9667规定的卫生标准。

d）食品卫生符合国家规定，从业人员有健康证，知晓食品卫生知识；餐饮服务配备消毒设施，不使用对环境造成污染的一次性餐具。

e）所有卫生间管理良好，环境整洁，洁具干净、无污垢、无堵塞、无蚊蝇，无异味。

5.2.11 旅游安全

a）认真执行公安、交通、劳动、质量监督、旅游等有关部门制订和颁布的安全法规；建立完善的安全保卫制度，工作全面落实。

b）危险地段标志明显，防护设施齐备、有效，特殊地段有专人看守。

c）有相关救援机制，应急处理能力强，事故处理及时、妥当，档案记录准确、齐全；设立医务室，并配备医务人员。

5.2.12 旅游信息化建设

a）设立独立域名的网站，网站内容丰富，服务项目能满足游客的基本需求。

b）坚持网站的日常维护，数据及时更新。

5.2.13 资源环境保护
a) 空气质量达到 GB 3095—1996 一级标准。
b) 噪声质量达到 GB 3096—1993 一类标准。
c) 饮用水达到 GB 5749 的相关规定。
d) 污水排放达到 GB 8978 的相关规定。
e) 油烟排放达到 GB 18483 的相关规定。
f) 景区与周边环境协调和谐；区内的建筑外观也与景观相协调，环境优美，具有乡土特色，绿化面积50%以上。
g) 区内各项节能、环保技术推广实施较好，对基本农田的保护措施积极有效。
h) 区内各项设施设备符合国家关于环境保护的要求，不造成环境污染和其他公害，不破坏旅游资源和游览气氛。

5.2.14 旅游发展后劲评估
a) 后续可开发利用的旅游资源和旅游项目很多。
b) 具有良好的市场基础和发展前景。
c) 可持续发展态势良好。

5.2.15 游客意见综合得分
游客综合意见分数达到 80 分以上。

5.2.16 当地农民意见综合得分
当地农民综合意见分数达到 80 分以上。

5.3 三星级乡村旅游景区

5.3.1 经济效益
a) 年接待人数 5 万人次以上。
b) 年旅游业收入 150 万元以上。
c) 当地农民年人均收入 3 500 元以上。
d) 农民因旅游获得的收入占总收入 30% 以上。

5.3.2 社会效益
a) 直接吸纳劳动就业人数 30 人以上。
b) 间接提供劳动就业岗位数 40 人以上。
c) 就业人员中农村剩余劳动力占有率 30% 以上。
d) 带动本地区产品及纪念品销售等附加效益 80 万元以上。
e) 本地区因兴办旅游业而增加的纳税额 20 万元以上。

5.3.3 生态效益
规划较好，绿化较好，已通过县（市、区）级环保部门环境评估。

5.3.4 旅游规划
本地区的旅游景区规划或当地农村地区发展规划至少在其他规划或文件中有独立篇章表述。

5.3.5 旅游交通
a) 可进入性好。交通设施完善，进出便捷；至少具有二级公路直达旅游区；或具有旅游专线交通工具。

b) 有与景观环境相协调的专用停车场。布局合理,容量能满足游客接待量要求;场地平整坚实;标志规范、醒目。

5.3.6 旅游产品

a) 已形成的参观点数量有2处以上,具有一定的吸引力,并设置有农事体验型项目,能基本满足游客需求。

b) 各参观点紧密结合地方特色,乡土风情浓郁,并且项目内容不重复。

c) 产品具有一定的科技含量,推动农业生产力发展。

d) 旅游商品种类多,地方特色突出。

e) 有导游讲解服务,服务质量达到 GB/T 15971—1995 中的 4.5.3 和第 5 章要求。

f) 最好能提供邮政及邮政纪念服务。

g) 有2条以上旅游线路,内容编排合理,内容丰富。

h) 游客一般逗留时间一天。

5.3.7 旅游设施

a) 有为游客提供咨询服务的相应场所,并有相关旅游景区的参观内容介绍。

b) 客房

ⅰ) 能提供15间以上客房,距中等中心城市10千米以内的乡村旅游景区可不设客房设施。

ⅱ) 装修较好,照明充足,家具齐全,电视机和空调配备率不低于全部客房数量的60%。

ⅲ) 每间客房均设有卫生间,有抽水恭桶或冲水便池,装有面盆、浴缸或淋浴等设备,并采取有效的防滑措施;24小时供应冷水,16小时供应热水。

ⅳ) 客房、卫生间每天全面整理一次,每日或应客人要求更换床单、被套及枕套。

ⅴ) 客房服务完善,能基本满足游客需求。

c) 餐厅

ⅰ) 有餐厅,且位置合理,采光通风良好、整洁,使用面积不少于100平方米。

ⅱ) 桌椅、用具、餐具、酒具、茶具等配套齐全。

ⅲ) 有酒水台、备餐柜,包间不少于4间。

ⅳ) 餐厅地面已做硬化处理,防滑、易于清洗。

ⅴ) 提供的食品、菜品具有浓郁的农家风味特色。

d) 厨房

ⅰ) 布局合理,厨房面积与接待能力相适应。

ⅱ) 墙面瓷砖墙裙不低于1.8米,有吊顶。

ⅲ) 厨房地面硬化处理,防滑材料满铺地面,易于冲洗。

ⅳ) 粗加工间、烹调间、凉菜间、洗碗间应独立分开设置。

ⅴ) 凉菜间有足够的冷气设备,有空气消毒、清洗消毒设施,能够开合的食品输送窗口。

ⅵ) 餐(饮)具洗涤池、清洗池、消毒池设置合理,蔬菜清洗池、肉类清洗池独立分设。

  ⅶ）有食品库房和非食品库房。
  ⅷ）有充足的冷藏、冷冻设备。
  ⅸ）有完善的防蝇、防尘、防鼠设施和污水达标排放设施。
  ⅺ）有符合要求的密闭废弃物存放容器。
 e）卫生间
  ⅰ）设计合理，与接待能力相适应，与周边环境和建筑相协调。
  ⅱ）男女卫生间分开设置，厕位各不少于2个。
  ⅲ）卫生间采光、通风、照明条件良好，设备完好。
  ⅳ）配有手纸、手纸框、洗手池（配备洗涤品）、镜台。
  ⅴ）设有直接排污水管道，单独设置化粪池，防渗、防腐、密封，能有效处理粪便，污水排放达标。
 f）垃圾箱标识明显，数量充足，造型美观独特，与环境相协调。
 g）有1个容纳40人以上的会议室，有必要的会议音响设备。
 h）有娱乐设施，能充分满足游客需求。
 i）有与景观环境相协调的购物设施，干净整洁，无假冒伪劣商品。
 j）景区内各种指示标志（包括导游全景图、导览图、标识牌、景物介绍牌等）位置合理，与景观环境基本协调。
 k）各条旅游线路道路通畅、干净、卫生；农田、农舍或农作场景内辟有专门参观通道。
 l）通信设施布局合理；通信方便，线路畅通，收费合理。
 m）当地农村配套生活设施基本齐全。

5.3.8 旅游管理

 a）乡村旅游管理应建立各项规章制度，并且农民参与该地区建设项目的民主决策。
 b）管理机构健全、能做到职责分明，管理基本有效。
 c）有专职旅游市场管理队伍，市场秩序良好。
 d）设有面向公众的旅游咨询、投诉电话，对于旅游者投诉的质量纠纷能得到及时解决。
 e）旅游从业人员培训率达到80%，并定期举办当地农民生产技能、经营管理、旅游服务培训。
 f）失地农民社会养老保险普及率50%以上。
 g）举办各类社区活动以丰富农民业余生活。

5.3.9 旅游经营

 a）有独立核算的旅游经营实体。
 b）组织参与各类宣传促销活动，旅游宣传资料内容丰富并有一定的旅游产品形象。
 c）客源市场稳定，市场拓展成效明显。
 d）游客接待制度健全，各接待环节协调有序；管理服务人员态度热情，服务优良。

5.3.10 卫生条件

 a）环境整洁，无污水，无乱堆、乱放、乱建现象；建筑物及各种设施设备无剥落、无污垢。

b) 旅游区及农户居住区污水排放达标，不污染农田、地面、河流、湖泊等。

c) 各类场所全部达到 GB 9664 规定的卫生标准；餐饮场所达到 GB 16153 规定的卫生标准；有游泳池的需达到 GB 9667 规定的卫生标准。

d) 食品卫生符合国家规定，从业人员有健康证，知晓食品卫生知识；餐饮服务配备消毒设施，不使用对环境造成污染的一次性餐具。

e) 卫生间管理良好，无污垢、无堵塞、无蚊蝇、无异味。

5.3.11 旅游安全

a) 认真执行公安、交通、劳动、质量监督、旅游等有关部门制订和颁布的安全法规；建立完善的安全保卫制度，工作全面落实。

b) 危险地段标志明显，防护设施齐备、有效，特殊地段有专人看守。

c) 有相关救援机制，应急处理能力强，事故处理及时、妥当，档案记录准确、齐全；至少有医务人员，配备游客常用药品。

5.3.12 旅游信息化建设有网站的设立，内容能满足游客的基本需求。

5.3.13 资源环境保护

a) 空气质量达到 GB 3095—1996 一级标准。

b) 噪声质量达到 GB 3096—1993 一类标准。

c) 饮用水达到 GB 5749 的相关规定。

d) 污水排放达到 GB 8978 的相关规定。

e) 油烟排放达到 GB 18483 的相关规定。

f) 景区周边环境无脏乱差问题；区内的建筑与景观相协调，具有乡土特色，绿化面积 40% 以上。

g) 区内各项节能、环保技术推广实施较好，对基本农田的保护措施基本有效。

h) 区内各项设施设备符合国家关于环境保护的要求，不造成环境污染和其他公害，不破坏旅游资源和游览气氛。

5.3.14 旅游发展后劲评估

a) 后续可开发利用的旅游资源和旅游项目很多。

b) 具有良好的市场基础和发展前景。

c) 可持续发展态势良好。

5.3.15 游客意见综合得分

游客综合意见分数达到 70 分以上。

5.3.16 当地农民意见综合得分。

当地农民综合意见分数达到 70 分以上。

5.4 二星级乡村旅游景区

5.4.1 经济效益

a) 年接待人数 2 万人次以上。

b) 年旅游业收入 60 万元以上。

c) 当地农民年人均收入 3 000 元以上。

d) 农民因旅游而获得的收入占总收入15%以上。

5.4.2 社会效益

a) 直接吸纳劳动就业人数15人以上。
b) 间接提供劳动就业岗位数20人以上。
c) 就业人员中农村剩余劳动力占有率15%以上。
d) 带动本地区产品及纪念品销售等附加效益30万元以上。
e) 本地区因兴办旅游业而增加的纳税额10万元以上。

5.4.3 生态效益

规划较好，绿化较好，已通过县（市、区）级环保部门环境评估。

5.4.4 旅游规划

本地区的旅游景区规划或当地农村地区发展规划至少在其他规划或文件中有独立篇章表述。

5.4.5 旅游交通

a) 可进入性好。进出便捷，有公路直达旅游区，道路基本通畅。
b) 有专用停车场。布局较合理，容量基本能满足游客接待量要求；场地平整坚实；标志规范、醒目。

5.4.6 旅游产品

a) 已形成的参观点数量有2处以上，具有一定的吸引力，并设置有农事体验型项目，能基本满足游客需求。
b) 各参观点结合地方特色，乡土风情浓郁，并且项目内容不重复。
c) 产品具有一定的科技含量。
d) 旅游商品种类多，地方特色突出。
e) 有导游讲解服务，服务质量尽量达到GB/T 15971—1995中的4.5.3和第5章要求。
f) 有2条以上旅游线路，内容编排合理，内容丰富。
g) 游客一般逗留时间为一天。

5.4.7 旅游设施

a) 有为游客提供咨询服务的相应场所，并有相关旅游景区的参观内容介绍。
b) 客房
　ⅰ) 能提供10间以上客房，距中等中心城市10千米以内的乡村旅游景区可不设客房设施。
　ⅱ) 装修较好，照明充足，基本配套家具齐全，电视机和空调配备率不低于全部客房数量的40%。
　ⅲ) 每间客房有卫生间，安装有抽水恭桶或冲水便池，装有面盆、淋浴等设备，并采取有效的防滑措施；24小时供应冷水，16小时供应热水。
　ⅳ) 客房、卫生间每天全面整理一次，适时更换床单、被套及枕套，做到每客必换。
　ⅴ) 客房服务完善，能基本满足游客需求。
c) 餐厅
　ⅰ) 有餐厅，且采光通风良好、整洁，使用面积不少于50平方米。

ⅱ）桌椅、餐具配套齐全。
ⅲ）有酒水台、备餐柜，包间不少于4间。
ⅳ）餐厅地面已作硬化处理，防滑、易于清洗。
ⅴ）提供的食品、菜品具有浓郁的农家风味特色。

d）厨房
ⅰ）布局流程合理，建筑面积与接待能力相适应。
ⅱ）墙面瓷砖墙裙不低于1.8米。
ⅲ）厨房地面硬化处理，防滑材料满铺地面，易于冲洗。
ⅳ）粗加工间、烹调间、凉菜间应独立分开设置。
ⅴ）凉菜间有足够的冷气设备，有空气消毒、清洗消毒设施。
ⅵ）餐（饮）具洗涤池、清洗池、消毒池设置合理，蔬菜清洗池、肉类清洗池独立分设。
ⅶ）有冷藏、冷冻设备。
ⅷ）有完善的防蝇、防尘、防鼠设施和污水达标排放设施。
ⅸ）有符合要求的密闭废弃物存放容器。

e）卫生间
ⅰ）设计合理，与接待能力相适应，与周边环境和建筑相协调。
ⅱ）男女卫生间分开设置，厕位各不少于2个。
ⅲ）卫生间采光、通风、照明条件良好，设备完好。
ⅳ）卫生间配有手纸、手纸框、洗手池（配备洗涤品）、镜台。
ⅴ）设有直接排污水管道，单独设置化粪池，防渗、防腐、密封，能有效处理粪便，污水排放达标准。

f）垃圾桶布局合理，数量满足需求，与环境相协调。
g）有1个容纳10人以上的会议室，有必要的会议音响设备。
h）有娱乐设施，能满足游客需求。
i）有与景观环境相协调的购物设施，干净整洁，无假冒伪劣商品。
j）景区内各种指示标志（包括导游全景图、导览图、标识牌、景物介绍牌等）位置合理，与景观环境基本协调。
k）各条旅游线路道路通畅、干净、卫生；农田、农舍或农作场景内辟有专门参观通道。
l）通信设施布局合理；通讯方便，线路畅通，收费合理。
m）当地农村配套生活设施基本齐全。

5.4.8 旅游管理

a）乡村旅游管理应建立各项规章制度，并且农民参与该地区建设项目的民主决策。
b）管理机构健全，管理基本有效。
c）至少有兼职旅游市场管理队伍，市场秩序良好。
d）设有面向公众的旅游咨询、投诉电话，对于旅游者投诉的质量纠纷能得到及时解决。

e) 旅游从业人员培训率达到60%，并定期举办当地农民生产技能、经营管理、旅游服务培训。

f) 失地农民社会养老保险普及率40%以上。

g) 举办各类社区活动以丰富农民业余生活。

5.4.9 旅游经营

a) 有独立核算的旅游经营实体。

b) 组织参与各类宣传促销活动，有旅游宣传资料。

c) 有一定客源市场，市场拓展效果良好。

d) 各接待环节协调有序；管理服务人员态度热情，服务优良。

5.4.10 卫生条件

a) 环境比较整洁，无乱堆、乱放、乱建现象；建筑物及各种设施设备无剥落、无污垢。

b) 旅游区及农户居住区污水排放达标，不污染农田、地面、河流、湖泊等。

c) 各类场所全部达到 GB 9664 规定的卫生标准；餐饮场所达到 GB 16153 规定的卫生标准；有游泳池的需达到 GB 9667 规定的卫生标准。

d) 食品卫生符合国家规定，从业人员有健康证，知晓食品卫生知识；餐饮服务配备消毒设施，不使用对环境造成污染的一次性餐具。

e) 卫生间管理良好，无污垢、无堵塞、空气无异味。

5.4.11 旅游安全

a) 认真执行公安、交通、劳动、质量监督、旅游等有关部门制定和颁布的安全法规；有安全保卫制度，工作全面落实。

b) 危险地段标志明显，防护设施齐备、有效。

c) 应急处理能力强，事故处理及时、妥当，档案记录完整；配备游客常用药品。

5.4.12 旅游信息化建设

有网站的设立，内容能满足游客的基本需求。

5.4.13 资源环境保护

a) 空气质量达到 GB 3095—1996 一级标准。

b) 噪声质量达到 GB 3096—1993 一类标准。

c) 饮用水达到 GB 5749 的相关规定。

d) 污水排放达到 GB 8978 的相关规定。

e) 油烟排放达到 GB 18483 的相关规定。

f) 景区周边无建设性破坏和污染单位；区内的建筑与景观基本协调，具有乡土特色，绿化面积30%以上。

g) 区内推广节能、环保技术的应用，对基本农田的保护措施基本有效。

h) 区内各项设施设备符合国家关于环境保护的要求，不造成环境污染和其他公害，不破坏旅游资源和游览气氛。

5.4.14 旅游发展后劲评估

a) 后续可开发利用的旅游资源和旅游项目很多。

b) 具有良好的市场基础和发展前景。

c) 可持续发展态势良好。

5.4.15 游客意见综合得分

游客综合意见分数达到 60 分以上。

5.4.16 当地农民意见综合得分

当地农民综合意见分数达到 60 分以上。

5.5 一星级乡村旅游景区

5.5.1 经济效益

a) 年接待人数 2 万人次以下。
b) 年旅游业收入 30 万元以上。
c) 当地农民年人均收入 3 000 元以下。
d) 农民因旅游而获得的收入占总收入 15% 以下。

5.5.2 社会效益

a) 直接吸纳劳动就业人数 15 人以下。
b) 间接提供劳动就业岗位数 20 人以下。
c) 就业人员中农村剩余劳动力占有率 15% 以下。
d) 带动本地区产品及纪念品销售等附加效益 30 万元以下。
e) 本地区因兴办旅游业而增加的纳税额 10 万元以下。

5.5.3 生态效益

示范点未造成对生态环境的破坏和建设性破坏。

5.5.4 旅游规划

至少在本地区做过相关市场调查或资源评价分析。

5.5.5 旅游交通

a) 有公路通往旅游区,交通基本通畅。
b) 有停车场,容量基本能满足游客接待量要求。场地平整坚实。有相应的标志。

5.5.6 旅游产品

a) 已形成的参观点数量有 1 处以上,具有一定的吸引力,并设置有农事体验型项目,能基本满足游客需求。
b) 各参观点结合地方特色,具有乡土风情。
c) 产品具有一定的科技含量。
d) 旅游商品种类多,有一定特色。
e) 有导游讲解服务,服务人员统一着装,态度热情,服务优良,普通话达标。
f) 有 1 条以上旅游线路,内容编排合理,内容丰富。
g) 游客一般逗留时间半天。

5.5.7 旅游设施

a) 有为游客提供咨询服务的相应场所。
b) 客房

ⅰ) 能提供 10 间以下客房,距中等中心城市 10 千米以内的乡村旅游景区可不设客房设施。

ⅱ）装修较好，照明充足，基本配套家具齐全，电视机和空调配备率不低于全部客房数量的30%。
　　ⅲ）至少75%的客房有卫生间；客房中没有卫生间的楼层设有间隔式男女公用卫生间；24小时供应冷水，16小时供应热水。
　　ⅳ）客房、卫生间每天全面整理一次，适时更换床单、被套及枕套，做到每客必换。
　　ⅴ）客房服务能基本满足游客需求。
　c) 餐厅
　　ⅰ）有餐厅，且采光通风良好、整洁，使用面积不少于30平方米。
　　ⅱ）有桌椅、餐具基本配套。
　　ⅲ）有酒水台、备餐柜，包间不少于2间。
　　ⅳ）餐厅地面已做硬化处理，防滑、易于清洗。
　　ⅴ）提供的食品、菜品具有浓郁的农家风味特色。
　d) 厨房
　　ⅰ）布局合理，厨房面积与接待能力相适应。
　　ⅱ）墙面瓷砖墙裙不低于1.8米。
　　ⅲ）厨房地面硬化处理。
　　ⅳ）烹调间、凉菜间应独立分开设置。
　　ⅴ）凉菜间有足够的冷气设备，有空气消毒、清洗消毒设施。
　　ⅵ）餐（饮）具洗涤池、清洗池、消毒池及蔬菜清洗池、肉类清洗池应独立分设。
　　ⅶ）有完善的防蝇、防尘、防鼠设施和污水达标排放设施。
　　ⅷ）有符合要求的密闭废弃物存放容器。
　e) 卫生间
　　ⅰ）设计合理，与周边环境相协调。
　　ⅱ）男女卫生间分开设置。
　　ⅲ）卫生间采光、通风、照明条件良好，设备完好。
　　ⅳ）卫生间配有手纸、手纸框、洗手池、镜台。
　　ⅴ）设有直接排污水管道，单独设置化粪池，防渗、防腐、密封，能有效处理粪便，污水排放达标。
　f) 垃圾桶布局合理，数量基本满足需求，与环境基本协调。
　g) 有1个容纳10人以上的会议室。
　h) 有娱乐设施，能基本满足游客需求。
　i) 有与景观环境相协调的购物设施，干净整洁，无假冒伪劣商品。
　j) 景区内各种指示标志（包括导游全景图、导览图、标识牌、景物介绍牌等）位置合理，与景观环境基本协调。
　k) 各条旅游线路道路通畅、干净、卫生；农田、农舍或农作场景内辟有专门参观通道。
　l) 通信设施布局合理；通讯方便，线路畅通，收费合理。
　m) 当地农村配套生活设施基本齐全。

5.5.8 旅游管理

a) 乡村旅游管理应建立各项规章制度，并且农民参与该地区建设项目的民主决策。
b) 管理机构健全，管理基本有效。
c) 若没有专职或兼职的市场管理人员，但基本做到旅游秩序健康正常。
d) 设有面向公众的旅游咨询、投诉电话，对于旅游者投诉的质量纠纷能得到解决。
e) 旅游从业人员培训率达到60%，并定期举办当地农民生产技能、经营管理、旅游服务培训。
f) 失地农民社会养老保险普及率40%以下。
g) 举办各类社区活动以丰富农民业余生活。

5.5.9 旅游经营

a) 有独立核算的旅游经营实体。
b) 有宣传促销活动及旅游宣传资料。
c) 有一定客源市场。
d) 各接待环节协调有序；管理服务人员态度热情，服务良好。

5.5.10 卫生条件

a) 环境比较整洁，无乱堆、乱放、乱建现象；建筑物及各种设施设备无剥落、无污垢。
b) 旅游区及农户居住区污水排放达标，不污染农田、地面、河流、湖泊等。
c) 各类场所全部达到 GB 9664 规定的卫生标准；餐饮场所达到 GB 16153 规定的卫生标准；有游泳池的需达到 GB 9667 规定的卫生标准。
d) 食品卫生符合国家规定，从业人员有健康证，知晓食品卫生知识；餐饮服务配备消毒设施，不使用对环境造成污染的一次性餐具。
e) 卫生间管理良好，无污垢、无堵塞、空气无异味。

5.5.11 旅游安全

a) 认真执行公安、交通、劳动、质量监督、旅游等有关部门制定和颁布的安全法规。有安全保卫制度，工作全面落实。
b) 危险地段标志明显，防护设施齐备、有效。
c) 事故处理及时、妥当，档案记录完整；配备游客常用药品。

5.5.12 旅游信息化建设

有网站的设立，内容能满足游客的基本需求。

5.5.13 资源环境保护

a) 空气质量达到 GB 3095—1996 一级标准。
b) 噪声质量达到 GB 3096—1993 一类标准。
c) 饮用水达到 GB 5749 的相关规定。
d) 污水排放达到 GB 8978 的相关规定。
e) 油烟排放达到 GB 18483 的相关规定。
f) 景区周边环境无脏乱差问题；区内的建筑外观与景观基本协调，具有乡土特色，绿化面积20%以上。
g) 区内推广节能、环保技术的应用，对基本农田的保护措施基本有效。

h) 区内各项设施设备符合国家关于环境保护的要求，不造成环境污染和其他公害，不破坏旅游资源和游览气氛。

5.5.14 旅游发展后劲评估

a) 后续可开发利用的旅游资源和旅游项目很多。

b) 具有良好的市场基础和发展前景。

c) 可持续发展态势良好。

5.5.15 游客意见综合得分

游客综合意见分数达到 50 分以上。

5.5.16 当地农民意见综合得分

当地农民综合意见分数达到 50 分以上。

6 四川乡村旅游（含农业旅游示范点）质量等级的划分依据与方法

6.1 根据乡村旅游（含农业旅游示范点）质量等级划分条件确定乡村旅游（含农业旅游示范点）质量等级，该标准以乡村旅游（含农业旅游示范点）的社会、经济、生态效益、旅游规划、旅游交通、旅游产品、旅游服务设施、旅游管理、旅游经营、卫生条件、旅游安全、旅游信息化建设、资源环境保护、旅游发展后劲评估为依据，并结合游客和当地农民的抽样调查得分进行综合评定。

6.2 对于初步评定的五星、四星、三星级旅游景区采取分级公示、征求社会意见的方法。

三、安徽省农家乐旅游等级划分与评定（DB34/T 755—2007）

1 范围

本标准规定了农家乐的等级划分条件、组织管理要求和等级管理原则。

本标准适用于安徽省范围内农家乐旅游产品。

2 规范性引用文件

下列文件中的条款通过本标准的引用而成为本标准的条款。凡是注日期的引用文件，其随后所有的修改单（不包括勘误的内容）或修订版均不适用于本标准，然而，鼓励根据本标准达成协议的各方研究是否可使用这些文件的最新版本。凡是不注日期的引用文件，其最新版本适用于本标准。

GB 3095 环境空气质量标准

GB 3096 城市区域环境噪声标准

GB 5749 生活饮用水卫生标准

GB 8978 污水综合排放标准

GB/T 10001.1 标志用公共信息图形符号第一部分：通用符号

GB/T 10001.1 标志用公共信息图形符号第二部分：旅游设施与服务符号

GB/T 14308 旅游饭店星级的划分与评定
GB 14930.2 食品工具、设备用洗涤消毒剂卫生标准
GB 14934 食（饮）具消毒卫生标准
GB/T 15566 图形标志使用原则与要求
GB 18483 饮食业油烟排放标准（试行）
DB34/T 646 农家乐餐馆厨房规范

3 术语和定义

农家乐

农家乐指农户或经营者在自有宅基地或农村集体土地上利用庭院、池塘、果园、花圃、菜地等田园景观和自然生态、乡村人文资源，吸引旅游者，为旅游者提供以农家生活体验为特色的观光、娱乐、休闲、住宿、餐饮等服务的乡村旅游产品。

4 等级划分

农家乐采用星级划分方式。共分为五级，星级用五角星表示，从低到高依次为：用一颗五角星表示一星级，两颗五角星表示二星级，三颗五角星表示三星级，四颗五角星表示四星级，五颗五角星表示五星级。星级越高，表示其农家乐旅游接待设施及服务的档次越高。其中，一星级、二星级、三星级以餐饮为主，住宿为可选项目，四星级、五星级则为餐饮住宿兼营。

5 星级划分条件等级划分

5.1 一星级农家乐

5.1.1 经营服务场地

a) 生态环境较好，与经营环境相协调，具备乡村风情；
b) 建筑结构良好，布局合理；
c) 接待服务功能齐备，接待区域与接待能力相适应，部分接待区域地面应进行相应硬化处理。

5.1.2 接待服务设施

厨房

a) 厨房布局流程合理，其使用面积应与接待能力相适应；
b) 厨房地面采用硬化处理，防滑、易于冲洗；
c) 初加工区、烹调区应独立分设；
d) 餐（饮）具洗涤、清洗、消毒应符合 GB 14934 的要求；
e) 有消毒专用设备；
f) 有冷藏、冷冻设施；
g) 有必备的通风排烟设施；
h) 有基本的防蝇、防虫、防鼠、防尘及污水达标排放设施；
i) 有符合卫生要求的废弃物存放容器并保持外部整洁；

j) 有必要的消防设施。

餐厅

a) 餐厅位置合理，采光通风良好，其使用面积满足接待要求；
b) 餐厅地面已做硬化处理，防滑、易于清洗；
c) 三餐食品原料应做到卫生干净、时令新鲜。能提供当地农家特色菜肴。

客房（不作为必备项，有则要求，无则不要求）

a) 客房配有桌、椅、电视、空调、电扇等设施，照明充足，有必要的安全电源插座；
b) 如客房中没有卫生间，则应有公用卫生间，有公共浴室，8小时以上供应热水（6~10时，18~22时）；
c) 床单、枕套、被套等卧具应一客一换，且更换周期不得超过7天；
d) 客房人均居住面积不少于4平方米；
e) 有必要的安全防范和消防措施。

厕所

a) 设计合理，与周边环境相协调；
b) 厕所位置合理，具备洗手池；
c) 具有有效粪便处理措施，污水达标排放；
d) 采光、通风、照明条件良好，除臭措施有效；
e) 厕所内设备、环境整洁，防蚊蝇。

5.1.3 环境保护

a) 空气质量达到 GB 3095 的要求；
b) 噪声污染符合 GB 3096 的要求；
c) 饮用水达到 GB 5749 的要求；
d) 污水排放达到 GB 8978 的要求；
e) 油烟排放达到 GB 18483 的要求；
f) 各项设施设备养护良好，加强污染源管理，人畜（禽）分开，不造成环境污染和其他公害，不破坏自然资源。

5.1.4 服务项目

a) 有国内直拨长途电话；
b) 能提供观赏性或参与性的农村民俗文化活动，不少于1项；

参考项目：戏曲表演、赛龙舟、跑马、射箭、斗牛、歌会、灯会、农户婚嫁迎娶、节庆礼仪、刺绣、草编、竹编、木雕、石雕、泥塑、农民画等；

c) 能提供体验或参与性的农事活动，不少于1项；

参考项目：耕作、插秧、除草、收割、扬谷、脱粒、舂米、推磨、施肥、育苗、纺纱、织布、踏水车、垂钓、捕捞、养殖、放牧、采摘、挤奶、打油菜、吊井水、摸螺、拾贝、挖笋、狩猎等。

5.2 二星级农家乐

5.2.1 经营服务场地

a) 生态环境较好，具备乡村风情和地方特色；

b) 建筑结构良好，布局合理，有标识标牌；
c) 占地面积不少于 150 平方米，用于接待的建筑面积不少于 100 平方米。

5.2.2 接待服务设施

厨房

a) 厨房布局流程合理，其使用面积应与接待能力相适应；部分接待区域地面应进行相应硬化处理；
b) 厨房地面采用硬化处理，防滑、易于冲洗；
c) 初加工区、烹调区应独立分设；
d) 餐（饮）具洗涤、清洗、消毒应符合 GB 14934 的规定；
e) 有消毒专用设备；
f) 有充足的冷藏、冷冻和保鲜设备；
g) 有合理良好的通风排烟设施，饮食油烟达标排放；
h) 有完善的防虫、防蝇、防鼠、防尘及污水达标排放设施；
i) 有符合卫生要求的废弃物存放容器并保持外部整洁；
j) 有必要的消防设施。

餐厅

a) 餐厅位置合理，采光通风良好，整洁，其使用面积不少于 30 平方米；
b) 餐厅地面已做硬化处理，防滑、易于清洗；
c) 桌椅、餐具、酒具配套齐全。
d) 三餐食品原料应做到卫生干净、时令新鲜。能提供当地农家特色菜肴。

客房（不作为必备项，有则要求，无则不要求）

a) 客房配有桌、椅、空调、电视、电扇等设施，照明充足，有必要的安全电源插座；
b) 如客房中没有卫生间，则应有公用卫生间，有公共浴室，12 小时以上供应热水；
c) 床单、枕套、被套等卧具应一客一换，且更换周期不得超过 5 天；
d) 客房人均居住面积不少于 4 平方米。
e) 有必要的安全防范和消防措施。

厕所

a) 设计合理，与接待能力相适应，与周边环境相协调；
b) 男女厕所分开设置，位置合理，具备辅助设施：洗手池、镜台；
c) 具有有效粪便处理措施、污水达标排放；
d) 采光、通风、照明条件良好，除臭措施有效；
e) 厕所内设备、环境整洁，防蚊蝇。

5.2.3 环境保护

a) 空气质量达到 GB 3095 的要求；
b) 噪声污染符合 GB 3096 的要求；
c) 饮用水达到 GB 5749 的要求；
d) 污水排放达到 GB 8978 的要求；
e) 油烟排放达到 GB 18483 的要求；

f) 各项设施设备养护良好，加强污染源管理，人畜（禽）分开，不造成环境污染和其他公害，不破坏自然资源。

5.2.4 服务项目

a) 有国内直拨长途电话；

b) 有小型多功能厅；

c) 能提供观赏性或参与性的农村民俗文化活动，不少于1项：

参考项目：戏曲表演、赛龙舟、跑马、射箭、斗牛、歌会、灯会、农户婚嫁迎娶、节庆礼仪、刺绣、草编、竹编、木雕、石雕、泥塑、农民画等。

d) 能提供体验或参与性的农事活动，不少于1项：

参考项目：耕作、插秧、除草、收割、扬谷、脱粒、舂米、推磨、施肥、育苗、纺纱、织布、踏水车、垂钓、捕捞、养殖、放牧、采摘、挤奶、打油菜、吊井水、摸螺、拾贝、挖笋、狩猎等。

5.3 三星级农家乐

5.3.1 经营服务场地

a) 生态环境良好，景观特色突出，具有浓郁的乡村风情和地方特色。

b) 建筑结构良好，布局科学合理。标识、标牌完善，设备设施舒适、方便、安全，完好。

c) 占地面积不小于200平方米，用于接待的建筑面积不少于150平方米，部分区域地面应进行相应硬化处理。

5.3.2 接待服务设施

厨房

a) 厨房布局流程合理，其使用面积应与接待能力相适应。

b) 厨房地面采用硬化处理。防滑，易冲洗，墙面瓷砖墙裙不得低于1.5米。

c) 初加工区、烹调区应独立分设。

d) 餐（饮）具洗涤池、清洗池、消毒池应独立分设并符合 GB 14934 的规定。

e) 有食品库房和非食品库房。

f) 有消毒专用设备。

g) 有充足的冷藏、冷冻和保鲜设备。

h) 有合理良好的通风排烟设施，饮食油烟达标排放。

j) 有完善的防蝇、防鼠、防虫、防尘及污水达标排放设施。

k) 有符合卫生要求的密闭废弃物存放容器并保持外部整洁。

l) 有必要的消防设施。

餐厅

a) 餐厅位置合理，采光通风良好，宽敞、整洁，其使用面积不少于50平方米。

b) 餐厅地面已作硬化处理，防滑、易于清洗。

c) 有包间。

d) 桌椅、用具、餐具、酒具、茶具配套。

e) 三餐食品原料应做到卫生干净、时令新鲜。菜品突出地方特色，味道纯正，营养丰富。

客房（不作为必备项，有则要求，无则不要求）
a) 客房配有桌、椅、空调、电视、电扇等设施，照明充足，有必要的安全电源插座；
b) 如客房中没有卫生间，则应有公用卫生间，有公共浴室，24小时供应热水；
c) 床单、枕套、被套等卧具应一客一换，应客人要求每日一换，且更换周期不得超过5天；
d) 客房人均居住面积不少于4平方米；
e) 有必要的安全防范和消防措施。

厕所
a) 设计合理，与接待能力相适应，与周边环境和建筑相协调。
b) 男女厕所分开设置，位置合理。采用水冲式。男女厕位各不少于2个。厕所内设备、环境整洁，防蚊蝇。
c) 具备辅助设施：手纸、手纸筐、洗手池（配备洗涤品）、镜台。
d) 具有有效粪便处理措施、污水达标排放。
e) 采光、通风、照明条件良好，除臭措施有效，效果好。
f) 厕所内环境、设备整洁，无蚊蝇。

停车场
车位与接待能力相适应，场地、道路平整、通畅。

5.3.3 环境保护

a) 空气质量达到GB 3095的要求；
b) 噪声污染符合GB 3096的要求；
c) 饮用水达到GB 5749的要求；
d) 污水排放达到GB 8978的要求；
e) 油烟排放达到GB 18483的要求；
f) 各项设施设备养护良好，加强污染源管理，人畜（禽）分开，不造成环境污染和其他公害，不破坏自然资源。

5.3.4 服务项目

a) 有国内直拨长途电话；
b) 有容纳20人的多功能厅；
c) 能提供观赏性或参与性的农村民俗文化活动，不少于3项：
参考项目：戏曲表演、赛龙舟、跑马、射箭、斗牛、歌会、灯会、农户婚嫁迎娶、节庆礼仪、刺绣、草编、竹编、木雕、石雕、泥塑、农民画等；
d) 能提供体验或参与性的农事活动，不少于3项：
参考项目：耕作、插秧、除草、收割、扬谷、脱粒、舂米、推磨、施肥、育苗、纺纱、织布、踏水车、垂钓、捕捞、养殖、放牧、采摘、挤奶、打油菜、吊井水、摸螺、拾贝、挖笋、狩猎等。

5.4 四星级农家乐

5.4.1 经营服务场地

a) 生态环境优美，景观特色突出，绿化面积不少于总面积的10%，有给游客提供参与农事活动的场所，具有浓郁的乡村风情和地方特色。

b）建筑结构良好，布局科学合理，接待服务功能完善、齐备。标识、标牌有特色，设备设施舒适、方便、安全，完好，运行稳定。总体文化内涵协调，装饰、装修特色鲜明。

c）占地面积不小于1 000平方米，用于接待的建筑面积不少于600平方米，部分区域地面应进行相应硬化处理。

5.4.2 接待服务设施

综合服务设施

a）总服务台：位置醒目、合理、宽敞，有装饰、有标志，提供价目表、小件物品寄存、雨伞等服务项目；

b）有必要的消防设施；

c）提供国内长途电话服务并备有电话使用说明。

多功能厅

a）有容纳50人以上的多功能厅；

b）有必要的音响设备。

客房

a）数量不少于10间。客房面积人均不小于8平方米。客房装饰装修和家具用品使用性能良好。门锁有暗销防盗设置。在显著位置张贴应急疏散图和相关说明。

b）有座椅、床头柜、衣架、软垫床。

c）有空调、彩电、电扇。

d）卫生间有抽水马桶、面盆和梳妆镜、淋浴或浴缸，有必要的客用品和消耗品，地面采用防滑材料，有良好的照明，有24小时冷热水供应。

e）客房廊道应有位置合理、标识清楚的应急照明灯。

厨房

a）厨房布局流程合理，其使用面积应与接待能力相适应；

b）厨房地面采用硬化处理，防滑、有地沟，易于冲洗，墙面瓷砖墙裙不得低于1.8米；

c）初加工间、烹调间、面点间、凉菜间、洗碗间应独立分设；

d）餐（饮）具洗涤池、清洗池、消毒池独立分设并符合GB 14934的规定；

e）有食品库房和非食品库房；

f）有消毒专用设备；

g）有充足的冷藏、冷冻和保鲜设备；

h）生食、熟食、半成品分开放置；

i）有合理良好的通风排烟设施，饮食油烟达标排放；

j）有完善的防蝇、防鼠、防虫、防尘及污水达标排放设施；

k）有符合卫生要求的密闭废弃物存放容器并保持外部整洁；

l）有必要的消防设施。

餐厅

a）餐厅位置合理，采光通风良好，布置典雅，其使用面积不少于100平方米。

b) 餐厅地面已作硬化处理，防滑、易于清洗。
c) 有酒水台、备餐柜、雅间。有包间且不少3间。
d) 桌椅、用具、餐具、酒具、茶具配套。
e) 灯光设计具有专业性，并能烘托就餐气氛。
f) 三餐食品原料应做到卫生干净、时令新鲜。菜品突出地方特色，有良好的感官性，味道纯正，具有良好的营养价值。
g) 有中文印制的菜单。

厕所
a) 设计合理，与接待能力及服务功能相适应，与周边环境和建筑相协调。
b) 男女厕所分开设置，位置合理，采用水冲式。厕位不得少于总接待量的10%，冲洗设备齐全完好。
c) 具备辅助设施：手纸、手纸筐、挂衣钩、洗手池（配备洗涤品）、镜台。
d) 具有有效粪便处理措施、污水达标排放。
e) 采光、通风、照明条件良好，除臭措施有效，效果好。
f) 厕所内设备环境整洁，无蚊蝇。

停车场
车位数量不少于5个，场地、道路平整、通畅，已做硬化处理。

5.4.3 环境保护
a) 空气质量达到 GB 3095 的要求；
b) 噪声污染符合 GB 3096 的要求；
c) 饮用水达到 GB 5749 的要求；
d) 污水排放达到 GB 8978 的要求；
e) 油烟排放达到 GB 18483 的要求；
f) 各项设施设备养护良好，加强污染源管理，人畜（禽）分开，不造成环境污染和其他公害，不破坏自然资源。

5.4.4 服务项目
a) 棋牌室；
b) 小卖部；
c) 能提供观赏性或参与性的农村民俗文化活动，不少于5项：
参考项目：戏曲表演、赛龙舟、跑马、射箭、斗牛、歌会、灯会、农户婚嫁迎娶、节庆礼仪、刺绣、草编、竹编、木雕、石雕、泥塑、农民画等；
d) 能提供体验或参与性的农事活动，不少于5项：
参考项目：耕作、插秧、除草、收割、扬谷、脱粒、舂米、推磨、施肥、育苗、纺纱、织布、踏水车、垂钓、捕捞、养殖、放牧、采摘、挤奶、打油菜、吊井水、摸螺、拾贝、挖笋、狩猎等。

5.5 五星级农家乐

5.5.1 经营服务场地
a) 生态环境优美，景观特色突出，绿化面积不少于总面积的20%，具有浓郁的乡村风情和地方特色，有给游客提供参与农事活动的场所。

b) 建筑结构良好，布局科学合理，接待服务功能完善、齐备。标识、标牌有特色，设备设施舒适、方便、安全、完好、运行稳定可靠，装饰、装修具有地方特色。

c) 占地面积不小于1 500平方米，用于接待的建筑面积800平方米以上，部分区域地面应进行相应硬化处理。

5.5.2 接待服务设施

综合服务设施

a) 总服务台：位置醒目、合理、宽敞大气，有装饰、有标志，提供价目表、小件物品寄存、雨伞等服务项目；

b) 小商场：提供旅行日常用品、旅游纪念品、土特产品等的销售服务；

c) 有必要的消防设施；

d) 提供国内长途电话服务并备有电话使用说明。

多功能厅

a) 有容纳80人以上的多功能厅，配有衣帽间；

b) 至少配有1个小会议室；

c) 有必要的音响设备。

客房

a) 数量不少于15间。客房面积人均不小于10平方米。客房装饰装修和家具用品使用性能良好。门锁有暗销防盗设置。在显著位置张贴应急疏散图和相关说明。

b) 有写字台、座椅、衣橱及衣架、行李架、梳妆台、台灯、软垫床，室内照明充足，各电源开关布置合理，便于使用；有空调、彩电、电扇。

c) 卫生间有抽水马桶、面盆和梳妆镜、淋浴或浴缸，有必要的客用品和消耗品，地面采用防滑材料，有良好的照明，24小时供应热水。

d) 客房廊道应有位置合理标识清楚的应急照明灯。

厨房

a) 厨房布局流程合理，其使用面积应与接待能力相适应；

b) 厨房地面采用硬化处理，防滑、有地沟，易于冲洗。墙面满铺瓷砖，有吊顶；

c) 初加工间、烹调间、凉菜间、洗碗间应独立分设；

d) 餐（饮）具洗涤池、清洗池、消毒池应独立分设，符合GB 14934的规定；

e) 有食品库房和非食品库房；

f) 有消毒专用设备；

g) 有充足的冷藏、冷冻和保鲜设备；

h) 生食、熟食、半成品分开放置；

i) 有合理良好的通风排烟设施，饮食油烟达标排放；

j) 有完善的防蝇、防尘、防鼠及污水达标排放设施；

k) 有符合卫生要求的密闭废弃物存放容器并保持外部整洁；

l) 有必要的消防设施。

餐厅

　　a) 餐厅位置合理，采光通风良好，其使用面积不少于 150 平方米。
　　b) 餐厅地面已作硬化处理，防滑、易于清洗。
　　c) 有酒水台、备餐柜、包间。包间且不少于 5 间。
　　d) 桌椅、用具、餐具、酒具、茶具配套，具有乡村特色。
　　e) 灯光能烘托就餐气氛。
　　f) 三餐食品原料应做到卫生干净、时令新鲜。菜品突出地方特色，有良好的感官性，味道纯正，具有良好的营养价值。
　　g) 有中文、英文印制、装帧精美的菜单。

厕所

　　a) 设计合理，与接待能力及服务功能相适应，与周边环境和建筑相协调。
　　b) 男女厕所分开设置，位置合理，采用水冲式。厕位不得少于总接待量的 15%，冲洗设备齐全完好。
　　c) 具备辅助设施：手纸、手纸筐、挂衣钩、洗手池（配备洗涤品）、烘手器、镜台。
　　d) 具有有效粪便处理措施、污水达标排放。
　　e) 采光、通风、照明条件良好，除臭措施有效，无异味。
　　f) 厕所内设备、环境整洁，无蚊蝇。

停车场

车位数量不少于 10 个，场地、道路平整、通畅，已做硬化处理。

5.5.3　环境保护

　　a) 空气质量达到 GB 3095 的要求；
　　b) 噪声污染符合 GB 3096 的要求；
　　c) 饮用水达到 GB 5749 的要求；
　　d) 污水排放达到 GB 8978 的要求；
　　e) 油烟排放达到 GB 18483 的要求；
　　f) 各项设施设备养护良好，加强污染源管理，人畜（禽）分开，不造成环境污染和其他公害，不破坏自然资源。

5.5.4　服务项目

　　a) 棋牌室；
　　b) 上网服务；
　　c) 小卖部；
　　d) 能提供观赏性或参与性的农村民俗文化活动，不少于 5 项；
　　参考项目：戏曲表演、赛龙舟、跑马、射箭、斗牛、歌会、灯会、农户婚嫁迎娶、节庆礼仪、刺绣、草编、竹编、木雕、石雕、泥塑、农民画等；
　　e) 能提供体验或参与性的农事活动，不少于 5 项：
　　参考项目：耕作、插秧、除草、收割、扬谷、脱粒、舂米、推磨、施肥、育苗、纺纱、织布、踏水车、垂钓、捕捞、养殖、放牧、采摘、挤奶、打油菜、吊井水、摸螺、拾贝、挖笋、狩猎等。

6 服务质量要求

6.1 服务基本原则

a) 遵守国家法律法规、保护客人的合法权益；
b) 尊重客人宗教信仰与风俗习惯，不损害民族尊严；
c) 对客人礼貌、热情、友好、一视同仁；
d) 以人为本，高效率地完成对客服务；
e) 明码标价，诚信经营。

6.2 服务基本要求

a) 表情自然、亲切、热情适度，提倡微笑服务；
b) 站、坐、行姿规范，积极主动服务；
c) 使用普通话服务，语言文明、简洁、清晰；
d) 对客人提出的要求暂时无法解决时应耐心解释，并事后解决，不推诿和应付；
e) 四星以上农家乐要求着工装、佩工牌上岗，仪容仪表端庄、大方、整洁。

6.3 业务能力与技能要求

a) 服务人员应熟练掌握相应的业务知识和技能；
b) 管理人员和技术人员必须经过专业培训。

7 组织管理要求

7.1 农家乐所在的村应成立相应的组织机构，负责统一管理农家乐旅游服务和接待工作。

7.2 农家乐所在的村应设立医务点，配备医务人员，并能为游客提供常规药品。

7.3 农家乐应建立健全各项规章制度。

7.4 加强员工服务、消防、卫生等技能的培训，制定消防、卫生应急预案。

7.5 农家乐应设立旅游服务质量投诉电话，向游客公布。

7.6 农家或农家所在的村宜提供游客贵重物品保管服务。

8 等级申报和管理

8.1 安徽省农家乐旅游等级评定委员会统一负责全省农家乐旅游等级划分与评定、等级标志设计制作和管理工作。

评审小组由省或市农家乐旅游等级评定委员会认定资格的专家组成。一星级、二星级、三星级农家乐由市农家乐旅游等级评定委员会组织进行评定，有关材料报省农家乐旅游等级评定委员会组织备案；四星级、五星级农家乐由省农家乐旅游等级评定委员会组织进行评定。

8.2 农家乐的等级评定采取由业主自愿申请、分级评定的办法。申请文件应包括以下内容：

（一）农家乐名称；
（二）农家乐经营户姓名；

（三）农家乐地址；

（四）农家乐开业时间；

（五）从业人员数量及名单；

（六）营业执照复印件；

（七）卫生许可证复印件；

（八）厨房工作人员、餐厅服务人员健康证复印件；

（九）拟申报星级；

（十）申报时间。

8.3　市农家乐旅游等级评定委员会接到农家乐星级申请报告后，应在核实材料的基础上，一个月内组织检查评定或提交省农家乐旅游等级评定委员会；四星级及以上由省农家乐旅游等级评定委员会在受理申请一个月内组织检查评定。对检查未予通过的农家乐，各级农家乐评定机构应加强指导，待接到农家乐整改完成并要求重新检查的报告后，于一个月内再次安排评定检查。对于评审通过的农家乐，应给予评定星级的批复，一星、二星、三星由市农家乐旅游等级评定委员会出具；四星及以上由省农家乐旅游等级评定委员会出具。

8.4　安徽省农家乐旅游等级评定委员会每年组织对已评定等级的农家乐进行复核。

8.5　提升星级的申请和评定参照星级评定程序进行。

8.6　获得农家乐旅游服务质量评定等级的农家乐经营户，在经营过程中有消费者投诉，经查实后由省和各市农家乐旅游等级评定委员会要求其限期整改，情节严重的可降低或取消质量等级。

参考文献

[1] 何景明,李立华. 关于"乡村旅游"概念的探讨 [J]. 西南师范大学学报,2002 (9): 125 – 128.

[2] 应瑞瑶,褚保金. "旅游农业"及其相关概念辨析 [J]. 社会科学家,2002 (17): 31 – 33.

[3] 贺小荣. 我国乡村旅游的起源、现状及其发展趋势探讨 [J]. 北京第二外国语学院学报,2001 (1): 90 – 94.

[4] 肖佑兴,明庆忠,李松志. 论乡村旅游的概念和类型 [J]. 旅游科学,2001 (3): 8 – 101.

[5] 王兵. 从中外乡村旅游的现状对比看我国乡村旅游的未来 [J]. 旅游学刊,1999 (5): 38 – 42.

[6] 付明星. 现代都市农业——休闲农业与乡村旅游 [M]. 武汉:湖北科学技术出版社,2012.

[7] 赵洪波,刘宝会. 休闲农业与乡村旅游服务员实用教程 [M]. 北京:中国农业科学技术出版社,2014.

[8] 耿红莉. 休闲农业与乡村旅游发展理论和实务 [M]. 北京:中国建筑工业出版社,2015.

[9] 高曾伟,高晖. 乡村旅游资源的特点、分类及开发利用 [J]. 金陵科技学院学报:社会科学版,2002 (3): 60 – 64.

[10] 雷晚蓉. 乡村旅游资源开发利用研究 [M]. 长沙:湖南大学出版社,2012.

[11] 付军. 乡村景观规划设计 [M]. 北京:中国农业出版社,2008.

[12] 刘黎明. 乡村景观规划 [M]. 北京:中国农业大学出版社,2003.

[13] 张淳鎏. 成都平原农业景观美学评价研究 [D]. 成都:西南交通大学,2014.

[14] 舒波. 成都平原的农业景观研究 [D]. 成都:西南交通大学,2011.

[15] 王云才. 乡村旅游规划原理与方法 [M]. 北京:科学出版社,2006.

[16] 马继刚. 论乡村旅游资源的分类及其评价方法 [C]//观光休闲农业与乡村休闲产业发展学术研讨会,2007.

[17] 黄顺红. 乡村旅游开发与经营管理 [M]. 重庆:重庆大学出版社,2015.

[18] 金方梅. 乡村民族文化旅游保护开发模式探讨——重视文化旅游者在文化保护中的作用 [J]. 贵州师范大学学报,2003,21 (4): 13 – 16.

[19] 魏敏,冯永军,等. 农业生态旅游可持续发展评价指标体系研究. [J] 山东农业大学学报:社会科学版,2004,6 (1): 27 – 30.

[20] 李天元. 中国旅游可持续发展研究［M］. 天津：南开大学出版社，2004.

[21] 邹统钎，等. 乡村旅游可持续发展的动力机制与政府规制．［J］杭州师范学院学报，2006（2）：64 - 7. Ian Knowd，"Rural tourism：panaea and paradox" available at http://hse. esu. edu. au/geography/aetivity/loeal ourism/FRURALTO. pdf.

[22] Irma Tikkanen，"Resource approach to rural tourism in Finland：ease Vaajasalmi"，Matkailututkimuksen XIV symposiumpa Perin May 2004，Kuopio Finland.

[23] 方增福. 乡村旅游规划的基本原则与方法［J］. 玉溪师范学院学报，2000（6）：25 - 27.

[24] 刘黎明，李振鹏，张虹波. 试论我国乡村景观的特点及乡村景观规划的目标和内容［J］. 生态环境，2004，13（3）：445 - 448.

[25] 魏有广. 乡村旅游规划体系研究［D］. 济南：山东大学，2007.

[26] 国匠城 http：//bbs. caup. net/read - htm - tid - 32463 - page - 1. html.

[27] 中国乡村旅游网 http：//www. crttrip. com/showinfo - 15 - 608 - 0. html.

[28] 邓运员，杨载田. 地方性古村镇的乡村旅游与休闲农业发展研究——以湖南衡东县为例［J］. 广东农业科学，2011，38（9）：181 - 183.

[29] Boulding, K. The image：knowledge and Life in Society［M］. Ann arbor MI：University of Michigan Press，1956.

[30] 吴必虎. 区域旅游规划原理［M］. 北京：中国旅游出版社，2001.

[31] 陆林. 旅游形象设计［M］. 合肥：安徽教育出版社，2002.

[32] 李蕾蕾. 旅游地形象策划理论与务实［M］. 广州：广东旅游出版社，1999.

[33] 张晓，骊卿. 乡村旅游形象传播探析［J］. 浙江海洋学院学报：人文科学版，2011，28（3）：47 - 50.

[34] 张丽华. 乡村旅游形象设计研究［J］. 湖南商学院学报，2015（8）.

[35] 孙明泉. 乡村体验与环都市乡村休闲［M］. 北京：经济科学出版社，2008.

[36] 邓仁祝. 乡村特色旅游开发指南［M］. 北京：中国农业出版社，农村读物出版社，2008.

[37] 杨载田，刘沛林. 21 世纪的中国乡村旅游产品开发研究［J］. 衡阳师范学院学报，2006（10）：63 - 66.

[38] 张丽华，周艳. 乡村旅游体验品牌产品营销对策研究［J］. 湖南商学院学报，2006（12）：61 - 63.

[39] 万绪才. 基于客源市场的乡村旅游产品开发研究——兼论南京市江心洲乡村旅游产品开发的问题与对策［J］. 东南大学学报：哲学社会科学版，2007（9）：56 - 59.

[40] 毛凤玲. 乡村旅游产品开发模式与深度开发研究——以宁夏回族自治区为例［J］. 农村经济. 2007（4）：64 - 66.

[41] 吕鹏. "舞台真实"下乡村旅游产品设计分析［J］. 太原师范学院学报：社会科学版，2007（1）：71 - 72.

[42] 张丽华、周艳. 乡村旅游体验品牌产品营销对策研究［J］. 湖南商学院学报. 2006（12）：61 - 63.

[43] 熊元斌. 乡村旅游市场营销策略浅析［J］. 商业经济与管理，2001（10）：73 - 75.

[44] 黄进. 乡村旅游的市场需求初探 [J]. 桂林高等专科学院学报, 2002 (3): 66-69.

[45] 吕连琴. 我国乡村旅游高级化的产品设计导向 [J]. 地域研究与开发, 2002 (4): 6-9.

[46] 张健雄. 关于乡村旅游若干问题的思考 [J]. 大理学院学报, 2003 (4): 11-16.

[47] 段致辉. 关于乡村旅游开发的研究 [J]. 资源开发贺和市场, 2000 (5): 33-35.

[48] 赵立增. 乡村旅游营销模式建构策略研究 [J]. 商场现代化, 2006, 464: 27.

[49] 粟路军, 王亮. 城市周边乡村旅游市场特征研究 [J]. 旅游学刊, 2007, 22 (2): 67-71.

[50] 李建峰, 沈绍岭, 杨军. 乡村旅游景区市场营销模式研究 [J]. 安徽农业科学, 2008 (8).

[51] 陈静. 餐饮服务与管理 [M]. 2 版. 上海: 上海交通大学出版社, 2013.

[52] 高文香. 乡村旅游餐饮产品创新开发研究 [J]. 重庆与世界, 2014 (12).

[53] 苏志强. 乡村旅游特色餐饮开发研究 [J]. 经济与问题探索, 2013 (6).

[54] 王淑燕. 酒店客房服务员精细化操作手册 [M]. 北京: 人民邮电出版社, 2012.

[55] 王培来. 酒店前厅客房运行管理实务 [M]. 上海: 上海交通大学出版社, 2012.

[56] 侣海岩. 饭店客房标准操作程序即查即用手册 [M]. 北京: 旅游教育出版社, 2010.

[57] 网易新闻 http://news.163.com/15/1124/11/B96D024L00014JB5.html.

[58] 土流网 http://www.tuliu.com/read-10409.html.

[59] 唐德荣. 乡村旅游开发与管理 [M]. 北京: 中国农业出版社, 2011.